Der Autor

Prof. Dr. Karl Dietrich Erdmann, geb. 1910 in Köln, seit 1953
Ordinarius für neuere Geschichte an der Universität Kiel (jetzt
emeritiert), ist einer der führenden deutschen Historiker der
Gegenwart; ehemaliger Vorsitzender des Verbandes deutscher
Historiker und des Deutschen Bildungsrates, Präsident des Comité International des Sciences Historiques; Herausgeber der
Zeitschrift ›Geschichte in Wissenschaft und Unterricht‹. Veröffentlichungen u. a.: ›Volkssouveränität und Kirche‹ (1950);
›Adenauer in der Rheinlandpolitik nach dem Ersten Weltkrieg‹
(1966); Hg.: Kurt Riezler, ›Tagebücher, Aufsätze, Dokumente‹
(1972); Mithg.: ›Akten der Reichskanzlei. Weimarer Republik‹
(1968 ff.).

Gebhardt
Handbuch der deutschen Geschichte

Neunte, neu bearbeitete Auflage,
herausgegeben von
Herbert Grundmann

Band 19

Karl Dietrich Erdmann:
Die Weimarer Republik

Deutscher
Taschenbuch
Verlag

Band 19 der Taschenbuchausgabe enthält den ungekürzten Text des HANDBUCHS DER DEUTSCHEN GESCHICHTE, Band 4: Die Zeit der Weltkriege, Teil B.
Unsere Zählung Kapitel 1–25 entspricht den §§ 26–50 im Band 4 des Originalwerkes.
Der Tabellarische Anhang aus dem Band 4 der Originalausgabe findet sich am Schluß des Bandes 22 der Taschenbuchausgabe.

1. Auflage April 1980
4. Auflage September 1983: 41. bis 50. Tausend
Deutscher Taschenbuch Verlag GmbH & Co. KG,
München
© 1973 Klett Verlag, Stuttgart
Umschlaggestaltung: Celestino Piatti
Gesamtherstellung: C. H. Beck'sche Buchdruckerei,
Nördlingen
Printed in Germany · ISBN 3-423-04219-2

Vorbemerkung

In der Neufassung der Geschichte Deutschlands im Zeitalter der Weltkriege ist im Unterschied zur 8. Auflage des Gebhardtschen Handbuches die Darstellung bis zu den Jahren 1949/50 fortgeführt worden. Sie reicht bis zur Gründung der Republik Österreich, der Bundesrepublik Deutschland und der Deutschen Demokratischen Republik auf dem Boden des ehemaligen Deutschen Reiches. Den Schlußpunkt hier und nicht später anzusetzen, empfiehlt sich aus mehreren Gründen. Die Spaltung Deutschlands, die sich in den Jahren 1945 bis 1950 vollzog, gehört als die unmittelbare Auswirkung des Zweiten Weltkrieges noch in die Thematik des 4. Bandes hinein. Mit der Entstehung der deutschen Teilstaaten beginnt eine neue Periode der deutschen Geschichte. Das Bild dieser geschichtlichen Zeit, in der wir leben, ist mehr vom politischen Ermessens- als vom historischen Sachurteil bestimmt. Die fünf ersten Nachkriegsjahre hingegen beginnen sich von Fragestellungen und Quellen her der historischen Forschung zu erschließen. Über sie kann in einem Handbuch der Geschichte berichtet werden.

Die sehr intensive zeitgeschichtliche Forschung, die seit der letzten Auflage neue Materialien erschlossen und mit neuen Fragestellungen durchdrungen hat, machte sowohl eine streckenweise erhebliche Überarbeitung wie eine thematische Erweiterung erforderlich. Bei der Erschließung der Literatur und der Gestaltung des Textes ist mir von Mitarbeitern des Historischen Seminars der Universität Kiel manche Hilfe zuteil geworden. Besonders habe ich Frau Ute Meyn und Frau Dr. Agnes Blänsdorf für ihre kritische Assistenz zu danken sowie den Herren Willy Schulz, Hans Peter Mensing und Rüdiger Wenzel für die laufende Führung der Literaturkartei und unverdrossene Hilfe bei der Bücherbeschaffung. Die beiden letzteren haben auch den Hauptanteil an der Erstellung des Registers. Für die Schulgeschichte hat Herr Dr. Wolfgang Wittwer unentbehrliche Vorarbeiten geleistet, für die Ergänzung des tabellarischen Anhangs Herr Dr. Peter Wulf. Teile des Manuskriptes sind gelesen und mit förderlichen Kommentaren versehen worden von Professor Dr. Jürgen Rohwer, Direktor der Bibliothek für Zeitgeschichte in Stuttgart (Zweiter Weltkrieg, besonders Seekrieg), und Professor Eric Kollman, USA (Entstehung der Zweiten

Republik in Österreich). Manche Anregung und Hilfe kam aus dem Bundesarchiv Koblenz von meinen Mitarbeitern an der Edition der ›Akten der Reichskanzlei‹. Die Manuskripte sind mit größter Geduld und Sorgfalt von Frau Emmy Koch geschrieben worden. Dem Dank für die gute Zusammenarbeit im Historischen Seminar der Universität Kiel füge ich die an den Leser gerichtete Bitte hinzu, Unstimmigkeiten und Irrtümer anzumerken und sie den Verfasser wissen zu lassen.

Die Literatur für diesen Band, der ursprünglich im Jahre 1973 veröffentlicht wurde, ist bis einschließlich 1972 berücksichtigt worden.

Karl Dietrich Erdmann

Inhalt

Abkürzungsverzeichnis

Abh.Ak.	= Abhandlung(en) der Akademie der Wissenschaften ..., phil.-hist. Klasse (wenn nicht anders angegeben)
ADAP	= Akten zur Deutschen Auswärtigen Politik
AHR	= The American Historical Review (New York 1895 ff.)
AöR	= Archiv des öffentlichen Rechts (1886 ff.)
Ausw.Pol.	= Hamburger Monatshefte für auswärtige Politik (1934 ff.)
BA	= Bundesarchiv
Berl.Mh.	= Berliner Monatshefte (1929–1944)
Central Europ. Hist.	= Central European History (1968 ff.)
Diss.	= Dissertation; Diss. Ms. = ungedruckte Dissertation in Maschinenschrift
DW[10]	= Dahlmann-Waitz, Quellenkunde der deutschen Geschichte, 10. Aufl., hg. v. H. Heimpel u. H. Geuss (seit 1965 im Erscheinen)
DZA	= Deutsches Zentralarchiv Potsdam oder Merseburg
EHR	= The English Historical Review (London 1886 ff.)
GWU	= Geschichte in Wissenschaft und Unterricht, Zeitschrift des Verbandes der Geschichtslehrer Deutschlands (1950 ff.)
Hdb.	= Handbuch
Hdwb.	= Handwörterbuch
Hg.	= Herausgeber; hg. v. = herausgegeben von
Hist. Vjschr.	= Historische Vierteljahrsschrift (1898 ff.)
HJb.	= Historisches Jahrbuch der Görresgesellschaft (1880 ff.)
HZ	= Historische Zeitschrift (1859 ff.)
Internat. Rev. of Soc. Hist.	= International Review of Social History (Amsterdam 1956 ff.)
IWK	= Internationale Wissenschaftliche Korrespondenz zur Geschichte der deutschen Arbeiterbewegung, im Auftrag der Historischen Kommission Berlin (1965 ff.)
Jb; Jbb.	= Jahrbuch; Jahrbücher
JbbGOsteur.	= Jahrbücher für Geschichte Osteuropas (1936 ff.; NF 1953 ff.)
Journal of Centr. Europ. Aff.	= Journal of Central European Affairs (1941 ff.)
Journal of Contemp. Hist.	= Journal of Contemporary History (1966 ff.)
Journal of Mod. Hist.	= Journal of Modern History (1929 ff.)
MIÖG	= Mitteilungen des Instituts für österreichische Geschichtsforschung (Wien 1880 ff.); MÖIG = Mitteilungen des österreichischen Insti-

	tuts für Geschichtsforschung, Bd. 39–55 (1923–1944)
Ndr.	= Neudruck; Nachdruck
NF	= Neue Folge
NPL	= Neue Politische Literatur (1956ff.)
Polit. Vjschr.	= Politische Vierteljahrsschrift. Zeitschrift der Deutschen Vereinigung für Politische Wissenschaft (1960ff.)
Preuß. Jbb.	= Preußische Jahrbücher (1858ff.)
RH	= Revue historique (Paris 1876ff.)
Rhein. Vjbll.	= Rheinische Vierteljahrsblätter, Mitteilungen des Instituts für geschichtliche Landeskunde der Rheinlande an der Universität Bonn (1931ff.)
RK	= Reichskanzlei
SB	= Sitzungsberichte der Akademie der Wissenschaften ..., phil.-hist. Klasse
Tb.	= Taschenbuch
VB	= Völkerbund
StIG	= Ständiger Internationaler Gerichtshof
VfZG	= Vierteljahrshefte für Zeitgeschichte (1953ff.)
VSWG	= Vierteljahrsschrift für Sozial- und Wirtschaftsgeschichte (1903ff.)
VuG	= Vergangenheit und Gegenwart, Zeitschrift für den Geschichtsunterricht und für staatsbürgerliche Erziehung (34 Bde., Leipzig 1911–1944)
WaG	= Die Welt als Geschichte, Zeitschrift für universalgeschichtliche Forschung (23 Bde., 1935–1963)
Wehrwiss. Rdsch.	= Wehrwissenschaftliche Rundschau (1951ff.)
WRV	= Weimarer Reichsverfassung
ZfG	= Zeitschrift für Geschichtswissenschaft (Berlin-Ost 1953ff.)
ZRG KA	= Zeitschrift der Savigny Stiftung für Rechtsgeschichte. Kanonistische Abteilung (1911ff.)
Zs.	= Zeitschrift

In den Buchtiteln der biographischen Literaturzusammenstellungen vor den einzelnen Abschnitten sind historisch wichtige Personen bei ihrer ersten Nennung zur Erleichterung der Orientierung durch Großbuchstaben hervorgehoben, ebenso wie die Autorennamen.

Quellen- und Literaturverweise innerhalb des Handbuchs wurden auf die neue Einteilung in Taschenbücher umgestellt. So entspricht z. B. Bd. 19, Kap. 4 dem § 29 im Band 4 der Originalausgabe.

Bei Verweisen innerhalb eines Bandes wurde auf die Angabe des Bandes verzichtet und nur das Kapitel angegeben.

Allgemeine Bibliographie zur Gesamtperiode

Methodische Probleme der Zeitgeschichte (in engerem Sinne 1917 bis 1945, Rothfels) *und Gegenwartsgeschichte:* P. RASSOW, Der Historiker u. seine Gegenwart (1948); H. ROTHFELS, Zeitgesch. als Aufgabe, VfZG 1 (1953); F. ERNST, Zeitgeschehen u. Geschichtsschreibung, WaG 17 (1957); E. NOLTE, Zeitgeschichtsforschung und Zeitgeschichte, VfZG 18 (1970).

Forschungsinstitute und Zeitschriften: Inst. f. Weltwirtschaft, Kiel (umfassendes Archiv von Zeitungen u. Periodica auch für die dt. Zeitgesch.); Bibliothek f. Zeitgesch., Stuttgart (früher Weltkriegsbücherei, wichtige Bibliographien); Inst. f. Zeitgesch., München (zentrale Forschungsstelle, Schwerpunkt Weimarer Republik u. Nationalsozialismus), VfZG (1953 ff.); H. KRAUSNICK, Zur Arbeit d. Inst. f. Zeitgesch., GWU 19 (1968); Forschungsinstitut d. Dt. Gesellschaft für Ausw. Politik, Bonn (früher Inst. f. Europ. Politik u. Wirtschaft, Frankfurt/M.; Schwerpunkt Probleme d. europ. Ordnung nach 1945), Europa-Archiv (1946 ff., veröffentlicht laufend die wichtigsten Dokumente zur Gegenwartsgesch.); Kommission f. Gesch. d. Parlamentarismus u. d. polit. Parteien, Bonn; Hist. Kommission bei der Bayerisch. Akademie der Wissenschaften; Hist. Kommission zu Berlin beim Friedrich-Meinecke-Institut der FU Berlin, Internat. wissenschaftl. Korrespondenz zur Gesch. d. dt. Arbeiterbewegung (1965 ff., darin laufend Anzeigen über z. T. noch in Bearbeitung befindliche Diss.- u. Habil.-Schriften); Archiv d. Sozialen Demokratie (Forschungsinst. d. Friedr.-Ebert-Stiftung, Bonn), Archiv f. Sozialgesch. (1961 ff.); Johann-Gottfried-Herder-Inst., Marburg (Gesch. d. dt. Ostgebiete im Rahmen der Gesch. Ostmitteleuropas), Zs. f. Ostforsch. (1952 ff.); Wiener Library, London (im Rahmen einer Bibliothek f. dt. Zeitgesch. umfassendes Material über Antisemitismus u. Judenverfolgung), Bulletin (1947 ff.). – Informationen über diese u. andere in- u. ausländische Forschungsstellen zur Zeitgesch. in VfZG 1–3 (1953–1955) u. GWU 7 (1956).

Bibliographien, Archivalien: W. ROHR, Schicksal u. Verbleib des Schriftgutes der obersten Reichsbehörden, Archivar 8 (1955); B. POLL, Vom Schicksal d. dt. Heeresakten u. d. amtl. Kriegsgeschichtsschreibung, WaG 12 (1952); P. HEINSIUS, Das Aktenmaterial d. dt. Kriegsmarine, seine bisherige Auswertung u. sein Verbleib, ebd. 13 (1953); E. MURAWSKI, Die amtl. dt. Kriegsgeschichtsschreibung über den Ersten Weltkrieg, Wehrwiss. Rdsch. 9 (1959); W. MOMMSEN, Dt. Archivalien im Ausland, Archivar 3 u. 4 (1950/51); H. MAU, Die dt. Archive u. Dokumente in den Vereinigten Staaten, GWU 2 (1951). Einen Gesamtüberblick über die in die Hände der Alliierten gefallenen d. Akten, eine Bibliographie der Aufsätze mit Informationen über Akten u. einen Nachweis von bisherigen Veröffentlichungen geben F. T. EPSTEIN/G. L. WEINBERG, Guide to Captured German Documents (2 Bde. New York 1952/59). F. T. EPSTEIN, Zur Quellenkunde der neuesten Gesch., ausländ. Materialien in den Archiven u. Bibliotheken der Hauptstadt der Vereinigten Staaten, VfZG 2 (1954); Guides to German records microfilmed at Alexandria, hg. v. American Historical Association (1958 ff.); A Catalogue of Files and Microfilms of the German Foreign Ministry Archives 1867–1920, hg. v. American Historical Association (Oxford 1959); A Catalogue of Files and Microfilms of the German Foreign Ministry Archives 1920–1945, hg. v. G. O. KENT (3 Bde. Stanford 1962–1966); H. PHILIPPI, Das Polit. Archiv des Ausw. Amtes. Rückführung u. Übersicht über die Bestände, Archivar 13 (1960);

J. SCHMID, Der Bestand d. Ausw. Amtes im Dt. Zentral-Archiv Potsdam, in: Archivmitteilungen 12 (1962); F. FACIUS u.a., Das Bundesarchiv u. seine Bestände (²1968); L. DENNECKE, Die Nachlässe in den Bibliotheken der BRD (1969); W. A. MOMMSEN, Verzeichnis d. Nachlässe in dt. Archiven (1971); G. MOLTMANN/K.-F. REIMERS (Hg.), Zeitgesch. im Film- u. Tondokument. 17 hist., päd. u. sozialwiss. Beiträge (1970); H. LÖTZKE, Die Bedeutung der von der Sowjetunion übergebenen dt. Archivbestände für die dt. Geschichtsforschung, ZfG 3 (1955). – Grundlegend bis einschl. Berichtsjahr 1960 Dahlmann-Waitz, Quellenkunde d. Dt. Geschichte, 8. Buch, Abschn. 393–402 (¹⁰1965/66); unentbehrlich ferner Bibliogr. Vierteljahreshefte bzw. Bibliographien der Weltkriegsbücherei H. 1–40 (1934–1943) sowie Schriften der Bibliothek f. Zeitgesch., Weltkriegsbücherei NF (1962 ff.) Die Bücherschau d. Weltkriegsbücherei, umbenannt in Jahresbibliographie der Bibliothek f. Zeitgesch. NF (1960 ff.), bringt Listen der Neuerwerbungen. Über die Möglichkeiten der bibliograph. Erfassung der im Zweiten Weltkrieg in den verschiedenen Ländern erschienenen Lit. s. E. ZIMMERMANN in Zs. f. Bibliothekswesen u. Bibliographie 2 (1955); hier vor allem Dt. Geschichtswissenschaft im Zweiten Weltkrieg, hg. v. W. HOLTZMANN/G. RITTER (1951); für die Erfassung des Schrifttums ab 1945 grundlegend F. HERRE/H. AUERBACH, Bibliographie zur Zeitgesch. u. zum Zweiten Weltkrieg für die Jahre 1945 bis 1950 (1955, Ndr. 1967) u. laufend Bibliographien zur Zeitgesch., Beilage zu VfZG; A. MILATZ/Th. VOGELSANG, Hochschulschriften zur neueren dt. Gesch. (1956); Dt. Dissertationen zur Zeitgesch., Auswahlbibliographie, hg. v. Dt. Inst. f. Zeitgesch. (B-Ost 1956 ff., Berichtszeitraum ab 1945); weitere Orientierung bei Th. VOGELSANG, Die Zeitgesch. u. ihre Hilfsmittel, VfZG 3 (1955). – Regelmäßige Literaturüberblicke zur Zeitgesch.: M. BRAUBACH, Hist. Jb. d. Görresges. 70 (1951 ff.); ferner Sammelreferate in GWU 1 (1950 ff.) u. NPL 1 (1956 ff.); K. EPSTEIN, Neueres amerik. Schrifttum über die dt. Gesch. im 20. Jh., WaG 20 (1960).

Annalen: H. SCHULTHESS, Europ. Geschichtskalender (für die Jahre 1860–1940); G. EGELHAAF, Hist.-polit. Jahresübersicht (für 1908–1936); KEESINGS Archiv der Gegenwart (1931–1955); Survey of International Affairs u. Documents on International Affairs (Inst. of Intern. Affairs, London 1920 ff. u. 1928 ff.).

Quellensammlungen: J. u. K. HOHLFELD (Hg.), Dokumente d. dt. Politik u. Gesch. von 1848 bis zur Gegenwart (8 Bde. o. J. 1952–1956), führen bis 1954, für die Zeit der Weltkriege ab Bd. 2; H. MICHAELIS/E. SCHRAEPLER, Ursachen u. Folgen ... Eine Dokumentensammlung zur Zeitgesch. ab 1917 (1958 ff.); G. F. de MARTENS, Recueil des principaux traités ... depuis 1761 u. Fortsetzungen, ist fortgeführt bis 1943; League of Nations Treaty series (1920–1943); Das Staatsarchiv (1861–1919 u. 1928); E. R. HUBER, Dokumente zur dt. Verfassungsgesch., Bd. 2: 1851–1918 (1964), Bd. 3: 1918–1933 (1966), enthält auch Tabellen über Wahlergebnisse u. Ämterbesetzung 1871 bis 1933; E. MENZEL/F. GROH/H. HECKER, Verfassungsregister, Teil 1 Deutschland (1954), enthält Bibliographie von Textsammlungen, Zeittafel u. Fundstellen aller dt. Verfassungen samt Vorentwürfen von 1806 bis zur Gegenwart. – Dokumente u. Materialien zur Gesch. d. dt. Arbeiterbewegung, R. II: 1914–1945, hg. v. Inst. f. Marxismus-Leninismus beim Zentralkomitee der SED, 5 Bde. für die Zeit von 1914–1923 (1957–1966).

Parlamentsberichte: vor allem Stenogr. Berichte über die Verhandlungen des Dt. Reichstages, 13. Legislaturperiode (1912–1918); Verhandlungen der Verfassunggebenden Dt. Nationalversammlung (1919/20); Stenogr. Berichte 1.–9. Wahlperiode (1920–1933); Verh. des Reichstages 1.–4. Wahlperiode (1933–1942).

Gesetzgebung: Reichsgesetzblatt (bis 1945); Amtsblatt des Kontrollrates in Dtld. (1945–1948); A. DEHLINGER, Reichsrecht, Bundesrecht, Besatzungsrecht u. völkerrechtliche Verträge seit 1867, systematische Übersicht ([34]1961), gibt Fundstellen zu jedem einzelnen Gesetz an.

Verfassungsgerichtsbarkeit: Die Rechtsprechung d. Staatsgerichtshofs für das Dt. Reich u. d. Reichsgerichts auf Grund Art. 13 Abs. 2 der Reichsverfassung, hg. v. H. LAMMERS/W. SIMONS (für 1920–1931, 2 Bde. 1929–1932).

Statistik: Statist. Jb. für das Dt. Reich (bis 1940, 1940/41); Anschluß zur Nachkriegsstatistik in Wirtschaftsstatist. d. dt. Besatzungszonen 1945–1948 in Verbindung mit der Produktionsstatist. der Vorkriegszeit (1948); ausgezeichnete Abrisse durch das Statist. Reichs- bzw. Bundesamt in: Dt. Wirtschaftskunde (1930) u. Wirtschaftskunde d. Bundesrepublik Dtld. (1955).

Wirtschafts- u. Sozialgeschichte: Außer allg. Lit. in Bd. 17: Gesellschaft, Wirtschaft u. Technik Dtlds. im 19. Jh., zur Einführung in die Forschungslage: K. E. BORN (Hg.), Moderne dt. Wirtschaftsgesch. (1966); H. BÖHME, Prolegomena zu einer Sozial- u. Wirtschaftsgesch. Dtlds. im 19. u. 20. Jh. (Tb. [3]1969); H.-U. WEHLER, Moderne dt. Sozialgesch. ([3]1970). – Ferner G. STOLPER/K.HÄUSER/ K. BURCHARDT, Moderne dt. Wirtschaftsgesch. ([2]1966); R. STUCKEN, Dt. Geld- u. Kreditpolitik 1914–1963 ([3]1964); J. KUCZYNSKI, Die Gesch. d. Lage d. Arbeiter unter dem Kapitalismus, Teil 1: Die Gesch. d. Lage d. Arbeiter i. Dtld. von 1789 bis zur Gegenw., Bde. 4–6 für die Zeit 1900–1945 (B-Ost 1964/67).

Parteiprogramme u. Parteigeschichte: W. MOMMSEN (Hg.), Dt. Parteiprogramme ([2]1964); K. BERCHTOLD (Hg.). Österr. Parteiprogramme (1967). Einen ideen- u. fraktionsgeschichtl. Überblick bietet L. BERGSTRÄSSER, Gesch. d. polit. Parteien in Dtld. ([11]1965), enthält Bibliogr. d. Quellen (Parteitagsprotokolle, Rechenschaftsberichte, Parteihandbücher etc.) u. Darstellungen zur Gesch., Soziologie u. Rechtsstellung d. dt. Parteien; unter Berücksichtigung sozialer u. organisatorischer Gesichtspunkte W. TORMIN, Gesch. d. dt. Parteien seit 1848 ([2]1967); Th. NIPPERDEY, Die Organisation d. dt. Parteien vor 1918 (1961); H. GREBING, Gesch. d. dt. Parteien (1962); D. FRICKE (Hg.), Die bürgerl. Parteien in Dtld. (2 Bde. B-Ost 1968–1970). – Klassische parteisoziolog. Studien: M. OSTROGORSKI, La Démocratie et l'organisation des partis politiques (1901); M. WEBER, Politik als Beruf ([2]1926, Ndr. 1958, [5]1969); ders., Wirtschaft u. Gesellschaft ([4]1956); R. MICHELS, Zur Soziologie d. Parteiwesens in d. mod. Demokratie ([2]1925, Ndr. 1957). Eine umfassende Analyse organisatorischer u. typolog. Aspekte d. Parteien: M. DUVERGER, Les Partis Politiques ([3]1958, dt. 1958); Vorarb. zu einer dt. ähnl. Darstel.: K. LENK/F. NEUMANN (Hg.), Theorie u. Soziologie d. polit. Parteien (1968). Eine umfassende soziologische Untersuchung der dt. Parteien liegt noch nicht vor; dazu W. ABENDROTH, Aufgabe u. Methoden einer dt. histor. Wahlsoziologie, VfZG 5 (1957). Ergiebig für Gesch., Soziologie u. Rechtsnatur d. dt. Parteien ist der Bericht einer Parteienrechtskommission des Bundesinnenministeriums: Rechtl. Ordnungen d. Parteiwesens, Probleme eines Parteiengesetzes ([2]1958). Aus der neueren staatsrechtl. Lit. seien hervorgehoben: G. LEIBHOLZ, Der Strukturwandel d. mod. Demokratie (1952); ders., Das Wesen d. Repräsentation u. der Gestaltwandel d. Demokratie im 20. Jh. ([3]1966); ders., Die Auflösung der liberalen Demokratie in Dtld. u. das autoritäre Staatsbild (1932).

Einzelne Richtungen: M. GREIFFENHAGEN, Das Dilemma des Konservatismus in Dtld. (1971); G.-K. KALTENBRUNNER (Hg.), Rekonstruktion des Konservatismus (1972). – G. de RUGGIERO, Gesch. d. Liberalismus in Europa (1930, Ndr. 1967); F. C. SELL, Tragödie d. dt. Liberalismus (1953). Gegenüber beiden bringt die soziologische Betrachtungsweise zur Geltung: Th. SCHIEDER, Das Verhältnis von politischer und gesellschaftlicher Verfassung und die Krise des bürgerlichen Liberalismus, HZ 177 (1954); ders., Der Liberalismus und der Strukturwandel der modernen Gesellschaft vom 19. zum 20. Jh., Relaz. del X. Congr. Internaz. di Scienze Storiche 5 (1955); Geschichte des dt. Liberalismus, Schriftenreihe der Friedrich-Naumann-Stiftung 10 (1966). – K. BACHEM, Vorgesch., Gesch. u. Politik d. dt. Zentrumspartei (9 Bde. 1927–1932, Ndr. 1965 ff.); K. BUCHHEIM, Gesch. d. christl. Parteien in Dtld. (1953), guter Überblick, geht aber am Problem des Freiheitsbegriffs im polit. Katholizismus vorbei. – J. DROZ, Le Socialisme démocratique 1864–1960 (1966); H. GREBING, Gesch. d. dt. Arbeiterbewegung (1966, Tb. 1970); Gesch. d. dt. Arbeiterbewegung, hg. v. Inst. f. Marxismus-Leninismus beim Zentralkomitee der SED (8 Bde. 1966); W. GOTTSCHALCH/F. KARRENBERG/F. STEGMANN, Gesch. d. sozialen Ideen in Dtld., hg. v. H. GREBING (= Dt. Hdb. d. Politik 3, 1969); C. JANTKE, Der vierte Stand. Die gestaltenden Kräfte d. dt. Arbeiterbewegung im 19. Jh. (1955); Die Archive der SPD, Archivar 20 (1967); J. JENSEN, Archiv d. Sozialen Demokratie. Übersicht über die Archivbestände (1970); K. KOSZYK, Die Presse d. dt. Sozialdemokratie. Eine Bibliographie (1966); J. MAITRON/G. HAUPT, Dictionnaire biographique de mouvement ouvrier international. Bd. 1: L'Autriche (1971); B. ANDREAS/ G. HAUPT, Bibliographie d. Arbeiterbewegung heute u. morgen, Internat. Rev. of Soc. Hist. 12 (1967). – B. VOGEL/D. NOHLEN/R.-O. SCHULTZE (Hg.), Wahlen in Dtld. Theorie – Geschichte – Dokumente 1848–1970 (1971).

Darstellungen: Eine breit angelegte wissenschaftl. Darstellung d. dt. Gesch. im 20. Jh. gibt es noch nicht. Im Rahmen von Handbüchern zur allg. Gesch. gut dokumentiert P. RENOUVIN, La crise européenne et la première guerre mondiale (⁵1969) u. M. BAUMONT, La faillite de la paix 1918–1938 (2 Bde. ⁵1967/68), Peuples et Civilisations, Bd. 19 u. 20; P. RENOUVIN, Les crises du XXᵉ siècle, Bd. I: De 1914 à 1929 (⁶1969), Bd. II: De 1929 à 1945 (⁵1970), Histoire des Relations Internationales Bd. 7 u. 8. Reich an Fragestellungen u. Forschungsproblemen H. HERZFELD, Die moderne Welt 1789–1945, 2. Teil (⁴1969). In P. RASSOW, Dt. Gesch. (³1973) geben ausgezeichneten Überblick W. CONZE für Weltkrieg und Weimarer Republik, H. MAU u. H. KRAUSNICK für Nationalsozialismus und Zweiten Weltkrieg, W. CORNIDES für die Nachkriegszeit bis 1948. In O. BRANDT/A. O. MEYER/L. JUST, Hdb. d. Dt. Gesch., Bd. 4/I (1971): W. FRAUENDIENST, Das Dt. Reich von 1890–1914, W. HUBATSCH, Der Weltkrieg 1914–1918, A. SCHWARZ, Die Weimarer Republik; Bd. 4/II (1965): W. HOFER, Die Diktatur Hitlers bis zum Beginn des Zweiten Weltkrieges, H. MICHAELIS, Der Zweite Weltkrieg. Deutsche Geschichte, hg. v. einem Autorenkollektiv, Bd. 2 u. 3 (B-Ost ²1967 u. 1968); H. HOLBORN, Dt. Geschichte der Neuzeit, Bd. 3: Das Zeitalter des Imperialismus 1871–1945 (1971); Politiker des 20. Jh., Bd. 1: Die Epoche d. Weltkriege, hg. v. R. HOČEVAR/H. MAIER/P. L. WEINACHT (1971); J. R. v. SALIS, Weltgeschichte der Neuesten Zeit, Bd. 2 u. 3 (²1962). – Über die Frage der hist. Zusammengehörigkeit von Erstem u. Zweitem Weltkrieg L. DEHIO, Dtld. u. die Weltpolitik im 20. Jh. (1955); über die Verschiedenartigkeit des Problems der Kriegsschuld 1914 u. 1939: A. HILLGRUBER, Dtlds. Rolle in der Vorgesch. d. beiden Weltkriege (1967). – Zur Entwicklung einzelner Sachgebiete im Überblick: F. HARTUNG, Dt. Verfassungsgesch. vom 15. Jh. bis zur Gegenwart (⁹1969); E. R. HUBER, Dt. Verfassungsgesch. seit 1789, Bd. 4: Struktur u. Krisen des Kaiserreichs (1969), Bd. 5: Weltkrieg, Revolution und Reichserneuerung. E. KEYSER, Bevölkerungsgeschichte Dtlds. (³1943); H.

SCHUBNELL, Der Trend der Bevölkerungsentwicklung in Dtld. Veröffentlichung der Dt. Akademie für Bevölkerungswissenschaft (1964); E. M. KULISCHER, Europe on the move. War and population changes 1917–1947 (New York 1948); B. KIESEWETTER, Europäische Wanderungsbilanz der Weltkriege, Europa-Archiv 5 (1950); G. RHODE, Völker auf dem Wege. Verschiebungen der Bevölkerung in Ostdtld. und Osteuropa seit 1917 (1952); K. M. BOLTE/D. KAPPE, Dt. Gesellschaft im Wandel (1966). – Besonders umstritten ist das Militarismusproblem: Hdb. zur dt. Militärgeschichte 1648–1939, hg. v. Militärhist. Forschungsamt, 3. Lieferung: W. SCHMIDT-RICHBERG/E. Gf. v. MATUSCHKA, Von der Entlassung Bismarcks bis zum Ende des Ersten Weltkrieges. 1890–1918 (1970); W. GÖRLITZ, Kleine Gesch. d. dt. Generalstabes (1967); W. SCHMIDT-RICHBERG, Die Generalstäbe in Dtld. 1871–1945, in: Beiträge zur Militär- u. Kriegsgesch. 3, hg. v. Militärgeschichtl. Forschungsamt (1962); von einem beteiligten, zuverlässigen Sachkenner W. ERFURTH, Die Gesch. d. dt. Generalstabes von 1918 bis 1945 (^{2}1960); eine Sozialgesch. d. dt. Offizierkorps gibt K. DEMETER, Das dt. Offizierkorps in Gesellschaft u. Staat 1650–1945 (^{4}1965); H. MODEL, Der dt. Generalstabsoffizier. Seine Auswahl u. Ausbildung in Reichswehr, Wehrmacht u. Bundeswehr (1968); F. HOSSBACH, Die Entwicklung d. Oberbefehls über das Heer in Brandenburg, Preußen u. im Dt. Reich von 1655–1945 (1957); E. BUSCH, Der Oberbefehl. Seine rechtliche Struktur in Preußen u. Dtld. seit 1848 (1967); W. HUBATSCH, Der Admiralstab u. die obersten Marinebehörden in Dtld. 1848–1945 (1958); G. W. F. HALLGARTEN, Das Wettrüsten. Seine Gesch. bis zur Gegenwart (a. d. Amerik. 1967). Grundlegend als Ausgangspunkt der weiteren Diskussion G. RITTER, Staatskunst u. Kriegshandwerk (Bd. 1 1954, ^{3}1965, Bd. 2 ^{2}1965, Bd. 3 1964, Bd. 4 1968); zum Ansatz des Gesamtwerkes kritisch L. DEHIO, Um den dt. Militarismus, HZ 180 (1955); aus der zahlreichen ausländ. Lit. hebt sich heraus G. A. CRAIG, The politics of the Prussian army 1640–1945 (1955, dt. 1960); zur Orientierung über die Probleme u. die Lit. H. HERZFELD, Das Problem d. dt. Heeres 1919–1945 (o. J. 1952); ders., Zur neueren Lit. über das Heeresproblem in der dt. Gesch., VfZG 4 (1956). – Über die Kirchen, ihre innere Entwicklung u. ihr Verhältnis zu Staat u. Gesellschaft unter starker Berücksichtigung der dt. Verhältnisse als guter Überblick über Probleme u. Lit. M. BENDISCIOLI, Chiesa e societa nei secoli XIX e XX, in: Questioni di storia contemporanea (1. Bd. 1953). – Zur Publizistik K. KOSZYK, Dt. Presse 1914–1945 (1972). – Zu den Ostproblemen historisch, wirtschaftlich u. völkerrechtlich: Das östl. Dtld. Ein Handbuch, hg. v. Göttinger Arbeitskreis (1959).

Zur Deutung d. dt. Gesch. im ZA d. Weltkriege hoben sich nach dem Zweiten Weltkrieg, nachdem sich die erste Flut der nur dem Augenblick verhafteten Schriften verlaufen hatte, als Festpunkte historischer Besinnung u. Auseinandersetzung heraus: F. MEINECKE, Die dt. Katastrophe. Betrachtungen u. Erinnerungen (zuerst 1946); L. DEHIO, Gleichgewicht oder Hegemonie. Betrachtungen über ein Grundproblem d. europ. Staatengesch. (zuerst 1948); G. RITTER, Das dt. Problem. Grundfragen dt. Staatslebens gestern u. heute (^{2}1966); H. ROTHFELS, Die dt. Opposition gegen Hitler. Eine Würdigung (zuerst amerik. 1948, dt. 1949, ^{2}1958, neue erw. Ausgabe Tb. 1969); ders., Zeitgeschichtl. Betrachtungen (^{2}1963). Die Auseinandersetzung mit der dt. Gesch. im 20. Jh. hat einen neuen Anstoß erhalten durch die Werke von F. FISCHER, s. hierzu Lit. in Bd. 18, Kap. 5.

Allgemeine Bibliographie zur Weimarer Republik

Bibliographien: DW Abschn. 395; F. HERRE/H. AUERBACH 174–243 (s. Allgem. Bibl. z. Gesamtperiode); Bibliographie z. Zeitgesch., Beilage zu VfZG; From Weimar to Hitler, Germany 1918–1933, Hg. Wiener Library (London ²1964).

Annalen: C. HORKENBACH (Hg.), Das Dt. Reich von 1918 bis heute (4 Bde. 1931 bis 1935).

Nachschlagewerke: G. ANSCHÜTZ/R. THOMA, Hdb. d. dt. Staatsrechts (2 Bde. 1929/32); Reichstagshdb. (1912 ff.); Hdb. f. d. Dt. Reich, hg. v. Reichsministerium d. Innern (laufend 1918 ff.); Reichshdb. d. dt. Gesellschaft, hg. v. Dt. Wirtschaftsverlag (2 Bde. 1930/31); M. MÜLLER-JABUSCH, Hdb. d. öffentl. Lebens (1929); B. HARMS (Hg.), Volk u. Reich d. Deutschen (2 Bde. 1929); ders. (Hg.), Recht u. Staat im neuen Dtld. (2 Bde. 1929); K. PETERSEN/O. SCHEEL/P. H. RUTH/H. SCHWALM (Hg.), Hdb. d. Grenz- u. Auslandsdeutschtums (3 Bde. 1933/38).

Dokumente: Th. NIEMEYER/K. STRUPP (Hg.), Die völkerrechtl. Urkunden d. Weltkrieges, Bd. 6: Die Friedensschlüsse 1918–1921, Jb. d. Völkerrechts 8 (1922); dies., Friedensverträge, Völkerbunddok., Vergleichs-, Schieds- und Sicherheitsverträge, Allianzverträge 1919–26, ebd. 9 (1926); V. BRUNS (Hg.), Polit. Verträge. Eine Sammlung v. Urkunden, Bd. 1: Garantiepakte, Bündnisse, Abkommen über polit. Zusammenarbeit, Nichtangriffs- u. Neutralitätsverträge d. Nachkriegszeit (1936); Bd. 2,1: Materialien z. Entwicklung d. Sicherheitsfrage im Rahmen d. Völkerbundes 1920–27 (1936); Bd. 2,2: desgl. 1927 bis 1935 (1938); Bd. 3,1: Garantiepakte etc. ... Neutralitäts- u. Abrüstungsverträge d. Nachkriegszeit 1936–37 (1940); Bd. 3,2: desgl. 1938–40 (1942); ders., Fontes iuris gentium, Serie A, Sektion I, Bd. 1: Hdb. d. Entscheidungen d. Ständ. Intern. Gerichtshofs 1922–30 (1931); dass., A I 2, Hdb. d. Entsch. d. Ständ. Schiedshofs 1902–28 (1931); dass., A I 3, Hdb. d. Entsch. d. St. Int. Gerichtsh. 1931–34 (1935); dass., A I 4, Hdb. d. Entsch. d. St. Int. Gerichtsh. 1934–1940 (1964). – Ursachen u. Folgen. Vom dt. Zusammenbruch 1918 u. 1945 bis zur staatl. Neuordnung Dtlds. in der Gegenwart, hg. v. H. MICHAELIS/E. SCHRAEPLER/ G. SCHEEL, Bde. 1–8 (1958–63); K. D. ERDMANN/K. BRUCHMANN, später W. MOMMSEN (Hg.), Akten d. Reichskanzlei, bisher erschienen: Das Kabinett Scheidemann, hg. v. H. SCHULZE (1971); Das Kabinett Müller I, hg. v. M. VOGT (1971); Das Kabinett Fehrenbach, hg. v. P. WULF (1972); Das Kabinett Cuno, hg. v. K.-H. HARBECK (1968); Das Kabinett Müller II, hg. v. M. VOGT (1970). Die Berichte Eduard Davids als Vertreter d. Reichsregierung in Hessen 1921–1927, hg. v. F. P. KAHLENBERG (1970); Politik in Bayern 1919–1933. Berichte des württemberg. Gesandten Moser v. Filseck, hg. v. W. BENZ (1971); Dt. Parlamentsdebatten, Bd. 2: 1919–1933, hg. v. D. JUNKER, Vorwort G. MANN, Einleitung E. JÄCKEL (Tb. 1971). – Akten des Ausw. Amtes zum großen Teil verfilmt: Index of microfilmed records of the German Foreign Ministry covering the Weimar period, hg. v. National Archives Washington (1958); Akten zur dt. auswärtigen Politik 1918–45. Aus dem Archiv des Auswärt. Amtes, Serie B 1925–33 (1966 ff., bisher 5 Bde. für Dez. 1925 bis Juni 1927). – Documents on British Foreign Policy 1919–39 (1947 ff.), Ser. 1: 1919–1925 (bisher Bde. 1–18 für 1919/23), Ser. 1 A: 1925–1929 (bisher Bde. 1–3 für 1925/27), Ser. 2: 1930–1938 (bisher Bde. 1–11 für 1930/33); Papers relating to the Foreign Relations of the United States (laufend für die ganze Periode); I Documenti Diplomatici Italiani, Ser. 6, Bd. 1: 1918 (1956), Ser. 7: 1922 bis 1935 (bisher Bde. 1–7 für 1922/29 (1953/70). Amtl. Aktenausg. durch das Außenministerium d. Sowjetunion, bisher 12 Bde. für die Zeit vom 7. Nov. 1917 bis 31. Dez. 1929: Dokumenty vnešnej politiki SSSR (Moskau 1957ff.); I. DEGRAS (Hg.), Soviet Documents on Foreign Policy, Bd. 1: 1917–24, Bd. 2: 1925–32 (1951/52), Bd. 3: 1933–41 (1953); Soviet Foreign Policy 1928–34, hg. v. X. J. EUDIN/R. M. SLUSSER (2 Bde. 1966/67); Dt.-sowj. Beziehungen von den Verhandlungen in Brest-Litowsk bis zum Abschluß des Rapallovertrages. Dokumentensammlung Bd. 1: 1917–1918, hg. v. d. Minist. f. Ausw. Angelegenheiten der DDR u. der UdSSR (B-Ost 1967).

Erinnerungen, Aufzeichnungen, Lebensbeschreibungen:
    Deutschland: DW 393/755–815, 921–963; 395/12, 14–41.
    1. *Politiker:* Fr. EBERT, Schriften, Aufzeichnungen, Reden (1926); M. PETERS, Fr. Ebert (²1954); M. FREUND, Fr. Ebert, in: Die Großen Deutschen, Bd. 4 (1957); G. KOTOWSKI, Fr. Ebert, Bd. 1 (1963, reicht bis 1917); W. BESSON, Fr. Ebert (1963); Helga GREBING, Fr. Ebert. Kritische Gedanken zur historischen Einordnung eines dt. Sozialisten, in: Parlament B 5 (1971); G. ARNS, Fr. Ebert als Reichspräsident, in: HZ, Beih. 1 (1971); Fr. Ebert 1871–1925, Einführung P. C. WITT (1971); P. v. HINDENBURG, s. Kap. 17, Anm. 10 u. Bd. 18, Kap. 12, Anm. 7. – E. THÄLMANN, Reden u. Aufsätze z. Gesch. d. dt. Arbeiterbewegung (2 Bde. 1955/56); W. ULBRICHT, Zur Gesch. d. dt. Arbeiterbewegung. Aus Reden u. Aufsätzen, Bd. 1: 1918–33 (1953); Ruth FISCHER, Stalin u. der dt. Kommunismus (1948, ²1950); Marg. BUBER-NEUMANN, Von Potsdam nach Moskau. Stationen eines Irrweges (1957); P. LEVI, Zwischen Spartakus u. Sozialdemokratie. Schriften, Aufsätze, Reden u. Briefe, hg. v. Charlotte BERADT (1969); dies., Paul Levi. Ein demokratischer Sozialist in der Weim. Rep. (1969); W. MÜNZENBERG, Propaganda als Waffe. Ausgewählte Schriften 1919–1940 (1972); Babette GROSS, Willi Münzenberg. Eine polit. Biographie (1967); K. RETZLAW, Spartakus – Aufstieg u. Niedergang. Erinnerungen eines Parteiarbeiters (1971); W. KALZ, Gustav LANDAUER, Kultursozialist u. Anarchist (1967); Ph. SCHEIDEMANN, Der Zusammenbruch (1921); ders., Memoiren eines Sozialdemokraten (1928); H. MÜLLER, Die Novemberrevolution. Erinnerungen (1928); O. BRAUN, Von Weimar zu Hitler (³1949); C. SEVERING, Mein Lebensweg (2 Bde. 1950); G. NOSKE, Erlebtes aus Aufstieg u. Niedergang einer Demokratie (1949); ders., Von Kiel bis Kapp (1920); U. CZISNIK, G. Noske. Ein sozialdemokratischer Staatsmann (1970); P. LÖBE, Der Weg war lang (2. erw. Aufl. d. ›Erinnerungen eines Reichstagspräsidenten‹, 1949); W. KEIL, Erlebnisse eines Sozialdemokraten (2 Bde. 1947/48); G. RADBRUCH, Der innere Weg (1951, Tb. ²1961); ders., Briefe, hg. v. E. WOLF (1968); J. LEBER, Ein Mann geht seinen Weg. Schriften, Reden u. Briefe, hg. v. G. DAHRENDORF u.a. (1952); R. WISSELL, Ein Leben f. soziale Gerechtigkeit, hg. v. O. BACH (1949); F. STAMPFER, Erfahrungen u. Erkenntnisse (1957); W. HOEGNER, Die verratene Republik (1958, Auszug Tb. 1966); E. REUTER, Schriften – Reden. Bd. 1: 1905–22, hg. v. H. E. HIRSCHFELD/H. J. REICHHARDT (1972); H. J. L. ADOLPH, Otto Wels u. die Politik d. Dt. Sozialdemokratie 1894 bis 1939 (1971). – G. GILLESSEN, Hugo PREUSS. Studien z. Ideen- u. Verfassungsgesch. d. Weim. Rep. (1955); F. NAUMANN, Werke, hg. v. W. UHSADEL/Th. SCHIEDER/H. LADENDORF (6 Bde. 1964); Th. HEUSS, Friedrich Naumann. Der Mann, das Werk, die Zeit (Tb. ³1968); J. CHRIST, Staat u. Staatsräson bei Fr. Naumann (1969); E. SCHIFFER, Ein Leben für den Liberalismus (1951); Th. HEUSS, Erinnerungen 1905 bis 1933 (1963, Tb.

17

1965); M. EKSTEINS, Theodor Heuss u. die Weim. Rep. Ein Beitrag z. Gesch. d. dt. Liberalismus (a. d. Engl. 1969); J. C. HESS, Th. Heuss als Politiker d. Weim. Rep. (1973); Gertrud BÄUMER, Im Licht d. Erinnerung (1953); W. RATHENAU, Tagebuch 1907–22, hg. v. H. POGGE-v. STRANDMANN (1967); ders., Briefe (2 Bde. 1926), Neue Briefe (1927), Polit. Briefe (1929), Ges. Schriften (5 Bde. 1925), Schriften aus Kriegs- u. Nachkriegszeit (1929), Ges. Reden (1924); H. Gf. KESS-LER, W. Rathenau. Sein Leben u. sein Werk. Mit einem Kommentar v. H. FÜR-STENBERG (²1962); H. M. BÖTTCHER, W. Rathenau, Persönlichkeit u. Werk (1958); P. BERGLAR, W. Rathenau. Seine Zeit, sein Werk, seine Persönlichkeit (1970); P. BENDIXEN, Das Staatsdenken W. Rathenaus (Diss. Kiel 1971); s. ferner Kap. 9, Anm. 8; W. HELLPACH, Wirken in Wirren. Lebenserinnerungen (2 Bde. 1948/49); E. LEMMER, Manches war doch anders. Erinnerungen eines dt. Demo-kraten (1968); F. FRIEDENSBURG, Lebenserinnerungen, Bd. 1: Kaiserreich – Wei-marer Republik – Hitlerzeit (1969); O. GESSLER, Reichswehrpolitik in der Weim. Zeit, hg. v. K. SENDTNER (1958); Adelheid v. SALDERN, Hermann Diet-rich. Ein Staatsmann d. Weim. Rep. (1966); G. SCHWARZ, Theodor WOLFF u. das ›Berliner Tageblatt‹. Eine lib. Stimme in der Politik 1906–1933 (1968); K. RIEZ-LER, Tagebücher, Aufsätze, Dokumente, hg. v. K. D. ERDMANN (1972); J. V. BREDT, s. Bd. 18, S. 17. – K. EPSTEIN, Matthias ERZBERGER u. das Dilemma d. dt. Demokratie (a. d. Amerikan. 1962); H. LUTHER, Politiker ohne Partei (1960); ders., Vor dem Abgrund. Reichsbankpräsident in Krisenzeiten 1930–33 (1965); H. KÖHLER, Lebenserinnerungen des Politikers u. Staatsmannes 1878–1949, hg. v. J. BECKER (1964); H. STEHKÄMPER (Hg.), Der Nachlaß des Reichskanzlers Wilhelm MARX (4 Bde. 1968); H. BRÜNING u. G. R. TREVIRANUS, s. Lit. zu Kap. 22; J. DEUTZ, Adam STEGERWALD. Gewerkschafter, Politiker, Minister 1874–1945 (1952); H. J. SCHORR, Adam Stegerwald. Gewerkschafter u. Politiker d. ersten dt. Republik (1966); M. MILLER, BOLZ, Staatsmann u. Bekenner (1951); G. SCHREIBER, Zwischen Demokratie u. Diktatur. Persönliche Erinnerungen 1919–44 (1949); A. WYNEN, Ludwig KAAS (1953); R. KESSLER, Heinrich HELD als Parlamentarier. Eine Teilbiographie 1868–1924 (1971); J. JOOS, Am Räder-werk d. Zeit. Erinnerungen aus der kath. sozialen Bewegung u. Politik (o. J.); ders., So sah ich sie. Menschen u. Geschehnisse (1958); P. ENDERLE, Dr. J. SCHO-FER (1957), Führer des bad. Zentr. – Lit. zu STRESEMANN s. Kap. 13; J. CURTIUS, Sechs Jahre Minister der dt. Republik (1948); P. SILVERBERG, Reden u. Schriften, hg. v. F. MARIAUX (1951); W. Frhr. v. RHEINBABEN, Viermal Deutschland (1954); ders., Kaiser, Kanzler, Präsidenten (1968). – H. H. KOHLHAUS, Die Ha-pag, CUNO u. das Dt. Reich 1920–33 (Diss. Ms. Hamburg 1951); G. R. TREVIRA-NUS, Kuno Graf Westarp 1864 bis 1945, Dt. Rundschau 81 (1955); K. Gf. WEST-ARP, Am Grabe der Parteiherrschaft. Bilanz des dt. Parlamentarismus 1918–32 (1932); H. SCHLANGE-SCHÖNINGEN, Am Tage danach (1946); K. HELFFERICH, Reichstagsreden 1920–1924 (2 Bde. 1925); J. G. WILLIAMSON, Karl Helfferich 1872–1924. Economist, Financier, Politician (Princeton 1971); L. Gf. SCHWERIN v. KROSIGK, Es geschah in Dtld. Menschenbilder unseres Jh. (1951); Frhr. v. BRAUN, Von Ostpreußen bis Texas (1955); E. zu OLDENBURG-JANUSCHAU, Erinnerungen (1936); O. SCHMIDT-HANNOVER, Umdenken oder Anarchie (1959); A. WINNIG, Aus zwanzig Jahren (1948); H. SCHACHT, 76 Jahre meines Lebens (1953); ders., Wie eine Demokratie stirbt (1968); O. MEISSNER, Staatsse-kretär unter Ebert, Hindenburg, Hitler (1950); A. BRECHT, Aus nächster Nähe. Lebenserinnerungen (2 Bde. 1966/67); H. PÜNDER, Politik in der Reichskanzlei. Aufzeichnungen aus den Jahren 1929–32, hg. v. Th. VOGELSANG (1961); ders., Von Preußen nach Europa. Lebenserinnerungen (1968); W. ZECHLIN, Pressechef bei Ebert, Hindenburg u. Kopf (1950); F. v. PAPEN, Der Wahrheit eine Gasse

(1952); hierzu Th. Eschenburg, Franz v. Papen, VfZG 1 (1953). – H. Bieber, Paul Rohrbach. Ein konservativer Publizist u. Kritiker d. Weim. Rep. (1972); E. v. Salomon, Die Geächteten (1939); ders., Der Fragebogen (1951, Tb. ⁴1972); E. Niekisch, Gewagtes Leben (1958). – Lit. zum Nat.soz. Bd. 20: Dtld. unter der Herrschaft des Nationalsozialismus. – Kommunalpolitiker: K. D. Erdmann, Adenauer in der Rheinlandpolitik nach dem Ersten Weltkrieg (1966); H. Sprenger, Heinrich Sahm. Kommunalpolitiker u. Staatsmann (1969); E. Lüth/H.-D. Loose, Bürgermeister Carl Petersen. Wegbereiter des Bündnisses zwischen Bürger u. Arbeiter in Hamburg (1971); C. Engeli, Gustav Böss – Oberbürgermeister von Berlin 1921–1930 (1971).

2. *Diplomaten:* P. Schmidt, Statist auf diplomat. Bühne 1923–1945. Erlebnisse des Chefdolmetschers im Ausw. Amt mit den Staatsmännern Europas (¹¹1968); E. Stern-Rubarth, Graf Brockdorff-Rantzau. Wanderer zwischen zwei Welten (²1968); H. Holborn über Br.-R., in: G. A. Craig/F. Gilbert, The Diplomats (1953); für seine Zeit als Außenminister: U. Gf. Brockdorff-Rantzau, Dokumente (1920); als Botschafter in Rußland: H. Helbig, Die Träger d. Rapallo-Politik (1958), enthält u. a.: Die Moskauer Mission des Gf. Br.-R., zuerst in Forsch. z. osteurop. Gesch. 2 (1955); Fr. v. Prittwitz u. Gaffron, Zwischen Petersburg u. Washington. Ein Diplomatenleben (1952); G. Hilger, Wir u. der Kreml. Dt.-sowjet. Beziehungen 1918–41. Erinnerungen eines dt. Diplomaten (²1956); R. Nadolny, Mein Beitrag (1955); W. v. Blücher, Dtlds. Weg nach Rapallo (1951); H. v. Dirksen, Moskau, Tokio, London (1949); F. Rosen, Aus einem diplomatischen Wanderleben (Bd. 1 u. 2 1931/32; Bd. 3 u. 4 posthum 1959), Orientalist, im 1. Weltkrieg Gesandter im Haag, 1921 Außenminister.

3. *Soldaten:* E. Ludendorff, Meine Lebenserinnerungen, 3 Bde.: Bd. 1, 1919–1925 (²1941), Bd. 2, 1926–1933 (³1952), Bd. 3, 1933–1937 (1955); F. Ernst (Hg.), Aus dem Nachlaß des Gen. Walther Reinhardt, WaG 18 (1958 im gl. Jahr auch als Buchausgabe); ders., W. Reinhardt, Zs. f. Württbg. Landesgesch. 16 (1957), biograph. Skizze; W. Groener, Lebenserinnerungen (1957); Dorothea Groener-Geyer, General Groener. Soldat u. Staatsmann (1955); zu Groener s. auch Kap. 1, Anm. 29 u. Kap. 23, Anm. 8; R. H. Phelps, Aus den Seeckt-Dokumenten, Dt. Rundschau 78 (1952); H. Meier-Welcker, Seeckt (1967); G. A. Craig, Briefe Schleichers an Groener, WaG 11 (1951); Th. Vogelsang, Kurt v. Schleicher. Ein General als Politiker (1965); E. Köstring, Der milit. Mittler zwischen dem Dt. Reich u. der Sowjetunion 1921–1941, bearb. v. H. Teske (1965).

4. *Fürstenhäuser:* S. v. Ilsemann, Der Kaiser in Holland. Aufzeichnungen des letzten Flügeladjutanten Kaiser Wilhelms II. 1918–41, hg. v. H. v. Königswald (2 Bde. 1967/68, Tb. 1971); P. Herre, Kronprinz Wilhelm. Seine Rolle in der dt. Politik (1954); K. Sendtner, Rupprecht v. Wittelsbach, Kronprinz v. Bayern (1954).

5. *Wissenschaft, Literatur, Kunst:* Vgl. Lit. zu Kap. 19: – Marianne Weber, Max Weber. Ein Lebensbild (1950); W. Mommsen, Max Weber u. die dt. Politik 1890–1920 (1959); W. Koehler, Ernst Troeltsch (1941); Fr. Meinecke, Ausgew. Briefwechsel, hg. v. L. Dehio/P. Classen (1962); ders., Die dt. Katastrophe. Betrachtungen u. Erinnerungen (⁶1965); K. A. v. Müller, Im Wandel einer Welt 1919–1932 (1966); Ch. Weisz, Geschichtsauffassung u. polit. Denken Münchener Historiker d. Weim. Zeit. K. Beyerle, M. Buchner, M. Doeberl, E. Marcks, K. A. v. Müller, H. Oncken (1971); s. auch Bd. 18. Erster Weltkrieg: Historiker; O. Spengler, Briefe 1913–1936, hg. v. A. M. Koktanek (1963); ders., Oswald Spengler in seiner Zeit (1968); A. Kantorowicz, Zola Essay –

Betrachtungen eines Unpolitischen. Die paradigmatische Auseinandersetzung zwischen Heinrich u. Thomas MANN, GWU 11 (1960); K. SONTHEIMER, Thomas Mann als polit. Schriftsteller, VfZG 6 (1958); ders., Th. Mann u. die Deutschen (1961, Tb. 1965); F. SCHMIDT-OTT, Erlebtes u. Erstrebtes 1860–1950 (1952); L. BRENTANO, Mein Leben im Kampf um die soziale Entwicklung Dtlds. (1931); P. FECHTER, Menschen u. Zeiten. Begegnungen aus fünf Jahrzehnten (1948); M. SCHNELLER, Zwischen Romantik u. Faschismus. Der Beitrag Othmar SPANNS zum Konservativismus in der Weim. Rep. (1971); Ph. FRANK, EINSTEIN. Sein Leben u. seine Zeit (1949); E. WENDE, C. H. BECKER. Mensch u. Politiker. Ein biograph. Beitrag zur Kulturgesch. d. Weim. Rep. (1959); H. P. BLEUEL, Dtlds. Bekenner. Professoren zwischen Kaiserreich u. Diktatur (1968); M. ESSLIN, BRECHT. Das Paradox des polit. Dichters (1962); B. I. LEWIS, George GROSZ. Art and politics in the Weimar Republic (Madison 1971).

6. *Kirche:* PIUS XII. PAPA, Der Papst an die Deutschen. Pius XII. als Apost. Nuntius u. als Papst in seinen deutschsprachigen Reden u. Sendschreiben 1917–56, hg. v. B. WÜSTENBERG/I. ZAKBAR (1956); Prinz KONSTANTIN v. Bayern, Der Papst. Ein Lebensbild (1952); W. GÖBELL (Hg.), Kirche, Recht u. Theologie in vier Jahrzehnten. Der Briefwechsel d. Brüder Th. u. I. KAFTAN 1891–1926 (2 Bde. 1967).

7. *Besondere Aspekte* der Zeit werden sichtbar in: R. COUDENHOVE-KALERGI, Kampf um Europa (1949); ders., Ein Leben für Europa. Meine Lebenserinnerungen (1966); R. ITALIAANDER, Richard N. Coudenhove-Kalergi (1969); H. Gf. KESSLER, Tagebücher 1918–1937. Politik, Kunst u. Gesellschaft d. zwanziger Jahre (1961); H. PLESSNER, Die Legende von den zwanziger Jahren, Merkur 16 (1962); T. STOLPER, Ein Leben in Brennpunkten unserer Zeit. Gustav STOLPER 1880–1947 (²1960); K. HILLER, Leben gegen die Zeit (1969); L. SCHWARZSCHILD, Die letzten Jahre vor Hitler. Aus dem »Tagebuch« 1929–1933, hg. v. Valerie SCHWARZSCHILD (1966); H. DOMIZLAFF, Nachdenkliche Wanderschaft (2 Bde. 1950), der Werbeleiter von Reemtsma über Fragen der polit. Propaganda.

Österreich: DW 396/35 u. 36. H. SCHROTH (Hg.), K. Renner. Eine Bibliographie (1970); K. RENNER, An der Wende zweier Zeiten (1946); ders., Österreich von der 1. zur 2. Republik (1953); H. FISCHER (Hg.), Karl Renner. Portrait einer Evolution (1970); H. STEINACHER, In Kärntens Freiheitskampf. Meine Erinnerungen an Kärntens Ringen um Freiheit u. Einheit in den Abwehrkämpfen 1918/19 u. um die Volksabstimmung 1920 (1970); A. M. KNOLL, Ignaz SEIPEL, in: Neue Österr. Biographie Bd. 9 (1956); A. WANDRUSZKA, Aus Ignaz Seipels letzten Lebensjahren. Unveröffl. Briefe aus den Jahren 1931 u. 1932, in: Mitt. des Österr. Staatsarchivs, 9 (1956). Zu O. Bauer Kap. 4, Anm. 15.

Frankreich: G. SUAREZ, Aristide BRIAND, sa vie, son œuvre (6 Bde, 1938/52); Ed. HERRIOT, Jadis, Bd. 2: D'une guerre à l'autre (1952); P. O. LAPIE, Herriot (1967); J. PAUL-BONCOUR, Entre deux guerres (3 Bde. 1945/47); A. FRANÇOIS-PONCET, Von Versailles bis Potsdam. Die Gesch. d. Jahre 1919–45 (²1964); ders., Souvenirs d'une ambassade (1946, dt. 1949).

England: A. CHAMBERLAIN, Down the years (1935, dt. ²1938), Skizzen u. a. über Briand u. Stresemann; ders., Peace in our time (1928), Auswahl seiner Reden; Ch. PETRIE, The life and letters of Sir Austen Chamberlain (2 Bde. 1939/40); Lord d'ABERNON, Ambassador of peace (3 Bde. 1929/30), dt. Ein Botschafter der Zeitwende (1929/30).

Italien: B. MUSSOLINI, Opera omnia. A cura di Eduardo e Duilio Susmel (36 Bde. Florenz 1951–63); R. de FELICE, Mussolini il fascista, 1. La conquista del potere. 1921–1925 (²1966), 2. L'organizzazione dello stato fascista 1925–1929 (²1968); R. WICHTERICH, Benito Mussolini. Aufstieg, Größe, Niedergang (1952).

USA: C. COOLIDGE, The autobiography (1931); H. HOOVER, The memoirs (3 Bde. 1951/53, dt. 1954/55).

Sowjetrußland: LENIN u. STALIN s. Lit. zu Bd. 18, Kap. 22.

Polen: s. Kap. 5, Anm. 13.

Darstellungen:

Deutschland: DW 395/42–81. K. D. ERDMANN, Die Gesch. d. Weim. Rep. als Problem d. Wissenschaft, VfZG 3 (1955). – Handbücher: A. SCHWARZ, Die Weim. Rep. (1971), in: BRANDT/MEYER/JUST, Hdb. d. dt. Gesch.; K. DEDERKE, Reich u. Republik, Dtld. 1917–1933 (1969, Klett-Studienbücher) in Verbindung mit dem Inst. f. Zeitgesch.; H. HEIBER, Die Rep. von Weimar, u. H. GRAML, Europa zwischen den Kriegen, in: Dt. Gesch. seit dem Ersten Weltkrieg, hg. v. Inst. f. Zeitgesch. (1971).

Die wiss. Darstellung d. Weim. Rep. begann mit A. ROSENBERG, Die Entstehung der Dt. Republik; ders., Gesch. d. Dt. Rep., s. Bd. 18, Kap. 18; aus der Sicht d. sozialistischen Revolutionärs E. NIEKISCH, Die Legende von der Weim. Rep. (1968); F. FRIEDENSBURG, Die Weim. Rep. (²1957), nach Sachkapiteln geordnete, zuverlässige Stoffsammlung, eine Art Rechenschaftsbericht über die Leistungen der Rep.; H. ULLMANN, Durchbruch zur Nation. Gesch. d. dt. Volkes 1919–33 (1933), von einem 1933 frohlockenden, später enttäuschten Wegbereiter d. Konservativen Revolution; F. STAMPFER, Die vierzehn Jahre d. ersten dt. Rep. (³1953), mit starken polit. Akzenten versehene Darstellung durch den ehem. Chefredakteur des ›Vorwärts‹; vom lib. Standpunkt aus als lebendige Schilderung d. Ereignisse u. Gestalten E. EYCK, Gesch. d. Weim. Rep. (2 Bde. ³,⁴1962); Th. ESCHENBURG, Die improvisierte Demokratie. Ein Beitrag z. Gesch. d. Weim. Rep. (²1963), beleuchtet die polit.-soziolog. Grundlagen; auch bei W. CONZE in: P. RASSOW, Dt. Gesch. (³1973), soziolog. Gesichtspunkte; R. DAHRENDORF, Demokratie u. Sozialstruktur in Dtld., in: ders., Gesellschaft u. Freiheit (1961); K. D. BRACHER, Dtld. zwischen Demokratie u. Diktatur. Beiträge zur neueren Politik u. Gesch. (1964); ders., Die Auflösung d. Weim. Rep. (⁵1971), Fundgrube genauer Informationen über die Strukturelemente d. Weim. Rep.; zur Kritik des method. Ansatzes u. des Urteils W. CONZE, HZ 183 (1957) u. A. BRECHT, Zs. f. Politik, NF 2 (1955); A. BRECHT (ehem. Leiter d. Verf.abt. im Reichsinnenmin., Verteidiger Preußens vor dem Staatsgerichtshof, Prof. f. polit. Wissenschaft), Vorspiel zum Schweigen. Das Ende d. dt. Rep. (1948), überzeugende Analyse d. verfassungspolit. Zusammenhänge; ders., Föderalismus, Regionalismus u. die Teilung Preußens (1949); Th. ESCHENBURG u. a., Der Weg in die Diktatur 1918 bis 1933 (1962); Von Weimar zu Hitler 1930–1933, hg. v. G. JASPER (1968), Aufsatzsammlung; G. SCHULZ, Zwischen Demokratie u. Diktatur. Verfassungspolitik u. Reichsreform in der Weim. Rep., Bd. 1 (1963); H. J. SCHOEPS (Hg.), Zeitgeist d. Weim. Rep. (1968); E. HÖLZLE u. a., Die dt. Ostgebiete zur Zeit d. Weim. Rep. (1966). – Aus kommunistischer Sicht: W. RUGE, Deutschland 1917–1933. Von der Großen Sozialist. Oktoberrevolution bis zum Ende d. Weim. Rep. (1967). – Zum Verhältnis Reich-Länder: W. BESSON, Württemberg u. die dt. Staatskrise 1928–1933 (1959), unter Ausschöpfung d. Stuttgarter Staatsakten ergiebig für die Frage Föderalismus u. Bürokratie; W. BENZ, Süddtld. in der Weim. Rep. (1970); Heidegret KLÖTER, Der Anteil d. Länder an der Wirtschaftspolitik d. Weim. Rep. 1919–1933 (Diss. Bonn 1967); Erika SCHNITZER, Das Ringen der Regierung Held um die Stellung Bayerns im Reich (Diss. Erlangen 1968); F. MENGES, Reichsreform u. Finanzpolitik. Die Aushöhlung d. Eigenständigkeit Bayerns auf finanzpolit. Wege in der Zeit d. Weim. Rep. (1971); J. ERDMANN, Coburg, Bayern u. das Reich 1918–1923 (1969). – W. APELT, Gesch. d. Weim. Verfassung (²1964); weitere Lit. zur Verfassungsgesch. Kap. 7; S. SCHÖNE, Von d. Reichskanzlei zum Bundeskanzleramt. Eine Untersuchung zum Problem d. Führung u. Koordination in der jüngeren dt. Gesch. (1968); W. RUNGE, Politik und Beamtentum im Parteienstaat. Die Demokratisierung der polit. Beamten in Preußen 1918–1933 (1965). - H. KUHN, Das geistige Gesicht d. Weim. Zeit, Zs. f. Politik, NF 8 (1961); K. DÜWELL, Staat u. Wissenschaft in der Weim. Epoche, in: HZ, Beih. 1 (1971); K. W. WIPPERMANN, Die Hochschulpolitik in der Weim. Rep., in: Polit. Studien 20 (1969); L. REINISCH, Die Zeit ohne Eigenschaften. Eine Bilanz d. zwanziger Jahre (1961); P. GAY, Die Republik der Außenseiter. Geist u. Kultur in der Weim. Zeit: 1918–1932 (a. d. Amerikan. 1970); Th. KOCH, Die goldenen Zwanziger Jahre (1971); G. RÜHLE, Zeit u. Theater. Von der Rep. zur Diktatur 1925–1933 (1972); H. LETHEN, Neue Sachlichkeit 1924–1933. Studien zur Lit. d. Weißen Sozialismus (1970); J. KURUSZ, Struktur u. Funktion d. Intelligenz während der Weim. Rep. (1967).

Österreich: R. LORENZ, Der Staat wider Willen. Österreich 1918–38 (³1943); H. BENEDIKT (Hg.), Gesch. d. Rep. Österr. (1954), Sammelwerk österr. Forscher; hieraus als Neuaufl. d. Beitrag von W. GOLDINGER, Gesch. d. Rep. Österr. (1962); Fr. KLEINWÄCHTER/H. v. PALLER (Hg.), Die Anschlußfrage in ihrer kulturellen, polit. u. wirtschaftl. Bedeutung (Wien/Leipzig 1930); N. v. PRERADOVICH, Die Wilhelmstraße u. der Anschluß Österreichs 1918–1933 (Bern 1971); K. WALDHEIM, Der österr. Weg. Aus der Isolation zur Neutralität (1971, Gesch. d. Außenpolitik seit 1918).

Auswärtige Beziehungen:

Allgemein: W. SCHÜCKING/H. WEHBERG, Die Satzung d. Völkerbundes (2 Bde. ³1931); F. D. WALTERS, A History of the League of Nations (2 Bde. 1952); E. FRAENKEL, Idee u. Realität des Völkerbundes im dt. polit. Denken, VfZG 16 (1968). - H. HOLBORN, Der Zusammenbruch des europ. Staatensystems (dt. ²1955); G. A. CRAIG/F. GILBERT, The diplomats 1919–39 (1953); E. H. CARR, International relations between the two wars 1919–39 (1959); J. B. DUROSELLE, Histoire diplomatique de 1919 à nos jours (⁵1970); P. RENOUVIN (Hg.), Histoire des Relations Internationales, darin ders., Les crises du XXe siècle, Bd. 1: 1919–1929 (1957, ⁶1969), Bd. 2: 1929–1945 (⁵1970); W. M. JORDAN, Great Britain, France and the German Problem 1918–39 (1943); W. POTJOMKIN (Hg.), Gesch. - d. Diplomatie, Bd. 3: 1919–39 (dt. ²1948), vom stalinistischen Standpunkt. - L. ZIMMERMANN, Dt. Außenpolitik in der Ära d. Weim. Rep. (1958); E. DEUERLEIN, Die informatorischen Aufzeichnungen des Ausw. Amtes 1918–39. Außenpolitik 4 (1953).

Frankreich: M. DUROSELLE, Les relations franco-allemandes de 1914 à 1939 (Paris 1967); F. GOGUEL, La politique des partis sous la IIIe République (1947), beste Darstellung d. franz. polit. Entwicklung; J. E. L. LOYRETTE, The foreign policy of Poincaré (Diss. Oxford 1955); E. WEILL-RAYNAL, Les réparations allemandes et la France 1918 bis 1936 (3 Bde. 1947); L. ZIMMERMANN, Frankreichs Ruhrpolitik von Versailles bis zum Dawesplan (1972); P. S. WANDYCZ, France and the Eastern Allies 1919–1925. French-Czechoslovak-Polish relations from the Paris Peace Conference to Locarno (Minneapol. 1962), wichtig für die Beurteilung der franz. Ostdiplomatie; Judith M. HUGHES, To the Maginot Line. The politics of french military preparation in the 1920's (Cambridge Mass. 1971); V. WIELAND, Frankreichs Weg in die Katastrophe. Zur Problematik d. franz. Militärpolitik u. Militärdoktrin in der Zeit zwischen den Weltkriegen, in: Militärgeschichtl. Studien 14 (1971).

England: W. N. MEDLICOTT, British foreign policy since Versailles 1919–1963 (1968); ders., Contemporary England, 1914–1964 (Bd. 10 der History of England, London 1967); A. J. P. TAYLOR, English History, 1914–1945 (Bd. 15 der Oxford History of England, Oxford 1965); M. GILBERT, Britain and Germany between the wars (London 1964).

Italien: M. H. MACARTNEY/P. CREMONA, Italy's foreign and colonial policy 1914–37 (1938); M. DONOSTI, Mussolini e l'Europa. La politica esterna fascista (1945); G. SALVEMINI, Mussolini diplomatico 1929–32 (1952); E. di NOLFO, Mussolini e la politica esterna italiana 1919–1933 (1960); M. DUROSELLE, Les relations internationale de l'Allemagne et de l'Italie de 1919 à 1939 (Paris 1967); F. CHABOD, Die Entstehung des neuen Italien 1918–1948. Von der Diktatur zur Republik (1965); Th. SCHIEDER, Italien vom Ersten zum Zweiten Weltkrieg, in: M. SEIDLMAYER, Gesch. Italiens (1962).

USA: G. F. KENNAN, American diplomacy 1900–50 (1951, dt. 1952); L. P. LOCHNER, Herbert Hoover u. Dtld. (a. d. Amerikan. 1961); K. OBERMANN, Die Beziehungen des amerikan. Imperialismus zum dt. Imperialismus in der Zeit d. Weim. Rep. 1918–1925 (1952), vom sowj. Standpunkt; F. SPENCER, The United States and Germany in the aftermath of war 1918 to 1929, in: Internat. Aff. 43 (1967); P. BERG, Dtld. u. Amerika 1918 bis 1929. Über das dt. Amerikabild d. zwanziger Jahre (1963); G. MOLTMANN, Die Bedeutung d. revisionistischen Geschichtsschreibung in den Vereinigten Staaten für das amerikan.-dt. Verhältnis in der Weim. Zeit, Internat. Jb. f. Gesch.- u. Geographie-Unterricht 11 (1967); A. DORPALEN, Amerikan. Isolation u. dt. Außenpolitik in den Weim. Jahren, ebd.; E. WANDEL, Die Bedeutung d. Vereinigten Staaten von Amerika für das dt. Reparationsproblem 1924–1929 (1971); weitere Lit. s. Kap. 16.

Sowjetrußland: T. T. HAMMOND, Soviet foreign relations and world communism. A selected annotated Bibliography of 7000 Books in 30 Languages (New York 1965); Auswahlbibliographie über die dt.-sowj. Beziehungen (Nov. 1917 bis Aug. 1961), zusammengestellt v. J. HELLER/U. KRETSCHMAR, in: ZfG 10 (1962); W. MARKERT/D. GEYER, Sowjetunion, in: Osteuropa-Hdb. (2 Bde. 1965/67); A. GROMYKO u.a. (Hg.), Gesch. d. sowjet. Außenpolitik, Bd. 1: 1917–1945 (B-Ost 1969); X. J. EUDIN/H. H. FISHER/R. B. JONES, Soviet Russia and the West 1920–1927. A documentary survey (2 Bde. Stanford 1957); G. F. KENNAN, Russia and the West under Lenin and Stalin (London 1961); L. FISCHER, Russia's road from peace to war. Soviet foreign relations 1917–1941 (New York 1969); M. BELOFF, The foreign policy of Soviet Russia 1929–41 (2 Bde. New York 1947/49); E. H. CARR, German-Soviet relations between the two worldwars 1919–39 (1951, dt. 1954); F. KLEIN, Die diplomat. Beziehungen Dtlds. zur Sowjetunion 1917–32 (²1953), Überblick vom sowj. Standpunkt; ebenso G. ROSENFELD, Sowjetrußland u. Dtld. 1917–1922 (1960), benutzt Akten dt. Zentral- u. Landesbehörden aus den Archiven Potsdam, Merseburg u.a.; A. ANDERLE, Die dt. Rapallo-Politik. Dt.-sowj. Beziehungen 1922–1929 (B-Ost 1963), benutzt Akten d. dt. Botschaft in Moskau; H. BERLIN, Die handelspolit. Beziehungen zwischen Dtld. u. der Sowjetunion 1922–1941, (Diss. Ms. Köln 1953); G. CASTELLAN, Reichswehr et Armée Rouge 1920–1939, in: J. B. DUROSELLE (Hg.), Les Relations germano-soviétiques de 1933 à 1939 (1954); Th. WEINGARTNER, Stalin u. der Aufstieg Hitlers. Die Dtld.politik d. Sowjetunion u. d. kommunistischen Internationale 1929–1934 (1970); P. SCHEFFER, Augenzeuge im Staate Lenins. Ein Korrespondent berichtet aus Moskau 1921–1930 (Neuausg. 1972); s. ferner Lit. zu Kap. 10 u. Kap. 16, Anm. 18–21.

Polen: W. MARKERT (Hg.), Polen, in: Osteuropa-Hdb. (1959); H. ROOS, Gesch. d. poln. Nation 1916–1960. Von der Staatsgründung im Ersten Weltkrieg bis zur Gegenwart (1961); J. KORBEL, Poland between East and West. Soviet and German diplomacy towards Poland 1919–1933 (Princeton 1963); V. KELLER-

MANN, Schwarzer Adler – Weißer Adler. Die Polenpolitik d. Weim. Rep. (1970). H. v. RIECKHOFF, German-Polish Relations 1919–1933 (1971). In Überwindung d. polemischen Fragestellung der zwanziger Jahre für ein vertieftes Verständnis d. dt.-poln. Beziehungen: A. BRACKMANN (Hg.), Dtld. u. Polen. Beiträge zu ihren geschichtl. Beziehungen (1933); H. ROTHFELS/W. MARKERT (Hg.), Dt. Osten u. slaw. Westen (1955), Tübinger Vorträge. – Vgl. Bd. 18, Kap. 23, Anm. 11.

Tschechoslowakei: K. GAJAN/R. KVAČEK, Germany and Czechoslovakia 1918–1945. Documents on German policy (Prag 1965); J. W. BRÜGEL, Tschechen u. Deutsche 1918–1938 (1967); E. LEMBERG/G. RHODE (Hg.), Das dt.-tschech. Verhältnis seit 1918 (1969); Vera OLIVOVÁ, The doomed democracy. Czechoslovakia in a disrupted Europe 1914–1938 (London 1972); s. Kap. 5, Anm. 19; Bd. 18, Kap. 23, Anm. 5.

Reichswehr: DW 395/707–731. Darstellungen aus den Nachkriegskämpfen dt. Truppen u. Freikorps, hg. u. bearb. v. der kriegsgeschichtl. Forschungsanstalt des Heeres (9 Bde. 1936/43); Hdb. d. dt. Militärgesch. 1648–1939, 4. Liefg., VI. Abschn.: R. WOHLFEIL/E. Gf. v. MATUSCHKA, Reichswehr u. Republik 1918–1933 (1970); J. BÉNOIST-MÉCHIN, Gesch. d. dt. Militärmacht 1918–1946 (6 Bde. 1965/67); O.-E. SCHÜDDEKOPF, Das Heer u. die Republik. Quellen z. Politik d. Reichswehrführung 1918–1933 (1955); K. STÖCKEL, Die Entwicklung d. Reichsmarine nach dem Ersten Weltkrieg, 1919 bis 1935 (Diss. Ms. Göttingen 1955); R. GÜTH, Die Marine des Dt. Reiches 1919–1939 (1972); J. DÜLFFER, Weimar, Hitler u. die Marine (1972); G. THOMAS (Chef des Wirtschafts- u. Rüstungsamtes), Gesch. d. dt. Wehr- u. Rüstungswirtschaft 1918–1943/45, hg. v. W. BIRKENFELD (1966); H. I. GORDON jr., The Reichswehr and the German Republic (Princeton 1957, dt. 1959); F. L. CARSTEN, Reichswehr u. Politik 1918–1933 (1964), unter Heranziehung neuen Materials bisher beste kritische Analyse des Verhältnisses Armee u. Staat in der Weim. Rep., betont die Kontinuität d. polit. Zielsetzung von Seeckt bis Schleicher; ders., Die Reichswehr u. Sowjetrußland 1920–1933, in: Österr. Osthefte 5 (1963); M. SALEWSKI, Entwaffnung u. Militärkontrolle in Dtld. 1919–1927 (1966); J. SCHMÄDEKE, Militärische Kommandogewalt u. parlamentarische Demokratie. Zum Problem d. Verantwortlichkeit des Reichswehrministers in der Weim. Rep. (1966); W. GESSNER, Wehrfrage u. freie Gewerkschaftsbewegung in den Jahren 1918–1923 in Dtld. (Diss. Ms. Berlin 1962); Th. VOGELSANG, Reichswehr, Staat u. NSDAP (1962), chronikartiger Bericht über die Rolle Schleichers während der letzten Jahre d. Weim. Rep.; G. W. F. HALLGARTEN, Hitler, Reichswehr u. Industrie. Zur Gesch. d. Jahre 1918–1933 ([3]1962); N. v. PRERADOVICH, Die soziale Herkunft d. Reichswehr-Generalität 1930, VSWG 54 (1967/68). – Ferner O. GESSLER, Reichswehrpolitik in der Weim. Zeit, u. H. MEIERWELCKER, Seeckt; s. S. 18/19.

Parteien u. polit. Strömungen: DW 395/529–551. S. Allgem. Bibl. z. Gesamtperiode. Für die allg. Parteiengeschichte neben dem für die Bibliographie des parteioffiziellen Schrifttums unentbehrlichen L. BERGSTRÄSSER vor allem S. NEUMANN, Die Parteien d. Weim. Rep. (Neuausg. 1965); ders. (Hg.), Modern political parties. Approaches to comparative politics ([2]1957); H. STEINER, Bibliographie zur Gesch. d. österr. Arbeiterbewegung, T. 2: 1918–1934 (1967). – A. MILATZ, Wähler u. Wahlen in der Weim. Rep., hg. v. der Bundeszentrale f. polit. Bildung ([2]1968); M. STÜRMER, Koalition u. Opposition in der Weim. Rep. 1924–1928 (1967); K. D. BRACHER, Probleme d. Wahlentwicklung in der Weim. Rep., in: Dtld. zwischen Demokratie u. Diktatur (1964); R. VIERHAUS, Die polit. Mitte in der Weim. Rep., GWU 14 (1964); K. SONTHEIMER, Die Parteienkritik in der Weim. Rep., Polit. Studien 13 (1962); O. HAUSER (Hg.), Polit. Parteien in Dtld. u. Frankreich 1918–1939 (1969), Vorträge d. 13. dt.-franz. Historikertagung; Das Ende d. Parteien, hg. v. E. MATTHIAS/R. MORSEY (1960). – H. A. WINKLER, Mittelstand, Demokratie u. Nationalsozialismus. Die polit. Entwicklung von Handwerk u. Kleinhandel in der Weim. Rep. (1972); aufschlußreiche Untersuchungen d. polit. Umschichtung in einer bestimmten Region: G. STOLTENBERG, Polit. Strömungen im schleswig-holsteinischen Landvolk 1918–1933 (1962); R. HEBERLE, Landbevölkerung u. Nationalsozialismus. Eine soziolog. Untersuchung d. polit. Willensbildung in Schleswig-Holstein 1918–1932 (a. d. Amerikan. 1963); P. WULF, Die polit. Haltung des schleswig-holsteinischen Handwerks 1928–1932 (1969).

Einzelne Parteien: J. G. FELTRINELLI, Die KPD 1918–1933. Bibliograph. Beitrag, hg. v. E. COLLOTTI (Milano 1961); zur Bibliographie ferner die Einleitung v. H. WEBER zu O. K. FLECHTHEIM, Die KPD in der Weim. Rep. (²1969); H. STEINER, Die Kommunist. Partei Österr. von 1918 bis 1933. Bibliograph. Bemerkungen (1968). – F. BORKENAU, Der europ. Kommunismus. Seine Gesch. von 1917 bis zur Gegenwart (1952); A. ROSENBERG, Gesch. d. Bolschewismus (Neuausg. 1966); H. WEBER, Die Kommunist. Internationale. Eine Dokumentation (1966). – Institut für Marxismus-Leninismus beim ZK d. SED: Gesch. d. dt. Arbeiterbewegung (Bde. 3 u. 4 B-Ost 1966); H. WEBER (Hg.), Der dt. Kommunismus. Dokumente (²1964); ders. (Hg.), Der Gründungsparteitag d. KPD. Protokoll u. Materialien (1969); ders., Die Wandlung des dt. Kommunismus. Die Stalinisierung d. KPD in der Weim. Rep. (2 Bde. 1969); ders., Zu den Beziehungen zwischen der KPD u. der Kommunist. Internationale, VfZG 16 (1968); W. T. ANGRESS, Stillborn Revolution. The Communist Bid for Power in Germany 1921–1923 (Princeton 1963, dt.: Die Kampfzeit d. KPD 1921–1923, 1972); S. BAHNE, »Sozialfaschismus« in Dtld., Internat. Rev. of Soc. Hist. 9 (1965); P. H. LANGE, Sozialdemokratie u. Faschismus in der Sicht d. Stalinismus 1928 bis 1935 (1969); S. BAHNE, Zwischen »Luxemburgismus« u. »Stalinismus«. Die »ultralinke« Opposition in der KPD, VfZG 9 (1961). – Über besondere Gruppierungen d. radikalen Linken: H. DRECHSLER, Die sozialist. Arbeiterpartei Dtlds. (SAPD) (1965); K. H. TJADEN, Struktur u. Funktion d. »KPD-Opposition« (KPO) (1964); O. IHLAU, Die Roten Kämpfer. Ein Beitrag z. Gesch. d. Arbeiterbewegung in der Weim. Rep. u. im Dritten Reich (1969); H. M. BOCK, Syndikalismus u. Linkskommunismus von 1918 bis 1923. Zur Gesch. u. Soziologie d. Freien Arbeiter-Union Dtlds., d. Allg. Arbeiter-Union Dtlds. u. Kommunist. Arbeiter-Partei Dtlds. (1969). – E. PRAGER, Gesch. d. USPD (1922). – Lit. zur SPD nach Bd. 18, Kap. 17; R. N. HUNT, German Social Democracy 1918–1933 (New Haven 1964); R. KLINKHAMMER, Die Außenpolitik d. SPD in der Zeit d. Weim. Rep. (Diss. Ms. Freiburg 1955); E. MATTHIAS, Die dt. Sozialdemokratie u. der Osten (1954); G. A. CASPAR, Die sozialdemokrat. Partei u. das dt. Wehrproblem in den Jahren d. Weim. Rep. (1959); E. A. SUCK, Der religiöse Sozialismus in der Weim. Rep. 1918–33 (Diss. Ms. Marburg 1953); K. KOSZYK, Zwischen Kaiserreich u. Diktatur. Die sozialdemokrat. Presse von 1914 bis 1933 (1958); P. KRITZER, Die bayer. Sozialdemokratie u. die bayer. Politik in den Jahren 1918 bis 1923 (1969); F.-W. WITT, Die Hamburger Sozialdemokratie in der Weim. Rep. Unter bes. Berücksichtigung d. Jahre 1929/30–1933 (1971). – K. BACHEM, Vorgesch., Gesch. u. Politik d. dt. Zentrumspartei (9 Bde. 1927/32, Ndr. 1965 ff.); R. MORSEY, Die Dt. Zentrumspartei 1917–1923 (1966); ders. (Hg.), Protokolle d. Reichstagsfraktion u. d. Fraktionsvorstandes d. Dt. Zentrumspartei 1926–1933 (1969); D. JUNKER, Die Dt. Zentrumspartei u. Hitler 1932/33 (1969); G. GRÜNTHAL, Reichsschulgesetz u. Zentrumspartei in der

Weim. Rep. (1968); P. W. KLINKE, Die dt. Zentrumspartei u. die demokrat. Frage (Diss. Ms. Hamburg 1951); H. GREBING, Zentrum u. kath. Arbeiterschaft 1918–33 (Diss. Ms. Berlin 1953); I. GISCHNER, Die geistige Haltung d. Monatsschrift »Hochland« in den polit. u. soz. Fragen ihrer Zeit 1903–33 (Diss. Ms. München 1952); W. STUMP, Gesch. u. Organisation d. Zentrumspartei in Düsseldorf 1917/33 (1972). – H. FENSKE, Konservativismus u. Rechtsradikalismus in Bayern nach 1918. Eine Studie z. Gesch. d. nationalen Bewegung nach 1918 (am Beispiel d. BVP u. des ihr nahestehenden Bundes Bayern u. das Reich (1969); K. SCHÖNHOVEN, Die Bayerische Volkspartei 1924–1932 (1972). – E. PORTNER, Der Ansatz zur demokrat. Massenpartei im dt. Linksliberalismus, VfZG 12 (1965); W. HARTENSTEIN, Die Anfänge d. dt. Volkspartei 1918–1920 (1962); L. DÖHN, Politik u. Interesse. Die Interessenstruktur d. dt. Volkspartei (1970); R. THIMME, Stresemann u. die dt. Volkspartei 1923–1925 (1961); E. JONAS, Die Volkskonservativen 1928–1933 (1965); zur Dt. Staatspartei: s. K. HORNUNG, Der Jungdeutsche Orden (1958); zum Jungdt. Orden u. zur Dt. Staatspartei, ferner Kap. 22, Anm. 7 u. 8. – M. SCHUMACHER, Mittelstandsfront u. Republik. Wirtschaftspartei – Reichspartei des dt. Mittelstandes 1919–1933 (1972); G. OPITZ, Der Christlich-Soziale Volksdienst (1969). – Lit. zur Konservativen Opposition d. Weim. Rep. s. Kap. 19. M. GREIFFENHAGEN, Das Dilemma des Konservatismus in Dtld. (1971); H.-J. LUTZHÖFT, Der Nordische Gedanke in Dtld. 1920 bis 1940 (1972); R. G. L. WAITE, Vanguard of Nazism. The free corps movement in postwar Germany 1918–33 (Cambridge Mass. 1952); U. LOHALM, Völkischer Radikalismus. Die Gesch. d. Dt. völkischen Schutz- u. Trutz-Bundes 1919 bis 1923 (1970); K.-P. HOEPKE, Die dt. Rechte u. der ital. Faschismus. Ein Beitrag zum Selbstverständnis u. zur Politik von Gruppen u. Verbänden d. dt. Rechten (1968). – W. LIEBE, Die Deutschnationale Volkspartei 1918–1924 (1956); L. HERTZMAN, DNVP right-wing opposition in the Weimar Republic 1918 bis 1924 (Lincoln 1963); Anneliese THIMME, Flucht in den Mythos. Die Deutschnationale Volkspartei u. die Niederlage von 1918 (1969); K. DÖRR, Die Deutschnationale Volkspartei 1925–1928 (Diss. Ms. Marburg 1964); S. STERNER, Untersuchungen z. Stellungnahme d. Deutschnationalen Volkspartei z. Soz.politik (Diss. Ms. Freiburg 1952); G. J. GEMEIN, Die DNVP in Düsseldorf 1918–1933 (1969). – K. O. PAETEL, Versuchung oder Chance? Zur Gesch. d. dt. Nationalbolschewismus (1965); Kl. v. KLEMPERER, Towards a Fourth Reich? The history of national bolshevism in Germany, Revue of Politics 13 (1951); H. JAEGER, Der Nationalbolschewismus, Dt. Rundschau 77 (1951); O.-E. SCHÜDDEKOPF, Linke Leute von rechts. Die nat.revolutionären Minderheiten u. der Kommunismus in der Weim. Rep. (1960). – Lit. über Nationalsozialismus Kap. 15 u. Bd. 20.

7 394/1081 u. 395/189ff.; s. u. Kap. 5, Anm. 29.

Wirtschafts- u. Sozialgeschichte, Sozialpolitik: DW 395/620–645; s. Allgem. Bibl. z. Gesamtperiode u. Lit. zu Kap. 18. B. HARMS (Hg.), Strukturwandlungen d. dt. Volkswirtschaft (2 Bde. 1929); Dt. Wirtschaftskunde, hg. v. Statist. Reichsamt (1930); Th. RAMM (Hg.), Arbeitsrecht u. Politik. Quellentexte 1918–1933 (1966); W. FISCHER, Dt. Wirtschaftspolitik 1918–1945 (³1968); R. E. LÜKE, Von der Stabilisierung zur Krise (Zürich 1959); G. KROLL, Von der Weltwirtschaftskrise zur Staatskonjunktur (1958); H. BENNECKE, Wirtschaftliche Depression u. polit. Radikalismus (1970); H.-J. WINKLER, Preußen als Unternehmer 1923–1932. Staatl. Erwerbsunternehmen im Spannungsfeld d. Politik am Beispiel d. Preussag, Hibernia u. Veba (1965); D. SCHÄFER, Der dt. Industrie- u. Handelstag als polit. Forum d. Weim. Rep. (1966); C. BÖHRET, Aktionen gegen die »kalte Sozialisierung« 1926–1930. Ein Beitrag zum Wirken ökonom. Einflußverbände in der Weim. Rep. (1966). – Zu den Gewerkschaften Lit. Kap. 2. J. KUCZYNSKI,

Gesch. d. Lage d. Arbeiter unter dem Kapitalismus, Bd. 5: Darstellung d. Lage d. Arbeiter in Dtld. von 1917/18 bis 1932/33 (B-Ost 1966). – Th. GEIGER, Die soziale Schichtung des dt. Volkes (1932, Ndr. 1967); A. DIX, Die dt. Reichstagswahlen 1871–1930 u. die Wandlungen d. Volksgliederung (1930); H. LEBOVICS, Social Conservatism and the Middle Classes in Germany 1914–1933 (1969). – L. PRELLER, Sozialpolitik in der Weim. Rep. (1949); H.-H. HARTWICH, Arbeitsmarkt, Verbände u. Staat 1918–1933. Die öffentl. Bindung unternehmerischer Funktionen in der Weim. Rep. (1967). – Zur Landwirtschaft: A. PANZER, Das Ringen um die dt. Agrarpolitik von der Währungsstabilisierung bis zur Agrardebatte im Reichstag im Dezember 1928 (1970); D. HERTZ-EICHENRODE, Politik u. Landwirtschaft in Ostpreußen 1919–1930. Untersuchung eines Strukturproblems in der Weim. Rep. (1969); H. BARMEYER, Andreas Hermes u. die Organisationen d. dt. Landwirtschaft. Christliche Bauernvereine, Reichslandbund, Grüne Front, Reichsnährstand 1928–1933 (1971); H. GIES, NSDAP u. landwirtschaftl. Organisationen in der Endphase d. Weim. Rep., VfZG 15 (1967); M. POLZIN/H. WITT, Von der Novemberrevolution zur demokratischen Bodenreform in Dtld. Beiträge z. dt. Agrargesch. von 1917 bis 1945, Wiss. Zs. d. Univ. Rostock (1968).

Kirche: G. MEHNERT, Evang. Kirche u. Politik 1917–1919. Die polit. Strömungen im dt. Protestantismus von der Julikrise 1917 bis zum Herbst 1919 (1959); K. SCHOLDER, Neuere dt. Gesch. u. protestantische Theologie, in: Evang. Theologie 23 (1963); K. W. DAHM, Pfarrer u. Politik. Soziale Position u. polit. Mentalität des dt. evang. Pfarrerstandes zwischen 1918 u. 1933 (1965); H. CHRIST, Der polit. Protestantismus in der Weimarer Republik. Eine Studie über die polit. Meinungsbildung durch die evang. Kirchen im Spiegel d. Lit. u. d. Presse (Diss. Bonn 1967); K. KUPISCH, Strömungen d. Evang. Kirche in der Weim. Rep., Arch. f. Sozialgesch. 11 (1971). – H. LUTZ, Demokratie im Zwielicht. Der Weg d. dt. Katholiken aus dem Kaiserreich in die Republik 1914–1925 (1963); E. DEUERLEIN, Der dt. Katholizismus 1933 (1963). – W. BESSON, Die christl. Kirchen u. die moderne Demokratie, in: W. P. FUCHS (Hg.), Staat u. Kirche im Wandel d. Jahrhunderte (1966); H. MAIER, Kirche u. Gesellschaft (1972).

Judentum und Antisemitismus: Wanda KAMPMANN, Deutsche u. Juden. Studien zur Gesch. d. dt. Judentums (1963); Eva G. REICHMANN, Die Flucht in den Haß. Die Ursachen der dt. Judenkatastrophe (o. J.); R. STRAUS, Die Juden in Wirtschaft u. Gesellschaft. Untersuchungen zur Gesch. einer Minorität (1964); W. E. MOSSE (Hg.), Dt. Judentum in Krieg u. Revolution 1916–1923 (1971); ders. (Hg.), Entscheidungsjahr 1932. Zur Judenfrage in der Endphase d. Weim. Rep. (1965); R. BERNSTEIN, Zwischen Emanzipation u. Antisemitismus. Die Publizistik der dt. Juden am Beispiel der »C.V.-Zeitung«, Organ des Centralvereins dt. Staatsbürger jüdischen Glaubens 1924–1933 (1969); H.-H. KNÜTTER, Die Juden u. die dt. Linke in der Weim. Rep. 1918–1933 (1971); D. L. NIEWYK, Socialist, Anti-Semite and Jew. German Social Democracy confronts the Problem of Anti-Semitism 1918–1933 (1971); G. L. MOSSE, Germans and Jews. The Right, the Left, and the search for a »Third Force« in pre-Nazi Germany (London 1971).

Jugendbewegung: DW 395/646–660. W. KINDT (Hg.), Die Grundschriften d. dt. Jugendbewegung (1963); F. RAABE, Die bündische Jugend (1961); W. Z. LAQUEUR, Die dt. Jugendbewegung (a. d. Engl. 1962); E. KORN/O. SUPPERT/K. VOGT (Hg.), Die Jugendbewegung. Welt u. Wirkung (1963), Aufsatzsammlung zur 50. Wiederkehr des freidt. Jugendtages auf dem Hohen Meißner; J. MÜLLER, Die Jugendbewegung als dt. Hauptrichtung neukonservativer Reform (Zürich 1971); H. PROSS, Jugend-Eros-Politik. Die Gesch. d. dt. Jugendverbände (1964); A. Wandruszka, Die dt. Jugendbewegung als histor. Phänomen, in: Quellen u. Forsch. aus ital. Archiven u. Bibliotheken 51 (1971). – K. O. Paetel, Hdb. d. dt. Jugendbewegung (1930), Selbstdarstellung d. verschiedenen Gruppen; ders., Jugend in der Entscheidung 1913–1933–1945 (²1963). – F. Messerschmid, Bilanz einer Jugendbewegung. Quickborn u. Rothenfels von den Anfängen bis 1939, in: Frankf. Hefte 24 (1969); I. H. Toboll, Ev. Jugendbewegung 1919–1933. Dargestellt an dem Bund dt. Jugendvereine u. dem christl. Bund (1971); M. H. Kater, Die Artamanen – völkische Jugend in der Weim. Rep., HZ 213 (1971). – Zur Haltung d. Studenten: H. P. Bleuel/E. Klinert, Dt. Studenten auf dem Weg ins Dritte Reich. Ideologie – Programme – Aktionen 1918–1935 (1967); W. Zorn, Student politics in the Weimar Republic, Journal of Contemp. Hist. 5 (1970); R. Warloski, »Neudeutschland«. German Catholic students 1919–1939 (Den Haag 1970); J. Schwarz, Studenten in der Weim. Rep. (1971); W. Kreutzberger, Studenten u. Politik 1918 bis 1933. Der Fall Freiburg im Breisgau (1972).

Presse: E. Dovifat, Zeitungswissenschaft (2 Bde. 1931); ders., Die Publizistik d. Weim. Zeit, in: Zeit ohne Eigenschaften, hg. v. L. Reinisch (1961); W. B. Lerg, Die Entstehung des Rundfunks in Dtld. (1966); O. Groth, Die Zeitung. Ein System d. Zeitungskunde (4 Bde. 1928/30); P. Bauer, Die Organisation d. amtl. Pressepolitik in der Weim. Zeit (Diss. Ms. Berlin 1962). – Zu einzelnen Presseorganen u. Journalisten: H. Gruber, Willi Münzenberg's German Communist Propaganda Empire 1921–1933. Journal of Mod. Hist. 38 (1966); A. Enseling, Die Weltbühne. Organ d. intellektuellen Linken (1962); I. Deak, Weimar Germany's left-wing Intellectuals. A political history of the Weltbühne and its circle (Berkeley 1968). – L. Schwarzschild, Die letzten Jahre vor Hitler. Aus dem »Tagebuch« 1929–1933, hg. v. V. Schwarzschild (1966); G. Schwarz, Theodor Wolff u. das »Berliner Tageblatt«. Eine liberale Stimme in der dt. Politik 1906–1933 (1968); V. Mauersberger, Rudolf Pechel u. die »Deutsche Rundschau«. Studie zur konservativ-revolutionären Publizistik in der Weim. Rep. (1971); W. Becker, Demokratie des soz. Rechts. Die polit. Haltung d. Frankfurter Zeitung, d. Vossischen Zeitung u. des Berliner Tageblatts 1918–1924 (1972); M. Krejci, Die Frankfurter Zeitung u. der Nationalsozialismus 1923–1933 (1965); E. Demant, Von Schleicher zu Springer. Hans Zehrer als polit. Publizist (1972); H. Kessler, Wilhelm Stapel als polit. Publizist. Beitrag z. Gesch. d. konservativen Nationalismus zwischen den beiden Weltkriegen (1967); K. Koszyk, Paul Reusch und die »Münchener Neuesten Nachrichten«. Zum Problem Industrie und Presse in der Weim. Rep., VfZG 20 (1972). – K.-H. Harbeck, Die Zeitschrift für Geopolitik 1924–1944 (Diss. Ms. Kiel 1963).

Kapitel 1
Der Rat der Volksbeauftragten:
Rätestaat oder parlamentarische Demokratie?

1. In allen deutschen Staaten verschwand die Monarchie, ohne daß sich irgendwo eine Hand zu ihrer Verteidigung gerührt hätte. Das alte Regime wurde nicht durch eine planmäßig vorbereitete Volkserhebung gestürzt. Es brach in sich zusammen,

als die Matrosen meuterten und ihre Revolte in dem kriegsmüden Lande auf die Garnisonen des Heimatheeres und auf die Arbeiterschaft übersprang. Dieser Vorgang war keine Revolution im Sinne einer sozialen Umwälzung. Aber er war doch mehr als nur der »Generalstreik einer Armee« (Rathenau). Er schuf eine Situation, die revolutionäre Neubildungen und revolutionäre Aktionen ermöglichte. Mit dieser Einschränkung kann man von »Novemberrevolution« reden. Neben Soldatenräten entstanden in der Woche vor dem Umsturz allenthalben im Reich auch Arbeiterräte[1]. Es waren spontane Bildungen, teils aus örtlichen oder betrieblichen Wahlen hervorgegangen, teils zwischen den örtlichen sozialistischen Parteien vereinbart. In ihnen sprach sich ein elementares Verlangen der Arbeiter aus, die Spaltung zwischen den beiden konkurrierenden sozialistischen Parteien zu überwinden und die örtliche und betriebliche Situation unter ihre Kontrolle zu bringen. Die Räte sind dabei im allgemeinen zunächst nicht von dem theoretischen Konzept eines Rätesystems bestimmt gewesen. Sie orientierten sich vielmehr an praktischen Aufgaben, die sich aus der durch die militärische Niederlage und den Zusammenbruch der bisherigen Staatsautorität entstandenen Ausnahmesituation ergaben. Hierbei standen sie unter dem Eindruck der Oktoberrevolution. In Rußland hatte sich der Umschwung mit Hilfe von Räten vollzogen. Form und Name dieses Instruments der Revolution wurden von den Arbeitern in Deutschland übernommen. Vereinzelt war es in Deutschland schon in den letzten Kriegsjahren zur Bildung von Arbeiterräten gekommen. Jetzt wurden sie zu einer allgemeinen Erscheinung mit unterschiedlich starker politischer Radikalisierung. Zentren einer radikalen Rätebewegung waren Berlin, das Ruhrgebiet, das sächsische Industriegebiet, Braunschweig, Bremen, Hamburg und München. Im Ablauf der russischen und der deutschen Revolution stellten sich strukturell analoge Probleme: das Verhältnis von Räten und Nationalversammlung, das Verhältnis von Räten und revolutionärer Partei, die Frage der Sozialisierung. Um die Besonderheiten des geschichtlichen Ablaufs der Ereignisse in Deutschland einschätzen zu können, ist es erforderlich, vorweg die theoretischen Bezugspunkte zu fixieren.

Die beiden Pole im Spannungsfeld der Ideen und Kräfte, auf dem von der Novemberrevolution bis zum Verfassungswerk von Weimar um die Gestaltung von Staat und Gesellschaft gerungen wurde, sind der westliche Typus der parlamentarischen

Demokratie und der sowjetische Typus der Rätediktatur. Innerhalb jedes dieser beiden gegensätzlichen Typen der staatlich-gesellschaftlichen Organisationsform gibt es für die konkrete Ausformung einen breiten Spielraum verschiedener systemadäquater Möglichkeiten. In der parlamentarischen Demokratie gilt dies neben den unterschiedlichen Formen des staatlichen Organisationsstatuts auch für das Verhältnis von politischer, gesellschaftlicher und wirtschaftlicher Verfassung einschließlich der möglichen Einbeziehung von verschiedenen Graden der Planwirtschaft, der Sozialisierung oder der Mitbestimmung durch Räte. So ist zum Beispiel die Idee eines umfassenden demokratischen Rätesystems unter der Suprematie eines politischen Parlamentes von Walther Rathenau entwickelt worden. Er plädierte für »die Durchlüftung und Durchlichtung des ganzen Staatsaufbaues, die Auflockerung und Durchsetzung der Bürokratie mit organisch eingesetzten Volksvertretungen« gegen eine »Bürokratie, die aus Bildungsmonopolisten besteht und von Kapitalmonopolisten geführt wird«. Aber er war ebenso gegen eine Diktatur der Arbeiter, in denen er doch ihrer Zahl und Bedeutung nach den künftigen Kern der Nation erblickte[2]. So oder so, mit oder ohne Räte: Das entscheidende Kriterium für den demokratisch-parlamentarischen Typus der öffentlichen Ordnung ist die Konfliktentscheidung durch das Majoritätsvotum politisch gleichberechtigter Bürger oder ihrer frei gewählten Vertreter.

Das Gegenbild zur parlamentarischen Demokratie hat Lenin in seiner 1917 verfaßten Schrift über ›Staat und Revolution‹ gezeichnet. Danach besteht die Aufgabe der proletarischen Revolution nach Lenin nicht darin, die Verfügungsgewalt über den demokratischen Herrschaftsapparat – Beamtenschaft, Polizei, Heer – zu erlangen, sondern diesen zu zerbrechen. An dessen Stelle tritt die bewaffnete Arbeiterschaft. Ihr Herrschaftsinstrument sind die Räte, ihr Ziel die Einleitung eines Prozesses, der in Auswirkung der Sozialisierung der Produktionsmittel schließlich zum Verschwinden des Staates überhaupt führen wird. Das entscheidende Kriterium für diesen Typus von Revolution ist die Konfliktentscheidung durch die Diktatur des Proletariats als der bis zum Verschwinden des Staates privilegierten Klasse. Auch innerhalb dieses Typus sind unterschiedliche Strukturen der Herrschaft denkbar und möglich. So können die Räte ein Diskussions- bzw. Entscheidungsforum innerhalb der die Diktatur beanspruchenden Arbeiterklasse sein, in der mehrere Parteien um Einfluß ringen, oder die Räte können ihrerseits dem ausschließlichen Führungsanspruch einer Partei unterworfen werden (bolschewistischer Herrschaftstypus). Auch das Verhältnis zur Institution einer verfassunggebenden Nationalversammlung kann innerhalb des Rätesystems unterschiedlich gesehen werden. Als ein Akklamationsorgan ist sie selbst von den Bolschewiki zunächst gewünscht worden.

In die beiden Herrschaftstypen können also jeweils Elemente des antagonistischen Gegentyps miteinbezogen werden: Räte in die parlamentarische Demokratie, die Konstituante in die Rätediktatur. Aber durch einen solchen Einbezug verändern sie ihren Charakter: Als Ergänzung zum Rätesystem ist die Konstituante nicht Entscheidungs-, sondern Bestätigungsorgan; umgekehrt sind innerhalb der parlamentarischen Demokratie die Räte nicht Organe der Herrschaft, sondern der Beratung oder Mitbestimmung. Für das eigentliche Rätesystem gelten folgende Kriterien: Besetzung aller Beamten-, Richter- und Offiziersstellen durch Wahl; Wahlrecht als Klassenprivileg; gebundenes Mandat; Aufhebung der Gewaltenteilung. Hugo Preuß hat dieses System zutreffend als einen »verkehrten Obrigkeitsstaat« bezeichnet[3]. Nach aller bisherigen historischen Erfahrung gibt es keine Symbiose der heterogenen Strukturprinzipien von parlamentarischer Demokratie und Rätediktatur. Als Formen politischer Herrschaft können sie sich nicht gegenseitig stützen. Gedanklich schließen parlamentarische Demokratie und Diktatur einander aus. Das gilt nicht nur für die Diktatur einer bestimmten proletarischen Partei, sondern auch für die Diktatur des Proletariats als solchem.

Das Proletariat, als Klasse definiert durch das Doppelmerkmal der Lohnabhängigkeit und des Klassenbewußtseins, stellte in Deutschland im Augenblick der Revolution eine Minderheit dar[4]. In der Revolution von 1918 ging es daher bei der Frage Nationalversammlung oder Räteherrschaft um die Alternative Demokratie oder Diktatur, und später auf der Basis der tatsächlich für die Nationalversammlung gefällten Entscheidung um das Ausmaß von Sozialpolitik, Sozialisierung und Mitbestimmung innerhalb der zu errichtenden parlamentarischen Demokratie.

2. Durch den Zusammenbruch der Monarchie geriet die politische Macht in die Hände der Sozialisten. Aber die sozialistische

Bewegung war in sich gespalten. Die Mehrheitssozialdemokraten (SPD) hatten in keiner Weise auf die Revolution hingearbeitet. Sie standen einem unvorbereiteten, unerwarteten Ereignis gegenüber, das sie so nicht gewollt hatten. Ebert, ihr Führer, war ein ausgesprochener Gegner gewaltsamer Veränderungen, eher eine konservative als eine revolutionäre Natur. Seine ersten Aufrufe als Kanzler zielten auf Ruhe und Ordnung, um die Lebensmittelversorgung sicherzustellen und lebenswichtige Betriebe in Gang zu halten. Der Generalstreik wurde beendet. Behörden und Beamte erhielten die Anweisung weiterzuarbeiten. Ebert betrachtete sich als Treuhänder bis zu dem Augenblick, in dem die Regierungsbefugnisse in die Hände einer Nationalversammlung gelegt werden konnten, deren baldige Wahl auch von bürgerlichen Politikern bereits am 9. November verlangt wurde. Ursprünglich wollte er für diese Übergangszeit die Regierung im Rahmen der Oktoberverfassung führen und bei der Kabinettsbildung neben der USPD[5] auch mit den bürgerlichen Parteien verhandeln. Ebert versuchte, die USPD für seinen Weg einer alsbaldigen Neuordnung durch eine demokratisch gewählte Nationalversammlung zu gewinnen. Während aber die SPD das Ziel der sozialistischen Umgestaltung der Gesellschaft der politischen Forderung der parlamentarischen Demokratie unterordnete, war bei der USPD-Führung das Verhältnis zur Nationalversammlung zwiespältig und stark durch taktische Gesichtspunkte bestimmt. Unter dem Druck des radikalen Flügels der Partei, insonderheit Karl Liebknechts, hatte der Vorstand der USPD in der Koalitionsverhandlung mit der SPD gefordert, daß in der zu schaffenden sozialistischen Republik »die gesamte exekutive, legislative und jurisdiktionelle Macht ausschließlich in die Hände von gewählten Vertrauensmännern der gesamten werktätigen Bevölkerung und der Soldaten« gelegt werden solle[6]. Das war eine klare Absage an die liberaldemokratischen Verfassungsprinzipien der Gewaltentrennung und der Volkssouveränität. In der Antwort der SPD wurde dieser Sachverhalt beim Namen genannt. Sie hielt die von der USPD geforderte »Diktatur eines Teils einer Klasse« mit ihren eigenen »demokratischen Grundsätzen« für unvereinbar[7]. Der ›Vorwärts‹ brachte die Alternative auf die schlagende Formel: Nicht »alle Macht den Räten«, sondern »die ganze Macht dem ganzen Volk«[8]. Die Koalitionsverhandlungen führten zu dem Kompromiß, daß zunächst die politische Gewalt in die Hände einer Reichsversammlung der Arbeiter- und Soldatenräte zu legen sei. Diese sollte dann die politische Grundsatzentscheidung fällen. Die beiden sozialistischen Parteien bildeten auf dieser Basis gemeinsam eine Regierung als »Rat der Volksbeauftragten« mit Ebert, Scheidemann und Landsberg (SPD) und Haase, Dittmann und Barth (USPD). Karl Liebknecht, dessen Eintritt in die Regierung zunächst auch von Ebert ins Auge gefaßt worden war, lehnte den Kompromiß und damit auch seine Mitarbeit ab. Im Regierungsprogramm vom 12. November 1918, das die USPD-Vertreter mitunterzeichneten, wurde die Einberufung einer Nationalversammlung als gegeben vorausgesetzt[9]. Aber in einem Aufruf der Unabhängigen vom gleichen Tage war wiederum nur von den Räten als Trägern der Regierungsgewalt die Rede[10]. Die taktische Linie des rechten Flügels der USPD lief darauf hinaus, die Übergangsperiode der Räteherrschaft so lange wie möglich auszudehnen, in dieser Zeit durch Sozialisierung der Wirtschaft für den gesellschaftlichen Unterbau des Staates vollendete Tatsachen zu schaffen, und schließlich, wenn die nicht zu umgehende Einberufung der Nationalversammlung erfolgte, ihr Räte an die Seite zu stellen. Die USPD-Führung akzeptierte also den Gedanken der Nationalversammlung, aber unter der Bedingung späterer Einberufung, beschränkter Funktion und der Vorwegnahme gesellschaftspolitisch relevanter Entscheidungen durch die interimistische Rätediktatur. Zwischen ihren rechten und linken Gegnern lavierend, suchte sie sich aus der Alternative »Nationalversammlung oder Räte« in die Formel »Nationalversammlung und Räte« zu retten. Diese Formel Karl Kautskys wurde vom Parteivorstand übernommen. Sowohl aus der Sicht der Mehrheitssozialdemokratie wie des Spartakusbundes war dies ein Versuch, unüberbrückbare Gegensätze zu verschleiern[11].

Der Spartakusbund[12] wandte sich scharf gegen Ebert und seinen Versuch, einen geordneten demokratischen Übergang zu einem neuen Staatswesen herbeizuführen. Er forderte die Arbeiter auf, sich zu bewaffnen und die Straße nicht zu verlassen. Er gehörte wie die Berliner Revolutionären Obleute in der ersten Phase der Revolution noch zur USPD. Revolutionäre Obleute und Spartakus hatten im Gegensatz zur offiziellen Parteilinie der USPD seit Anfang Oktober 1918 in Berlin aktiv auf die Revolution hingearbeitet. Sie waren, wie einer der intellektuellen Führer der Obleute schrieb, »entschlossen, mit dem demokratischen Staatsplunder Schluß zu machen und eine Räterepublik nach russischem Muster aufzurichten«[13]. Zwischen den

Revolutionären Obleuten, die Arbeiter waren und als die eigentlichen Organisatoren der Berliner Massenaktionen angesehen werden müssen, und dem Spartakusbund, intellektuellen Propagandisten, die damals nicht über einen vergleichbaren Rückhalt in den Betrieben verfügten, gab es Meinungsverschiedenheiten über Methoden und Tempo der revolutionären Aktion. In der Zielsetzung aber, der Errichtung einer proletarischen Räteherrschaft, waren sie sich einig. In der sozialistischen Gesamtbewegung sind unter den kleineren Gruppen des linken Flügels noch die Bremer »Linksradikalen« hervorzuheben, die sich als erste nach der Oktoberrevolution das bolschewistische Rätekonzept zu eigen machten.

Auch Rosa Luxemburg, die überragende und menschlich eindrucksvolle Vorkämpferin eines radikalen Sozialismus, trat als Demagogin und Theoretikerin entschieden für das Diktaturprinzip ein. Aber sie war keine blinde Nacheiferin des Bolschewismus. Wie sie sich schon vor dem Kriege kritisch mit dem elitären Parteibegriff Lenins auseinandergesetzt hatte, so analysierte sie im Herbst 1918 in einer im Gefängnis verfaßten und erst nach ihrem Tode veröffentlichten Schrift bewundernd und kritisch zugleich die Ereignisse der russischen Revolution[14]. Bewundernd, denn die Bolschewiki hätten die Konsequenz besessen, die bürgerliche zu einer sozialistischen Revolution voranzutreiben. Diese Partei, »im Beginn der Revolution eine von allen Seiten verfemte, verleumdete und gehetzte Minderheit«, sei ihrer Konsequenz wegen an die Spitze der Revolution gelangt. Sie habe die Unausweichlichkeit der Alternative erkannt: »Sieg der Konterrevolution oder Diktatur des Proletariats«. Den »goldenen Mittelweg« erklärte Rosa Luxemburg für jede Revolution als unmöglich. Deshalb verwarf sie den »parlamentarischen Kretinismus« der deutschen Sozialdemokraten, die glaubten, man müsse durch eine Mehrheit legitimiert sein, um den Sozialismus durchzusetzen. Der »parlamentarischen Maulwurfsweisheit« stellte sie die »Dialektik der Revolutionen« entgegen: »Nicht durch Mehrheit zur revolutionären Taktik, sondern durch revolutionäre Taktik zur Mehrheit.« Das war eine klare Absage an die bürgerliche Demokratie. Sie warf Lenin sogar vor, daß er in seinen Maßnahmen nicht konsequent genug gewesen sei. Er habe durch Aufteilung des Landes neuen kleinbäuerlichen Grundbesitz geschaffen und das von ihm proklamierte »sogenannte Selbstbestimmungsrecht der Nationen« sei doch nichts als eine »hohle kleinbürgerliche Phraseologie«. Es

war eine durchaus realistische Prognose, wenn sie erklärte, daß
»wir auf dem Wege von Volksabstimmungen keinen Sozialismus einführen können«. Trotz ihrer Verneinung der parlamentarischen Demokratie verurteilte sie es, daß Lenin die Konstituante auseinanderjagte, daß er ein neues Privilegienwahlrecht
einführte und daß er die liberalen Grundrechte abschaffte. Es
gibt in der Geschichte des politischen Denkens keine treffen-
dere Aussage über das Wesen der politischen Freiheit als die
von Rosa Luxemburg in ihrer Kritik der Lenin-Trotzkischen
Theorie der Revolution: »Freiheit nur für die Anhänger der
Regierung, für die Mitglieder einer Partei – mögen sie noch so
zahlreich sein – ist keine Freiheit. Freiheit ist immer nur Freiheit des anders Denkenden. Nicht wegen des Fanatismus der
›Gerechtigkeit‹, sondern weil all das Belehrende, Heilsame und
Reinigende der politischen Freiheit an diesem Wesen hängt und
seine Wirkung versagt, wenn die ›Freiheit‹ zum Privilegium
wird.«[15] Wie sind diese Gegensätze zu vereinen? Was bedeutet
die von Rosa Luxemburg postulierte Identität von »sozialistischer Demokratie« und »Diktatur des Proletariats«? Der
Schlüssel liegt in den Aussagen Rosa Luxemburgs über das Verhältnis von revolutionären Massen und Parlament. Man kann
sich nämlich ein Parlament erlauben – und dies nicht gesehen zu
haben, wirft sie Lenin und Trotzki vor –, wenn man es unter
dem »unausgesetzten Druck« der Masse hält. Denn »gerade die
Revolution schafft durch ihre Gluthitze jene dünne, vibrie-
rende, empfängliche politische Luft, in der die Wellen der
Volksstimmung, der Pulsschlag des Volkslebens augenblicklich
in wunderbarster Weise auf die Vertretungskörperschaften ein-
wirken. Gerade darauf beruhen ja immer die bekannten effekt-
vollen Szenen aus dem Anfangsstadium aller Revolutionen ...«[16] In der proletarischen Masse aber soll es die freie Auseinandersetzung geben und keine Bevormundung durch eine
privilegierte Partei. Die aufgeklärte Analytikerin der Gesellschaft und Wirtschaft ihrer Zeit lebt aus dem romantischen
Glauben an die Spontaneität, Kreativität und Güte des Volkes,
d.h. des Proletariats. Im Mythos der Revolution heben sich die
Gegensätze auf: Sie hält die Freiheit für unverzichtbar, aber
ebenso die Vorherrschaft einer Klasse, sie warnt vor verfrühten
Gewaltaktionen, aber treibt die Masse durch Demagogie in den
Radikalismus, sie verwirft den Terror, aber predigt den Bürgerkrieg. Im Zuge der von ihr selber vorangetriebenen Radikalisierung der Massen hat sie später ihre Einstellung zur Nationalver-

sammlung geändert und damit einen Teil ihrer früheren Kritik an Lenin widerrufen. Für Deutschland forderte sie schließlich in der sich verschärfenden revolutionären Situation eine kompromißlose Haltung: »Die Nationalversammlung ist ein überlebtes Erbstück bürgerlicher Revolutionen, eine Hülse ohne Inhalt, ein Requisit aus den Zeiten kleinbürgerlicher Illusionen vom ›einigen Volk‹, von der ›Freiheit, Gleichheit und Brüderlichkeit‹ des bürgerlichen Staates. Wer heute zur Nationalversammlung greift, schraubt die Revolution bewußt oder unbewußt auf das historische Stadium bürgerlicher Revolutionen zurück … Der parlamentarische Kretinismus war gestern eine Schwäche, ist heute eine Zweideutigkeit, wird morgen ein Verrat am Sozialismus sein.«[17]

Wie aber waren damals die Stärkeverhältnisse innerhalb der sozialistischen Gesamtbewegung in Deutschland? Die Grenzen zwischen den einzelnen Parteien und Gruppen waren in der Revolution fließend. Die Relationen lassen sich an folgenden Daten abschätzen: Bei den Wahlen zur Nationalversammlung im Januar 1919 entfielen auf die sozialistischen Parteien insgesamt 45,5% der abgegebenen Stimmen. Der Anteil von SPD und USPD stand im Verhältnis 5:1. In der Periode des Bürgerkrieges 1919/20 wuchs dann der Anteil der Radikalen. Bei der Wahl im Juni 1920 (Nachwahlen 1921/22) sollten schließlich 102 sozialdemokratische Abgeordnete nicht weniger als 84 USPD-Vertretern und 4 Kommunisten gegenüberstehen. Ein Großteil der USPD-Wähler ging in der Folgezeit zu den Kommunisten über. Dieser im Anschluß an die Revolution feststellbare Trend zur Radikalisierung begann bereits in der Revolution selbst. Er läßt sich in dieser Phase nicht statistisch erfassen, aber aus den Ereignissen ablesen und aus der Situation erklären. Die Mehrheit der Mitglieder der Arbeiter- und Soldatenräte, die sich zu Beginn der Revolution allerorts gebildet hatten, waren Anhänger der SPD. Die Räte beanspruchten und besaßen, wenn auch in örtlich unterschiedlichem Maße, exekutive Kontroll- und Steuerungsbefugnisse in Konkurrenz zu den bestehenden Verwaltungen. In der lokalen Rivalität zwischen Behörden und Räten agierten die Räte faktisch als Zellen der Revolution. Für den sozialdemokratischen Arbeiter entstand so ein Widerspruch zwischen dem Selbstverständnis, das sich aus dieser revolutionären Rolle einerseits und seiner Identifikation mit der demokratischen Zielsetzung der Partei andererseits ergab. Dieser Widerspruch war der Ansatzpunkt für die Agitation konkurrierender Parteien und Richtungen. Dabei rückte die Frage nach der Herrschaftsorganisation und der bewaffneten Selbstbehauptung in den Vordergrund.

Am 10. November 1918 versammelten sich die Berliner Arbeiter- und Soldatenräte im Zirkus Busch. Die Initiative zur Einberufung dieser Versammlung lag bei der USPD, die den Plan hatte, einen ausschließlich aus Unabhängigen und Spartakisten zusammengesetzten Vollzugsrat der Berliner A- und S-Räte zu bilden, um die Kontrolle der Regierung zu übernehmen. Er wäre nach sowjetischem Beispiel die eigentliche staatliche Vollzugsgewalt geworden. Aber Otto Wels[18], ein Mitglied des Parteivorstands der SPD, mobilisierte die Soldatenvertreter. Diese setzten eine paritätische Besetzung des Vollzugsrates[19] durch, der die Regierung des Rats der Volksbeauftragten bestätigte. Drei Monate lang, vom 10. November 1918 bis 11. Februar 1919, hat Deutschland eine sozialistische Regierung mit revolutionärer Legitimierung gehabt.

Das Verhältnis zwischen dem Vollzugsrat der Berliner Arbeiter- und Soldatenräte und dem Rat der Volksbeauftragten war durch ständigen Konflikt bestimmt. Der Vollzugsrat beanspruchte »diktatorische Gewalt«, der Rat der Volksbeauftragten die volle Exekutive. Die Revolutionären Obleute, die mit Richard Müller (USPD) auch den Vorsitzenden stellten, betrachteten den Vollzugsrat als ein Agitationsforum gegen die Regierung. Ebert andererseits hielt die Existenz des Vollzugsrates bereits als Institution für schädlich. Er sah in ihm eine Beeinträchtigung der Regierungstätigkeit. Zu einer klaren Kompetenzabgrenzung zwischen beiden Gremien kam es nicht. Eine schließlich getroffene Vereinbarung, daß dem Rat der Volksbeauftragten die Exekutive, dem Vollzugsrat die Kontrolle der Verwaltung obliege, verhinderte nicht, daß es über die Frage nach Form und Ausmaß der Kontrolle, z.B. das Recht, selbständig mißliebige Beamte abzusetzen, zu ständigen Reibereien kam. Der Vollzugsrat hat sich in dieser Rivalität nicht durchzusetzen vermocht. Er installierte sich im preußischen Herrenhaus in vielen Büros mit zahlreichen Angestellten, entfaltete eine große Betriebsamkeit, aber »ertrank in einem Meer von Kleinigkeiten« (H. Müller). Sein »Trieb zum Reden« war ebenso groß wie seine »Scheu vor jedem Handeln« (R. Müller). Er erwies sich als unfähig, im organisatorischen Bereich einen effektiven Zusammenhang zwischen den Räten auf lokaler, regionaler und zentraler Ebene herzustellen. Politisch war es kennzeichnend

für den institutionsbedingten Konflikt mit dem Rat der Volksbeauftragten und seiner politischen Linie, daß auch die Mehrheit der sozialdemokratischen Mitglieder des Vollzugsrates die
Forderung nach einem Regierungssystem erhoben, in dem die
Staatsgewalt in den Händen der Arbeiter liegen sollte. So wurde
in Abänderung eines radikaleren Antrags von Däumig (Revolutionäre Obleute), der überhaupt nichts von einer Nationalversammlung wissen wollte, am 16. November 1918 im Vollzugsrat mit den Stimmen beider sozialistischer Parteien ein Beschluß
gefaßt, der folgendes vorsah: Die Staatsgewalt ist in den Arbei-
ter- und Soldatenräten verkörpert. Sie soll weiter ausgebaut und
durch die Errichtung einer »proletarischen Republik auf sozialistischer Grundlage« gesichert werden unter ausdrücklicher Ablehnung einer »bürgerlich-demokratischen Republik«. Zu diesem Zweck sprach sich die Resolution gegen die von »bürgerlichen Kreisen« betriebene Beschleunigung der Wahlen zur Nationalversammlung aus. Vielmehr sollte eine demnächst einzu-
berufende Delegiertenversammlung der Arbeiter- und Soldatenräte Deutschlands einen Zentralrat wählen und ihn mit der
Ausarbeitung einer »den Grundsätzen der proletarischen Demokratie entsprechenden Verfassung« beauftragen. Der gleiche
Zentralrat sollte schließlich eine konstituierende Versammlung
einberufen und ihr die von ihm ausgearbeitete Verfassung zur
Beschlußfassung vorlegen[20]. Diese Verfassungsvorstellung lief
auf eine Mischform zwischen Elementen des Rätesystems und
der parlamentarischen Demokratie hinaus mit Schwergewicht
bei den Räten, die als die Verkörperung der neuen Staatsgewalt
galten. Man könnte diese Staatsvorstellung auch als proletarischen Konstitutionalismus bezeichnen, der an die Stelle des früheren monarchischen Konstitutionalismus treten sollte. Wenn
das für eine solche Staatsform abgegebene Votum der beiden
Parteien des Vollzugsrates auch keine Konsequenzen gehabt
hat, so zeigt es doch eine situationsbedingte Labilität auch sozialdemokratischer Räteangehöriger im Spannungsfeld zwischen »proletarischer Republik« und Demokratie.

Über eine feste Majorität verfügte die sozialdemokratische
Führung in dem vom 16. bis 21. Dezember nach Berlin einberufenen Reichskongreß der Arbeiter- und Soldatenräte[21]. Hier fiel
der entscheidende Beschluß: Für den 19. Januar 1919 wurden
die Wahlen zur Verfassunggebenden Nationalversammlung angesetzt. Für die Übergangszeit beauftragte der Rätekongreß einen »Zentralrat« mit der Wahrnehmung seiner Aufgaben[22]. An

dessen Wahl beteiligte sich die USPD nicht mehr. Dieser Boy-
kott lief auf eine Aufkündigung der Zusammenarbeit mit den
Mehrheitssozialdemokraten hinaus. Die in den ersten Tagen der
Revolution geschlossenen Kompromisse erwiesen sich als auf
die Dauer nicht tragfähig. Die Gegensätze polarisierten sich.
Das Schwergewicht der Auseinandersetzung verlagerte sich auf
die Straße. Der Weg zur Nationalversammlung führte über den
Bürgerkrieg.

3. Es ist eine entscheidende Tatsache, daß das aus dem Zusammenbruch am 9. November hervorgegangene Regime in seiner
Geburtsstunde von links her, nicht von rechts, mit Gewalt in
seiner Existenz bedroht wurde. Schon im Dezember kam es zu
Zusammenstößen zwischen den Spartakisten und Berliner Soldaten, die Wels für sich gewonnen und mit Hilfe des preußischen Kriegsministeriums in einer republikanischen Soldatenwehr organisiert hatte. Die Spartakisten versuchten durch Stra-
ßendemonstrationen unter der Losung »Für die Arbeiter- und
Soldatenräte! Gegen die Nationalversammlung!« die Reichsversammlung der A- und S-Räte unter Druck zu setzen. Am Tage
der Eröffnung des Reichsrätekongresses verlangte Liebknecht
vor einer riesigen demonstrierenden Menschenmasse in Berlin
die Bildung einer Roten Garde und den Sturz der Regierung
Ebert. Eine Woche später, am 23. Dezember, wurde der sozialdemokratische Stadtkommandant Wels von der Volksmarinedivision als Geisel gefangengesetzt und die Reichskanzlei blok-
kiert. Diese Matrosenformation war ursprünglich zum Schutz
der Reichsregierung nach Berlin gerufen worden, geriet aber
mehr und mehr unter radikalen Einfluß. Unzuverlässig als Instrument der Regierung erwies sich auch die im Kern aus Sozialdemokraten der verschiedenen Richtungen bestehende Republikanische Soldatenwehr. Sie war besser für politische Diskussionen als für den militärischen Einsatz geeignet. Charakteristisch ist folgender, von Scheidemann berichteter Vorfall: Als
Liebknecht auf einer Massendemonstration vor der Reichskanzlei am 8. Dezember erklärte, die Macht zu besitzen, »dieses
ganze Nest auszuräumen«, rief die Regierung republikanische
Truppen zu ihrem Schutz herbei. Diese kamen auch, etwa
90 Mann stark mit Maschinengewehren ausgerüstet, ließen sich
aber ihre Waffen von den Spartakisten wegnehmen[23]. In der
Krise der Vorweihnachtstage versagte die republikanische Soldatenwehr erneut. Sie ließ es geschehen, daß von den Matrosen

die Stadtkommandantur und das ›Vorwärts‹-Gebäude besetzt wurden. Die Regierung war in einer verzweifelten Lage. Sie appellierte an die aus dem Felde zurückkehrende Potsdamer Garde unter General Lequis. Doch Ebert suchte den offenen Kampf zu vermeiden[24]. Die Matrosen wurden durch Verhandlungen veranlaßt, die Reichskanzlei freizugeben. Aber am Heiligabend kam es zum Kampf zwischen der Feldtruppe und den sich im Schloß verteidigenden Matrosen. Doch der Kampf, der auf beiden Seiten Opfer an Toten und Verwundeten forderte, wurde nicht zur Entscheidung gebracht. Eine von Spartakisten und Revolutionären Obleuten alarmierte Volksmenge mischte sich mit Frauen und Kindern unter die das Schloß belagernden Truppen. Die Kämpfenden verliefen sich schließlich in der Berliner Bevölkerung. Es stellte sich heraus, daß auch ehemalige Kerntruppen des Feldheeres nicht für den Bürgerkrieg zu verwenden waren. Die Regierung blieb schutzlos wie zuvor. Die USPD-Mitglieder des Rates der Volksbeauftragten nahmen den Einsatz der Truppen zum Anlaß, am 29. Dezember aus der Regierung auszuscheiden. An ihre Stelle traten zwei weitere Mehrheitssozialisten, Wissell und Noske. Dieser hatte im Auftrage der Regierung Ruhe und Ordnung in Kiel wiederhergestellt. Jetzt übernahm er die Aufgabe, für die immer noch in unsicherer Lage sich befindende Regierung eine zuverlässige Truppe zu gewinnen[25].

Auf der anderen Seite organisierten die entschiedenen Revolutionäre ihre Kräfte. Auf einer Reichskonferenz des Spartakusbundes wurde am 1. Januar 1919 in Anwesenheit des sowjetischen Deutschlandbeauftragten Radek die »Kommunistische Partei Deutschlands (Spartakusbund)« gegründet[26]. Vom 5. bis 12. Januar erhoben sich die Spartakisten in Berlin, und mit ihnen die Revolutionären Obleute und die USPD. Der Aufstand entwickelte sich aus Massendemonstrationen, zu denen die Führer der radikalen Gruppierungen aufgerufen hatten, als der der USPD angehörende Berliner Polizeipräsident Eichhorn seines Amtes enthoben worden war. Berlin verfügte über ein großes Potential an Waffen und aktionsbereiten Arbeitern, die jetzt der Parole folgten, die Regierung Ebert zu stürzen. Viele von ihnen hatten sich, der Aufforderung des Spartakusbundes entsprechend, in den Besitz von Waffen gesetzt, die in den chaotischen Zuständen nach dem Zusammenbruch und infolge der Auflösung der Truppen leicht zu greifen waren. Dabei verwischten sich die Grenzen zwischen den Anhängern der USPD und des Spartakusbundes. Die Entwicklung der Massenaktionen vom November bis zum Januaraufstand zeigt eine gleitende Radikalisierung. Der Verlauf des Januaraufstandes machte allerdings deutlich, daß die Führung über kein durchdachtes strategisches Konzept verfügte. Die deutsche Revolution besaß keinen Lenin oder Trotzki. So kam es, daß der Versuch trotz anfänglicher massiver Überlegenheit der Aufständischen scheiterte.

Zunächst war die Haltung der KPD-Führung in sich uneinheitlich. Während gemäß dem von Rosa Luxemburg entworfenen Programm des Spartakusbundes die Errichtung der Diktatur des Proletariats erst am Ende eines längeren, die Massen mobilisierenden Prozesses stehen sollte, und während auch Radek vor übereilten Putschen warnte, traten Liebknecht und Pieck in »revolutionärer Konkurrenz« zu den Obleuten in ein am 5. Januar 1919 gebildetes Revolutionskomitee ein, das die Absetzung der Regierung Ebert verkündete. Die Gebäude des ›Vorwärts‹ und einiger anderer Zeitungen wurden durch spontane Aktionen von Arbeitern besetzt. Aber darüber, wie man den Absetzungsbeschluß in die Tat umsetzen könne, hatte man keine Vorstellungen. Obwohl die Regierung damals so gut wie ohne Schutz war – sie verfügte über kaum mehr als ein Regiment zuverlässiger republikanischer Truppen (Regiment Reichstag) –, versäumten es die Aufständischen, die Zentralen in ihre Gewalt zu bringen. Zwei Tage lang warteten die zur Aktion bereiten Massen auf klare Weisungen, während die Führer berieten. Der Elan verlief sich, und man suchte auf Initiative der USPD mit der Regierung zu verhandeln. Auch ein großer Teil der SPD-Anhängerschaft in den Berliner Arbeiterräten unterstützte diese Politik. Sie wollten kein Blutvergießen, verlangten aber den Sturz der Regierung. Ein solcher Mittelweg erwies sich aber als ungangbar. Denn die Regierung, unterstützt vom Zentralrat, weigerte sich, mit den Aufständischen von gleich zu gleich zu verhandeln. Sie verlangte vor Eintritt in konkrete Verhandlungen die Niederlegung der Waffen, die Räumung der besetzten Gebäude und die Wiederherstellung der Pressefreiheit als einer Errungenschaft der Revolution. Andererseits war die USPD unter dem Druck der Spartakisten nicht in der Lage, solche Konzessionen zu machen. Inzwischen hatte die Regierung Noske mit der militärischen Niederwerfung des Aufstandes beauftragt. Nach dem Scheitern der Verhandlungen wurden die besetzten Gebäude durch Regierungstruppen geräumt und die Stadt von den Rändern her konzentrisch besetzt. Der an einzelnen Stellen geleistete Widerstand wurde blutig niedergeworfen. Die Truppen aber, deren sich die Regierung jetzt bediente, waren Freiwilligenverbände. Sie wurden von monarchistischen Offizieren geführt. Bei der Niederwerfung des Spartakusaufstandes kam es zu rohen Gewalttaten. Die in Haft gesetzten Karl Liebknecht und Rosa Luxemburg wurden am 15. Januar 1919 während eines Transportes von Freikorpssoldaten ermordet[27].

4. Alle großen Revolutionen haben ihre eigenen Heere geschaffen: die Eisenseiten Cromwells, die Sansculottes der Jakobiner, die Rote Garde der Bolschewisten. Eine Rote Garde versuchte in den ersten Tagen der Revolution auch der Vollzugsrat zu bilden, gab aber den halbherzig unternommenen Versuch auf, als die Soldatenräte der Berliner Garnison dagegen protestierten. Von den Spartakisten wurde die Bewaffnung der Arbeiter betrieben. Die Mehrheitssozialisten, die den Entschluß zur Nationalversammlung durchsetzten, und die Parteien der Friedensresolution des Jahres 1917, die sich in der Nationalversammlung als Weimarer Koalition wiederfanden und die Verfassung schufen, haben keine Armee eigenen Gepräges zu schaffen vermocht. Die Weimarer Republik ist hervorgegangen aus dem Zusammenwirken der Mehrheitssozialisten mit dem Generalstab, aus dem am 10. November geschlossenen Pakt zwischen Ebert und Groener[28].

Der Generalstab, wie überhaupt das monarchische Offizierkorps, hatte seine innere Geschlossenheit durch das persönliche Verhältnis zum Monarchen gehabt. Es war ein Stand, der als soziale Gruppe aus dem übrigen Volkskörper sich abhob, mit eigener Gerichtsbarkeit, eigenem Ehrenkodex und einem erheblichen Mitspracherecht bei der Auswahl des Nachwuchses. Nun war aber der oberste Kriegsherr in den Jahren des Kampfes ganz in den Schatten Hindenburgs und Ludendorffs gerückt. Groener konnte in der kritischen Stunde des 9. November sagen, daß »Oberster Kriegsherr und Fahneneid bloß eine Idee« seien. Dieses Wort bezeichnete einfach den Tatbestand der Auflösung und bezog sich gewiß nicht unmittelbar auf das Offizierkorps. Aber als Ausspruch dieses exponierten Generals kündigte es doch einen Wandel an[29]. In der Tat blieb das Offizierkorps nach dem Weggang des Kaisers, der ja eben auf den Rat der beiden höchstgestellten Offiziere, Hindenburg und Groe-

ner, erfolgt war, als solches zunächst erhalten. Es ging nun um
die Frage, ob auf die Dauer nach dem Wegfall der Monarchie
der innere Zusammenhalt dieses Korps gewahrt bleiben und ob
es die Führung der Armee behalten würde, d.h. ob ein Offizierkorps, dessen Korpscharakter durch eine fiktive monarchische
Gesinnung bestimmt war, in einer demokratischen Republik
würde bestehen können. Groener hielt die Monarchie für erledigt. Er glaubte, die bisherige personale Loyalität gegenüber
dem Obersten Kriegsherrn ersetzen zu können durch die nationale Loyalität gegenüber dem »Reich«. In einem solchen
Reichspatriotismus sah er die Basis für ein Zusammengehen mit
den Mehrheitssozialisten.

Die sozialdemokratische Partei stand vor einem analogen
Problem. Infolge des Sozialistengesetzes hatte sich die marxistische Theorie des kommenden sozialen und wirtschaftlichen
Umsturzes im Erfurter Programm als offizielle Parteidoktrin
durchgesetzt. Aber seit den neunziger Jahren hatten die Gewerkschaften mit großem Erfolg auf dem Boden der bestehenden Wirtschafts- und Gesellschaftsordnung Sozial- und Lohn-
politik getrieben. Auch die politische Parteiarbeit war gänzlich
unrevolutionär. So besaßen die Partei- und Gewerkschaftskader
keinerlei Schulung für den Bürgerkrieg, keinerlei Ansatzpunkte
für die Schaffung einer eigenen bewaffneten revolutionären
Macht. Bürgerwehren und die Berliner Republikanische Soldatenwehr waren allenfalls für Polizeiaufgaben, aber nicht für den
Kampf zu verwenden[30]. Die Sozialisten standen vor der Frage,
ob eine Partei, deren Doktrin durch einen fiktiven Marxismus
bestimmt war, in einer parlamentarischen Demokratie würde
bestehen können, die neben den anderen Grundelementen der
bisherigen Ordnung, z.B. der Beamtenschaft, auch das monarchische Offizierkorps als Hauptstütze der eigenen Existenz
benötigte. Mehrheitssozialisten und Offizierkorps waren auf
der politischen Bühne Deutschlands damals die beiden wichtigsten Elemente, die noch aus der alten Ordnung übriggeblieben
waren. Sosehr sie sich in ihrem fiktiven Monarchismus und
fiktiven Marxismus widersprachen, sosehr waren die beiden
realen Gebilde aufeinander angewiesen in der Solidarität gegenüber dem Versuch der Revolution.

Der Pakt wurde auf der Basis geschlossen, daß sich der Generalstab für die Doppelaufgabe der Rückführung des Frontheeres
in die Heimat und der Aufrechterhaltung von Ruhe und Sicherheit zur Verfügung stellte, wohingegen durch die sozialistische

Führung das Offizierkorps in der Aufrechterhaltung der militärischen Disziplin unterstützt wurde. Den Soldatenräten wurde nur eine beratende Stimme für die Fragen der inneren Ordnung in der Armee zuerkannt, während die ausschließliche Befehlsgewalt bei den Offizieren blieb. Ein weitergehender, auf Antrag der Berliner Soldatenräte gefaßter Beschluß des Reichsrätekongresses vom 18. Dezember (sog. »Hamburger Punkte«), der u. a. auch die Wahl der Offiziere durch die Truppe vorsah, wurde auf Einspruch der OHL von Ebert umgangen[31]. Der Großteil der Armee wurde nach seiner geordneten Rückführung in die Heimat entlassen. Die meisten Angehörigen der regulären Truppe, front- und kampfesmüde, hatten nur den Wunsch, an ihre Arbeit und in ihre Familien zurückzukehren. Das Frontheer – dies war die Erfahrung gerade aus dem Kampf gegen die Volksmarinedivision am Weihnachtsabend 1918 – war nicht geeignet zum Einsatz im Bürgerkrieg.

Es lag nahe, zunächst den Versuch zu machen, militärisch zuverlässige Freiwilligenverbände, auf die sich die Regierung anders als auf Volksmarinedivision und Republikanische Soldatenwehr wirklich verlassen konnte, aus fronterfahrenen sozialdemokratischen Arbeitern zu bilden. So hatte Ebert schon am 3. Dezember 1918, noch bevor die Fronttruppen nach Berlin zurückkehrten, im Rat der Volksbeauftragten die Bildung einer »Freiwilligen Volkswehr« beantragt, die nicht der OHL, sondern unmittelbar dem Rat der Volksbeauftragten unterstellt sein sollte. Ein entsprechendes Gesetz wurde am 12. Dezember erlassen. Trotz militärischer Bedenken des preußischen Kriegsministers und der OHL gegen die vorgesehene Führerwahl hat Groener die Rekrutierung einer solchen Truppe unterstützt. Er gab an die untergeordneten Kommandostellen die Weisung, daß »die Bildung der freiwilligen Volkswehr ... mit allen Mitteln zu beschleunigen« sei. Der Versuch mißlang. Es war, wie Groener in seinem Tagebuch vermerkte, ein »Schlag ins Wasser«[32]. Julius Leber hat 1933 im Gefängnis in einem kritischen Rückblick auf die Geschichte seiner Partei die Sache beim Namen genannt: »Die große Masse der zur Sozialdemokratischen Partei stehenden Arbeiter kam gar nicht auf den Gedanken, der jungen Revolutionsrepublik Blut und Leben zur Verfügung zu stellen im Kampf gegen links. Jetzt rächte sich bitter die ideelle Zwiespältigkeit der Bewegung, die noch im Vorkrieg dachte, den 4. August schamhaft überging und mit dem 9. November noch nicht so recht ins reine gekommen war, die immer noch in der Tiefe ihres Herzens von einer Einheit der Arbeiterbewegung träumte, statt sich der harten revolutionären Wirklichkeit bewußt zu sein.«[33] Allerdings darf nicht übersehen werden, daß sich einige kleinere Wehreinheiten aus im Sinne der Regierung zuverlässigen Arbeitern bildeten, aus denen das Freischützenkorps Berlin und das Regiment »Reichstag« hervorgingen. Aber deren Zahl reichte bei weitem nicht aus.

Der Generalstab zog daraus die Konsequenz. Schon seit Oktober 1918 war hier und da innerhalb des Offizierkorps der Gedanke erwogen worden, Freiwilligentruppen aufzustellen. Das widersprach der militärischen Tradition der allgemeinen Wehrpflicht. Daher zeigte sich die OHL zunächst zurückhaltend. Die Auflösungserscheinungen während des Rückzugs des Ostheeres und die Bedrohung der deutschen Ostgebiete durch einen polnischen Aufstand veranlaßten die OHL jedoch, am 16. November ihre Zustimmung zur Bildung von Freiwilligenverbänden zu geben. Schließlich verwies das Versagen der republikanischen Wehren den Rat der Volksbeauftragten und die OHL auf die Anwerbung solcher Truppen auch für die Verwendung im Innern. Den Kern der zahlreichen Freikorps sehr unterschiedlicher Größe, die nun entstanden, stellten vielfach Sturmkompanien aus Offizieren und Unteroffizieren dar. Auch von der Universität und den Höheren Schulen, aus dem Wandervogel, aus dem Kleinbürgertum und aus der Bevölkerung der gefährdeten Grenzgebiete erhielten sie Zustrom. Für den Höhepunkt der Freikorpsbewegung Mitte März 1919 schätzte Groener ihre Zahl auf etwa 250000 Mann. Diese Soldaten waren auf Zeit verpflichtet, erhielten höheren Lohn als die normale Truppe und standen unter strenger Disziplin. Ihr Kampfwert war auf Grund der personellen Zusammensetzung und einer taktischen Neugliederung in kleine Verbände mit gemischten leichten und schweren Waffen hoch. Sie kannten keine Führerwahl und waren der Befehlshierarchie der militärischen Kommandogewalt untergeordnet. Ein einheitlicher Freikorpsgeist läßt sich trotz späterer positiver oder negativer Mythologisierungsversuche nur schwer definieren. Einige wenige zuverlässige republikanische Wehren wurden in die Freikorps eingegliedert. Ihnen standen auf der anderen Seite extrem konterrevolutionäre Korps gegenüber. Sie waren durchweg in starkem Maße orientiert an der Persönlichkeit ihres jeweiligen Führers, der sie geworben hatte. Politisch kann man – mit den genannten Ausnahmen – die negative Feststellung machen, daß sie in einen scharfen Gegensatz zu den Arbeiter- und Soldatenräten gerieten und daß sie zugleich von einem tiefen antibourgeoisen Affekt besessen waren, der in einem auch literarisch stilisierten »Fronterlebnis«[34] beruhte. Hier hatten in der Verzweiflung über die Niederlage Deutschlands Träume einer aus dem Geist eines unbürgerlichen revolutionären Nationalismus erneuerten Reichsidee ihre Wurzel. Oft genug aber waren die Freikorpskämpfer einfach Desperados, die – im Knabenalter von der Schulbank in den Krieg gerissen – jetzt nicht den Weg in ein bürgerliches Berufsleben fanden. Es war eine schwere Hypothek, die auf der Entstehungsgeschichte der Weimarer Republik lastete, daß sich die Volksbeauftragten auf derartige Freiwilligenverbände angewiesen sahen. Zunächst aber schufen die Freikorps[35] die Voraussetzung dafür, daß trotz Streiks und Unruhen allenthalben im Reich die Wahlen zur Nationalversammlung am 19. Januar 1919 durchgeführt werden konnten.

S. auch Lit. nach Kap. 2 u. Bd. 18, Kap. 25. Zur Einführung in den Forschungsstand: E. KOLB (Hg.), Vom Kaiserreich zur Weimarer Republik (1972). – Grundlegend als Quellenbasis E. MATTHIAS (Hg.), Die Regierung der Volksbeauftragten 1918/19 (2 Bde. 1969); E. KOLB / R. RÜRUP (Hg.), Der Zentralrat der Dt. Sozialistischen Republik 19. Dez. 1918 bis 8. April 1919 (Leiden 1968), beide mit umfangreichen Lit.verzeichnissen; Dokumente u. Materialien zur Geschichte der dt. Arbeiterbewegung, hg. v. Inst. f. Marxismus-Leninismus, R. II, Bd. 2 u. 3 (B-Ost 1958). Weitere Materialien zum Revolutionsverlauf: H. MARX, Hdb. der Revolution in Dtld. 1918–19 (1919); K. AHNERT, Die Entwicklung der dt. Revolution u. das Kriegsende in der Zeit vom 1. Okt. bis 30. Nov. 1918 in Leitartikeln, Extrablättern, Telegrammen, Aufrufen u. Verordnungen nach den führenden dt. Zeitungen (1918); E. R. HUBER (Hg.), Dokumente zur dt. Verfassungsgesch. Bd. 3; G. A. RITTER/Susanne MILLER (Hg.), Die dt. Revolution 1918–1919 (Tb. 1968); vgl. auch Lit. zu Bd. 18, Kap. 25; zur regionalen u. lokalen Revolutionsforschung: E. KITTEL, Novembersturz 1918. Bemerkungen zu einer vergleichenden Revolutionsgesch. d. dt. Länder, Blätter für dt. Landesgesch. 104 (1968); Dokumente zum »Umsturz in den dt. Ländern«, in: Dokumente u. Materialien, R. II, Bd. 3, Nr. 572–634; ferner E. R. HUBER (Hg.), Dokumente zur dt. Verfassungsgesch., Bd. 3, Nr. 88–134; H. METZMACHER, Der Novemberumsturz 1918 in der Rheinprovinz, in: Annalen des Hist. Vereins für den Niederrhein 168/169 (1967); E. LUCAS, Frankfurt unter der Herrschaft des Arbeiter- u. Soldatenrats 1918/19 (1969); zu Hamburg Kap. 4, Anm. 5, zu Bremen Kap. 4, Anm. 4; zu Bayern Kap. 4, Anm. 10. – Zentrale Frage: Was bedeutet das Ausbleiben der sozialen Revolution für Wesen und Schicksal der Weimarer Republik? Die These A. ROSENBERGS, von vielen nach ihm in mancherlei Variationen wiederholt: Die W. R. mußte zugrunde gehen, weil man Großgrundbesitz und Schwerindustrie, die wirtschaftl.-soziale Basis der bisher führenden Schichten, unangetastet ließ. In manchen Erscheinungen der angelsächsischen und neuerdings auch der westdt. Lit. erfreut sich daher die USPD einer besonderen Beliebtheit: so G. SCHEELE, The Weimar Republic. Overture to the Third Reich (1946); A. J. P. TAYLOR, The Course of German History (1945); auch G. BARRA-

CLOUGH, Factors in German History (1946, dt. 1947) u. R. COPER, Failure of a Revolution (1955) sehen in dem Ausbleiben der sozialen Revolution ein für das spätere Schicksal der Republik verhängnisvolles Versagen der SPD. Diese Vorwürfe gehen von einer doppelten Voraussetzung aus: 1. daß es 1918 noch einen dritten Weg gegeben habe zwischen einerseits der sozialen Revolution im Bund mit den auf eine Diktatur des Proletariats hindrängenden Kräften und andererseits der parlamentarischen Republik im Bund mit konservativen Elementen; 2. daß das Experiment der W.R., nachdem es nun einmal unter diesen Umständen begonnen war, tatsächlich scheitern mußte. Beide Voraussetzungen stehen auf schwankendem Grund. Vgl. hierzu K.D. ERDMANN, VfZG 3 (1955), S. 6 ff.; hier wurde die seither viel diskutierte These formuliert, daß es sich in der Revolution um ein Entweder-Oder gehandelt habe: nämlich um »die soziale Revolution im Bund mit den auf eine proletarische Diktatur hindrängenden Kräften oder die parlamentarische Republik im Bund mit konservativen Elementen wie dem alten Offizierkorps«. Kritisch hierzu E. MATTHIAS in einem Lit.bericht, Neue Gesellschaft 3 (1956). Der Erzberger-Biograph K. EPSTEIN hat sich in World Politics 11 (1959) gegen die amerikanischen Kritiker Eberts gewandt, sie hätten »die unpersönlichen Kräfte und Bedingungen unterschätzt, die die dt. Sozialdemokraten so zu handeln veranlaßten, wie sie tatsächlich handelten«, und sie hätten sich »auf eine im wesentlichen grundlose Suche nach dem Schuldigen begeben«. Der Alternativcharakter der damaligen Entscheidungssituation ist jedoch in der neueren Räteforschung von verschiedenen Autoren bestritten worden. Das in den Vordergrund des Interesses gerückte Phänomen der Räte ist dabei weitgehend aufgearbeitet worden. Eine umfassende Untersuchung über die Soldatenräte, die bisher noch ausstand, liegt inzwischen vor: U. KLUGE, Soldatenräte und Revolution. Studien zur Militärpolitik in Dtld. 1918/19 (Diss. Ms. Berlin 1971). Einen Überblick über die Gesamtbewegung gibt W. TORMIN, Zwischen Rätediktatur und sozialer Demokratie (1954); hierzu Bespr. H. RHODE, HZ 181 (1956). Tormin kommt zu folgendem Ergebnis: Die Frage, ob Verfassunggebende Nationalversammlung oder Rätediktatur war am 10. Nov. 1918 bereits entschieden; die dt. A- und S-Räte sind keine Imitation der russ. Sowjets, sie sind nicht Motor der Revolution, sondern Produkt des Zusammenbruchs; erst allmählich gewinnt die revolutionäre Opposition an Gewicht, »wegen der starren Haltung der Volksbeauftragten, wegen ihrer mangelnden Initiative in der Sozialisierungsfrage und ihrer Anlehnung an die Kräfte des alten Staates« (S. 135). Erst in den Frühjahrskämpfen seit Febr. 1919 sieht Tormin den Versuch zu einer sowjet. »Oktoberrevolution« in Dtld. Wenn es jedoch richtig ist, daß die revolutionäre Drohung erst jetzt akut wurde, so war sie am 9. Nov. bereits sichtbar: vgl. Liebknechts Proklamation der »Sozialistischen Republik«, Bekenntnis zur »Weltrevolution« etc. Durch die Sorge Eberts vor der in der Situation liegenden, sichtbaren revolutionären Drohung wurde das Bündnis mit dem monarchischen Offizierkorps begründet. E. KOLB, Die Arbeiterräte in der dt. Innenpolitik 1918–1919 (1962) hat die Thematik Tormins in seiner speziell auf die Räte der Arbeiter gerichteten Untersuchung vertieft. Er kommt zu einem ähnlichen Ergebnis wie Tormin, daß nämlich die SPD insofern versagt habe, als sie die in den A-Räten liegende Potenz für die Demokratisierung von Staat und Gesellschaft in der Zeit bis zur Einberufung der Nationalversammlung nicht auszunutzen verstand; ders., Rätewirklichkeit u. Räte-Ideologie in der dt. Revolution von 1918/19 in: H. NEUBAUER (Hg.), Dtld. und die russ. Revolution (1968), glaubt die revolutionäre Linke in Verkennung ihres Gewichts als »hysterische Minderheit« abqualifizieren zu können (S. 107). P. v. OERTZEN, Die großen Streiks der Ruhrarbeiterschaft im Frühjahr 1919, VfZG 6 (1958), sieht den dritten Weg, den man hätte gehen sollen, in der Sozialisierung mit Hilfe einer wirtschaftl., nicht politischen Räteherrschaft, wie sie die Ruhrbergarbeiter im Frühjahr 1919 auf revolutionärem Wege zu errichten suchten. Er geht dabei von der Voraussetzung aus, daß eine nach dem Rätesystem organisierte Wirtschaft die gesellschaftl. Basis einer parlamentarischen Demokratie zu sein vermöchte. Mit der Zustimmung zu dieser Voraussetzung oder dem Zweifel an ihr steht und fällt die These dieser für die Vorgänge im Ruhrgebiet im übrigen höchst aufschlußreichen Untersuchung. Dieser von K. D. ERDMANN bereits in Gebhardt 4 (Klett-Cotta ⁸1959, 2. Ndr.) formulierten Stellungnahme stimmt P. v. OERTZEN zu in: Betriebsräte in der Novemberrevolution. Eine politikwissenschaftl. Untersuchung über Ideengehalt u. Struktur der betrieblichen u. wirtschaftlichen Arbeiterräte in der dt. Revolution 1918/19 (1963), S. 67. Er will mit seiner Untersuchung eine positive Antwort auf die Frage nach der Vereinbarkeit von wirtschaftl. Rätesystem und parlamentarischer Demokratie geben. Er kombiniert die historische mit der politikwissenschaftl. Methode, ein in der Frage nach dem Möglichen in der Tat für die systematische Entfaltung des Problems förderliches Vorgehen. Nach dem gescheiterten Januaraufstand verlagerte sich das Räteproblem auf die betriebliche Seite. Oertzen sieht die Alternative zur bürgerl. parlamentarischen Demokratie in einer sich auf die wirtschaftl. Rätebewegung stützenden »sozialen Republik«. Die theoret. Position v. Oertzens ist für den orthodoxen Marxismus inakzeptabel, so H. HABEDANK, Um Mitbestimmung u. Sozialisierung während der Novemberrevolution u. im Frühj. 1919 (B-Ost 1967), eine im übrigen materialreiche und informative Arbeit auf Grund der Akten der ersten Sozialisierungskommission (DZA Potsdam). »Das Problem der Räte bei der Entstehung der Weimarer Republik« war ein Hauptdiskussionsthema auf der 26. Versammlung dt. Historiker in Berlin 7.–11. Okt. 1964 (Beiheft GWU). Den dort von Kolb und v. Oertzen vertretenen Thesen trat u. a. entgegen G. A. RITTER: Die »Vereinbarkeit einer Kontrolle durch Parlament und Räte« sei nicht erwiesen worden. Vgl. ders., Direkte Demokratie u. Rätewesen in Gesch. u. Theorie, in: Die Wiedertäufer der Wohlstandsgesellschaft. Eine kritische Untersuchung der »Neuen Linken« und ihrer Dogmen, hg. von E. K. SCHEUCH (Tb. 1968). Im Hinblick auf die politische Rätediskussion der Gegenwart (Johannes Agnoli, Rudi Dutschke, Bernd Rabehl, Jochen Ebmeier) kommt G. A. Ritter zu der Feststellung: »In allen Rätekonzeptionen der ›Neuen Linken‹ wird – im Gegensatz zu der Diskussion in Dtld. von 1918/19 über eine mögliche Verbindung von Parlamentarismus und Rätewesen – die grundsätzliche Unvereinbarkeit dieser beiden Prinzipien politischer Organisation nicht bestritten« (S. 209f.). Ferner A. MITCHELL auf dem Berliner Historikertag: für v. Oertzens Theorie der sozialen Republik »habe es weder im Reich noch in Bayern eine echte Chance gegeben; sie entspreche mehr der Nachtragsweisheit des Historikers als den historischen Möglichkeiten«; vgl. ders., Revolution in Bayern 1918/1919. Die Eisner-Regierung und die Räterepublik (1967). Auch H. HEIBER, Die Republik von Weimar, in: Inst. f. Zeitgesch. (Hg.), Dt. Geschichte seit dem Ersten Weltkrieg Bd. 1 (1971), S. 26, kommt zu dem Ergebnis, daß damals »nur zwei wirkliche Alternativen bestanden: eine parlamentarisch-demokratische und eine konsequent sozialistisch-revolutionäre mit der Grenzlinie durch die USPD«. O. ANWEILER ist zuzustimmen, wenn er in Berlin über den Stand der Diskussion feststellte, daß die Frage, ob es einen dritten Weg zwischen Rätediktatur und parlamentarischer Demokratie gegeben habe, wohl als offen bezeichnet werden müsse; vgl. ders., Die Rätebewegung in Rußland 1905–1921 (Leiden 1958), eine für die Räteforschung richtungweisende Untersuchung. Zum Stand der Diskussion R. RÜRUP, Probleme der Revolution in Dtld. 1918/19 (1968); J. PETERSEN und eine Gruppe Kieler Studenten, 1918–1969. Der fünfzigste Jahrestag der Novemberrevolution im Spiegel der dt. Presse, GWU 20 (1969). Weitere Lit. über die Räte DW 395/799. – Zur kommunistischen Deutung der Novemberrevolution: A. SCHREINER u. R. BAUER, ZfG 4 (1958), Sonderheft: Zum 40. Jahrestag der dt. Novemberrevolution. L. WINCKLER, Die Novemberrevolution in der Geschichtsschreibung der DDR, GWU 21 (1970), analysiert die verschiedenen Interpretationsmodelle, konfrontiert sie mit der Revolutionsforschung in der BRD u. konstatiert einen »Interpretationsvorsprung d. marxistischen Geschichtsschreibung«. Das bisher geschlossenste Beispiel hierfür: J. S. DRABKIN, Die Novemberrevolution 1918 in Dtld. (aus d. Russ., B-Ost 1968), umfassende Darstellung, Literatur über Forschungen aus DDR und UdSSR, vergleicht nach Lenin die Novemberrevolution mit der russ. Februarrevolution, den Januaraufstand in Berlin mit dem »russischen Juli«; charakterisiert die Novemberereignisse als »bürgerlich-demokratische Revolution«, die »in bedeutendem Maße mit proletarischen Mitteln und Methoden« durchgeführt wurde; die Darstellung ist auf die Alternative zwischen bürgerlicher Demokratie und proletarischer Diktatur abgestellt. Den westdt. Räteforschern, die über die verpaßte Chance des dritten Weges spekulieren, wirft er vor, daß sie »keine wirklich wissenschaftliche Methodologie der historischen Analyse und Synthese« besäßen. Zu dem kompromißlosen Entweder-Oder zwischen bürgerlicher Demokratie und proletarischer Rätediktatur, um das es nach Lenin, Rosa Luxemburg, Clara Zetkin u. a. in der Novemberrevolution ging, vgl. bes. d. Kap.: »Die Kardinalfrage der Revolution« (S. 254 ff.). – Neuere erzählende Gesamtdarstellungen mit unterschiedlichen Bewertungsgesichtspunkten: W. GÖRLITZ, November 1918. Bericht über die dt. Revolution (1968); S. HAFFNER, Die verratene Revolution (1969). – Zum Problem der Masse in diesem Zusammenhang: G. D. FELDMAN / E. KOLB / R. RÜRUP, Die Massenbewegungen der Arbeiterschaft in Dtld. am Ende des Ersten Weltkrieges 1917–1920, in: Polit. Vjschr. 13 (1972), Versuch einer Periodisierung der Bewegung unter den Kriterien des Vorhandenseins oder Fehlens »objektiver« und »subjektiver« Voraussetzungen für eine Revolution. Die klassenkämpferische Radikalisierung in der zweiten Phase der Revolution seit dem »Spartakus-Aufstand« wird erklärt aus der Enttäuschung der Massen über die Erfolglosigkeit der demokratischen Revolution in der ersten Phase. Diese Interpretation ist jedoch durch die Beobachtung zu ergänzen, daß es 1. radikale Tendenzen vom Beginn der Revolution an gab und daß 2. der Verlauf der Revolution bereits in der ersten Phase eine zunehmende Radikalisierung der Massen zeigt. Die innere Logik des Revolutionsablaufs und die Zusammengehörigkeit seiner verschiedenen Phasen wird in der kommunistischen Interpretation durchweg klarer gesehen, als es in der neueren westdt. Revolutionsforschung der Fall ist.

[1] Serie von Karten, die die Ausbreitung der A- u. S-Räte in den Tagen vom 5. bis 10. Nov. 1918 zeigen, bei W. TORMIN, Zwischen Rätediktatur u. sozialer Demokratie, Anhang.

[2] W. RATHENAU, Der Neue Staat (1919), Ges. Schriften 5 (1925), S. 297 u. 304.

[3] H. PREUSS, Volksstaat oder verkehrter Obrigkeitsstaat, Berl. Tgbl. 14. Nov. 1918, in: Staat, Recht u. Freiheit. Aus 40 Jahren dt. Politik u. Gesch. (1926).

[4] P. v. OERTZEN, Betriebsräte, S. 91, Anm. 3, trifft die richtige Feststellung, daß nach der Berufszählung von 1925 81,3% Arbeitnehmer (d. h. Beamte, Angestellte, Arbeiter) u. kleine Selbständige (die keine anderen Arbeitnehmer beschäftigen) gewesen seien. Auf diese hätte sich in den Vorschlägen zu einer politischen u. wirtschaftlichen Räteorganisation das Wahlrecht beschränkt. Und er fügt hinzu, daß dies »in der Tat die große Mehrheit des Volkes« gewesen sei. Es ist jedoch

zu bedenken, daß zwar innerhalb jener 81,3 % der Arbeitnehmer und kleinen Selbständigen diejenigen, die nach ökonomischer Lage u. auf Grund ihres Selbstverständnisses als Angehörige des Proletariats bezeichnet werden können, wahrscheinlich eine Majorität darstellen, daß eine solche Majorität jedoch keineswegs einer Majorität im dt. Volke gleichkam. Denn: In der Berufsstruktur betrug der Anteil der Lohnarbeiter nur ca. 50% und bei den Wahlen zur Nationalversammlung war der Stimmenanteil der sozialistischen Parteien noch geringer, nämlich 45,5 %. Nicht alle für die SPD abgegebenen Stimmen können zudem als Ausdruck eines proletarischen Klassenbewußtseins gewertet werden, da über den Arbeiterstand hinaus auch im Bürgertum nicht wenige in der SPD die beste Gewähr für die Errichtung einer demokratischen Ordnung sahen. Allerdings beteiligte sich die KPD an diesen Wahlen nicht, aber sie verfügte damals noch nicht über einen Massenanhang. Außerdem ging ein gewisser Teil der Arbeiterstimmen an andere Parteien, namentlich an das Zentrum. Dies berechtigt zu der Feststellung, daß die Herrschaft einer »Mehrheit der Arbeiterklasse« der Herrschaft einer Minderheit des dt. Volkes gleichgekommen wäre.

[5] E. PRAGER, Gesch. d. USPD. Entstehung u. Entwicklung der Unabhängigen Sozialdemokratischen Partei Dtlds. (1921).

[6] Regierung der Volksbeauftragten 1, Nr. 3.

[7] Ebd.

[8] Zit. bei E. KOLB, Arbeiterräte, S. 170.

[9] Regierung der Volksbeauftragten 1, Nr. 9.

[10] Text bei R. MÜLLER, Vom Kaiserreich zur Republik, Bd. 2 (1925), S. 248f.

[11] Vgl. auch die Kritik hieran von W. I. LENIN, Die proletarische Revolution u. der Renegat Kautsky, Werke, Bd. 28.

[12] E. WALDMAN, Spartakus. Der Aufstand von 1919 u. die Krise der dt. sozialistischen Bewegung (a. d. Amerik. 1967); G. BADIA, Les Spartacistes (1966). Vgl. auch Literatur zu Bd. 18, Kap. 17.

[13] R. MÜLLER, Vom Kaiserreich zur Republik, Bd. 1 (1924), S. 139.

[14] Rosa LUXEMBURG, Die russische Revolution, in: Polit. Schriften 3, hg. v. O. K. FLECHTHEIM (1968).

[15] Ebd., S. 134. – Annelies LASCHITZA, Rosa Luxemburg u. Karl Liebknecht über das Verhältnis von Demokratie u. Sozialismus, ZfG 19 (1971), spielt die Bedeutung dieser Aussagen herunter, indem sie behauptet, Rosa Luxemburg habe diesen Irrtum Ende 1918 überwunden.

[16] Rosa LUXEMBURG, Die russ. Revolution, S. 129f.

[17] R. LUXEMBURG, Die Nationalversammlung (zuerst in: Die Rote Fahne, 20. Nov. 1918) in: Ausgewählte Reden u. Schriften, Bd. 2 (B-Ost 1955), S. 603ff.; dazu J. S. DRABKIN, Die Novemberrevolution, S. 261.

[18] H. J. L. ADOLPH, Otto Wels u. die Politik der dt. Sozialdemokratie 1894–1939. Eine polit. Biographie (1971).

[19] Die Protokolle des Vollzugsrats, nicht ediert, aber in der neueren Forschung benutzt, werden aufbewahrt im Inst. f. Marxismus-Leninismus beim ZK der SED in Ostberlin.

[20] Wortlaut der Anträge u. Beschlüsse u. Berichte über die Sitzung bei R. MÜLLER, Vom Kaiserreich zur Republik, Bd. 2, S. 82ff. u. H. MÜLLER, Die Novemberrevolution. Erinnerungen (1928), S. 127f.

[21] Allgemeiner Kongreß der Arbeiter- u. Soldatenräte Dtlds. v. 16. bis 21. Dez. 1918 im Abgeordnetenhaus zu Berlin. Sten.Berichte, hg. v. Zentralrat der sozialist. Republik Dtlds. o. J. (1919).

[22] I. FLEMMING, Parlamentarische Kontrolle in der Novemberrevolution. Zur Rolle u. Politik des Zentral-

rats zwischen erstem u. zweitem Rätekongreß Dez. 1918 bis April 1919, Archiv f. Sozialgesch. 11 (1971).

[23] Regierung der Volksbeauftragten
2, S. 106.

[24] Dies macht ihm zum Vorwurf
der von der OHL zu Ebert entsandte
Major v. Harbou in einem Bericht
über die Tätigkeit des Generalkom-
mandos Lequis, in: E. KÖNNEMANN
(Hg.), Der Truppeneinmarsch am
10. Dez. 1918 in Berlin. Neue Dokumente zur Novemberrevolution, ZfG
16 (1968).

[25] G. NOSKE, Von Kiel bis Kapp.
Zur Gesch. d. dt. Revolution (1920).

[26] Bericht über den Gründungsparteitag der KPD (Spartakusbund) v.
30. Dez. 1918 bis 1. Jan. 1919 (1919);
hierzu das sten. Protokoll aus dem Le-
vi-Nachlaß in: H. WEBER (Hg.), Der
Gründungsparteitag der Kommunistischen Partei Dtlds. Protokolle u. Materialien (1969). Über Radeks Betriebsamkeit auch während seiner Haft im
Jahre 1919 s. E.H. CARR, Radek's
»Politikal Salon« in Berlin 1919, Soviet Studies 3 (1951/52); O.E.
SCHÜDDEKOPF, Karl Radek in Berlin.
Ein Kapitel dt.-russ. Bez., Archiv f.
Sozialgesch. 2 (1962); W. LERNER,
Karl Radek, The Last Internationalist
(Stanford 1970); K. RADEK, In den
Reihen d. dt. Revolution 1909 bis
1919. Gesammelte Aufsätze u. Ab-
handlungen (1921); L. STERN, Zur
Vorgeschichte d. Gründung d. Kom-
munistischen Partei Dtlds., Wiss. Zs.
d. Martin-Luther-Univ. Halle-Wit-
tenberg 4 (1954/55); H.-E. VOLK-
MANN, Die Gründung der KPD u. ihr
Verhältnis zum Weimarer Staat im
Jahre 1919, GWU 23 (1972).

[27] Elisabeth HANNOVER-DRUCK/
H. HANNOVER (Hg.), Der Mord an
Rosa Luxemburg u. Karl Liebknecht.
Dokumentation eines politischen Ver-
brechens (Tb. 1967).

[28] W. SAUER, Das Bündnis Ebert-
Groener. Eine Studie über Notwen-
digkeiten u. Grenzen der militär.
Macht (Diss. Ms. Berlin 1957); ders.,

in K.D. BRACHER, Auflösung der
Weimarer Republik, Kap. 9, Die
Reichswehr, Abschn. 2: Tradition u.
Revolution; L. BERTHOLD/ H. NEEF
(Hg.), Militarismus u. Opportunis-
mus gegen die Novemberrevolution.
Das Bündnis der rechten SPD-Füh-
rung mit der Obersten Heeresleitung
Nov. u. Dez. 1918. Eine Dokumenta-
tion (B-Ost 1958).

[29] Über die Situation, in der das
Wort gesprochen wurde, u. die verschiedenen Versionen der Überlieferung s. K. Gf. v. WESTARP, Das Ende
der Monarchie am 9. Nov. 1918, hg. v.
W. CONZE (1952).

[30] So auch H. J. L. ADOLPH, Otto
Wels, S. 103f.: »Wels war es in seiner
kurzen Amtszeit als Stadtkommandant von Berlin lediglich gelungen, einen relativ gut funktionierenden
Wachdienst aufzubauen. An dem Problem, eine zuverlässige Revolutionsar-
mee zu schaffen, war auch er, wie
1918/19 alle vor und nach ihm, gescheitert.«

[31] H. H. HERWIG, The First German Congress of Workers' and Sol-
diers' Councils and the Problem of
Military Reforms, Journal of Centr.
Europ. Hist. 1 (1968).

[32] Zur Freiwilligen Volkswehr: Regierung der Volksbeauftragten 1,
Nr. 37, 41, 56. Groener-Zitate nach
der Darstellung bei W. ELBEN, Das
Problem der Kontinuität in der dt.
Revolution 1918/19 (1965), S. 153f.
Elben sieht den Grund des Scheiterns
in der »Tatsache, daß die auszubauen-
den Detachements im Getriebe der
politischen Gegensätze der verschiedenen sozialistischen Richtungen zer-
rieben wurden, und die Freiwilligen
vor lauter Diskussionen über die politischen und militärischen Notwendig-
keiten nicht zu einer schlagkräftigen
Truppe zusammenwuchsen«. – H.
OECKEL, Die revolutionäre Volkswehr 1918/19. Die dt. Arbeiterklasse
im Kampf um die revolutionäre
Volkswehr Nov. 1918 bis Mai 1919
(B-Ost 1968).

[33] J. LEBER, Ein Mann geht seinen Weg (1952), S. 204f.

[34] K. SONTHEIMER, Antidemokratisches Denken in der Weimarer Republik (1962), s. hier Kap. 5: Das Kriegserlebnis des Ersten Weltkriegs; A. MOHLER, Die Konservative Revolution in Dtld. 1918–1932. Grundriß ihrer Weltanschauungen (1950), s. hier Kap. II, 14: Der Krieg u. II, 16: Unter der Weimarer Republik, Freikorps.

[35] Darstellungen aus den Nachkriegskämpfen dt. Truppen u. Freikorps, s. o. S. 24, Bd. 5: Die Kämpfe in Südwestdtld. 1919–1923 (1939); Bd. 6: Die Wirren in der Reichshauptstadt u. im nördl. Dtld. 1918–1920 (1940); DW 395/662. F. W. v. OERTZEN, Die dt. Freikorps 1918–1923 ([5]1939); R. G. L. WAITE, Vanguard of Nazism: The Free Corps Movement in Postwar Germany 1918–1925 (Cambridge Mass. 1952); H. I. GORDON, Die Reichswehr u. die Weimarer Republik 1919–1926 (1959); H. SCHULZE, Freikorps u. Republik 1918–1920 (1969), hier bes. zur Charakterisierung der Freikorps, Kap. I, 2; G. PAULUS, Die soziale Struktur der Freikorps in den ersten Monaten nach der Novemberrevolution, ZfG 3 (1955). – Über das Heer in den Anfängen der Republik bes. ergiebig O.-E. SCHÜDDEKOPF, Das Heer u. die Republik, s. o. S. 24; E. KÖNNEMANN, Einwohnerwehren u. Zeitfreiwilligenverbände. Ihre Funktion beim Aufbau eines neuen imperialistischen Militärsystems Nov. 1918–1920 (B-Ost 1971), breit angelegte Darstellung auf Grund der Materialien staatlicher, regionaler u. lokaler Archive unter einem dogmatisch starren Beurteilungsschema. – Von einem ehemaligen Freikorpsangehörigen u. höh. preuß. Polizeioffizier: L. DIERSKE, Sicherheitskräfte in Preußen zu Beginn der Weimarer Republik, Parlament B 47 (1969). – Als Zeugnis für den Zeitgeist von hohem Quellenwert E. v. SALOMON, Das Buch vom dt. Freikorpskämpfer (1938).

Kapitel 2
Der Rat der Volksbeauftragten:
Wirtschafts- und Sozialpolitik

An der Übergangsregierung zwischen dem Sturz der Monarchie und dem Zusammentritt der Nationalversammlung waren entgegen der ursprünglichen Absicht Eberts die bürgerlichen Parteien, mit denen die Sozialdemokraten in der Regierung des Prinzen Max zusammengearbeitet hatten, auf Verlangen der USPD nicht beteiligt worden. Aber bürgerliche Staatssekretäre übten als Leiter wichtiger Reichsressorts einen erheblichen Einfluß aus[1]. Offiziell galten sie nur als technische Ausführungsorgane unter der politischen Weisung der Volksbeauftragten. In Wirklichkeit aber kam ihre Stellung der von verantwortlichen Kabinettsministern gleich, so wie es dem Sinn der Oktoberverfassung entsprochen hätte. Diese bürgerlichen Mitarbeiter der sozialistischen Regierung waren Anhänger einer liberalen parla-

mentarischen Demokratie. Der aus der Fortschrittlichen Volkspartei kommende Demokrat Hugo Preuß[2], Staatsrechtslehrer in
Berlin und von Ebert zum Staatssekretär des Innern berufen,
erarbeitete den Entwurf für die kommende Verfassung. Eugen
Schiffer[3], der von den Nationalliberalen zur Demokratischen
Partei ging, rückte von seinem Posten als Unterstaatssekretär
zum Leiter des Reichsschatzamtes auf. Die Leitung der Außenpolitik blieb zunächst in den Händen des Staatssekretärs Wilhelm Solf[4]. Besondere Bedeutung kam dem Reichsamt für wirtschaftliche Demobilmachung unter Oberstleutnant Koeth zu[5],
einem militärischen Verwaltungsfachmann, der der Kriegsroh-
stoffabteilung im preußischen Kriegsministerium vorgestanden
hatte. Diese Behördenchefs waren zur loyalen Zusammenarbeit
mit Ebert bereit, mit dem sie in der Forderung nach früher
Wahl zu einer Nationalversammlung und in der Überzeugung
übereinstimmten, daß die gegenwärtige revolutionär legiti-
mierte Regierung nur eine kurze Übergangserscheinung sein
dürfe. Neben ihnen wirkten als Leiter anderer Reichsämter
Staatssekretäre aus beiden Sozialdemokratischen Parteien, und
zwar an der Spitze des Reichsernährungsamtes Emanuel Wurm
(USPD), des Reichswirtschaftsamtes August Müller (SPD später DDP) und des Reichsarbeitsamtes Gustav Bauer[6] (SPD). An
der Seite dieser offiziell als unpolitisch geltenden Staatssekretäre
standen Beigeordnete. Sie wurden vom Rat der Volksbeauftragten aus den beiden sozialistischen Parteien ernannt mit einer
nicht präzise umschriebenen Aufgabe der Überwachung und
politischen Kontrolle. Sie haben im allgemeinen gut mit den
Staatssekretären zusammengearbeitet und diese nach außen hin
gegen Kritik abgeschirmt. Unter Hinweis auf diese Institution
der Beigeordneten war es dem Rat der Volksbeauftragten möglich, eine Rätekontrolle über die Reichsämter abzuwehren. Un-
terhalb der liberalen oder sozialdemokratischen Behördenspit-
zen blieb die durchweg konservative Beamtenschaft an den
Staatsvorstellungen des Konstitutionalismus orientiert, in denen
sie aufgewachsen war. Einige Beamte wurden auf Drängen von
örtlichen Räten entlassen. Nicht wenige quittierten ihren Dienst
freiwillig, so in Preußen jeder zehnte Landrat. Die Mehrzahl,
die im Amt blieb, bezog ihre Dienstgesinnung auf den Staat als
solchen, nicht auf die neuen Machthaber. Die situationsbedingte Auseinandersetzung mit dem Kontrollanspruch der Räte
begünstigte jedoch bei den politischen Beamten (Oberpräsidenten, Regierungspräsidenten, Landräten) eine revolutionsfeindli-

che Einstellung ebenso wie eine loyale Haltung gegenüber der Regierung, die den Zwischenzustand zu überwinden bemüht war. Charakteristisch für die positive Meinung, die die sozialdemokratische Führung vom damaligen deutschen Beamtentum hegte, ist eine rückschauende Äußerung H. Müllers über seine Erfahrungen aus der Revolutionszeit. Er weist die Behauptung zurück, »daß damals alle unter dem alten System aufgewachsenen Beamten keinen anderen Gedanken gehabt hätten, als die Tätigkeit der Volksbeauftragten zu sabotieren. Gerade die besten Köpfe im deutschen Beamtentum wußten, was in jener Zeit auf dem Spiele stand ... Die Beamten haben in jener Zeit, von Ausnahmen abgesehen, ihre Aufgabe begriffen«[7]. Man mag, wie es in der modernen Räteliteratur gerne geschieht, beklagen, daß es damals nicht zu einem sozialdemokratischen Pairsschub gekommen ist. Der Grund war, daß die Arbeiterparteien damals noch nicht über die notwendigen geschulten Kräfte verfügten. Es war fachmännisches Wissen erforderlich, um die drängenden Aufgaben zu lösen, die sich bei der Wiederingangsetzung des Verkehrs, der Sicherung der Lebensmittelversorgung und der Umstellung der Industrie auf Friedenswirtschaft ergaben. Vielleicht überschätzte man auch die Möglichkeit, die Bürokratie als ein willenloses, unpolitisches Werkzeug dem eigenen politischen Willen dienstbar zu machen. Insgesamt ist bei der Einschätzung der politischen Relevanz des Beamtentums für das Schicksal der Weimarer Republik zu bedenken, daß 1920 die erste Bedrohung der Republik von rechts, der Kapp-Putsch, dem passiven Widerstand der leitenden Schichten in den Berliner Staatsämtern begegnete[8] und daß in den folgenden Jahren durch Ämterpatronage der Weimarer Parteien in einigen Ländern, vor allem in Preußen, der Beamtenkörper planmäßig mit republikfreundlichen Personen durchsetzt wurde[9]. Gravierender als die Unterlassung einer frühzeitigen Erneuerung der Verwaltung war es für die Entwicklung des politischen Klimas in Deutschland, daß auch die Justiz – auf dem rechten Auge blind – unangetastet blieb. Die politischen Prozesse sind ein trübes Kapitel in der Geschichte der Weimarer Republik[10].

Der Regierung stellte sich als vordringlichste Aufgabe, der wirtschaftlichen Not zu steuern, in der sich das deutsche Volk nach Krieg und Zusammenbruch im Augenblick des Waffenstillstandes befand. Ihrer Wirkungsmöglichkeit waren dabei enge Grenzen gesetzt. Obwohl die Waffen schwiegen, ging die Blockade weiter, ja, sie wurde durch Verbot der Küstenschifffahrt, der Hochseefischerei und nach Öffnung der Ostsee für die britische Marine durch Sperrung der Erzzufuhr von Schweden noch verstärkt[11]. Der Großteil der Bevölkerung war und blieb unterernährt. Die Nahrungsmittelzuteilung lag bei 1500 Kalorien für den Erwachsenen, der Hälfte des für eine gesunde Ernährung Erforderlichen. Die Todesrate stieg an. Die Lage begann sich erst langsam zu bessern, als Ende März 1919 die USA mit Lebensmittellieferungen begannen und nach der Unterzeichnung des Friedensvertrages endlich die Blockade aufgehoben wurde.

In der Revolutionszeit wurde die Bewirtschaftung und Verteilung der knappen Vorräte durch eigenmächtige Beschlagnahmungsaktionen örtlicher Arbeiter- und Soldatenräte zum Teil empfindlich gestört. Um dem entgegenzuwirken, rief der Rat der Volksbeauftragten am 12. und 22. November 1918 zur Bildung von »Bauernräten« bzw. von »Bauern- und Landarbeiterräten« auf. In Bayern waren solche Räte spontan entstanden. Hier hatten sie sich an den Demonstrationen beteiligt, die zum Sturz der Monarchie und zur Bildung der Regierung Eisner führten. Für die Bildung der Bauernräte im Reich lag die eigentliche Initiative bei den im »Kriegsausschuß der Deutschen Landwirtschaft« zusammengeschlossenen Interessenvertretungen, die sich mit den gewerkschaftlichen und freien Landarbeiterorganisationen zu einer Arbeitsgemeinschaft ländlicher Arbeitgeber und Arbeitnehmer verbanden – analog zu ähnlichen Vorgängen in der Industrie. Diese Arbeitsgemeinschaft nannte sich »Zentraler Bauern- und Landarbeiterrat«. Ihre Vorstellungen lagen dem Aufruf des Rates der Volksbeauftragten vom 22. November zugrunde, in dem als Aufgaben der Räte u. a. genannt wurden: Unterstützung der zuständigen Behörden, Mitwirkung und Beratung bei der Erfassung und dem Schutz der vorhandenen Lebensmittel, Erhaltung der landwirtschaftlichen Betriebe, Mitwirkung bei der Aufnahme der entlassenen Kriegsteilnehmer, gegenseitige Hilfe bei Schutz von Personen und Eigentum[12]. Die sich nun bildenden örtlichen und regionalen Räte standen – soweit sich bisher erkennen läßt – unter dem bestimmenden Einfluß der agrarischen Interessenverbände und der öffentlich-rechtlichen Landwirtschaftskammern. Sie dienten dem doppelten Zweck der Ernährungs- und Besitzstandssicherung. Mit den neuen sozialdemokratischen Regierungen in Reich und Ländern verband die durchweg konservativ geführte Landwirtschaft das gemeinsame Interesse an der Abwehr der

»Gefahr des Bolschewismus«, wie groß oder gering man rückschauend diese Gefahr auch einschätzen mag[13]. Etwa 25% der Bevölkerung waren damals noch im engeren landwirtschaftlichen Bereich tätig und etwa 40% lebten auf dem Lande. »Dieser ländliche Block war ... trotz aller Verbitterungen über die Kriegswirtschaft und trotz allem Haß gegen Staat und Beamte mehr antidemokratisch als demokratisch. Er verfügte zudem noch über politisch und taktisch erfahrene Führer der Vorkriegszeit, denen die neue Regierung aus verschiedenen Gründen den Aufbau eines ländlichen Gegenzentrums ermöglichte. Damit tritt neben das vielbesprochene ›Bündnis‹ Ebert-Hindenburg und neben die weiterarbeitenden alten Beamten eine dritte starke und zudem politisch aktive Gruppe aus den Kräften der Epoche, die man mit der Revolution überwinden wollte. In veränderter organisatorischer Form ist sie bis zum Ende der Republik wirksam und einflußreich gewesen. Hier liegt ein bebedeutender Unterschied zu den Arbeiterräten, die Episode blieben.«[14]

Neben der Sicherstellung der Ernährung stand der Rat der Volksbeauftragten vor der unmittelbar zu lösenden wirtschaftlichen Aufgabe, Arbeitsplätze zu beschaffen. 8 Millionen Menschen standen im Augenblick des Waffenstillstands unter Waffen, davon 5,3 Millionen beim Feldheer, das sich auf die Heimat zubewegte. Diese Massen mußten untergebracht werden, die Industrie war jedoch bei weitem nicht aufnahmefähig genug. Sie hatte zu 95% für den Kriegsbedarf gearbeitet. Um sich nun auf die Friedensproduktion umzustellen, brauchte sie Kredite, neue Anlagen, Maschinen und Zeit. Der Reichskommissar für Demobilmachung, Joseph Koeth, war mit fast diktatorischen Vollmachten ausgestattet. Die Regierung appellierte an die Arbeiter, sich nicht in die Großstädte zu drängen, sondern in die mittleren und kleineren Orte und aufs Land zu gehen. Auf den Höfen fehlte es an Landarbeitern und in den Kohlengruben an Bergleuten, aber diese qualifizierten Kräfte waren nicht schnell zu ersetzen. Durch Streiks und Minderung der Arbeitsleistung sank die Versorgung mit der für die Wirtschaft wichtigsten Energiequelle. Die Umstellung des Verkehrs auf die Bedürfnisse der Demobilisierung wurde erschwert durch den Entzug von 5000 Lastkraftwagen, 5000 Lokomotiven und 150000 Eisenbahnwagen, die auf Grund des Waffenstillstandsvertrages abgeliefert werden mußten. Schließlich lastete auf dem Wirtschaftsleben die Unsicherheit über die zu erwartenden Gebietsverluste und über die wirtschaftlichen Bürden, die der Friedensvertrag mit sich bringen würde.

In seinem Regierungsprogramm hatte der Rat der Volksbeauftragten verkündet, daß die Regierung alles tun werde, »um für ausreichende Arbeitsgelegenheit zu sorgen«. Tatsächlich ist es dem Reichsamt für Demobilmachung gelungen, die Arbeitslosigkeit in Grenzen zu halten. Bei Kriegsende war die deutsche Industrie vollbeschäftigt. Der Arbeitermangel hatte zur Verwendung von 320000 Kriegsgefangenen in Bergbau und Industrie geführt. Außerdem wurden viele Plätze frei, die während des Krieges von Frauen eingenommen worden waren. Entscheidend aber war, daß die Methoden kriegswirtschaftlicher Steuerung in der Demobilmachungsperiode fortgeführt wurden. Die staatlichen Eisenbahnverwaltungen erteilten im November Aufträge in Höhe von 1,5 bis 2 Mrd. RM. Eine halbe Milliarde wurde Koeth für ein Notprogramm zur Verfügung gestellt. Solche staatlichen Initiativen waren um so erforderlicher, als sich die Privatindustrie aus Sorge vor einer möglichen Sozialisierung mit Investitionen zurückhielt. Da eine Umstellung auf Friedensproduktion technisch vielfach nicht sofort möglich war, ließ man auch die Kriegsproduktion in gewissem Umfang weiterlaufen. Um die demobilisierten Soldaten zunächst überhaupt in die Wirtschaft einzugliedern, wurde Betrieben mit über 20 Beschäftigten die Verpflichtung auferlegt, alle ihre früheren aus dem Heeresdienst zurückkehrenden Betriebsangehörigen wieder einzustellen. Auch die Anstellung arbeitsfähiger Versehrter wurde durch ähnliche Verordnungen gewährleistet. Die Zahl der unterstützten Arbeitslosen lag Anfang Dezember 1918 bei einer halben Million. Sie stieg in den Monaten Februar und März 1919 auf etwas über eine Million, um danach wieder abzusinken.

Der hohen Beschäftigtenzahl entsprach aber nicht die Ergiebigkeit der Wirtschaft. Die Kohlenförderung sank vom letzten Kriegs- zum ersten Waffenstillstandsmonat um 27%. Sie hielt sich das nächste Jahr hindurch etwa auf dieser Höhe, abgesehen von einem tiefen Einbruch im März und April 1919, der durch Streiks bedingt war. Die Produktion der Hüttenindustrie, die von der lothringischen und überseeischen Erzzufuhr abgeschnitten war, verringerte sich in der ersten Jahreshälfte 1919 um fast 50%. Auch bei der kohle- und exportabhängigen chemischen Industrie ging die Produktion empfindlich zurück, und so in den meisten Wirtschaftszweigen. Die Gründe hierfür la-

gen außer in den Rohstoff-, Kredit- und Exportschwierigkeiten
auch in der sinkenden Arbeitsleistung, die z. B. im Schnitt bei
der Kohlenförderung pro Schicht des Bergarbeiters von Oktober 1918 auf Januar 1919 um 24% abfiel. Diese sinkende Arbeitsleistung erklärt sich primär aus einer Verkürzung der Arbeitszeit. Es ist aber auch ein politisch-psychologischer Faktor
in Rechnung zu stellen: die Spannung zwischen den Sozialisie-
rungserwartungen eines Großteils der Arbeiterschaft und dem,
was tatsächlich geschah. Zwischen der Sozialisierungserwartung
der Arbeiter und der Sozialisierungsfurcht der Unternehmer
ging die Regierung den Weg eines situationsbezogenen wirtschaftlichen Pragmatismus. Mit den Worten Koeths in einer
Kabinettssitzung: »Die Schwierigkeiten der Demobilisations-
zeit sind so groß, daß man in ihr nicht auch die Lösung der
neuen Wirtschaftsordnung anfassen kann. Bei der Demobilisierung kann es sich zunächst nur um eine ganz grobe Unterbrin-
gung der Massen handeln.«[15] Das entsprach der Meinung der
Volksbeauftragten, die ihn gewähren ließen. Scheidemann bestätigte ihm, daß er auf dem richtigen Wege sei, und auch die
Unabhängigen widersprachen nicht. Die Arbeitsbeschaffungs-
politik der Reichsregierung lief also darauf hinaus, zunächst
einmal die Privatwirtschaft wieder leistungsfähig zu machen.

Die gleiche pragmatische Haltung bestimmte die Finanzpolitik. Im Verhältnis zum Ausland war man in Sorge, daß in den
letzten Jahren aufgenommene Kredite, die dem Ankauf von
Rohstoffen und Lebensmitteln gedient hatten, kurzfristig ge-
kündigt würden, wenn man das Bankwesen in Deutschland ver-
staatlichte. Und im Innern suchte man den Kredit zu beleben,
indem man den Inhabern von Bankguthaben und Kriegsanlei-
hen die Versicherung gab, daß sie keine Beschlagnahme zu befürchten hätten. Im gleichen Sinne wurde die Reichskonferenz
der Länder am 25. November 1918 zu der Erklärung veranlaßt,
daß »das Fortarbeiten aller Banken, Sparkassen und Kreditinsti-
tute auf der bisherigen Grundlage und in der bisherigen Form
unbedingt erforderlich« sei[16]. Aber wenn auch die privatkapita-
listische Finanzwirtschaft erhalten bleiben sollte, so war es doch
die Absicht Eugen Schiffers, Kriegsgewinne, Besitz und Erbschaft steuerlich stark progressiv zu belasten, allerdings – mit
Ausnahme einer Steigerung der Kriegsgewinnsteuer von 60 auf
80% – erst durch entsprechende Beschlüsse der Nationalversammlung[17]. Hierfür wurden im Reichsschatzamt Vorarbeiten
geleistet, auf die der spätere Reichsfinanzminister Erzberger bei

seiner tiefgreifenden Steuerreform zurückgreifen konnte. Schiffer war in seinen Steuerplänen an einem mittelständischen Liberalismus orientiert. Vor dem Rat der Volksbeauftragten zog er das Fazit seiner Vorstellungen: Wir haben »ein Gebäude aufgeführt, das eine so ungeheure Inanspruchnahme des deutschen Wirtschaftslebens bedeutet, daß dadurch die Bildung größerer Vermögen ausgeschlossen erscheint. Wir kommen zu einer Umgestaltung unserer ganzen wirtschaftlichen und sozialen Lebensverhältnisse und gehen so stark an die großen Einkommen und Vermögen heran, daß eine Massierung der Vermögen in Zukunft nicht mehr möglich sein wird. Wir drücken sie soweit herab, wie es bei einer nichtkommunistischen Gestaltung unserer staatlichen Verhältnisse überhaupt möglich ist.«[18] Während Koeth, mit dem Schiffer eng zusammenarbeitete, wiederholt vor dem Kabinett seine die Privatwirtschaft für den Augenblick festigenden Demobilmachungsmaßnahmen als ein Provisorium bezeichnete, durch die die spätere Gestaltung der Wirtschaftsordnung nicht präjudiziert werden solle, hatte Schiffer ein klares Ziel vor Augen. Deshalb wandte er sich auch deutlicher als Koeth gegen Pläne für eine Gemeinwirtschaft, wie sie im Reichswirtschaftsamt von dem zum Kreise Walther Rathenaus gehörenden Unterstaatssekretär v. Moellendorff[19] entwickelt und von Staatssekretär August Müller sowie später von dessen Nachfolger Reichswirtschaftsminister Wissell[20] vertreten wurden.

Über die Notstandsmaßnahmen Koeths hinausgehend schlugen Müller und v. Moellendorff vor, jetzt schon in der Demobilisierungsphase einen Reichsfonds von zunächst 5 Mrd. zu schaffen, der dazu dienen sollte, die Wirtschaft durch eine umfassende staatliche Auftragserteilung zu steuern und unter öffentliche Kontrolle zu bringen, ohne damit das private Unternehmertum als solches abzuschaffen. Dieser Gedanke der Gemeinwirtschaft orientierte sich im Ansatz an der Kriegswirtschaft. Er wurzelte in theoretischen Konzepten, wie sie von Walther Rathenau[21] und Edgar Jaffé[22] vertreten wurden. Erzeugung und Verbrauch sollten unter öffentlicher Kontrolle stehen, aber über die Kriegswirtschaft hinausgehend ebenfalls Unternehmergewinn und Löhne. Anstelle des liberalen Prinzips des freien Spiels der Kräfte sollte auch in der Friedenswirtschaft nicht der Markt und das Gewinnstreben des Unternehmers, sondern eine volkswirtschaftliche Gesamtplanung das Regulativ der Produktion sein. Als Organisationsform sollten Selbstverwaltungskörper geschaffen werden in fachlicher und regionaler Stufung bis hin zu einer zentralen Planungsstelle. Unternehmer, Arbeiter, öffentliche Hand und Verbraucher sollten in diesen Körperschaften zusammenarbeiten. Hier bot sich auch die Möglichkeit zur Institutionalisierung und Integrierung von Räten. Von Vertretern der Gemeinwirtschaft wurde für eine solche, vom Gesamtinteresse her bestimmte Wirtschaft der Begriff des Sozialismus in Anspruch genommen. Im Rahmen der Gemeinwirtschaft war die Vergesellschaftung oder Verstaatlichung bestimmter Unternehmungen oder Industriezweige denkbar und unter Umständen im Gesamtinteresse zweckmäßig. Wissell betonte jedoch, daß er die Überführung eines Betriebes an die Arbeiter desselben nicht als eine Sozialisierung betrachte. »Derartige Maßnahmen«, so erklärte er, »haben mit Sozialismus gar nichts zu tun. Bei ihnen handelt es sich nicht um eine Förderung der Interessen der Gesamtheit des Volkes, sondern um eine besondere Art von Kapitalismus, um Kollektivkapitalismus, der den Einzelkapitalismus ablöst. Ich sehe auch keine Sozialisierung in einer einfachen Übereignung einer oder mehrerer wirtschaftlicher Unternehmungen in die Hand des Staates oder des Reiches. Es ist merkwürdig, wie sehr sich in vielen Köpfen die Vorstellung festgesetzt hat, daß eine Verstaatlichung Sozialisierung sei. Natürlich kann eine Verstaatlichung ein Mittel sein, um durch die Überführung des Privateigentums an Produktionsmitteln die Ausbeutung der Arbeiter zu unterbinden. Die Verstaatlichung als solche hat jedoch mit Sozialismus noch gar nichts zu tun.«[23] Der von den Verfechtern der Gemeinwirtschaft gemeinte Sozialismus stand im Gegensatz sowohl zur liberalen wie zur marxistischen Wirtschafts- und Gesellschaftstheorie. Anstelle des Klassenkampfes sollte im Verhältnis von Unternehmern und Arbeitern der Gedanke der Mitbestimmung zur Geltung gebracht werden.

Zu den entschiedenen Gegnern der Gemeinwirtschaft gehörten unter den Leitern der Reichsämter neben dem liberalen Eugen Schiffer auch der Unterstaatssekretär im Reichsernährungsamt Robert Schmidt (SPD), der sich für freie Einfuhr nicht bewirtschafteter Lebensmittel einsetzte, der Staatssekretär des Reichsarbeitsamtes Gustav Bauer (SPD), der in der Gemeinwirtschaft Zwangswirtschaft sah, und nicht zuletzt die Sozialisierungskommission. Sie war vom Rat der Volksbeauftragten aus taktischen Gründen gebildet worden, um den auf die Sozialisierung wartenden Arbeitern den Eindruck zu vermitteln, daß etwas geschehe. Es erhob sich die Frage, bei wem denn nun eigentlich die zentrale wirtschaftspolitische Planungskompetenz liegen solle, bei dieser Kommission oder beim Reichswirtschaftsamt. August Müller setzte es durch, daß sein Amt innerhalb der Regierung federführend für die Kommission wurde. Die Kommission, in der die marxistischen Theoretiker Hilferding und Kautsky maßgebenden Einfluß besaßen, und das Reichswirtschaftsamt waren aber von verschiedenen gesellschafts- und wirtschaftspolitischen Vorstellungen geleitet. Es wäre Sache des Rates der Volksbeauftragten als der politisch verantwortlichen Regierung gewesen, angesichts der in den Reichsämtern konkurrierenden Ideen des wirtschaftlichen Liberalismus, der Gemeinwirtschaft und des Sozialismus der marxistischen Theoretiker klare Direktiven zu geben. Der Rat der Volksbeauftragten besaß jedoch kein wirtschafts- und gesellschaftspolitisches Handlungskonzept. Natürlich hielten auch seine mehrheitssozialistischen Mitglieder an der theoretischen Forderung des Sozialismus fest, was immer das sein mochte. Insofern damit die Vergesellschaftung von Produktionsmitteln gemeint war, ist es charakteristisch und aus der deutschen Situation heraus erklärbar, daß diese Forderung dem Kriterium der Produktivitätssteigerung untergeordnet wurde. Produktivitätsüberlegungen wurden von der Reichs- und der preußischen Regierung auch als Begründung dafür ins Feld geführt, daß man den Großgrundbesitz unangetastet ließ. Im gleichen Sinne erklärte die Sozialisierungskommission unter Kautsky, die im übrigen Kohle und Stahl für sozialisierungsreif hielt, daß »der Erfolg der Sozialisierung ... von der Erhöhung der Produktivität« abhinge[24]. Die Sozialisierung wurde zu einer Frage nationalökonomischer und betriebswirtschaftlicher Zweckmäßigkeit, dem Kalkül der Wissenschaft ausgeliefert und nicht mehr primär als emanzipatorische Forderung eines revolutionären Willens empfunden. Der Verzicht darauf, die Frage des Sozialismus jetzt voluntaristisch zur Entscheidung zu bringen, entsprach zudem einem historischen Evolutionsdenken, wie es die Sozialdemokraten aus dem marxistischen Geschichtsverständnis abgeleitet hatten. Unter Suspendierung des Sozialismus blieb aber als Feld aktiver gesellschaftlicher Veränderung die Sozialpolitik, die am Bestehenden anknüpfte. In dieser Hinsicht sind in der Zeit des Rates der Volksbeauftragten entschiedene Schritte voran getan worden.

Die Initiative auf sozialpolitischem Gebiet ging nicht von

staatlicher Seite aus. Sie kam von den gesellschaftlichen Kräften selber, von Unternehmern und Gewerkschaften. Die Gewerkschaften waren im Kriege und im ersten Jahre nach dem Waffenstillstand zu der größten Massenorganisation in Deutschland geworden. Bei den Freien Gewerkschaften stieg die Zahl der eingeschriebenen Mitglieder von 2,5 Millionen im Jahre 1914 auf über 7 Millionen im Jahre 1919. Bei den Christlichen und Hirsch-Dunckerschen Gewerkschaften war es ähnlich. In den Jahren 1914 bis 1918 waren die Gewerkschaften der eigentliche Rückhalt für die Kriegspolitik der SPD. Sie standen in scharfer Ablehnung gegen die Verweigerer der Kriegskredite und gegen Streiks, die die Kriegsanstrengung des deutschen Volkes gefährden konnten. Sie stellten sich den Reichsbehörden für innere Aufgaben zur Verfügung und wurden in die Durchführung des Kriegshilfsdienstgesetzes von 1916 eingeschaltet. Als im Oktober 1918 die kaiserliche Verfassung im Sinne einer Parlamentarisierung umgestaltet wurde, tauchte der Gedanke auf, im Krieg entstandene lokale Arbeitsgemeinschaften zwischen Gewerkschaften und Unternehmern auf Reichsebene zusammenzufassen. Dieser Plan wurde von der Regierung gefördert, nachdem Gustav Bauer, der zweite Vorsitzende der Generalkommission der Gewerkschaften, in der Regierung des Prinzen Max von Baden an die Spitze des neu gebildeten Reichsarbeitsamtes, eines Vorläufers des späteren Arbeitsministeriums, getreten war. In den Tagen des Zusammenbruchs nahmen diese Pläne konkrete Gestalt an im Hinblick auf die wirtschafts- und sozialpolitischen Fragen, die sich aus der Demobilisierung ergeben würden, um die Kriegswirtschaft personell und materiell auf die Bedürfnisse des Friedens umzustellen und vor allem die entlassenen Soldaten in das Wirtschaftsleben wieder einzugliedern. Daß am 7. November 1918 ein Demobilmachungsamt eingerichtet und Koeth zu seinem Leiter bestimmt wurde, ging auf einen Vorschlag der Unternehmer und Gewerkschaften zurück. Führend waren an den Verhandlungen beteiligt auf Unternehmerseite Hans v. Raumer und der Ruhrindustrielle Hugo Stinnes, auf Arbeitnehmerseite der Gewerkschaftsführer Carl Legien. Am 15. November 1918 wurde von Vertretern der Gewerkschaften und der Arbeitgeberverbände eine Vereinbarung unterzeichnet, die für die Gewerkschaften die Anerkennung ihrer Organisation und einiger ihrer sozialpolitischen Grundforderungen von seiten der Unternehmer brachte, nämlich die Durchführung der kollektiven Arbeitsverträge und das Zugeständnis des Achtstundentages. In allen Betrieben mit mehr als 50 Arbeitern sollten Arbeiterausschüsse und darüber hinaus Schlichtungsstellen für Kündigungsfragen geschaffen werden. Die so entstehende Zentralarbeitsgemeinschaft ging von der Überzeugung aus, daß in der furchtbaren Notlage, in der sich Deutschland befand, Arbeitgeber und Arbeitnehmer auf enges Zusammenwirken angewiesen seien. In der Satzung vom 4. Dezember 1918 hieß es: »Die Arbeitsgemeinschaft bezweckt die gemeinsame Lösung aller die Industrie und das Gewerbe Deutschlands berührenden wirtschaftlichen und sozialen Fragen sowie aller sie betreffenden Gesetzgebungs- und Verwaltungsangelegenheiten.«[25] Hier schien sich verwirklichen zu wollen, was der Gewerkschaftsführer Leipart schon während des Krieges gefordert hatte, wenn er von Zusammenarbeit in einem »Berufs- und Industrieparlament« sprach.

Im Unterschied zu den Gewerkschaften waren die Arbeiterräte ein Produkt der Revolution[26]. Sie waren im Augenblick des Zusammenbruchs entstanden, und es erhob sich die Frage, bei wem endgültig die Vertretung der wirtschaftlichen und sozialen Arbeiterinteressen liegen werde. Die Arbeiterräte versuchten, die Regelung der Arbeits- und Lohnverhältnisse der Kompetenz der Gewerkschaften zu entreißen. Im ›Vorwärts‹, dem Parteiorgan der SPD, klagte der Gewerkschaftsführer Robert Schmidt die Räte an, daß sie ohne wirtschaftliche Kenntnisse und »ohne die Gewerkschaften zu hören, ohne eine Verhandlung der Unternehmer mit den Gewerkschaften zuzulassen, über die Arbeitsbedingungen« verfügten. Hier stand die Methode der Verhandlung gegen den Weg der Diktatur. Die Vorstände der Freien Gewerkschaften erklärten am 3. Dezember: »Die Konferenz der Vertreter der Verbandsvorstände erblickt in der von einzelnen Arbeiterräten versuchten Ausschaltung der Gewerkschaften bei der Regelung der Lohn- und Arbeitsverhältnisse eine ernste Gefahr sowohl für die deutsche Arbeiterklasse als für unsere gesamte Volkswirtschaft.«[27] Politischen Rückhalt fanden die Gewerkschaften bei der Regierung des Rates der Volksbeauftragten, während die Revolutionären Obleute sich zu Vorkämpfern des wirtschaftlichen Rätegedankens machten. Über die soziale und tarifliche Mitbestimmung der durch das Kriegshilfsdienstgesetz geschaffenen Arbeiterausschüsse hinausgehend verlangten sie für die Betriebsräte das Recht der Produktionskontrolle als Vorbereitung der Sozialisierung.

Der Rat der Volksbeauftragten hat nun vor dem Hintergrund der in der Zentralarbeitsgemeinschaft getroffenen Vereinbarungen und im Gegensatz zur revolutionären Betriebsrätebewegung in Fortführung der Sozialpolitik der Vorkriegs- und Kriegszeit eine Reihe zum Teil tiefgreifender sozialpolitischer Verordnungen erlassen, durch die sich die gesellschaftliche und wirtschaftliche Rechtsstellung des Arbeiters erheblich verbesserte[28]. Hier liegt eine bedeutende Leistung des Rates der Volksbeauftragten.

Tarifverträge mit den Gewerkschaften wurden für unabdingbar und allgemeinverbindlich erklärt. Die sogenannten wirtschaftsfriedlichen Werkvereine verloren damit jede Bedeutung. Während die vom Kriegshilfsdienstgesetz her fortgeführten Schlichtungsstellen nur unverbindliche Schiedssprüche abgeben konnten, wurden durch die Ausstattung der Demobilmachungskommissare mit weitreichenden Vollmachten in Fragen der Einstellung und Entlassung von Arbeitskräften erste Schritte getan in Richtung auf die für die Weimarer Republik später typische Geltendmachung des staatlichen Willens im Tarifvertragswesen. Damit ging man über die bisherige sozialliberale Sozialpolitik hinaus. Betriebe mit 20 Arbeitern – und nicht 50, wie im Kriegshilfsdienstgesetz – sollten Arbeiterausschüsse bilden, und entsprechend für Angestellte. Der achtstündige Arbeitstag wurde zum Zweck der Arbeitsstreckung als Demobilmachungsmaßnahme eingeführt. Für die Landarbeiter war es ein Fortschritt, daß die frühere nachteilige Gesindeordnung aufgehoben wurde und an deren Stelle in einer vorläufigen Landarbeitsordnung eine Regelung von Arbeitsvertrag, Arbeitszeit, Lohn und Kündigungsschutz trat. In der Krankenversicherung wurde der Kreis der Versicherungspflichtigen erweitert unter Einbeziehung auch der Landarbeiter und Hausangestellten. Die Selbstverwaltungsrechte der Arbeitnehmer in den Krankenkassen wurden ausgebaut. Als wichtige Ergänzung zum Versicherungssystem wurde die Erwerbslosenfürsorge eingeführt. Wenn auf diese Weise der Schutz des Arbeiters in den äußersten Notfällen seiner Existenz und seine arbeitsrechtliche Stellung verbessert wurden, so sollten für ihn als Staatsbürger gleichzeitig Ungerechtigkeiten des alten Wahlrechts durch die Einführung des Proporzsystems in Reich, Ländern und Gemeinden behoben werden. Auch die Frauen erhielten 1918 das volle aktive und passive Wahlrecht[29]. Das aktive Wahlalter wurde von 25 auf 20 Jahre herabgesetzt.

Die beiden sozialdemokratischen Parteien errangen auf Grund des Proporz-Wahlrechts in der Nationalversammlung fast die Hälfte aller Sitze. Auch in den neuen Landesversammlungen und kommunalen Vertretungen traten sie in bisher nie erreichter Stärke auf.

Wirtschaftspolitik: Materialgrundlage G. ANSCHÜTZ u. a. (Hg.), Hdb. d. Politik, Bd. 4: Der wirtschaftliche Wiederaufbau (³1921); Dtlds. Wirtschaftslage unter der Nachwirkung des Weltkrieges, zusammengestellt im Statist. Reichsamt (1923). – Grundlegende Untersuchung H. SCHIECK, Der Kampf um die dt. Wirtschaftspolitik nach dem Novemberumsturz 1918 (Diss. Ms. Heidelberg 1958). – H.-H. HARTWICH, Arbeitsmarkt, Verbände u. Staat 1918–1933. Die öffentl. Bindung unternehmerischer Funktionen in der Weimarer Republik (1967).

Sozialpolitik: Dt. Sozialpolitik 1918–1928. Erinnerungsschrift des Reichsarbeitsministeriums (1929). – Ein Standardwerk hinsichtl. Materialdarbietung u. Problemanalyse H. PRELLER, Sozialpolitik in der Weimarer Republik (1949). – Von der älteren Lit. hat bleibenden Wert das Werk des Kathedersozialisten H. HERKNER, Die Arbeiterfrage (2 Bde. ⁸1922); G. BRIEFS, Das moderne Proletariat (Grundriß d. Sozialökonomik 9, 1926).

Gewerkschaften: G. BRIEFS, Gewerkschaftswesen u. Gewerkschaftspolitik (Hdwb. d. Staatswiss. 4, ⁴1927). Von gewerkschaftlicher Seite: S. NESTRIEPKE, Die Gewerkschaftsbewegung (3 Bde. ²1922/23); Th CASSAU, Die Gewerkschaftsbewegung, ihre Soziologie u. ihr Kampf (²1930); R. SEIDEL, Die Gewerkschaftsbewegung in Dtld. (1951). Zur polit. Stellung der Gewerkschaften: L. FREY, Die Stellung der christlichen Gewerkschaften Dtlds. zu den polit. Parteien (1931); R. THIERINGER, Das Verhältnis der Gewerkschaften zu Staat u. Parteien in der Weimarer Republik (Diss. Ms. Tüb. 1954); R. RETTIG, Die Gewerkschaftsarbeit der KPD von 1918 bis 1925 (Diss. Ms. Hamburg 1955); bes. H. J. VARAIN, Freie Gewerkschaften, Sozialdemokratie u. Staat. Die Politik der Generalkommission unter der Führung Carl Legiens 1890–1920 (1956); M. DÖRNEMANN, Die Politik des Verbandes der Bergarbeiter Dtlds. v. d. Novemberrevolution 1918 bis zum Osterputsch 1921 unter bes. Berücksichtigung der Verhältnisse im rhein.-westf. Industriegebiet. Ein Beitrag zur gewerkschaftl. Auseinandersetzung mit den linksradikalen Strömungen nach dem Sturz des Kaiserreiches (1966). – Ursula HÜLLBUSCH, Gewerkschaften u. Staat. Ein Beitrag zur Gesch. d. Gewerkschaften zu Anfang u. zu Ende der Weimarer Republik (Diss. Ms. Heidelberg 1961); B. OTTO, Gewerkschaftliche Konzeptionen überbetrieblicher Mitbestimmung (1971). – P. MERKER, Sozialdemokratie u. Gewerkschaften 1890–1920 (B-Ost 1949).

Unternehmer: F. TÄNZLER, Die dt. Arbeitgeberverbände 1904–29. Ein Beitrag zur Gesch. d. dt. Arbeitgeberbewegung (1929), von deren Geschäftsführer; Roswitha LECKEBUSCH, Entstehung u. Wandlungen der Zielsetzungen, der Struktur u. d. Wirkungen von Arbeitgeberverbänden (1966).

[1] Über den Regierungsmechanismus E. MATTHIAS (Hg.) im Vorwort zu: Die Regierung der Volksbeauftragten 1918/19 (2 Bde. 1969), s. Lit. zu Kap. 1; W. ELBEN, Das Problem der Kontinuität in der dt. Revolution. Die Politik der Staatssekretäre u. der militärischen Führung vom Nov. 1918 bis Febr. 1919 (1965).
[2] Vgl. Kap. 7, Anm. 1.

[3] E. SCHIFFER, Ein Leben für den Liberalismus (1951).

[4] E. v. VIETSCH, Wilhelm Solf. Botschafter zwischen den Zeiten (1961).

[5] J. KOETH, Die wirtschaftliche Demobilmachung. Ihre Aufgabe u. ihre Organe, in: G. ANSCHÜTZ u.a. (Hg.), Hdb. d. Politik, Bd. 4: Der wirtschaftl. Wiederaufbau ([3]1921).

[6] G. BAUER, Arbeitsrecht u. Arbeiterschutz ([3]1923).

[7] H. MÜLLER, Die Novemberrevolution (1928), S. 104f. u. 125. – Grundsätzlich zum Problem der Loyalität im Verhältnis des Beamten zum Staat M. WEBER, Parlament u. Regierung im neugeordneten Dtld. (1917); ders., Politik als Beruf (1919), beides in: Gesammelte politische Schriften (1921).

[8] H. v. BORCH, Obrigkeit u. Widerstand (1954). An einer parteipolitisch neutralen Staatsidee ist orientiert A. KÖTTGEN, Das Berufsbeamtentum u. die parlamentarische Demokratie (1928).

[9] E. PIKART, Preuß. Beamtenpolitik 1918–1933, VfZG 6 (1958); W. RUNGE, Politik u. Beamtentum im Parteienstaat. Die Demokratisierung der politischen Beamten in Preußen zwischen 1918 u. 1933 (1965), eine methodisch mustergültige soziologisch-histor. Untersuchung, darin bes. Kap. IV, Etappen der Demokratisierungspolitik; U. BERMBACH, Das Scheitern des Rätesystems u. d. Demokratisierung der Bürokratie 1918/19, Polit. Vjschr. 8 (1967).

[10] Lit. zur Polit. Justiz s. Kap. 8, Anm. 9.

[11] S. L. BANE/R. H. LUTZ, The Blockade of Germany after the Armistice 1918/19. Documents (Stanford Univ. Press 1942); J. A. HUSTON, The Allied Blockade of Germany 1918/19, Journal of Centr. Europ. Aff. 10 (1950).

[12] Dokumente u. Materialien zur Gesch. d. dt. Arbeiterbewegung, R. II, Bd. 2, Nr. 208.

[13] So setzte sich gegenüber dem Geschäftsführer der sozialpolitischen Abteilung des Kriegsausschusses der dt. Landwirtschaft, Ökonomierat Keiser, der neue preuß. Ernährungsminister u. spätere Ministerpräsident Otto Braun dafür ein, das »Eigentum unter allen Umständen zu erhalten«, u. er bat, »das Land zu ermahnen, alles zu tun, um die immer noch sehr große Gefahr des Bolschewismus zu bekämpfen«, zit. nach H. MUTH, Die Entstehung der Bauern- u. Landarbeiterräte im November 1918, VfZG 20 (1973). Diese Untersuchung ist die erste gründlich fundierte Behandlung der Entstehung der Bauernräte u. stößt in noch weithin unerschlossenes wissenschaftliches Neuland vor.

[14] Zu diesem Ergebnis gelangt H. MUTH, ebd.

[15] 21. Nov. 1918, Regierung der Volksbeauftragten 1, Nr. 20. Vgl. ferner die ausführlichen Darlegungen KOETHS über die Aufgaben seines Amtes in der Sitzung v. 12. Dez. 1918, ebd. Nr. 52.

[16] Regierung der Volksbeauftragten 1, Nr. 30, S. 213.

[17] E. SCHIFFER, Dtlds. Finanzlage u. Steuerpolitik (1919); er entwickelte sein Programm auf der Kabinettssitzung vom 12. Dez. 1918, Regierung d. Volksbeauftragten 1, Nr. 52

[18] Ebd.

[19] W. v. MOELLENDORFF, Konservativer Sozialismus, hg. v. H. CURTH (1932); ferner: ders., Dt. Gemeinwirtschaft (1916), ders., Aufbau u. Gemeinwirtschaft. Denkschrift d. Reichswirtschaftsministeriums, Dt. Gemeinwirtschaft, H. 10 (1919), ders., Wirtschaftl. Selbstverwaltung, in: G. ANSCHÜTZ u.a. (Hg.), Hdb. d. Politik, Bd. 4 ([3]1921). – D. SCHMID, Wichard v. Moellendorff. Ein Beitrag z. Idee d. wirtschaftl. Selbstverwaltung (Diss. Berlin 1970).

[20] R. WISSELL, Praktische Wirtschaftspolitik. Unterlagen z. Beurteilung einer fünfmonatigen Wirtschaftsführung (1919).

[21] W. RATHENAU, Probleme d. Frie-

denswirtschaft (Vortrag 18. Dez. 1916), in: Gesammelte Schriften 5 (1925); ders., Von kommenden Dingen (1917), in: Gesam. Schriften 3 (1925); ders., Die neue Wirtschaft (1918), in: Gesam. Schriften 5 (1925).

[22] E. JAFFÉ, Volkswirtschaft u. Krieg (1915).

[23] R. WISSELL, Praktische Wirtschaftspolitik, S. 14 f.

[24] Programm d. Sozialisierungskommission v. 11. Dez. 1918, in: Ursachen u. Folgen 3, Nr. 554; A. WERNITZ, Sozialdemokratische u. kommunistische Sozialisierungskonzeptionen. Eine Untersuchung z. dt. Sozialgesch. des 19. u. 20. Jh. (Diss. Erlangen-Nürnberg 1966); K. TRÜSCHLER, Die Sozialisierungspolitik in der Weim. Rep. 1918–1920 (Diss. Marburg 1968); – G. BREHME, Die sogenannte Sozialisierungsgesetzgebung in der Weim. Rep. (Leipzig 1960). Auf den Akten der Sozialisierungskommission beruht H. HABEDANK, Um Mitbestimmung u. Nationalisierung während der Novemberrevolution u. im Frühjahr 1919 (B-Ost 1967).

[25] Zit. bei H.-J. VARAIN, Freie Gewerkschaften, Sozialdemokratie u. Staat, S. 125. Von einem der Hauptinitiatoren der Arbeitsgemeinschaft, dem späteren Wirtschaftsmin. im ersten Kabinett Stresemann: H. v. RAUMER, Unternehmer u. Gewerkschaften in der Weimarer Zeit. Dt. Rundschau 80 (1954); G. D. FELDMAN, German Business between War and Revolution: The Origins of the Stinnes-Legien Agreement, Festschr. H. Rosenberg (1970); H. KAUN, Die

Gesch. d. Zentralarbeitsgemeinschaft d. industriellen u. gewerbl. Arbeitgeber u. Arbeitnehmer Dtlds. (1938); W. RICHTER, Die Herausbildung, Gründung u. konterrevolutionäre Rolle der Zentralarbeitsgemeinschaft in der Novemberrevolution 1918/19 (Diss. Ms. B-Ost 1956), erw. u. gedr. unter dem Titel: Gewerkschaften, Monopolkapital u. Staat im Ersten Weltkrieg u. in der Novemberrevolution 1914–1919 (B-Ost 1959).

[26] So auch W. TORMIN (s. Lit. zu Kap. 1), der im übrigen zu Recht auf Vorformen der Räte in Arbeiterausschüssen u. Arbeitskammern hinweist, die aber »in Deutschland bis 1918 nur in Plänen, Versuchen oder mit sehr geringen Rechten« existierten (S. 21).

[27] Correspondenzblatt der Generalkommission der Gewerkschaften Dtlds., zit. bei H.-J. VARAIN, Freie Gewerkschaften, Sozialdemokratie u. Staat, S. 122.

[28] Zum sozialpolitischen Programm der Gewerkschaften P. UMBREIT, Sozialpolitische Arbeiterforderungen der dt. Gewerkschaften. Ein sozialpolitisches Arbeiterprogramm im Auftrag der Generalkommission der Gewerkschaften Dtls. (1918).

[29] Vor Dtld. hatten – weltweit gesehen – nur Finnland (unter russ. Oberhoheit) 1906, Norwegen 1913, Dänemark und Island 1915 und die Sowjetunion 1917 das volle aktive und passive Wahlrecht für Frauen eingeführt. Später z. B.: Vereinigte Staaten 1920, Großbritannien 1928, Kanada 1940, Frankreich 1944.

Kapitel 3
Der Rat der Volksbeauftragten: Außenpolitik

Außenpolitisch hatte die Regierung des Rates der Volksbeauftragten die Erbschaft des verlorenen Krieges zu übernehmen. Ähnlich wie in dieser Zwischenperiode vom Sturz der Monarchie bis zum Zusammentritt der Nationalversammlung für die innere Neuordnung Deutschlands die grundlegenden Vorentscheidungen fielen, so traten auch die charakteristischen Momente für die zukünftige Stellung Deutschlands zwischen den Mächten bereits in dieser Periode in Erscheinung. Im Verhältnis zum sowjetischen Rußland stand man vor der Frage, ob und wie sich dessen Gegensatz zu den kapitalistischen Mächten des Westens zugunsten der deutschen Position auswirken werde oder benutzt werden könne, während man sich gleichzeitig im Innern des Reiches mit der Entscheidung für die parlamentarische Demokratie gegen die Einflüsse abschirmen mußte, die vom kommunistischen Rußland her kamen. Im Verhältnis zum sowjetischen Rußland war ein Konflikt zwischen den Motiven der äußeren und inneren Staatsräson angelegt. Das gleiche galt für das Verhältnis gegenüber dem Westen, aber mit umgekehrtem Vorzeichen. Mit der Entscheidung für die parlamentarische Demokratie bekannte sich das neue Deutschland zu den inneren Ordnungsvorstellungen des Westens, während es zugleich unter dem Druck der Forderungen stand, die dem Besiegten von den Siegermächten aufgezwungen wurden.

Wie hatte sich das Verhältnis zwischen Deutschland und dem sowjetischen Rußland seit Brest-Litowsk entwickelt?[1] Im April 1918 waren die diplomatischen Beziehungen zwischen Deutschland und Rußland wieder aufgenommen worden mit Joffe in Berlin und Graf Mirbach[2] in Moskau. Es ließ sich zunächst keineswegs als sicher erkennen, daß es den russischen Kommunisten gelingen würde, ihre Herrschaft gegenüber den Kräften der Gegenrevolution zu behaupten. Der Ausgang des Bürgerkriegs war lange Zeit ungewiß. Die gegenrevolutionären Truppen stützten sich dabei auf Interventionsstreitkräfte der Alliierten. Graf Mirbach, der Anfang Juli von Sozialrevolutionären ermordet wurde, und sein Nachfolger Karl Helfferich setzten auf die Karten der Gegenrevolution. Der Inspirator von Vorschlägen, die schließlich auf einen Sturz des Sowjetregimes durch eine deutsche militärische Aktion hinzielten, war der Botschaftsrat in der deutschen Vertretung in Moskau, Kurt

Riezler[3], der zuvor mit der Förderung der Revolution in Rußland beauftragt gewesen war. Als Leiter der zu diesem Zweck eingerichteten Rußlandabteilung bei der deutschen Gesandtschaft in Stockholm war er vom Juli 1917 bis März 1918 der offizielle Verbindungsmann zwischen der Reichsregierung und den Vertretern der russischen Kommunisten gewesen. Jetzt schlug er die Wiedervereinigung Rußlands, d.h. den Verzicht Deutschlands auf die Beherrschung der Ukraine vor, um durch ein solches Zugeständnis zu verhindern, daß eine siegreiche Gegenrevolution Rußland wieder in das Lager der Entente führe. Auch Ludendorff und Hindenburg wollten den Sturz der Bolschewiki, ohne jedoch bereit zu sein, den Brest-Litowsker Zwangsfrieden zu revidieren. Im Gegensatz sowohl zu den Ratschlägen der deutschen Diplomaten in Moskau wie zu den Absichten der Obersten Heeresleitung hielt aber die politische Reichsleitung daran fest, auf der Basis des Brest-Litowsker Friedens das Einvernehmen mit den Sowjets zu pflegen. Allerdings war der deutsche Machtbereich weit über die in jenem Frieden vorgesehene Demarkationslinie vorgeschoben worden. Loslösungsbestrebungen der Randgebiete des russischen Reiches wurden von deutscher Seite unterstützt. Aber der Umschwung der Kriegslage im Westen hatte die Bereitschaft zu einer Verständigung mit den Sowjets gefördert, wie sie dann am 27. August 1918 in einem Zusatzabkommen zum Vertrag von Brest-Litowsk zustande kam[4]. Dem Verzicht der Sowjets auf Estland und Livland und ihrer Verpflichtung zur Zahlung von 6 Milliarden Goldmark stand auf deutscher Seite die Zusage gegenüber, Weißrußland zu räumen und nicht zugunsten der Gegenrevolution zu intervenieren. In dem geheimen Notenaustausch, der den Vertrag begleitete, hatten die Russen ferner in Aussicht gestellt, die Alliierten aus Nordrußland zu vertreiben. Hierfür war auch die Hilfe deutscher Truppen vorgesehen. Die deutsche Außenpolitik war bei diesen »ersten Regungen einer Entwicklung ...‚ die ihre Erfüllung einige Jahre später in Rapallo fand«[5], von der Sorge um die Wiederentstehung einer zweiten Front geleitet gewesen. Durch den Zusammenbruch Deutschlands und die Novemberrevolution hatte sich aber dann eine völlig neue Lage ergeben. Schon seit der Oktoberrevolution hatten die Sowjets eine lebhafte Propaganda in Deutschland betrieben. Auch Lenins 1917 verfaßte Schrift über ›Staat und Revolution‹, in der er seine Theorie des Rätestaates entwickelte, erschien in einer deutschen Ausgabe. Der Versuch, in

Deutschland die Revolution zu schüren, intensivierte sich seit September 1918, als die deutsche Niederlage sich im Westen abzuzeichnen begann. Der russische Botschafter Joffe unterhielt Verbindungen zu führenden Mitgliedern der USPD. Wie einst die kaiserliche Regierung sich die Förderung der Bolschewiki in Rußland etwas hatte kosten lassen, so wurde jetzt die Vorbereitung der deutschen Revolution von Rußland mit Geldmitteln unterstützt, die nicht nur zur Herstellung von Propagandamaterial, sondern auch zum Ankauf von Waffen dienten. Um dem ein Ende zu setzen, entschloß sich die Regierung des Prinzen Max von Baden am 5. November 1918, Joffe zum Verlassen Deutschlands aufzufordern und die diplomatischen Beziehungen abzubrechen.

Für Lenin war Deutschland der Schlüssel zur Weltrevolution. Wenn zwar der Anstoß von Rußland kommen konnte, so schien doch der Sieg des Kommunismus als einer Weltbewegung davon abzuhängen, daß die Revolution in diesem fortgeschrittenen Industrieland im Herzen Europas, das über die mächtigste Arbeiterbewegung der Welt verfügte, zum Siege gelangte. Die Nachrichten von der Novemberrevolution wurden daher in Moskau mit Begeisterung und großer Erwartung aufgenommen. Ein Aufruf der Sowjetregierung vom 11. November 1918 an die Arbeiter- und Soldatenräte Deutschlands zeigt das charakteristische Doppelmotiv: Gegen den Waffenstillstandsvertrag werden die deutschen Soldaten und Matrosen aufgefordert, »die Waffen nicht aus der Hand zu geben«, und gegen die Regierung Ebert, sich »keine Nationalversammlung aufschwatzen« zu lassen[6]. Am 18. November berieten die Volksbeauftragten über das Verhältnis zu den Sowjets. Der noch amtierende Staatssekretär Solf und der ihm beigeordnete Karl Kautsky legten im Auftrage des Rates der Volksbeauftragten in einer Note an das Volkskommissariat in Moskau Verwahrung ein gegen die Einmischung der Sowjets in die inneren Angelegenheiten Deutschlands[7]. Ein Referat des USPD-Mitgliedes Haase, der im Rat der Volksbeauftragten für Außenpolitik zuständig war, beleuchtete die tiefe Veränderung der Lage: Wenn Deutschland einen günstigen Frieden mit dem Westen wollte, dann durfte es nicht bolschewistisch werden, obwohl es versuchen mußte, mit Sowjetrußland auf gutem Fuße zu leben.

Die Sowjetregierung wünschte den Sieg der Spartakisten. Es war ihr jedoch nicht möglich, den Gang der Dinge entscheidend zu beeinflussen oder gar zu lenken, da sie mit der Ausweisung des russischen Botschafters ihre Propaganda- und Aktionszentrale in Deutschland verloren hatte. Dennoch hat sie versucht, ihren Einfluß geltend zu machen. Auf Einladung des Vollzugsausschusses der Berliner Arbeiter- und Soldatenräte schickte sie eine Delegation zum Reichskongreß (16. bis. 21. Dezember 1918). Diese wurde an der Grenze aufgehalten. Nur Karl Radek, der in der Sowjetregierung die deutschen Angelegenheiten bearbeitete, gelang es, mit gefälschtem Paß nach Deutschland zu kommen. Er nahm teil am Gründungs-Parteitag der KPD (30. Dezember 1918 bis 1. Januar 1919). In seiner Rede findet sich wieder das charakteristische Doppelmotiv: Revolution bedeute Wehrhaftmachung des deutschen Volkes gegen die Ebert-Scheidemann-Regierung wie gegen die Feinde im Westen. Nichts rufe einen solchen Enthusiasmus bei den russischen Arbeitern hervor, als wenn man ihnen sage: »Es kann die Zeit kommen, wo Euch die deutschen Arbeiter zu Hilfe rufen und wo Ihr mit ihnen zusammen am Rhein kämpfen müßt, wie sie an unserer Seite am Ural kämpfen werden.«[8] Der Berliner Spartakusaufstand im Januar 1919 lag jedoch nicht im Sinne der Sowjets. Die revolutionäre Situation schien noch nicht reif, die Mehrheit der Arbeiterklasse noch nicht gewonnen.

Vor gänzlich anderen Problemen stand die deutsche Außenpolitik im Westen. Die Verhandlungen über einen Waffenstillstand waren noch in der Zeit der Regierung des Prinzen Max von Baden begonnen worden. Unterzeichnet wurde er am 11. November 1918 im Auftrage des Rates der Volksbeauftragten. Der Zentrumsabgeordnete und Staatssekretär Erzberger, der die deutsche Delegation in Compiègne geführt hatte, blieb auch in den folgenden Monaten der verantwortliche Leiter der deutschen Waffenstillstandspolitik. Sitz der Waffenstillstandskommission wurde Spa, das ehemalige deutsche Hauptquartier. Hier ging es in einem zähen Ringen um die Fragen der Durchführung und Verlängerung des Vertrages[9], der nur auf Zeit abgeschlossen worden war. Dreimal wurde er verlängert, zuletzt auf unbestimmte Zeit. Die Bedingungen wurden dabei nicht erleichtert, sondern erschwert. So wurde die Blockade ausgedehnt, und Deutschland mußte sich verpflichten, anstelle des in der vorgesehenen Höhe nicht lieferbaren rollenden Bahnmaterials große Mengen landwirtschaftlicher Maschinen abzuliefern. In Spa begann die endlose Serie von Verhandlungen, die die Geschichte der Weimarer Republik begleiten und für die namentlich in den ersten Jahren der Republik die harte Konfrontation der Sieger mit dem Besiegten kennzeichnend war.

Durch die Entwaffnungsbestimmungen wurde Deutschland die Möglichkeit genommen, sich dem geplanten Friedensdiktat militärisch zu widersetzen. Nur ein geringer Spielraum war für Deutschland bei den kommenden Verhandlungen zu erwarten. Mit ihrer Vorbereitung beauftragte der Rat der Volksbeauftragten den Grafen Brockdorff-Rantzau, der seit dem Jahreswechsel als Staatssekretär des Auswärtigen Amtes an die Stelle von Solf getreten war. Solf war ausgeschieden, weil das Verhältnis zwischen ihm und dem Beigeordneten Kautsky sowie zu den USPD-Mitgliedern des Rates der Volksbeauftragten zu untragbaren Spannungen geführt hatte. Ulrich v. Brockdorff-Rantzau, der »rote Graf«, erklärte sich zur loyalen Zusammenarbeit mit der sozialdemokratischen Regierung bereit, sah aber eine unerläßliche Voraussetzung für eine erfolgreiche Außenpolitik gegenüber dem Westen nicht nur in der schnellen Einberufung der Nationalversammlung, sondern auch in einem allmählichen Abbau der Räte. Seine Denkschriften und Reden lassen erkennen, von welchen Überlegungen die deutsche Außenpolitik gegenüber den Siegern bestimmt wurde[10].

Es ist charakteristisch für die Lage des Unterlegenen, der keine Möglichkeit zum Widerstand mehr besitzt, daß er sich auf das Recht beruft. Die Rechtsposition, von der die deutsche Außenpolitik ausging, waren die 14 Punkte Wilsons. Brockdorff-Rantzau war vor seiner Ernennung zum Minister deutscher Gesandter in Kopenhagen gewesen. Hier war er mit der Frage des Selbstbestimmungsrechts im konkreten Hinblick auf die Dänen in Nordschleswig konfrontiert worden. Er hatte diese Angelegenheit geschickt, aber durchaus pragmatisch behandelt[11]. Aus politischer Zweckmäßigkeit wurde das Selbstbestimmungsrecht jetzt zu einer Prinzipienfrage. In Abwehr gegen Ansprüche, die von Frankreich und Polen auch auf unbezweifelbar deutsches Siedlungsgebiet erhoben wurden, berief sich die deutsche Politik auf das Selbstbestimmungsrecht als ein positives Vertragsrecht aus den Vorfriedensverhandlungen und als gültiges Ordnungsprinzip absoluter Geltung. Auch der Wilsonsche Völkerbundsgedanke fand aus dem gleichen Grunde ein positives Echo in Deutschland. Erzberger hatte ihm schon gegen Kriegsende eine eigene Studie gewidmet[12]. Es kam ihm darauf an zu zeigen, daß der Gedanke einer Völkerliga und internationaler Gerichtsbarkeit seine Wurzeln im deutschen politischen

Denken hatte. Immanuel Kant hatte diesem Gedanken zuerst eine überzeugende Formulierung gegeben. Auch in den Städte- und Staatenbünden der deutschen Geschichte sah Erzberger Vorläufer zu einer solchen Bundesidee. In Zukunft sollten Streitigkeiten zwischen den Staaten nicht mehr durch Krieg, sondern durch obligatorische Schiedsgerichtsbarkeit entschieden werden. Erzberger hielt eine starke Exekutive des zukünftigen Völkerbunds für notwendig, um Schiedssprüche notfalls mit Gewalt durchsetzen zu können. Der Völkerbund, wie ihn Erzberger sich dachte, sollte von Anfang an allen Staaten offenstehen. Dem besiegten Deutschland wäre auf diese Weise Gleichberechtigung mit den Siegern zugestanden worden. Nun wußte Erzberger, daß Deutschland mit Gebietsverlusten rechnen mußte und daß durch einen Völkerbund der durch Friedensvertrag geschaffene territoriale Status quo verfestigt werden würde. Aber er nahm das in Kauf, weil die Grenzen in dem Maße an Bedeutung verlieren würden, wie sich innerhalb des Bundes eine politische und wirtschaftliche Zusammenarbeit entwickelte. Erzbergers Buch fand ein starkes Echo in Deutschland. Reale und ideale Interessen vermischten sich im Völkerbundgedanken. Auch Brockdorff-Rantzau machte ihn sich zu eigen[13]. Wie Erzberger sprach er sich für eine starke Bundesexekutive aus. Eine Delegiertenversammlung, in der sich das überholte europäische Konzert fortsetzte, hielt auch er für nicht ausreichend. Er plädierte für ein Weltparlament und ein diesem verantwortliches Kabinett.

Mit der Übernahme des Völkerbundgedankens und der Berufung auf die Prinzipien Wilsons appellierte Deutschland an eine ideologische Gemeinsamkeit mit dem Kriegsgegner, die in dem Machtantagonismus zwischen Siegern und Besiegten zugunsten Deutschlands ausgespielt werden konnte. Eine solche Gemeinsamkeit lag auch in der Interessensolidarität, die die Staaten der bürgerlich-demokratischen Gesellschaft einschließlich Deutschlands gegen den Kommunismus verband. Von deutscher Seite wurde die Kommunistenfurcht bewußt im Interesse des Reiches ausgespielt. Brockdorff-Rantzau hat für eine solche Taktik plädiert. Sie entsprach realen psychologisch-politischen Gegebenheiten auf der Seite der Alliierten. Die Furcht, daß Deutschland bolschewistisch werden könnte, war schließlich einer der Gründe dafür, daß die westlichen Staatsmänner im November 1918 bereit gewesen waren, einen Waffenstillstand mit Deutschland zu schließen und nicht den Krieg, wie es einige

Militärs wünschten, bis zur völligen Zerschlagung des deutschen Heeres fortzusetzen. In Frankreich führte die Sorge vor einer Ansteckung durch den revolutionären Rätegedanken sogar dazu, daß in den Revolutionstagen der französischen Presse durch die amtliche Zensur verboten wurde, in ihrer Berichterstattung über die Unruhen in Deutschland die Arbeiter- und Soldatenräte auch nur zu erwähnen[14]. Die alliierten Besatzungsbehörden im Rheinland, abgesehen von einigen Ausnahmen in der amerikanischen Zone, weigerten sich, die Arbeiter- und Soldatenräte anzuerkennen. Wenn es also im offenkundigen Interesse der westlichen Siegermächte lag, daß Deutschland auf dem Wege über die Nationalversammlung eine demokratische Verfassung erhielt, dann mußte es auch in ihrem Interesse liegen, das neue Regime in Deutschland nicht durch einen Gewaltfrieden zu diskreditieren. Eine solche Überlegung lag dem deutschen politischen Verhalten gegenüber den Westmächten in der Periode zwischen Waffenstillstand und Friedensvertrag zugrunde. Man wußte sich im Recht, wenn man an den Ost- und Westgrenzen des Reiches zu verhindern suchte, daß für Deutschland ungünstige vollendete Tatsachen vor Abschluß des Friedensvertrages geschaffen wurden.

Ein Deutschland besonders belastendes Problem war das Verhältnis zu Polen, das durch die deutschen Siege im Osten seine Staatlichkeit und durch die deutsche Niederlage im Westen seine Unabhängigkeit und die Aussicht auf den Erwerb deutschen Reichsgebiets gewonnen hatte. Am 18. November 1918 wurde durch Jozef Pilsudski der unabhängige polnische Staat proklamiert[15]. Er brach nach einem Monat die diplomatischen Beziehungen zu Deutschland ab, um noch vor Zusammentritt der Friedenskonferenz in den deutsch-polnischen Grenzgebieten vollendete Tatsachen zu schaffen. Schon im Oktober hatten Vertreter der polnischen Minderheit im deutschen Reichstag nicht nur die von einer polnischen Majorität besiedelten Grenzgebiete für den neuen Staat gefordert, sondern auch unbezweifelbar deutsche Gebietsteile wie Danzig. Das entsprach den territorialen Forderungen, die Roman Dmowski[16], der Präsident des im Kriege in Paris gegründeten polnischen Nationalkomitees, in einer Denkschrift vom 18. Oktober 1918 erhoben hatte und für die sich jetzt als führende Persönlichkeit der nationalpolnischen Bestrebungen in den Grenzprovinzen der ehemalige Reichstagsabgeordnete Korfanty einsetzte. In Posen gelang es den von Polen beherrschten Arbeiter- und Soldatenräten, die

deutsche Verwaltung zu beseitigen und aus den entlassenen polnischen Soldaten des deutschen Heeres eine eigene bewaffnete
Macht zu bilden. Der Rat der Volksbeauftragten rief zum Widerstand auf. Er appellierte an Freiwillige. Mit ihnen vermochte
die OHL im Januar 1919 eine wirkungsvolle Abwehr zu organisieren. Jetzt griffen die Ententemächte ein und setzten eine
vorläufige Demarkationslinie zwischen deutschen und polnischen Gebietsteilen in Posen fest[17]. Deutsche Grenzwehren
wurden auch in Schlesien sowie in West- und Ostpreußen aufgestellt.

Dem territorialen Bestand des Reiches drohte eine Schmälerung aber nicht nur durch die Forderungen seiner Nachbarn,
sondern in einzelnen Gebieten auch durch Autonomie- und
Separationsbewegungen. So wurde von Offizieren der Grenz-
truppen, dem Reichs- und Staatskommissar für Ostpreußen,
August Winnig, und dem Oberpräsidenten von Ostpreußen, v.
Batocki, die Bildung eines autonomen Oststaates ins Auge gefaßt, um die Einheit der östlichen Reichsgebiete zu wahren, sei
es im Kampf, sei es in Anlehnung an Polen. Verworrene Vorstellungen einer Yorckschen Lösung spielten hinein: von Ostpreußen her den Kampf um die Freiheit und Erneuerung des
Reiches aufzunehmen. Der Plan scheiterte an dem kategorischen Nein Hindenburgs, Groeners und Seeckts[18]. In Oberschlesien gab es eine Autonomiebewegung, die aus dem Reiche
herausstrebte, ohne den Anschluß an Polen zu verlangen. Sie
hatte ihren Rückhalt in Zentrumskreisen und arbeitete mit dem
kulturpolitischen Ziel, gegen die von der neuen preußischen
Regierung proklamierte Trennung von Kirche und Staat die
bisherige Stellung der Religion in der Schule und im öffentlichen Leben aufrechtzuerhalten. Diese separatistischen Bemühungen in Oberschlesien blieben aber begrenzt und fanden keinen Widerhall in den anderen schlesischen Gebieten. Ohne
breiteres Echo blieb auch eine Separationsbewegung in Bayern
unter dem Bauernführer Georg Heim. Er dachte an die Trennung Bayerns vom Reich und den Zusammenschluß mit
Deutsch-Österreich[19]. Aber sowohl die Entwicklung in Bayern
wie in Österreich wies in andere Richtung.

Daß das Reichsgebiet neu gegliedert werden müsse, war die
Forderung einer Separationsbewegung im Rheinland[20]. Es gehörte in der Tat zu den zentralen Fragen der staatsrechtlichen
Neuordnung in Deutschland, ob mit der Beseitigung der Monarchie nicht auch die dynastischen Gebilde der bisherigen deut-

schen Länder ihre Existenzberechtigung verloren hatten. Mußte nicht in dem Augenblick, wo die Nation ihre Geschicke in die eigene Hand nahm, auch die innere Gliederung des Reiches vom Gesamtinteresse der Nation her neu durchdacht werden? Mußte nicht insonderheit Preußen aufgeteilt werden, das mit etwa zwei Dritteln des bisherigen Reichsterritoriums und der bisherigen Reichsbevölkerung eine hegemoniale Stellung besessen hatte? In der katholischen rheinischen Bevölkerung, die sich niemals völlig mit dem Schicksal ausgesöhnt hatte, vor 100 Jahren auf dem Wiener Kongreß preußisch geworden zu sein, machte sich jetzt der Wunsch nach einer eigenen staatlichen Existenz im Rahmen des Reiches laut bemerkbar. Am 4. Dezember 1918 wurde in einer Zentrumsveranstaltung im Kölner Gürzenich der Wille zur Schaffung einer rheinischen Republik verkündet. Man dachte an eine Separation von Preußen, nicht vom Reich. Aber die Problematik der Bewegung bestand darin, daß zur gleichen Zeit Frankreich seine Kriegsziele am Rhein zu verwirklichen suchte. Würde die Trennung der westlichen Provinzen von Preußen die von Frankreich erstrebte Lösung der linksrheinischen Gebiete vom Reiche erleichtern oder erschweren? In dieser Situation ist der Kölner Oberbürgermeister Konrad Adenauer zum ersten Mal politisch hervorgetreten[21]. Auf seine Initiative versammelten sich am 1. Februar 1919 im Kölner Gürzenich die zur Nationalversammlung und zur preußischen Landesversammlung gewählten Abgeordneten aller rheinischen Parteien. Ausgangspunkt der Überlegungen Adenauers war, daß Veränderungen in der staatsrechtlichen Stellung des Rheinlandes nur im Einvernehmen aller Parteien erfolgen dürften und daß sie sich im Rahmen verfassungsmäßiger Legalität zu halten hätten. Vor den Abgeordneten plädierte er für eine territoriale Neugliederung des Reiches, wie sie auch im Verfassungsentwurf von Hugo Preuß vorgesehen war, und für die Schaffung eines starken westdeutschen Bundesstaates, der sich nicht auf das linke Rheinufer beschränken dürfe, sondern auch das Industriegebiet Westfalens miteinbeziehen sollte. Er wollte das Schwergewicht der deutschen Politik von dem feudalagrarischen Osten in den bürgerlich-industriellen Westen verlagern. Durch die Schaffung einer vom westlichen Bürgertum geführten deutschen Republik glaubte er der französischen Sorge vor einer deutschen Revanche und damit der französischen Rheinpolitik entgegenwirken zu können. Das französische Sicherheitsstreben erkannte er als berechtigt an. Er erklärte es als im

deutschen Interesse liegend, diesem französischen Wunsche
Rechnung zu tragen. Das war eine realistische Einschätzung der
Situation. Unrealistisch aber war es, wie sich herausstellte, zu
glauben, daß bereits die Schaffung einer westdeutschen Republik, die in ihrer zugedachten politischen Führungsrolle nur
noch um so fester mit dem Reiche verbunden sein würde, von
französischer Seite als Entgegenkommen betrachtet werden
könnte. Als Adenauer diese Rede hielt, war die Rheinlandfrage
sowohl als völkerrechtliches wie als staatsrechtliches Problem
noch offen. Noch waren die Franzosen von ihren Verbündeten
nicht endgültig veranlaßt worden, ihre Rheinziele zurückzu-
stecken, noch war zur Frage nach dem Schicksal Preußens keine
Entscheidung gefällt. Gegenüber den rheinischen Bestrebungen
wurde von den bürgerlichen Parteien wie von den Sozialdemokraten der Gedanke vertreten, daß die starke politische Klammer zwischen den östlichen und den westlichen Teilen des Reiches, die in der Existenz des preußischen Staates gegeben war,
gerade jetzt nicht gelockert werden dürfe. Man sah in der beabsichtigten Separation des Rheinlandes von Preußen einen Schritt
in Richtung auf eine Separation vom Reich. Daher wandte sich
der Rat der Volksbeauftragten am 11. Dezember 1918 in einem
Aufruf an die Öffentlichkeit gegen solche Bestrebungen. Die
sozialistische Arbeiterbewegung war eine entschiedene Ver-
fechterin der Reichseinheit. Scheidemann warnte: »Wir können
es verstehen, wenn in den süddeutschen Staaten die Tendenz
einer Trennung von Preußen durchbricht: Wir halten es aber
für unsere Pflicht, dieser Trennung auf das Entschiedenste entgegenzuwirken. Frankreich wünscht den Zerfall des Reiches.
Das ist begreiflich. Die wertvollste Errungenschaft des deutsch-
französischen Krieges von 70/71 war die Gründung des Reiches
... Es wäre geradezu unerträglich, daß Deutschland sich nach
nahezu fünfzigjährigem Bestande in kleine Staaten auflöst, während alle übrigen Völker der Welt die letzte Kraft aufbieten, um
all ihre Volksgenossen einheitlich zusammenzuführen.«[22] Im
gleichen Sinne protestierte der Reichskongreß der Arbeiter-
und Soldatenräte am 19. Dezember 1918 gegen alle Absonde-
rungsbestrebungen und bekannte sich zum großdeutschen, demokratischen, sozialistischen Einheitsstaat. Die Nationalversammlung beschloß am 10. Februar 1919 als vorläufiges Verfassungsrecht, daß »der Gebietsbestand der Freistaaten nur mit
ihrer Zustimmung geändert werden« könne. Da das jetzt sozialdemokratisch geführte Preußen nicht daran dachte, seine Ge-

biete im Westen preiszugeben, wurden alle Bestrebungen kleiner Zentrumskreise, noch vor der endgültigen Verfassung im Rheinland vollendete Tatsachen zu schaffen, illegal. Dieser in Gegensatz zur Reichs- und preußischen Regierung geratende »Separatismus« suchte Rückhalt bei der französischen Besatzungsmacht. Ihr Sprecher wurde der frühere Staatsanwalt Dr. Hans Adam Dorten, der bisher Kontakt zu Adenauer gehalten hatte[23]. An dieser Stelle trennten sich die Wege der beiden. Weil Adenauer seine staatsrechtlichen Bestrebungen im Rheinland an die Zustimmung aller Parteien band und weil er sie im Rahmen des Verfassungsrechts hielt, wurde er im Rheinland zum wirkungsvollsten Gegenspieler des Separatismus.

Die Umrisse des Reiches, für das nun eine Verfassung ausgearbeitet werden sollte, konnten erst durch den Friedensvertrag bestimmt werden. Daß Deutschland auf Elsaß-Lothringen würde verzichten müssen, stand von vornherein fest. Hier schuf Frankreich, ohne den Friedensvertrag abzuwarten, vollendete Tatsachen. Auch im Osten hatte Deutschland mit Gebietsabtretungen zugunsten des neuen polnischen Staates zu rechnen. Aber dafür schien das Schicksal dem deutschen Volke im Augenblick seines Sturzes die Chance anzubieten, den Nationalstaat endlich im großdeutschen Sinne vollenden zu können. Als der österreichisch-ungarische Vielvölkerstaat im Oktober 1918 auseinanderbrach, die Tschechoslowakei sich bildete und die rumänischen, südslawischen und italienischen Irredentagruppen in die Nachbarstaaten ihrer Nationalität hineingenommen wurden, da entschied sich auch das österreichische Deutschtum für den staatlichen Anschluß an das Reich[24]. Am 21. Oktober 1918 hatten sich die deutschen Mitglieder des Reichsrats als provisorische Nationalversammlung konstituiert. Am 12. November faßte diese einstimmig den Beschluß, daß Deutsch-Österreich ein Bestandteil der deutschen Republik sei. Dieser Beschluß wurde der Regierung des Rates der Volksbeauftragten und dem amerikanischen Präsidenten Wilson unter Berufung auf das Selbstbestimmungsrecht der Völker mitgeteilt. Als jedoch der österreichische Gesandte Ludo Moritz Hartmann am 25. November 1918 vor der Reichskonferenz der Länder erschien und das Anschlußverlangen Deutsch-Österreichs bekundete, wurde seine Rede von der Versammlung mit Begeisterung, von dem anwesenden Staatssekretär Solf aber mit solchem Vorbehalt aufgenommen, daß es einer Ablehnung gleichkam[25]. Der Rat der Volksbeauftragten rechnete mit dem Einspruch der Alliierten. Er fürchtete, das Klima der Friedensverhandlungen zu verschlechtern. Dieses Ja und Nein blieb charakteristisch für die Behandlung der großdeutschen Frage bis zu dem endgültigen Anschlußverbot in den Friedensverträgen. In der Tat wäre es wohl unmöglich gewesen, dem österreichischen Verlangen entsprechend vollendete Tatsachen zu schaffen. Der tatsächliche Vollzug des Anschlusses wäre am Widerspruch Frankreichs und Englands gescheitert. Mit Sicherheit aber hätte die staatsrechtliche Erklärung des Anschlusses nicht nur in Wien, sondern auch in Berlin den Präsidenten Wilson noch unausweichlicher mit seinen eigenen Prinzipien konfrontiert, als es bereits durch die österreichische Note vom 14. November geschah.

Vgl. Lit. zu Bd. 18, Kap. 24. – Im Rahmen der weltgesch. Entwicklung werden die dt. Probleme von Compiègne bis Versailles behandelt von G. SCHULZ, Revolutionen u. Friedensschlüsse 1917 bis 1920 (Tb. ⁵1980); O.-E. SCHÜDDEKOPF, German Foreign Policy between Compiègne and Versailles, Journal of Contemp. Hist. 4 (1969), Kontraststudie der außenpolit. Ideen Groeners u. Brockdorff-Rantzaus. Zu den Grundsatzfragen der Außenpolitik in der Zeit gesellschaftlichen Umbruchs: H. ROTHFELS, Gesellschaftsform u. auswärtige Politik (1951); R. LÖWENTHAL, Internationale Konstellation u. innerstaatl. Systemwandel, HZ 212 (1971); H. A. WINKLER, Gesellschaftsform u. Außenpolitik. Eine Theorie Lorenz von Steins in zeitgesch. Perspektive, HZ 214 (1972).

[1] Grundlegend W. BAUMGART, Dt. Ostpolitik 1918, Von Brest-Litowsk bis zum Ende des Ersten Weltkrieges (1966), Endpunkt der Darstellung: Abbruch d. diplomat. Beziehungen 5. Nov. 1918; ders. (Hg.), Von Brest-Litowsk zur dt. Novemberrevolution. Aus den Tagebüchern, Briefen u. Aufzeichnungen von Alfons Paquet, Wilh. Groener u. Albert Hopman, März bis November 1918 (1971); ders., Ludendorff u. das Ausw. Amt zur Besetzung der Krim 1918, in: JbbGOsteur 14 (1966); ders., Neue Quellen zur Beurteilung Ludendorffs: Der Konflikt mit dem Admiralstabchef über die dt. Schwarzmeerpolitik im Sommer 1918, Militärgesch. Mitteilungen (1969); ders., Das »Kaspi-Unternehmen« – Größenwahn Ludendorffs oder Routineplanung des dt. Generalstabs?, in: JbbGOsteur 18 (1970); ders., Gen. Groener u. die dt. Besatzungspolitik in der Ukraine 1918, GWU 21 (1970); P. BOROWSKI, Dt. Ukrainepolitik 1918 unter bes. Berücksichtigung der Wirtschaftsfragen (1970). – Dokumentensammlung: Dt.-sowjet. Beziehungen, s. Lit. zu Bd. 18, Kap. 22. Z. A. B. ZEMAN (Hg.), Germany and the Revolution in Russia 1915–1918 (1958); G. ROSENFELD, Sowjetrußland u. Dtld. 1917–1922 (B-Ost 1960); H. G. LINKE, Dt.-sowjet. Beziehungen bis Rapallo (1970), Zusammenfassung der bish. Forschung, auf den Akten des Ausw. Amtes beruhend.

[2] Seine Berichte aus Moskau sind herausgegeben von W. BAUMGART, Die Mission des Gf. Mirbach in Moskau April–Juni 1918, VfZG 16 (1968).

[3] K. D. ERDMANN (Hg.), Kurt Riezler, Tagebücher, Aufsätze, Dok. (1972).

[4] Text RGBl. 1918, Nr. 130; W. BAUMGART, Die »geschäftliche Behandlung« des Berliner Ergänzungsvertrages vom 27. August 1918, in: HJbb. 89 (1969).

[5] H. W. GATZKE, Zu den dt.-russ. Beziehungen im Sommer 1918, Dokumentation, VfZG 3 (1955), S. 77.

[6] Text G. A. RITTER/Susanne MILLER (Hg.), Dt. Revolution, S. 267f.

[7] Text ebd., S. 281f.

[8] K. RADEK, Die russ. u. dt. Revolution u. die Weltlage. Begrüßungsrede auf dem Gründungsparteitag der KPD am 30. Dez. 1918 (1919); H. WEBER (Hg.), Der Gründungsparteitag der KPD. Protokolle u. Materialien (1969), S. 67ff.

[9] Lit. s. Bd. 18, Kap. 24, Anm. 8.

[10] U. Gf. BROCKDORFF-RANTZAU, Dokumente (1920).

[11] Hierzu die auf den Akten des AA beruhende Untersuchung K. D. ERDMANNS, Die Frage des 14. März 1920. Rede in Flensburg zur 50. Wiederkehr des Abstimmungstages, GWU 21 (1970); H. JØRGENSEN, Genforeningens statspolitiske baggrund (Kopenhagen 1970).

[12] M. ERZBERGER, Der Völkerbund. Der Weg zum Weltfrieden (1918); vgl. K. EPSTEIN, Matthias Erzberger und das Dilemma der deutschen Demokratie (dt. 1962), S. 279ff. Zum Völkerbundkonzept W. Schükkings s. Kap. 6, Anm. 4.

[13] »Völkerbund u. Weltparlament«, 17. Febr. 1919, Interview in: U. Gf. BROCKDORFF-RANTZAU, Dokumente, S. 64ff.

[14] Über die Bolschewismusfurcht im Westen vgl. P. RENOUVIN, L'Armistice de Rethondes. 11. Novembre 1918 (1968), S. 264f.

[15] Zu Pilsudski s. Kap. 5, Anm. 13.

[16] K. G. HAUSMANN, Die polit. Ideen Roman Dmowskis (Habil.-Schr. Kiel 1968); ders., Dmowskis Stellung zu Dtld. vor dem Ersten Weltkrieg, Zs. f. Ostforsch. 13 (1964).

[17] Lit. zu Posen DW 395/405.

[18] H. SCHULZE, Der Oststaat-Plan 1919, VfZG 18 (1970).

[19] Dokumentenauswahl zu den verschiedenen Separationsbewegungen u. die Reaktion hierauf bei G. A. RITTER/Susanne MILLER (Hg.), Dt. Revolution, Kap. XVI: Um die Einheit u. die Grenzen des Reiches; sowie in: Ursachen u. Folgen 3, Nr. 622–634.

[20] DW 395/368 bis 383.

[21] K. D. ERDMANN, Adenauer in der Rheinlandpolitik nach dem Ersten Weltkrieg (1966).

[22] ›Vorwärts‹ 24. Nov. 1918.

[23] E. BISCHOF, Rheinische Separatismus 1918–1924. Hans Adam Dortens Rheinstaatbestrebungen (Bern 1969).

[24] Lit. über Österreich 1918/19 s. Kap. 4, Anm. 13.

[25] Bericht des Oberst v. Haeften aus dessen unveröffentlichten Erinnerungen in: G. A. RITTER / Susanne MILLER (Hg.), Dt. Revolution, S. 371f.; Protokollnotiz in: Reg. d. Volksbeauftragten 1, Nr. 30, S. 166.

Kapitel 4
Bürgerkrieg, Grenzkämpfe und Nationalversammlung

Während die Wahlen stattfanden und die Nationalversammlung mit ihrer Arbeit begann, wurde das Reich durch Streik und Bürgerkrieg erschüttert. Es hat keine planmäßige Leitung der revolutionären Gesamtbewegung im Reich gegeben. Dies ist der entscheidende Grund dafür, daß es den Freikorps gelingen konnte, der Situation Herr zu werden. Dennoch handelt es sich bei den vielen regional unterschiedlichen Vorgängen um eine

Gesamtbewegung, an der sich bestimmte charakteristische Züge erkennen lassen. Kennzeichnend ist, daß sich in den Zielsetzungen der Akzent vom politischen in den gesellschaftlich-wirtschaftlichen Bereich verlagerte. Es ging um Sozialisierung und wirtschaftliches Rätesystem. Die Proklamationen und Aktionen, die diesem Ziel dienten, gewannen aber, da sie in erklärtem Widerspruch zur Regierungspolitik standen, einen politisch-revolutionären Charakter, der im Bürgerkrieg endete. An einigen Stellen kam es zur Erklärung von Räterepubliken. Insgesamt verstärkte sich die Radikalisierung der Massen, die nach dem 9. November 1918 eingesetzt hatte, und damit die Entfremdung eines beträchtlichen Teiles der Arbeiterschaft von den Mehrheitssozialisten.

Schon während des Berliner Spartakusaufstandes kam es in verschiedenen Städten des Ruhrgebiets[1] zu örtlichen Putschversuchen, die aber durch Sicherheitswehren und regierungstreue Truppen niedergehalten werden konnten. Am 9. Januar 1919 beschlossen die Arbeiter- und Soldatenräte in Essen die sofortige Durchführung der Sozialisierung an Ort und Stelle. Auf den 13. Januar wurde nach Essen eine Versammlung aller Arbeiter- und Soldatenräte des Ruhrgebiets einberufen. SPD, USPD und KPD dieses Gebiets waren sich einig in dem Entschluß, mit Hilfe der Räte für das Gesamtrevier die Sozialisierung des Bergbaues durchzuführen. Die streikenden Bergleute nahmen daraufhin die Arbeit wieder auf. Da aber die Regierung die Entscheidung über die Sozialisierung der Nationalversammlung überließ und sich weigerte, die Aktion der Ruhr-Bergarbeiter anzuerkennen, kam es zu neuen umfassenden Streikaktionen mit Gewalttaten und zu Gegenaktionen von Regierungstruppen unter General Watter.

Anfang April 1919, auf dem Höhepunkt der nun einsetzenden Unruhen, streikten ungefähr 300000 Arbeiter. Die Führung lag jetzt eindeutig bei der USPD und der KPD, die neben der Entwaffnung der Freikorps, der Bewaffnung der Arbeiter, der Sechsstundenschicht und der Wiederaufnahme der Beziehungen zu Sowjetrußland die Errichtung des Rätesystems verlangten. Dem von der preußischen Regierung zum Staatskommissar für das Ruhrgebiet ernannten sozialdemokratischen Gewerkschaftsführer Carl Severing[2] gelang es, durch geduldige Verhandlungsführung, durch einige Zugeständnisse und gestützt auf die Regierungstruppen allmählich die Ruhe in diesem Gebiete wiederherzustellen. Aber der angesammelte Zündstoff blieb. Er sollte ein knappes Jahr später, nach dem Kapp-Putsch, zu erneuten schweren Kämpfen führen.

Die Unruhen des Ruhrgebiets sprangen auf das mitteldeutsche Industriegebiet über. Durch die Unterbrechung der Kohlen- und Braunkohlenförderung in diesen beiden Revieren wurde die Wiederingangsetzung der deutschen Wirtschaft, des Verkehrs und der Lebensmittelversorgung zeitweise ernsthaft beeinträchtigt. In Mitteldeutschland waren besondere Sicherungsmaßnahmen erforderlich, um die am 6. Februar 1919 in Weimar zusammengetretene Nationalversammlung zu schützen. Die Regierung Ebert hatte diesen Tagungsort statt Berlin gewählt, um dem Druck der großstädtischen Massen zu entgehen. Ein sekundäres Motiv war die Symbolkraft des Wortes Weimar, auf die sich Ebert in seiner Eröffnungsrede bezog. Den Truppen des Generals Maercker gelang es, der Nationalversammlung eine ungestörte Durchführung ihrer Arbeiten zu ermöglichen[3].

Zu schweren Unruhen kam es Anfang März 1919 in Berlin. Auf Beschluß der Berliner Arbeiterräte wurde am 3. März der Generalstreik ausgerufen. Die Streikleitung übernahm der aus Unabhängigen und Mehrheitssozialisten bestehende Vollzugsrat. Die Spartakisten forderten zum Sturz der Regierung auf unter der Parole: »Alle Macht den Arbeiterräten«. Der gleichzeitige Berliner Parteitag der USPD, in der ein rechter und ein linker Flügel um die Führung stritten, zeigte eine Tendenz zur Radikalisierung. Die Partei bekannte sich jetzt programmatisch zur Diktatur des Proletariats. Das Parlament wurde in die Reihe der »politischen und wirtschaftlichen Kampfmittel« eingeordnet, die zur Erreichung dieses Zieles benutzt werden sollten. Der bis zum 8. März dauernde Streik, aus dessen Leitung die Mehrheitssozialisten zuletzt ausschieden, ging in putschistische Aktionen über, die unter Verhängung des Belagerungszustandes militärisch unterdrückt wurden. Von der Härte der Kämpfe zeugt die hohe Zahl von 1200 Toten. Die Republikanische Soldatenwehr und die Volksmarinedivision hatten sich erneut als unzuverlässig erwiesen und waren zum Teil sogar auf die Seite der Aufständischen übergegangen. Sie wurden jetzt aufgelöst.

Zur Sicherstellung der Ernährung gehörte die Verfügung über die norddeutschen Häfen. Die deutsche Waffenstillstandsdelegation bemühte sich in zähen, schließlich erfolgreichen Verhandlungen um Lebensmitteleinfuhren trotz weiterbestehender Blockade. Diese Bemühungen wären zum Scheitern verurteilt gewesen, hätte die Regierung es nicht vermocht, die Häfen freizuhalten. Nun war aber in Bremen am 10. Januar 1919 während des Berliner Spartakusaufstandes eine Rätediktatur errichtet worden[4]. Durch Freikorpstruppen wurde ihr am 4. Februar ein Ende bereitet. Auch in Wilhelmshaven, Emden, Cuxhaven und Bremerhaven wurde die Räteherrschaft gebrochen. Am 1. Juli wurde Hamburg[5] besetzt. In Braunschweig war eine kurzlebige Räterepublik proklamiert worden. Hier wie in Magdeburg und Stettin verschafften Freikorps dem Willen der Regierung Geltung. Der Südwesten Deutschlands blieb im Vergleich zu West-, Nord- und Mitteldeutschland ruhig. In Bayern hingegen gelang es zeitweilig den radikalen Kräften, die Macht an sich zu reißen. Man muß diese bayerischen Vorgänge im Zusammenhang mit den revolutionären Geschehnissen in Südosteuropa sehen.

Von Ungarn hatten sich im Zusammenbruch der Monarchie Siebenbürgen und Kroatien losgerissen. Diese Gebiete wurden von rumänischen und serbischen Truppen besetzt, während es den Tschechen gelang, die Slowakei an sich zu reißen. Als die Entente die Verkleinerung Ungarns auf seinen magyarischen Kern bestätigte, überließ die bürgerlich-radikale Regierung des Grafen Karolyi[6], die mit einer Agrarreform begonnen hatte, den Kommunisten unter Béla Kun das Feld[7]. Dieser war als ungarischer Kriegsgefangener in Rußland in Verbindung zu Lenin getreten, hatte ein Kommando in der Roten Armee bekommen und rief jetzt am 21. März 1919 in Budapest die Diktatur des Proletariats aus, errichtete eine Räteherrschaft und führte einen revolutionären Nationalkrieg gegen Tschechen und Rumänen. Während er gegen die Tschechen erfolgreich kämpfte, drangen die Rumänen über die Theiß bis Budapest vor. Damit brach die Räteherrschaft am 1. August 1919 zusammen. Später räumten die Rumänen die Hauptstadt, in die am 16. November 1919 Admiral Horthy[8], der letzte Befehlshaber der österreichisch-ungarischen Flotte, an der Spitze gegenrevolutionärer Truppen einrückte.

In Bayern war am 21. Februar 1919 der Präsident der aus dem Umsturz hervorgegangenen Revolutionsregierung, der zur USPD gehörende Journalist und Schriftsteller Kurt Eisner[9], auf dem Wege zur Eröffnungssitzung des verfassunggebenden Landtags von einem nationalistischen Fanatiker ermordet worden. In den hierdurch ausgelösten politischen Wirren wurde am 7. April in München die Räterepublik[10] ausgerufen, während die verfassungsmäßige, vom Landtag gewählte Regierung unter dem Mehrheitssozialisten Hoffmann nach Bamberg floh. Die Münchener Räteherrschaft war ein Regime von Intellektuellen und humanitären Anarchisten (Landauer[11], Toller[12], die von den Spartakisten nicht recht ernst genommen wurden und die eine merkwürdige Verbindung darstellten von utopischem Idealismus und bayerischem Partikularismus.

Ein Versuch der Regierung Hoffmann, mit eigenen bayerischen republikanischen Wehren die Räteherrschaft in München zu stürzen, scheiterte. Von Bamberg aus wurde durch Kurt Riezler im Auftrage der Reichsregierung die militärische Intervention des Reiches politisch vorbereitet. Neben preußischen und württembergischen Verbänden beteiligte sich auch eine Freiwilligentruppe unter dem bayerischen General v. Epp an dem Marsch auf München. Am 1. Mai 1919 wurde die bayerische Hauptstadt erobert. Dabei kam es zu schweren Ausschreitungen und Mordtaten von beiden Seiten.

Diese revolutionären Vorgänge in Ungarn und Bayern wirkten auf Österreich ein[13]. Hier versuchten die Kommunisten am Gründonnerstag 1919 die Macht an sich zu reißen. Aber wie im Reich, so setzte sich auch in Österreich die parlamentarische Demokratie durch, für die am 16. Februar 1919 in den Wahlen zur Verfassunggebenden Nationalversammlung der Grund gelegt worden war. Die österreichischen Verhältnisse unterschieden sich jedoch, was die sozialistische Arbeiterbewegung anbetraf, von denen im Reich insofern grundlegend, als die kommunistische Partei[14] nach den Putschversuchen des Jahres 1919 zerfiel und der Großteil der Arbeiter in der österreichischen Sozialdemokratie zusammenblieb. Dieser sogenannte »Austromarxismus«[15] blieb revolutionär und stand links von den deutschen Sozialdemokraten, jedoch deutlich abgegrenzt gegen den Bolschewismus. Otto Bauer gab ihm mit seiner Schrift über ›Bolschewismus und Sozialdemokratie‹ (1920) die theoretische Grundlage. Bauer war schon vor dem Kriege mit einer Schrift über ›Die Nationalitätenfrage und die Sozialdemokratie‹ (1908) hervorgetreten[16]. Jetzt wurde er als Außenminister zur starken Triebfeder des Anschlußverlangens[17]. Die Nationalversammlung erneuerte am 4. März 1919 einstimmig den Beschluß der provisorischen Nationalversammlung vom 12. November 1918. Ursprünglich hatte man in Österreich gehofft, daß auch die Sudetenländer als Teil des deutschen Österreich in das Reich eingegliedert werden könnten. Durch die Bildung des tschechoslowakischen Staates wurde dieser Weg jedoch versperrt[18]. In Deutschland stimmte man dem österreichischen Anschlußwunsch einmütig zu. Jedoch spielte bei den Parteien die Rücksichtnahme auf die internationale Lage eine Rolle, so daß sich die Weimarer Nationalversammlung in einem Beschluß vom 21. Februar 1919 darauf beschränkte, dem Willen Ausdruck zu geben, durch Verhandlungen zwischen den beiden Staaten ihren baldigen Zusammenschluß herbeizuführen[19]. Auch in der Weimarer Verfassung wurde im Artikel 61 der Anschluß DeutschÖsterreichs vorgesehen. Seine Durchführung scheiterte in den Friedensverträgen namentlich an Frankreich. Die Verweigerung des Anschlusses stand in offenbarem Widerspruch zum Selbstbestimmungsrecht der Völker, das zu den vereinbarten Grundlagen des Friedens gehörte[20]. Dies hat mit dazu beigetragen, die politische Atmosphäre der Nachkriegszeit zu vergiften. Man wird jedoch verstehen müssen, daß es aus französischer Sicht kaum denkbar war, dem niedergeworfenen Deutschland, für dessen Bezwingung das französische Volk 1,3 Millionen Menschenleben geopfert hatte, einige Provinzen in West und Ost zu nehmen und gleichzeitig zuzulassen, daß es in den Donauraum ausgriff mit all den Konsequenzen, die sich hieraus für die europäische Machtstellung Deutschlands ergeben mußten.

Während in den Nationalversammlungen zu Wien und Weimar eine neue staatliche Form für das Leben des deutschen Volkes Gestalt gewann, vermochte sich in Rußland die Herrschaft der Bolschewisten im Bürgerkrieg und gegen die Interventionen zu behaupten. Die auf russischem Gebiet stehenden deutschen Truppen mußten dem Waffenstillstand zufolge auf Abruf hinter die Reichsgrenzen von 1914 zurückgenommen werden. Im Baltikum sollten zunächst deutsche Truppen stehen bleiben. Hierdurch entstand nun eine in sich überaus widerspruchsvolle Situation. Die Rückführung des Ostheeres wurde von einer ostpreußischen Außenstelle der OHL aus geleitet, der General Seeckt im Januar 1919 vorgesetzt wurde[21]. Den abmarschierenden Deutschen folgte die Rote Armee bis nach Estland und Lettland[22] hinein. Dabei stellte sich heraus, daß die sich in Richtung Heimat bewegenden deutschen Divisionen keinen Kampfwert mehr besaßen und daß es mit ihnen nicht möglich war, der Waffenstillstandsbestimmung gerecht zu werden, nämlich die baltischen Länder gegen das Eindringen der Kommunisten abzuschirmen. So entschloß sich die Reichsregierung, Freiwillige anzuwerben. Der aus ihnen gebildeten Garde-Reserve-

Division unter General v. d. Goltz und der Eisernen Division[23] gelang es dann, im Verein mit der Baltischen Landeswehr[24] und zahlenmäßig geringen lettischen Truppen, Kurland im Gegenangriff zurückzuerobern. Dabei drangen sie jedoch weiter vor und engagierten sich stärker gegen die Sowjetrussen, als es der hier zurückhaltende General v. Seeckt gewünscht hätte. Die Baltische Landeswehr eroberte Riga. Estland wurde durch einheimische Formationen einschließlich eines deutschen Baltenregiments[25] und durch finnische Freiwillige von den eingedrungenen Bolschewisten gesäubert. In Estland sammelte der weißrussische General Judenitsch im Sommer 1919 eine Armee zum Vorstoß auf Petersburg. Auf dem Gebiet der am 18. November 1918 proklamierten Republik Lettland[26] standen den Bolschewisten die verschiedensten Kräfte gegenüber: die deutschen Freiwilligen, von denen viele durch die trügerische Hoffnung auf Siedlungsland angelockt worden waren und deren militärischer Führer General v. d. Goltz Kreuzzugsgedanken gegen die Bolschewisten in Rußland wie gegen die Republikaner in Deutschland hegte[27]; die Deutsch-Balten, die sich einer drohenden lettischen Agrarreform[28] gegenübersahen; die Letten, denen die deutschen Freikorps notwendige, aber unwillkommene Helfer waren; eine aus russischen Gefangenen gebildete gegenrevolutionäre, zahlenmäßig sehr kleine Truppe unter Awaloff-Bermondt[29]; und schließlich die alliierten Vertreter bei der lettischen Regierung – alle einig nur in ihrer Gegnerschaft gegen die Bolschewisten, untereinander jedoch von den widersprechendsten Interessen geleitet. Im April 1919 wurde die Regierung Ulmanis von der Baltischen Landeswehr gestürzt. Aber Ulmanis gelang es, von den Engländern unterstützt, die Macht zurückzugewinnen. Die Alliierten verlangten jetzt die Abberufung der deutschen Baltikumtruppen[30]. Ein Teil der Verbände weigerte sich jedoch, einer entsprechenden Anordnung der deutschen Regierung Folge zu leisten. Sie unterstellten sich Awaloff-Bermondt. Als dessen Unternehmen aber zusammenbrach, mußten schließlich auch sie gegen Ende 1919 nach Deutschland zurückkehren.

Am 5. Februar 1919 hatte Generalmajor v. Seeckt als Oberkommandierender N des Grenzschutzes O ein Abkommen mit den Polen geschlossen, das den Abtransport der deutschen Truppen betraf und zugleich zehn verstärkten polnischen Bataillonen den Vormarsch gegen die Bolschewisten ermöglichte. Hier begann sich eine neue Linie deutscher Militärpolitik abzuzeichnen, die von einem gemeinsamen deutsch-russischen Gegensatz im Verhältnis zu Polen ausging, das russische und deutsche Gebiete beanspruchte. Der Vertrag hatte nach Seeckts Worten den Zweck, die Polen »mit den Bolschewisten aneinanderzubringen«[31], während in Schlesien[32] und Westpreußen deutsche Freiwillige im Kampf gegen polnische Versuche standen, die umstrittenen Gebiete schließlich mit Gewalt an sich zu reißen.

Aus den Grenz- und Bürgerkriegskämpfen dieser Zeit bildeten sich die Anfänge der Reichswehr. Noch bestand die OHL mit Hindenburg und Groener, zuletzt mit Sitz in Kolberg. Beide traten im Sommer 1919 zurück. Am 3. Juli übertrug Reichswehrminister Noske dem Generalmajor v. Seeckt die im Frieden dem Chef des Generalstabs obliegenden Geschäfte bis zu der nach dem Friedensvertrag erfolgenden Auflösung dieser Dienststelle. Bei den Planungen für die Spitzengliederung des neuen Heeres standen sich die Auffassungen von Groener und Seeckt auf der einen, von Oberst Reinhardt, dem preußischen Kriegsminister, auf der anderen Seite gegenüber[33]. Das für die spätere starke Stellung der Reichswehr in der Republik gerade unter v. Seeckt so charakteristische Amt eines Chefs der Heeresleitung, einer personalen militärischen Spitze unter dem Reichswehrminister, wurde gegen die Auffassung v. Seeckts durch Oberst Reinhardt vorgeschlagen und durchgesetzt. Die Offiziere, die das neue Heer der Republik aufbauten, waren ihrer Erziehung und Gesinnung nach Monarchisten. Es gab für sie jedoch keinen anderen möglichen Ansatzpunkt zur Wiedererrichtung eines deutschen Heeres und für den Kampf zum Schutz der bürgerlichen Gesellschaftsordnung als die Reichsgewalt, wie sie aus Zusammenbruch und Revolution entstanden war. Das Verhältnis von monarchischem Offizierkorps und republikanischem Staat ist vom Ursprung her eher ein Bündnis als Über- und Unterordnung gewesen. Es war eine Lebensfrage für Deutschland, ob es gelingen würde, das Heer innerlich für den neuen Staat zu gewinnen und in eindeutiger Weise der politischen Führung unterzuordnen. In der Anfangsstunde des neuen Heeres hat es Noske als Mitglied der Regierung der Volksbeauftragten und dann als Wehrminister verstanden, das Zusammenwirken dieser beiden Faktoren, Staat und bewaffnete Macht, trotz aller Spannungen im Geiste eines undoktrinären Patriotismus zu gewährleisten. So wurde als Ergebnis der Kämpfe des Jahres 1919 die Einheit des Reiches bewahrt und der Rahmen gesichert für den Wiederbeginn des wirtschaftlichen Lebens in Deutschland.

Vor dem Hintergrund dieser inneren und äußeren Kämpfe hatte die Nationalversammlung die doppelte Aufgabe zu lösen, dem Reich eine neue Verfassungsordnung zu geben und den Frieden zu schließen. Die Wahlen fanden am 19. Januar 1919 statt. Das Bild der Parteien, die sich um die Stimmen der Wähler bewarben, zeigte mit einigen Verschiebungen im wesentlichen die gleichen Umrisse wie im letzten Reichstag des kaiserlichen Deutschland[34]. Die sozialistische Bewegung war gespalten. Ein kleiner Teil der Arbeiterschaft folgte den radikalen Parolen der USPD. Sie errangen 22 Sitze, während die Sozialdemokraten mit 165 Abgeordneten als weitaus stärkste Partei in die Nationalversammlung einzogen. Im Zentrum waren mit Erzberger und Stegerwald die kleinbürgerlichen Elemente und der Gewerkschaftsflügel in die vordere Linie gelangt. Mit 91 Abgeordneten wurde es die zweitstärkste Partei. Ein Versuch, die liberalen Parteien zusammenzufassen, mißlang. Die früheren Parteien lebten unter neuen Namen fort. Statt Fortschrittspartei und Nationalliberale hießen sie jetzt Demokraten und Deutsche Volkspartei. Aus der Fraktion der linksliberalen Demokraten (DDP), die mit 75 Abgeordneten in den neuen Reichstag einzogen, ragte Friedrich Naumann hervor. Zu den intellektuellen Führern der Demokraten gehörten der Soziologe Max Weber, der Theologe Ernst Troeltsch, der Historiker Friedrich Meinecke. Die Deutsche Volkspartei (DVP) begann unter Stresemann mit scharfer Frontstellung gegen die Sozialdemokratie als ausgesprochene Rechtspartei. Vornehmlich in ihr hatte die deutsche Großindustrie ihre parlamentarische Vertretung. Die DVP, die bei den Wahlen nur 19 Sitze erringen konnte, verlor nicht nur einen Teil der Wählerschaft der früheren Nationalliberalen an die Demokraten, sondern auch an die Deutschnationale Volkspartei (DNVP). Unter diesem Namen schlossen sich Deutsch-Konservative, Frei-Konservative, Christlich-Soziale und Deutsch-Völkische zusammen. Hinter dieser Partei standen auch die Alldeutschen[35] und der Deutschnationale Handlungsgehilfenverband[36], beide antisemitisch, und große Teile des kirchlichen Protestantismus, namentlich des Luthertums. Es gelang den Deutschnationalen, über den vorwiegend agrarisch-ostelbischen Wählerkreis der früheren Konservativen hinauszugreifen und neben einem starken industriellen Element auch städtisch-kleinbürgerliche Schichten anzusprechen. In der

Breite ihrer Zusammensetzung aus verschiedenen Gesellschafts-
schichten waren die Deutschnationalen dem Zentrum vergleichbar mit dem Unterschied, daß bei ihnen das gewerkschaftliche
Element erheblich schwächer war und der konfessionelle Rückhalt nicht die bindende und prägende Kraft besaß wie beim
Zentrum. Die Deutsch-Konservativen unter Graf Westarp beteiligten sich zunächst nur mit Vorbehalt an der neuen Partei,
die unter ihrem Vorsitzenden Hergt in ihren Wahlaufrufen den
neuen Verhältnissen verbal Rechnung trug und zunächst das
parlamentarische Regierungssystem als Basis ihrer politischen
Wirksamkeit anerkannte. Die DNVP errang 44 Sitze. Neben
diesen großen Parteien standen nur wenige unbedeutende Split-
tergruppen.

Es ist für die Parlamentsgeschichte der Weimarer Republik
charakteristisch, daß die Anhänger des Sozialismus insgesamt
niemals die Mehrheit der Wählerstimmen erhielten. Ihre Position war zudem geschwächt durch den Streit der sozialistischen
Parteien gegeneinander. Dennoch fiel der SPD in der Nationalversammlung als der weitaus stärksten Partei die Führungsrolle
zu. Auch die Gewerkschaften hatten in der Nationalversammlung eine außerordentlich starke Stellung. Von 165 Abgeordneten der SPD waren 60 Funktionäre der Freien Gewerkschaften.
Von 90 Abgeordneten des Zentrums und der Bayerischen
Volkspartei gehörten 23 den Christlichen Gewerkschaften an.
Dazu kamen noch einige christliche Gewerkschafter bei den
Rechtsparteien und einige Vertreter von Gewerkvereinen, insgesamt 94 Gewerkschafter bei 423 Abgeordneten.

Als erstes hatte die Nationalversammlung eine provisorische
Zentralgewalt zu bilden. Man knüpfte unmittelbar an die letzte
parlamentarische Konstellation des vergangenen Reichstages an.
Unter Scheidemann als Ministerpräsident bildete die »Weimarer
Koalition« ein Ministerium aus Mehrheitssozialdemokraten,
Demokraten und Zentrum, mit Graf Brockdorff-Rantzau als
Außenminister, dem Staatsrechtslehrer Hugo Preuß als Innen-
minister und Noske als Reichswehrminister[37]. Die vorläufige
Form der deutschen Zentralgewalt entsprach dem Modell der
Oktoberverfassung von 1918. Die Nationalversammlung fun-
gierte als Parlament, dem das Ministerium als Reichsregierung
verantwortlich war. An die Stelle des Kaisers trat mit Friedrich
Ebert[38] am 11. Februar 1919 ein von der Nationalversammlung
gewählter Präsident. Und schließlich fehlte in dieser vorläufigen
Konstruktion nicht das für das deutsche Leben so bestimmende

föderalistische Element. Hier war sogar eine unmittelbare Kontinuität vorhanden. Während der letzte kaiserliche Reichstag, der übrigens im Augenblick der Revolution nicht versammelt war, vom Rat der Volksbeauftragten gegen den Protest seines Präsidenten Fehrenbach für aufgelöst erklärt worden war, hatte Ebert den Bundesrat »in seiner bisherigen Zusammensetzung und Kompetenz bis zur Umgestaltung der Verfassung« ausdrücklich bestätigt. So stand neben der Verfassunggebenden Nationalversammlung von vornherein ein zweites Staatsorgan, das seine Kompetenzen nicht von dieser ableitete. Eine Reichskonferenz der einzelstaatlichen Regierungen hatte am 25. November 1918 der Einberufung der Nationalversammlung zugestimmt. Aber am 27. Dezember forderten die süddeutschen Staaten, daß das Reich ein Bundesstaat sein müsse. Die einzelnen Länder wählten ihre eigenen verfassunggebenden Versammlungen. Für den Bau der Reichsverfassung verlangten und erhielten sie das Recht der Mitberatung. Neben die Nationalversammlung trat ein Staatenhaus. In der Verfassungsfrage erhielt es das Recht zu eigenen Vorlagen, und für die provisorische Regierung des Reiches wurden sogar alle Gesetze an die Zustimmung dieses Gremiums gebunden. Durch diese Konstruktion der vorläufigen Zentralgewalt wurde bereits sichergestellt, daß auch in der künftigen Verfassung sich die drei Grundelemente der kaiserlichen Verfassung in modifizierter Form wiederfinden würden: das Parlament als Vertreter der Nation, ein Staatenhaus zur Vertretung der Länder und eine personale Reichsspitze.

Fand diese Vorentscheidung über das zukünftige formale Organisationsstatut der Reichsverfassung eine materiale Ergänzung durch Maßnahmen im wirtschaftlich-sozialen Bereich? Das sozialpolitische Ordnungswerk des Rats der Volksbeauftragten wurde von der Nationalversammlung übernommen und gesetzlich verankert. Im Bereich der Wirtschaftspolitik wurden einige Schritte in Richtung auf die Gemeinwirtschaft getan. Insgesamt gelangte die Regierung jedoch nicht zu einer in sich stimmigen Programmatik. Wie in der Regierung des Rates der Volksbeauftragten, so standen sich nun in der Regierung Scheidemann und in der Nationalversammlung die drei Richtungen: Gemeinwirtschaft, Sozialisierung und freie Wirtschaft gegenüber. Wenn es zunächst den Anschein hatte, als werde es den Vertretern der Gemeinwirtschaft gelingen, sich mit ihren Vorstellungen durchzusetzen, so erklärt sich dies einmal aus der besonderen Zielstrebigkeit des Reichswirtschaftsministers Wissell und seines Staatssekretärs v. Moellendorff, zum anderen aber aus dem Druck, der durch die Streikbewegung auf die Nationalversammlung ausgeübt wurde. Auch der Zentralrat war nicht gewillt, völlig abzudanken. Er übertrug zwar am 4. Februar 1919 die ihm vom Reichskongreß der Arbeiter- und Soldatenräte übertragene Gewalt auf die Nationalversammlung, deren Souveränität er anerkannte. Zugleich aber verlangte er die »Eingliederung der Arbeiter- und Soldatenräte in die zukünftige Reichsverfassung zur Stärkung ihrer Produktionsinteressen sowie zur volkstümlichen Gestaltung des Wehrwesens«. Unter dem Druck der Streikenden erklärte die Regierung Anfang März, die Arbeiterräte als wirtschaftliche Interessenvertretungen in der Verfassung verankern zu wollen. Das war ein Zugeständnis an die Rätebewegung. Gleichzeitig erklärte sie die Absicht, Arbeitsgemeinschaften zwischen Unternehmern und Beschäftigten zu bilden, zwar nicht zur Kontrolle und Regelung der Produktion, aber der Warenverteilung. Räte und Arbeitsgemeinschaft waren Elemente, die sich in die Selbstverwaltungskörperschaften der Gemeinwirtschaft einbauen ließen. Sie konnten Organe der Mitbestimmung und Mitverantwortung sein, die Wissell in einer programmatischen Rede vor der Nationalversammlung als wesentliche Elemente der Gemeinwirtschaft bezeichnete.

Ein Erfolg Wissells war das am 23. März 1919 von der Nationalversammlung beschlossene Sozialisierungsgesetz[39]. Wenn man unter Sozialisierung die Vergesellschaftung der Produktionsmittel verstand, so war der Name dieses Gesetzes freilich ebenso irreführend wie eine Proklamation der Reichsregierung vom 4. März, in der erklärt wurde: »Die Sozialisierung ist da«. Sozialisierung war hier gleichbedeutend mit Gemeinwirtschaft. »Das allgemeine Sozialisierungsgesetz, das der Nationalversammlung vorgelegt ist«, hieß es in dem Aufruf, »begründet anstelle der früheren schrankenlosen Privatwirtschaft die deutsche Gemeinwirtschaft«. Im Rahmen dieser Gemeinwirtschaft war eine Vergesellschaftung von wirtschaftlichen Unternehmen möglich, aber nicht notwendig. Sie unterblieb in dem gleichzeitig verabschiedeten Gesetz über die »gemeinwirtschaftliche Organisation der Kohlenwirtschaft«. Hier wurde ein Reichskohlenrat, an dem Arbeitgeber, Arbeitnehmer, Verbraucher und öffentliche Hand beteiligt waren, geschaffen. Nicht nur der Absatz, sondern auch die Förderung sollte gemeinwirtschaftlich geregelt werden. Für die Kaliindustrie wurde ein ähnliches Gesetz erlassen[40]. Im Mai 1919 legte das Wirtschaftsministerium eine Denkschrift über die Gemeinwirtschaft vor[41], um die Regierung über jene ersten Schritte hinaus zu einer grundsätzlichen Stellungnahme zu veranlassen. Abgesehen von dem Widerstand, der von den linken und rechten Oppositionsparteien in der Nationalversammlung dem Gemeinwirtschaftskonzept entgegengebracht wurde, weil es den einen nicht sozialistisch genug, den anderen zu sozialistisch war, konnte sich Wissell aber auch innerhalb der Regierung und auch innerhalb der Sozialdemokratie nicht durchsetzen. Sein Programm forderte neben der Einschränkung der freien Verfügungsgewalt des Unternehmers auch eine Einschränkung des Streikrechts. Das machte die Gewerkschaften zu seinen Gegnern. Schon auf dem zweiten Reichskongreß der Arbeiter- und Soldatenräte vom 8. bis 14. April 1919 wurde deutlich, daß für die meisten Anhänger beider sozialdemokratischer Parteien die Kernforderung des Sozialismus in der Änderung der Besitzverhältnisse an den Produktionsmitteln lag. Die Arbeiterrätebewegung sah in den Räten Organe für die Sozialisierung. Sie sah in einer den Räten zugedachten Beschränkung auf Mitbestimmungsfunktionen im Rahmen der Gemeinwirtschaft eine Verschleierung des Verzichts auf die Sozialisierung. Die beiden Partner der Arbeitsgemeinschaft andererseits, Arbeitgeber und Gewerkschaften, verwarfen die im Gemeinwirtschaftsplan vorgesehene öffentlichrechtliche Institutionalisierung der Arbeitsgemeinschaft. Die organisierten wirtschaftlich-gesellschaftlichen Kräfte betrachteten sich selbst und nicht den Staat als primär zuständig für die Regelung der Arbeitsverhältnisse. Weder vom Reichsverband der Deutschen Industrie, der am 12. April 1919 gegründet wurde, noch von den Gewerkschaftern und Angehörigen der beiden sozialistischen Parteien, die sich auf dem zweiten Kongreß der Arbeiter- und Soldatenräte zur Frage der Wirtschafts- und Sozialordnung äußerten, wurde die Gemeinwirtschaft gutgeheißen. Dabei blieb die Haltung der Mehrheitssozialisten in sich widersprüchlich und unklar. Auf einem Parteitag im Juni 1919 ließ man aus taktischen Überlegungen die Gemeinwirtschaft Wissells gelten. Für den noch nicht als sozialisierungsreif erachteten Teil der Wirtschaft mochte sie ein erster Schritt auf dem Wege zum erstrebten Ziele sein. Man schirmte sich damit ab gegen die Vorwürfe der radikalen Linken, daß nichts geschehe, und gegen den Versuch der demokratischen

Koalitionspartner, das Prinzip der freien Wirtschaft durchzusetzen.

Innerhalb der privaten Wirtschaft wurde der schärfste Widerspruch gegen die Gemeinwirtschaft von Handel und Gewerbe erhoben. Bei den monopolartigen Gebilden der Schwerindustrie und ihrer Kartelle, Trusts und Syndikate hatte schon vor dem Kriege eine enge Verflechtung staatlicher und wirtschaftlicher Interessen bestanden, die durch den Krieg noch verstärkt worden war. Infolge der Revolution aber hatte sich die politische Einstellung der führenden Industriellen dem Staate gegenüber geändert. Eine enge Interessenverbindung mit einer sozialistisch geführten Regierung schien nicht denkbar. Auf dem verworrenen Felde der wirtschaftspolitischen Diskussion jener Zeit kämpften die Marxisten und die Vertreter der freien Wirtschaft mit verwandten Argumenten gegen die Gemeinwirtschaft. So konnte Hilferding geradezu vor einer »Bevormundung der Privatindustrie« durch die Gemeinwirtschaft in den für die Sozialisierung noch nicht reifen Bereichen warnen. Andererseits fanden gewisse Elemente der Gemeinwirtschaft Zustimmung auch bei solchen Politikern, die von einer »Zwangswirtschaft« nichts wissen wollten. So gab es Bestrebungen, die proletarische Räteidee durch eine berufsständische zu ersetzen. Solche Bestrebungen gingen ebenso wie die Gemeinwirtschaft von der Überzeugung aus, daß eine Solidarität der Wirtschaftspartner möglich und notwendig sei. So sprach auch Stresemann gelegentlich von einem »sozialen Parlament«, in dem er die verschiedenen Interessen zusammenführen wollte. Wenn die Regierung Scheidemann gezögert hatte, ein weiterreichendes Wirtschaftskonzept zu entwickeln, so schien mit der Unterzeichnung des Friedensvertrages und der Bildung einer neuen Regierung jeder Grund hinfällig geworden zu sein, eine klare Entscheidung noch länger hinauszuschieben. Wissell drängte auf eine solche Entscheidung. Sie fiel gegen ihn aus. Am 12. Juli 1919 trat er zurück. Der sozialdemokratische Parteivorstand wandte sich nun in einem Flugblatt in aller Schärfe gegen die »Planwirtschaft«. Deren Zweck sei: »die Arbeiter mit dem Kapitalismus zu versöhnen, sie mitschuldig zu machen an der Ausbeutung des Volkes und ihre Aufmerksamkeit abzulenken von dem Kampf gegen Unternehmerallmacht ... Sozialismus wollen wir, keinen verfälschten Ersatz. Unser Kampfruf lautet: Sozialismus gegen Planwirtschaft!«[42]. Das war korrekter Marxismus, aber, da die Sozialdemokratie gleichzeitig die Sozialisierung von einer nicht vorhandenen politischen Majorität abhängig machte, in Wirklichkeit der Verzicht auf jedes über den Augenblick und seine Erfordernisse hinausweisende und jetzt in Angriff zu nehmende wirtschafts- und gesellschaftspolitische Konzept. Man hat keinen Versuch gemacht, den von Wissell mit einer gewissen Starrheit vorgetragenen Plan einer Gemeinwirtschaft auf seine konkrete Realisierbarkeit zu überprüfen. Nun haben allerdings einige Elemente der Gemeinwirtschaft in die Verfassung Eingang gefunden. Aber es stand kein politischer Wille dahinter, ihnen zu kraftvollem Leben zu verhelfen. So erlahmte und verfiel schließlich selbst die Arbeitsgemeinschaft, die sich in der Zeit des Zusammenbruchs und der Demobilmachung als ein nützliches Instrument bewährt hatte, um gemeinsame Aufgaben zu lösen, die im Interesse aller lagen.

Bürgerkrieg und Grenzkämpfe: Über die Aufstände 1918–1921 DW 395/808–815. Kalendarium über »die wichtigsten Unruhe- u. Streikaktionen in Dtld. 1919 bis 1923« in: Ursachen u. Folgen 3, Nr. 801. Darstellungen aus den Nachkriegskämpfen dt. Truppen u. Freikorps (s. Allgem. Bibl. z. Weimarer Republik, unter *Reichswehr,* u. Kap. 1, Anm. 35), Bde. 4–6; R. MÜLLER, Der Bürgerkrieg in Dtld. (1925).

Nationalversammlung: Stenogr. Sitzungsprotokolle (s. Allgem. Bibl. z. Gesamtperiode); Hdb. der Verfassunggebenden Deutschen Nationalversammlung zu Weimar 1919 (1919), enthält biograph. Notizen u. Bilder; E. HEILFRON (Hg.), Die dt. Nationalversammlung i.J. 1919; Darstellung des Gesamtverlaufs: W. ZIEGLER, Die dt. Nationalversammlung 1919–20 und ihr Verfassungswerk (1932); W. APELT, Gesch. d. Weim. Verfassung (²1964); A. SCHICKEL, Die Nationalversammlung von Weimar, Parlament B 6 (1969).

[1] Zu den Vorgängen im Ruhrgebiet bes. die Arbeiten von P. v. OERTZEN, s. Lit. zu Kap. 1. M. DÖRNEMANN, Die Politik des Verbandes der Bergarbeiter Dtlds. von der Novemberrevolution 1918 bis zum Osterputsch 1921 unter bes. Berücksichtigung der Verhältnisse im rhein.-westf. Industriegebiet. Ein Beitrag zur gewerkschaftl. Auseinandersetzung mit den linksradikalen Strömungen nach dem Sturz des Kaiserreichs (1966). – Darstellungen aus den Nachkriegskämpfen dt. Truppen u. Freikorps Bd. 9: Die Errettung des Ruhrgebiets 1918–1920 (1943).

[2] C. SEVERING, 1919/1920 im Wetter- u. Watterwinkel. Aufzeichnungen u. Erinnerungen (1927); ders., Mein Lebensweg (2 Bde. 1950).

[3] G. MAERCKER, Vom Kaiserheer zur Reichswehr. Gesch. d. freiwilligen Landesjägerkorps. Ein Beitrag zur Gesch. d. dt. Revolution (²1921).

[4] P. KUCKUCK (Hg.), Revolution u. Räterepublik in Bremen (1969).

[5] R. A. COMFORT, Revolutionary Hamburg. Labor Politics in the early Weimar Republic (Stanford 1966).

[6] M. KAROLYI, Memoirs. Faith without Illusion (London 1956).

[7] J. VÖLGYES, The Hungarian Soviet Republic 1919. An Evaluation and a Bibliography (Stanford 1970); R. TÖKES, Béla Kun and the Hungarian Soviet Republic. The Origins and

the Role of the Communist Party of Hungary in the Revolutions of 1918 bis 1919 (New York/London 1967); J. M. BAK, Die Diskussion um die Räterepublik in Ungarn 1919, in: JbbGOsteur N. F. 14 (1966); ders. (Hg.), Aus dem Telegrammwechsel zwischen Moskau u. Budapest März-Aug. 1919, Dokumentation, VfZG 19 (1971), dort Angaben über neuere ungar. Lit. zur Räterepublik.

[8] N. v. HORTHY, Ein Leben für Ungarn (1953); M. SZINAI/L. SZÜGS (Hg.), The Confidential Papers of Admiral Horthy (Budapest 1965).

[9] K. EISNER, Gesammelte Schriften (2 Bde. 1919); ders., Die halbe Macht den Räten. Ausgewählte Aufsätze u. Reden (1969); F. FECHENBACH, Der Revolutionär K. Eisner (1929), von dessen Sekretär; F. SCHADE, Kurt Eisner u. die bayer. Sozialdemokratie (1961); R. KÜHNL, Die Revolution in Bayern, GWU 15 (1964). Kühnl stellt die kontroversen Beurteilungen über Eisner zusammen. Es ist festzuhalten, daß Eisner weder ein Anhänger der bolschewistischen Diktatur noch der bürgerl.-liberalen Demokratie gewesen ist. Seine Absicht war, das Rätesystem u. den Parlamentarismus miteinander zu verbinden.

[10] Die erste zusammenfassende, auf breitem Quellenstudium beruhende Darstellung von A. MITCHELL, Revolution in Bayern 1918/1919 (a. d. Amerik. 1967); K. BOSL (Hg.), Bayern im Umbruch. Die Revolution von 1918. Ihre Voraussetzung, ihr Verlauf u. ihre Folgen (1969); E. DEUERLEIN, Der Freistaat Bayern zwischen Räteherrschaft u. Hitler-Putsch, Parlament B 44 (1964); P. FRÖLICH, Die Bayer. Räterepublik (²1971). – Zur Vorgeschichte: W. ALBRECHT, Landtag u. Regierung in Bayern am Vorabend der Revolution von 1918. Studien zur gesellschaftl. u. staatl. Entwicklung Dtlds. von 1912 bis 1918 (1968); K.-L. AY, Die Entstehung einer Revolution. Die Volksstimmung in Bayern während des Ersten Weltkrieges

(1968); H. NEUBAUER, München u. Moskau 1918/1919. Zur Gesch. d. Rätebewegung in Bayern (1959). In kommunistischer Sicht H. BEYER, Von der Novemberrevolution zur Räterepublik in München (1957). – G. KALMER, Die »Massen« in der Revolution 1918/19. Die Unterschichten als Problem der bayerischen Revolutionsforschung, in: Zs. f. bayer. Landesgeschichte 34 (1971), unterscheidet unter dem Gesichtspunkt des Massenverhaltens eine demokratische, kompromißbereite Phase der Revolution vom Sturz der Monarchie bis zur Ermordung Eisners von einer radikalen, klassenkämpferischen Phase von der Ermordung Eisners bis zum Sturz der Räteherrschaft; er sieht die Ursache der Radikalisierung in der Enttäuschung über die Erfolglosigkeit der Demokratisierung; diese Periodisierung der bayer. Revolution ähnelt der Periodisierung der Revolution im Reich, wie sie gegeben wird von G. FELDMAN/H. KOLB/R. RÜRUP (s. Lit. zu Kap. 1). – Erinnerungen: J. HOFMILLER, Revolutionstagebuch 1918/19. Aus den Tagen d. Münch. Revolution (1938); E. MÜLLER-MEININGEN, Aus Bayerns schwersten Tagen. Erinnerungen u. Betrachtungen aus d. Revolutionszeit (1923), Mitglied der DDP, 1919–20 bayer. Justizminister. – Dokumente u. Berichte: T. DORST (Hg.), Die Münchener Räterepublik. Zeugnisse u. Kommentar (Tb. 1966); K.-L. AY (Hg.), Appelle einer Revolution. Das Ende d. Monarchie. Das revolutionäre Interregnum. Die Rätezeit. Dokumente aus Bayern zum Jahre 1918/19 (1968); G. SCHMOLZE (Hg.), Revolution u. Räterepublik in München 1918/19 in Augenzeugenberichten (1969). – Ältere Lit. DW 395/420 u. 798. Zum Verhältnis Bayern–Reich s. Lit. Kap. 11, Anm. 3.

[11] G. LANDAUER, Aufruf zum Sozialismus, hg. v. H.-J. HEYDORN (1968); W. KALZ, Gustav Landauer, Kultursozialist u. Anarchist (1968).

[12] E. TOLLER, Eine Jugend in Deutschland (Amsterdam 1933, Tb. 1963); W. L. KRISTL, Ernst Toller in der Revolution 1918/19. Ein Beitrag zur Gesch. d. Bayer. Räterepublik, Gewerkschaftl. Monatsh. 20 (1969).

[13] DW 396. – Vgl. Bd. 18, Kap. 20, Anm. 2 u. Bd. 18, Kap. 24, Anm. 6; F. F. G. KLEINWÄCHTER, Von Schönbrunn bis St. Germain. Die Entstehung d. Republik Österr. (1964); K. R. STADLER, Hypothek auf die Zukunft. Die Entstehung d. österr. Republik 1918–1921 (1970).

[14] H. HAUTMANN, Die verlorene Räterepublik der kommunist. Partei Deutschösterreichs ([2]1971).

[15] O. BAUER, Die österr. Revolution (1923); J. DEUTSCH, Aus Österr. Revolution (1920), D. war sozialist. Staatssekretär des Heerwesens. Über Austromarxismus u. O. Bauer orientiert A. WANDRUSZKA, Österr. polit. Struktur, in: H. BENEDIKT (Hg.), Gesch. d. Republik Österreich. Vor allem: N. LESER, Zwischen Reformismus u. Bolschewismus. Der Austromarxismus als Theorie u. Praxis (1968) u. die Biographie von O. LEICHTER, Otto Bauer. Tragödie oder Triumph (1970).

[16] Vgl. hierzu H. HANTSCH, Die Nationalitätenfrage im alten Österreich (Wien 1953), Kap. 6: Das nationale Problem und die Sozialdemokratie, S. 69 ff.

[17] Zur Anschlußfrage aufgrund d. dt. Akten A. G. KOGAN, Genesis of the Anschluss Problem, Journal of Centr. Europ. Aff. 20 (1960). Dokumente in: Ursachen u. Folgen 3, Nr. 667–681. Susanne MILLER, Das Ringen um »die einzige großdt. Republik«. Die Sozialdemokratie in Österreich u. im Dt. Reich zur Anschlußfrage 1918/19, Arch. f. Sozialgesch. 11 (1971). Sie kommt zu folgendem Ergebnis: »Außer jedem Zweifel steht, daß die Initiative für den Anschluß von der deutschen Sozialdemokratie Österreichs ausging und daß das Verhalten ihrer Genossen im Deutschen Reich höchstens reaktiv war. Ebenso unbestritten muß bleiben, daß für die sozialdemokratischen Parteien in beiden Ländern der Handlungsspielraum durch die Politik der Entente und auch durch Widerstände im eigenen Land außerordentlich beschränkt war. Und letzten Endes war die Handlungsweise beider durch die Scheu vor einem Risiko charakterisiert« (S. 51).

[18] S. Lit. Kap. 5, Anm. 19.

[19] Diese Verhandlungen fanden vom 27. Febr. bis 2. März statt. Ihr Ergebnis fand seinen Niederschlag in einem Protokoll, das Susanne Miller (s. o. Anm. 17) aus den Akten des Reichsamts des Innern veröffentlicht hat. Österr. sollte als selbständiger Gliedstaat in das Reich eintreten mit gewissen begrenzten Sonderrechten.

[20] E. HÖLZLE, Saint-Germain. Das Verbot des Anschlusses, Srbik-Festschr. (1938). Über die Eigenart der Wilsonschen Selbstbestimmungsidee auch im Verhältnis zum Sezessionsrecht vgl. Bd. 18, Kap. 24, Anm. 1. Daß die Verweigerung des Anschlusses jedenfalls in unzweideutigem Widerspruch stand zu den vereinbarten Grundlagen des Friedens, hat Wilson selbst mit aller Deutlichkeit ausgesprochen, wie wir aus den franzöz. Dolmetscheraufzeichnungen über die Verhandlungen des Rates der Vier wissen. Hier sagt er: »Wir dürfen nicht vergessen, daß diese Prinzipien uns im Hinblick auf Deutschland binden, dem gegenüber wir beim Abschluß des Friedensvertrages genaue Verpflichtungen eingegangen sind. Wenn wir uns nicht ins Unrecht setzen und unser Wort brechen wollen, dann dürfen wir unsere eigenen Grundsätze nicht zu großzügig zu unserem Vorteil interpretieren«, s. P. MANTOUX, Les Délibérations du Conseil des Quatre (2 Bde. 1955), Bd. 1, S. 68; u. direkt auf Österreich bezogen: »Was Österreich anbetrifft, so scheue ich mich, das Prinzip der Völker, über sich selbst zu bestimmen, zu verletzen ... Wir können eine

Annexion untersagen; aber wir dürfen einem Lande nicht das Recht verweigern, sich mit einem anderen Lande zu vereinigen, wenn es dies will«, ebd., S. 461 f. – Daß Wilson selber die Verweigerung des Anschlusses als im Widerspruch zu seinen Prinzipien stehend betrachtet hat, wird leider nicht zur Kenntnis genommen von den österr. Historikern F. FELLNER, Die Pariser Vorortverträge von 1919/20, und G. F. SCHMID, Selbstbestimmung 1919. Anmerkungen zur historischen Dimension und Relevanz eines politischen Schlagwortes; beides in: K. BOSL (Hg.), Versailles – St. Germain – Trianon (1971). So richtig die Feststellung Schmids ist, daß in den Wilsonschen Prinzipien dem Begriff »consent of the governed« zentrale Bedeutung zukommt, d.h. der demokratischen Legitimation der Regierungen, so wenig kann übersehen werden, daß die nationale Selbstbestimmung in der logischen Konsequenz jenes Prinzips liegt, daß Wilson diese Konsequenz gezogen und sich jedenfalls über den Widerspruch zwischen seinen Prinzipien und dem Anschlußverbot nichts vorgemacht hat. Es gab gute Gründe dafür, Deutschland und Österreich den Zusammenschluß zu verweigern. Das Recht auf nationale Selbstbestimmung stand und steht nicht isoliert, sondern in Konkurrenz zu anderen politischen Gestaltungsprinzipien, wie dem Gedanken des Machtgleichgewichts etc. Für die Beurteilung ist entscheidend, daß die Prinzipien Wilsons die vereinbarte Grundlage des Friedensvertrages darstellten und daß nicht nur nach der Meinung der österreichischen und der deutschen Regierung, sondern auch nach der Meinung Wilsons diese Basis durch die Verweigerung des Anschlusses verlassen wurde.
²¹ Darstellungen aus den Nachkriegskämpfen dt. Truppen u. Freikorps, Bd. 1: Rückführung des Ostheeres; Bde. 2 u. 3: Der Feldzug im Baltikum; F. v. RABENAU, Seeckt. Aus

seinem Leben. 1918–1936 (1940), S. 119 ff.; R. H. PHELPS, Aus den Groener-Dokumenten, IV: Das Baltikum 1919, Dt. Rundschau 77 (1950).
²² A. BRACKMANN / C. ENGEL / R. WITTRAM (Hg.), Baltische Lande, Bd. 4, I: Der Bolschewismus u. die balt. Front (1939); R. WITTRAM, Baltische Geschichte. Die Ostseelande Livland, Estland u. Kurland 1180 bis 1918 (1954); W. PAGE, The Formation of the Baltic States (Cambridge Mass. 1959); G. v. RAUCH, Gesch. d. balt. Staaten (1970), dort umfangreiche Lit.-angaben; H. ROTHFELS, The Baltic Provinces. Some Historic Aspects and Perspectives, Journal of Centr. Europ. Aff. 3 (1944); ders., Das Baltikum als Problem der internat. Politik. Zur Gesch. u. Problematik d. Demokratie, Herzfeld-Festschr. (1958); J. v. HEHN, Die Entstehung d. Staaten Lettland u. Estland. Der Bolschewismus u. die Großmächte, in: Forschungen zur Osteurop. Gesch., Bd. 4 (1956); J. v. HEHN / H. v. RIMSCHA / H. WEISS (Hg.), Von den balt. Provinzen zu den balt. Staaten. Beiträge zur Entstehungsgesch. d. Republiken Estland u. Lettland 1917–1918 (1971); A. v. TAUBE, Nationaldemokratie, sozialistische Arbeiterkommune oder gesamtbalt. Ständestaat, Balt. Hefte 5 (1959). Über das sowjet.-balt. Verhältnis: B. MEISSNER, Die Sowjetunion, die baltischen Staaten u. das Völkerrecht (1956); G. v. RAUCH, Die baltischen Staaten u. Sowjetrußland 1919–39, Europa-Archiv 9 (1954).
²³ R. Gf. v. d. GOLTZ, Meine Sendung in Finnland u. im Baltikum (1920); zweite Version: Als polit. General im Osten (1936); vgl. auch A. WINNIG (damals Reichskommissar für die Ostgebiete), Das Reich als Republik (1929); J. BISCHOFF, Die letzte Front. Gesch. d. Eisernen Division (1935).
²⁴ C. GRIMM, Vor den Toren Europas 1918–1920. Gesch. d. balt. Landeswehr (1963).
²⁵ W. v. WRANGELL, Gesch. d. Bal-

tenregiments. Das Deutschtum Estlands im Kampfe gegen d. Bolschewismus 1918 bis 1920 (1928, ²1962), vom Kommandeur d. Baltenregiments; H. v. RIMSCHA, Die Staatwerdung Lettlands u. das balt. Deutschtum (1939).

²⁶ H.-E. VOLKMANN, Probleme des dt.-lett. Verhältnisses zw. Compiègne u. Versailles, Zs. f. Ostforsch. 14 (1965).

²⁷ In der zweiten, nicht in der ersten Fassung seiner Erinnerungen spricht er von einem geplanten Marsch auf Berlin; vgl. o. Anm. 23.

²⁸ Lit. zu den Agrarreformen in den balt. Staaten bei G. v. RAUCH, Gesch. d. balt. Staaten, S. 206f.

²⁹ AWALOFF-BERMONDT, Im Kampf gegen den Bolschewismus (1925).

³⁰ W. W. WILLIAMS, Die Politik d. Alliierten gegenüber den Freikorps im Baltikum 1918–1919, VfZG 12 (1964); V. SIPOLS, Die ausländ. Intervention in Lettland 1918–1920 (1961); zu dieser Schrift eines sowj.-lett. Historikers die ausführl. Bespr. von G. v. RAUCH, HZ 200 (1965). – Die engl. Akten in Doc. on Brit. For. Pol., 1. Serie, Bd. 3.

³¹ Brief Seeckts v. 4. Febr. 1919, vgl. F. v. RABENAU, Seeckt, S. 143.

³² K. HOEFER, Oberschlesien in der Aufstandszeit 1918–21. Erinnerungen u. Dokumente (1938).

³³ Dorothea GROENER-GEYER, Groeners Entwurf »Zur Organisation d. Obersten Militärbehörden«, Gegenwart 9 (1954); H. MEIER-WELK-KER, Die Stellung des Chefs d. Heeresleitung in den Anfängen d. Republik, VfZG 4 (1956), wertet die Nachlässe Groener u. Seeckt aus.

³⁴ G. A. RITTER, Kontinuität und Umformung des dt. Parteiensystems 1918–1920, H. Rosenberg-Festschr. (1970); Lit. zu Parteien s. Allgem. Bibl. z. Weimarer Republik.

³⁵ S. Bd. 18, Kap. 1, Anm. 19.

³⁶ Iris HAMEL, Völkischer Verband u. nationale Gewerkschaft. Der Deutschnationale Handlungsgehilfenverband 1893–1933 (1967).

³⁷ Akten der Reichskanzlei: Das Kabinett Scheidemann, hg. v. H. SCHULZE (1971).

³⁸ P.-Ch. WITT, Friedrich Ebert. Parteiführer, Reichskanzler, Volksbeauftragter, Reichspräsident. in: Friedrich Ebert 1871–1925, hg. von der Friedrich-Ebert-Stiftung (1971); in diesem Sammelband Ebert-Bibliographie; s. Allgem. Bibl. z. Weim. Rep., unter Politiker.

³⁹ RGBl. 1919, S. 341.

⁴⁰ RGBl. 1919, S. 413–415.

⁴¹ Denkschrift des Reichswirtschaftsministeriums zur wirtschaftspolit. Lage u. Wirtschaftsprogramm vom 7. Mai 1919, in: Akten der Reichskanzlei: Kabinett Scheidemann, hg. v. H. SCHULZE, Nr. 63 a u. b.

⁴² Text bei R. WISSELL, Praktische Wirtschaftspolitik. Unterlagen zur Beurteilung einer fünfmonatigen Wirtschaftsführung (1919), S. 135 ff.

Kapitel 5
Die Pariser Friedenskonferenz

Am 18. Januar 1919 begann in Paris die Friedenskonferenz. 32 Staaten waren vertreten. Der Schwerpunkt der Verhandlungen lag zunächst beim Rat der Zehn, zu dem die fünf Großmächte jeweils mit Premier und Außenminister gehörten, dann ab 24. März im Rat der Vier: bei Wilson, Clemenceau, Lloyd

George und Orlando. Im Grunde aber entschied das Triumvirat Wilson, Clemenceau, Lloyd George. Die allgemeinen Prinzipien für den Frieden waren auf der Basis der 14 Punkte Wilsons zwischen der Entente und Deutschland vereinbart worden. Daneben bestanden konkrete Verpflichtungen zwischen einzelnen Mächten, von denen allerdings das französisch-russische Abkommen von 1917 durch die Ereignisse überholt war. Die verkündeten Grundsätze und die tatsächlichen Bestrebungen der Mächte stießen sich hart im Raum. Das Ringen der Siegermächte untereinander bestimmte den Gang der Verhandlungen. Die deutsche Delegation wurde an ihnen nicht beteiligt. Ihr legten die Sieger den fertigen Text vor.

Wilsons Hauptanliegen war der Völkerbund. Für ihn bestand der Sinn des Friedensvertrages darin, für die Entwicklung neuer Formen internationaler Beziehungen zum Zweck einer dauerhaften Friedensordnung bindende Verpflichtungen zu schaffen. Wenn die territorialen und wirtschaftlichen Fragen, wie immer sie jetzt auch geregelt wurden, auf der einen oder anderen Seite Bitternis zurücklassen mußten, so konnten sie entschärft werden, wenn es gelang, durch einen Bund der Völker ein Instrument kollektiver Friedenswahrung zu schaffen, das zugleich die Möglichkeit friedlicher Regelung internationaler Streitfragen vorsah. Die nationale Bewegung hatte im 19. Jahrhundert Völkerfragmente zu größeren staatlichen Einheiten zusammengefügt: Deutschland und Italien. Jetzt zerriß sie bestehende politische Zusammenhänge: wie Österreich-Ungarn, die Ottomanische Türkei, das europäische Rußland. Demgegenüber war der Völkerbund die eigentlich weiterweisende Idee der Pariser Friedenskonferenz. Was die europäischen Verhältnisse anging, so ist es richtig, daß Wilson keine genauen Vorstellungen von den ethnographischen Verhältnissen Ostmitteleuropas besaß. Aber hierin ist nicht der Grund dafür zu erblicken, daß das Ergebnis der Konferenz in so vielen Punkten nicht mit dem Prinzip der nationalen Selbstbestimmung übereinstimmte. Wilson hat in der Frage des Anschlusses, des Rheinlandes, des Saargebietes, Danzigs und der deutsch-polnischen Grenzen dieses Prinzip mit großer Hartnäckigkeit im Rat der Vier verfochten und, realistischer denkend als seine Partner, auf die psychologischen Konsequenzen hingewiesen, die sich aus einem Bruch der vereinbarten Friedensgrundlagen ergeben mußten. Das früher übliche Bild, das Wilson als einen nur mäßig intelligenten Idealisten zeigte, der das Opfer seiner Traumvorstellungen, der Tücke

Clemenceaus und der Propaganda von Polen und Tschechen geworden sei, läßt sich seit der Veröffentlichung des französischen Dolmetscherberichtes nicht mehr halten. Die Alternative zu den Kompromissen, die schließlich ausgehandelt wurden und in denen Frankreich immerhin ein erhebliches Stück entgegenkommen mußte, hätte für Wilson darin bestanden, der Konferenz den Rücken zu kehren und Europa sich selber, d.h. zunächst den Franzosen zu überlassen. Für Deutschland und für Europa ist es ein Verhängnis gewesen, daß Wilson vom amerikanischen Senat desavouiert wurde und daß sich die USA aus Europa zurückzogen. Bei der Beurteilung Wilsons ist allerdings darauf hinzuweisen, daß er einen irreparablen Fehler beging: Er hatte seine Verhandlungsposition für die Konferenz von vornherein erheblich dadurch geschwächt, daß er beim Waffenstillstand Foch gewähren ließ und mit der praktischen Wehrlosmachung Deutschlands die militärische Hegemonie Frankreichs in Europa akzeptierte[1].

Für Clemenceau ergab sich das Verhandlungsziel aus eben dieser Tatsache, daß Frankreich zwar zur führenden Militärmacht Europas geworden war, es Deutschland aber nur hatte niederwerfen können durch die Hilfe mächtiger Bundesgenossen. Gegen die potentielle Revanche Deutschlands suchte es deshalb Sicherungen für die Zukunft. Für den russischen Koalitionspartner, der durch die Revolution ausgefallen war, suchte es Ersatz in Militärbündnissen mit den neuen Staaten Ostmitteleuropas, namentlich Polen und der Tschechoslowakei. Neben Elsaß-Lothringen, dessen Rückgewinnung für Frankreich außer Frage stand, hoffte es das Saargebiet[2] zu gewinnen und die militärische Rheingrenze. Das linke Rheinufer sollte politisch etwa die Form autonomer Republiken annehmen.

Lloyd George hatte zwar den Krieg bis zum Knockoutschlag gepredigt, und sich in den berüchtigten Khaki-Wahlen vom 14. Dezember 1918 in der Demagogie der Massenversammlungen zu ungezügelten Forderungen über die Deutschland aufzuerlegende Buße hinreißen lassen. Aber auf der Friedenskonferenz selbst machte sich dann in seinen Überlegungen die britische Tradition der europäischen Gleichgewichtspolitik wieder geltend. Gegenüber der hegemonialen Stellung Frankreichs mußte Deutschland aus englischer Sicht als lebensfähiger Partner im europäischen Staatensystem und als leistungsfähiger Lieferant und Kunde des britischen Handels erhalten bleiben.

Wilson, Clemenceau und Lloyd George standen während der

Verhandlungen in gleicher Weise vor der Frage, wie Europa am besten vor der Bolschewisierung gesichert werden könnte[3]. Foch forderte einen europäischen Kreuzzug[4]. Aber der Mißerfolg der halbherzigen Interventionen in Rußland und die Kriegsmüdigkeit der Völker verschlossen diesen Weg. Daher suchten die alliierten Führer dieses Ziel jeder auf seine Weise zu erreichen: durch die Schaffung eines Völkerbundes, durch die Bildung des »cordon sanitaire«[5] der ostmitteleuropäischen Staaten und durch die Gewährung von Lebensmöglichkeiten an Deutschland als das Land, auf das Lenin seine stärksten Hoffnungen für die Weltrevolution setzte[6].

Keiner der drei Gedanken ist konsequent durchgeführt worden, weil sich die Interessen der beteiligten Mächte durchkreuzten. Das Ergebnis waren Kompromisse. Die Idee des Völkerbundes, in der Staatsphilosophie der Aufklärung und in der Ideenwelt des Panamerikanismus[7] gleichermaßen begründet, drängte sich als notwendiges Korrektiv auf angesichts der vielen Tausende von Kilometern neuer Grenzen, die durch die Zerschlagung der Donaumonarchie und des Zarenreiches entstanden waren. Das Zentralproblem bei der Schaffung des Bundes war die Frage, ob die einzelstaatliche Souveränität durch die Schaffung einer Bundesexekutive und die Möglichkeit verbindlicher Bundesbeschlüsse beschränkt werden sollte, oder ob sich im Völkerbund das freie Spiel der Kräfte des Mächtesystems fortsetzen würde.

Wilson hatte inzwischen Rücksicht zu nehmen auf die republikanische Mehrheit des im November 1918 gewählten Senats. Er verlangte deshalb, in den Völkerbund die Monroedoktrin einzubauen, die jede fremde Intervention auf dem amerikanischen Kontinent ausschloß, aber umgekehrt sich auch im Sinne eines amerikanischen Isolationismus auswirken konnte. England war entsprechend seiner eigenen staatlichen Tradition und nicht zuletzt wegen der jüngsten Verfassungsentwicklung im britischen Reichsverband gegen jede Art von Souveränitätsbeschränkung. Es war undenkbar, daß die Dominions, die eben im Kriege den Status von unabhängigen Staatswesen als Mitglieder des »Commonwealth« erreicht hatten, in der Form des Völkerbundes neue zwingende Bindungen eingehen würden. Von Frankreich hingegen, das am stärksten auf die Unverrückbarkeit der durch den Friedensvertrag zu schaffenden Machtverhältnisse bedacht war, wurde die Einrichtung eines Heeres vorgeschlagen, das als ein schlagkräftiges Instrument des Völkerbundes die Sicherheit garantieren sollte. Frankreich hat auf den wirkungsvollen Ausbau der Völkerbundsexekutive ebenso verzichtet wie auf die permanente militärische Rheingrenze. Es erhielt dafür als Gegenleistung die englische und amerikanische Zusage eines Garantievertrages gegen einen deutschen Angriff. Frankreich konzedierte die Monroedoktrin, England und Frankreich willigten ein, die bereits verteilten deutschen Kolonien als Völkerbundsmandate zu firmieren[8]. Als Gegenleistung zeigte sich Wilson bereit, in den Fragen der Saar- und Rheinlandbesetzung den französischen Wünschen einen Schritt entgegenzukommen. So blieb dem Völkerbund in dieser ersten Form, in der er ins Leben trat, eine wirkliche Autorität versagt, da er keine Zwangsgewalt besaß. Außerdem blieben zunächst Rußland und auf Verlangen Clemenceaus Deutschland ausgeschlossen, und schließlich versagten sich die USA selber dieser Idee Wilsons[9].

Auch der Gedanke des »cordon sanitaire« ist nicht konsequent verwirklicht worden. Es ist ja ein bemerkenswertes Ergebnis der Pariser Friedenskonferenz, daß der wesentliche Inhalt des Friedens von Brest-Litowsk bestehen blieb. Auf jenen damals von Rußland losgelösten Randgebieten entstanden die neuen Staaten, die nun als Barriere zur Abschirmung Europas gegen den Bolschewismus dienen sollten. Zugleich aber erhielten diese Länder im Rahmen der französischen Bündnispläne die Aufgabe, Deutschland in Schach zu halten. Durch die Zuweisung deutscher Gebiete an Litauen und Polen, durch die Belassung der Sudetendeutschen bei der Tschechoslowakei und durch die Verweigerung des Selbstbestimmungsrechtes für die Deutsch-Österreicher wurden im Verhältnis zwischen Deutschland und den ostmitteleuropäischen Staaten planmäßig Gegensätze geschaffen. Clemenceau und Lloyd George einigten sich darauf, jenem Staatengürtel, insbesondere Polen, die verhängnisvolle Doppelrolle zuzuschreiben, »die russische Flut einzudämmen und Deutschland in Schach zu halten«[10]. Das war eine Doppelrolle, die über die Kräfte dieser Staaten ging, wenn es auch zunächst den Anschein hatte, als ob Polen[11] ihr gerecht zu werden vermöchte: In wechselvollem Krieg, der die Polen im Mai 1920 nach Kiew und die Russen im August vor die Tore Warschaus führte, gelang es Marschall Pilsudski, dem der französische General Weygand zur Seite stand, über die von den Alliierten vorgesehene Linie am Bug und Njemen (Curzon-Linie, festgelegt 8. Dezember 1919[12]) hinaus die Grenze Polens weit nach Osten vorzuschieben, ohne allerdings die Grenzen von 1771 wiederherstellen zu können (Friede von Riga 18. März 1921, polnische Ostgrenze etwas weiter östlich als nach der 2. polnischen Teilung, 150 km ostwärts der Curzon-Linie[13]). Hinsichtlich der Westgrenzen, wie sie auf der Pariser Friedenskonferenz festgelegt wurden, erreichten die Polen in Westpreußen und Posen das Ziel der Grenzen von 1771 nicht ganz, aber im oberschlesischen Industriegebiet wurde es ihnen ermöglicht, noch darüber hinaus zu greifen[14].

Im einzelnen wurden auf der Pariser Friedenskonferenz folgende das deutsche Volk betreffenden territorialen Regelungen getroffen, die in den Vertragstexten von Versailles, St.-Germain und Trianon ihren Niederschlag fanden:

Ostpreußen nördlich der Memel fiel an die Ententemächte. Bis Anfang 1923 stand das Memelland unter französischer Besatzung. Am 10. Januar 1923 rissen die Litauer dieses Gebiet an sich. Am 14. März 1924 wurde die litauische Oberhoheit von der Entente anerkannt und zugleich im Memelstatut dem fast rein deutschen Land autonome Verwaltung zugesichert[15].

Polen erhielt ohne Abstimmung den größten Teil Westpreußens und Posens, dazu den ostpreußischen Kreis Soldau. (Die bei Deutschland verbleibenden westlichen Streifen Posens und Westpreußens wurden zur Provinz Grenzmark vereinigt.) Danzig[16] wurde als Freie Stadt unter einem Völkerbundkommissar abgetrennt. Polen erhielt Hafenrechte. Eine Abstimmung sollte über das Schicksal des südlichen Ostpreußen und des östlich der Weichsel gelegenen Teiles von Westpreußen um Marienburg und Marienwerder entscheiden. Sie erbrachte am 11. Juli 1920 fast 100 Prozent Stimmen für Deutschland[17].

Oberschlesien sollte an Polen fallen. Die deutsche Delegation auf der Friedenskonferenz erreichte, daß auch hier abgestimmt wurde. Das Ergebnis am 20. März 1921: 60 Prozent der Stimmen für Deutschland. Durch Entscheid des Völkerbundrates vom 19. Oktober 1921 wurde das Abstimmungsgebiet so geteilt, daß Deutschland und Polen je einen Anteil an der Gesamtbevölkerung erhielten, der dem Prozentsatz der für sie abgegebenen Stimmen entsprach. Hierbei fiel der größte Teil der Kohle und der Industrie an Polen[18].

An die Tschechoslowakei kam ohne Abstimmung das Hultschiner Ländchen, ein Teil des schlesischen Kreises Ratibor.

Die drei Millionen Deutschen in Deutsch-Böhmen und dem Sudetenland (Mähren und Österr. Schlesien) hatten durch ihre

Reichsratsvertreter am 29. und 30. Oktober 1918 den Beitritt zu dem sich bildenden Deutsch-Österreich erklärt. Die Friedenskonferenz entschied dem Wunsch der Tschechen entsprechend gegen die Auflösung der historischen Landschaften Böhmen und Mähren. Hinzu kamen die Slowaken und Ukrainer des nördlichen Ungarn, so daß die neue Tschechoslowakei ein Nationalitätenstaat wurde, in dem nur die Hälfte der Bevölkerung von 13 Millionen dem tschechischen Staatsvolk angehörte[19].

Österreich[20] erhielt das von Deutschen bewohnte ungarische Burgenland zugesprochen. Ungarische Freischaren erzielten für den 15. Dezember 1920 eine Abstimmung in Ödenburg, deren umstrittener Verlauf zur Rückkehr dieser Hauptstadt des Burgenlandes an Ungarn führte.

Die Jugoslawen[21] nahmen sich Südsteiermark. Südtirol fiel an Italien[22]. In Südkärnten jedoch führten österreichische Freischaren einen erbitterten Kampf gegen südslawische Versuche, hier wie in der südlichen Steiermark vollendete Tatsachen zu schaffen. Hierdurch gelang es der österreichischen Delegation unter Karl Renner[23] auf der Friedenskonferenz statt der im Vertragstext vorgesehenen einfachen Abtretung eine Abstimmung zu erwirken. In der Abstimmungszone waren 70 Prozent der Bevölkerung slowenisch. Dennoch stimmten 57 Prozent für Österreich. Die Einheit Kärntens blieb erhalten.

Die Vorarlberger wollten zur Schweiz[24]. Eine Volksabstimmung am 11. Mai 1919 erbrachte 80 Prozent der Stimmen für diesen Anschluß. Aber sowohl die Ententemächte wie Bern und Wien behandelten die Frage dilatorisch. Hinsichtlich des Selbstbestimmungsrechts wurde in Wien von seiten Renners in diesem Falle der Anspruch kleiner Volksteile auf Sezession bestritten und das Recht des größeren historischen Zusammenhangs geltend gemacht.

Elsaß-Lothringen fiel ohne Abstimmung an Frankreich. Die Trennung von Frankreich war 1871 gegen den Protest der elsässischen Abgeordneten in der französischen Nationalversammlung erfolgt. Ohne Zweifel entsprach die Lösung vom Reich und die Rückkehr zu Frankreich dem Wunsch der Bevölkerung. Ihr wurde jedoch jetzt ebensowenig wie 1871 die Möglichkeit gegeben, über ein Autonomiestatut als Alternative zu einer einfachen nationalstaatlichen Eingliederung zu votieren, wie es die deutsche Delegation in ihren Gegenerklärungen verlangte.

Entgegen den Annexionswünschen Frankreichs wurde hingegen das Saargebiet auf 15 Jahre einem Völkerbundregime unterstellt. Dann sollte die Bevölkerung über ihr Schicksal selbst entscheiden. An diesem Punkte hat sich der Einfluß Wilsons besonders geltend gemacht, ebenso wie in der Frage der Militärgrenze am Rhein. Statt einer ständigen militärischen Kontrolle des linksrheinischen Gebietes durch die Entente, wie sie Frankreich wünschte, wurde die Besetzung zonenweise auf 15, 10 und 5 Jahre begrenzt[25].

Luxemburg schied aus dem deutschen Zollverband aus. Der neutrale Status Luxemburgs wurde ebenso wie der Belgiens aufgehoben. Belgien erhielt an deutschem Gebiet Moresnet und Eupen-Malmédy. In Eupen-Malmédy wurde eine Scheinabstimmung veranstaltet: wer für den Verbleib bei Deutschland war, konnte sich in offen liegende Listen eintragen. Von den 60000 Einwohnern waren etwa 80 Prozent deutschsprachig. Nur 271 Stimmberechtigte haben für Deutschland votiert[26].

Die Nordgrenze gegenüber Dänemark wurde dem Votum der Bevölkerung unterworfen. Die in zwei Zonen am 10. Februar und 14. März erfolgende Abstimmung blieb wegen des in der nördlichen ersten Zone angewandten Blockprinzips umstritten. Sie ergab hart nördlich Flensburg eine neue Grenzlinie, die bei der Gemengelage auf beiden Seiten unvermeidbar erhebliche Minderheiten zurückließ[27].

Insgesamt verlor das Reich ein Siebentel seines Gebietes und ein Zehntel seiner Bevölkerung, aber der Kern des deutschen Volkskörpers, wie er sich im Reich und in Deutsch-Österreich darstellte, blieb erhalten. Wieweit dieser vom Krieg zerrüttete deutsche Sozialkörper abwehrfähig sein würde gegen den Einfluß der vom bolschewistischen Rußland herandrängenden Ideen, hing in besonderem Maße ab von den wirtschaftlichen Lebensmöglichkeiten, die ihm nach der Niederlage bleiben würden. Daß Deutschland zur Zahlung von Reparationen verpflichtet war, ergab sich aus dem Vorfriedensvertrag. Es mußte sich also von vornherein auf schwere Belastungen gefaßt machen. Die Frage war nur, ob sich die wirtschaftlichen Bestimmungen im Rahmen der Wiedergutmachungsverpflichtungen halten würden, oder ob darüber hinaus die deutsche Wirtschaftssubstanz getroffen werden sollte[28].

Das Wirtschaftssystem des industrialisierten Deutschland beruhte vor allem auf zwei Faktoren: einerseits auf dem Außenhandel, verkörpert und greifbar in der Handelsflotte, den Kapitalanlagen im Ausland und den überseeischen Verbindungen der Kaufleute; und andererseits auf der Ausbeutung der Kohlen- und Eisenschätze und der auf ihr aufgebauten Stahl-, Elektro- und chemischen Industrie. Der Außenhandel wurde nun aufs schwerste durch die Forderungen der Alliierten getroffen, fast die gesamte Handelsflotte auszuliefern. Mit den überseeischen Besitzungen ging nicht nur das dort angelegte deutsche Staatsvermögen, sondern auch das Privateigentum verloren. Überhaupt wurde das deutsche Eigentum im feindlichen und darüber hinaus auch weitgehend im neutralen Ausland enteignet. Die bürgerliche Welt trug hier selbst dazu bei, ihre Grundüberzeugung von der Unantastbarkeit des Privateigentums, die schon im Kriege unvermeidlich fragwürdig geworden war, auch in der neuen Friedensordnung zu diskreditieren in dem Augenblick, in dem die Gültigkeit des Prinzips des Privateigentums in der bolschewistischen Revolution überhaupt verneint wurde. Die Kohlenbasis der deutschen Industrie wurde durch den Verlust des Saargebietes und Oberschlesiens um ein Drittel gemindert. Später sollten allerdings bei einem Volksentscheid zugunsten Deutschlands die in französischen Besitz übergegangenen Saargruben von Deutschland zurückgekauft werden können. Deutschland hatte darüber hinaus aus der verbleibenden Kohlenmenge jährlich die durch Kriegsschäden in den französischen Kohlegruben entstandene Differenz zwischen der französischen Vorkriegs- und Nachkriegsförderung auszugleichen. Und schließlich sollte Deutschland im Rahmen der allgemeinen Wiedergutmachung jährlich 25 Millionen Tonnen Kohle an Stelle von Geldzahlungen liefern. Hinzu kam, daß die deutsche Förderung infolge des Krieges auf 60 Prozent der Vorkriegsförderung gesunken war. Nach all diesen Auflagen verblieben Deutschland zur eigenen Verfügung 60 Millionen Tonnen gegenüber 139 Millionen vor dem Kriege. Es sollte sich bald herausstellen, daß es unmöglich war, die gesamten Kohlenforderungen zu erfüllen. Schon im September 1919 mußte vom Internationalen Kohlenausschuß die jährliche Lieferung von 40 bis 50 Millionen auf 20 Millionen herabgesetzt werden. So ergab sich die Notwendigkeit einer Revision bereits in der Geburtsstunde des Vertrages. Neben dieser Schmälerung seiner Kohlenbasis verlor Deutschland 75 Prozent seiner Erzvorkommen. Das lothringische Erz und die Ruhrkohle wurden auseinandergerissen.

Die Frage der Wiedergutmachungsforderungen[29] erwies sich auf der Konferenz als das unter den Alliierten selbst am schwierigsten zu klärende Problem. Natürlich war es unmöglich, einem einzelnen Lande die Gesamtkosten eines Weltkrieges aufzubürden, wenn auch in der Leidenschaft des englischen Wahlkampfes solche Forderungen erhoben worden waren. Was sollte man unter Reparationen verstehen, der Begriff war dehnbar. Sollte man darunter im engeren Sinne nur den Wiederaufbau der zerstörten Gebiete begreifen, oder sollte auch für einen Teil der finanziellen Aufwendungen der kriegführenden Staaten Entschädigung gefordert werden? An einer solchen Ausdehnung des Reparationsbegriffs war besonders England interessiert, da es außer den Schiffsverlusten, die zum Teil durch die Auslieferung der deutschen Handelsflotte ausgeglichen wurden, kaum materielle Kriegsschäden erlitten hatte. Auf General Smuts[30], den Vertreter Südafrikas in der Konferenz, geht der Vorschlag zurück, in einer kühnen Ausweitung des Reparationsbegriffs auch Familienunterstützungen, Ruhegehälter und Pensionen einzubeziehen. Es blieb jedoch unmöglich, eine klare Vorstellung von den einzufordernden Summen zu gewinnen. So wurde die Frage vertagt und künftigen Konferenzen zur Entscheidung überlassen. Durch das nie abreißende Reparationsproblem ist die Geschichte der Weimarer Republik überschattet worden. Hier wurde immer wieder die Situation des verlorenen Kriegs, die Scheidung der Völker in Sieger und Besiegte erneuert mit all den Ressentiments, die sich daran entzünden mußten.

Keine Bestimmung des gesamten Vertrages aber hat die Atmosphäre so vergiftet wie der Kriegsschuldartikel 231, der Deutschland und seine Verbündeten allein mit der Schuld am Kriege belastete. Was eine Angelegenheit besonnener Forschung hätte sein sollen, wurde in These und Gegenthese zu einem politischen Kampfmittel. Man hätte von deutscher Seite gegen diese Diskriminierung mit gelassenerer Einstellung zu Felde ziehen können, wenn man sich immer bewußt geblieben wäre, daß die Verpflichtung zur Zahlung von Reparationen durchaus nicht von diesem Artikel abhing, sondern sich aus der Tatsache ergab, daß Deutschland den Krieg militärisch verloren hatte und im Vorfriedensvertrag eine Wiedergutmachungspflicht anerkannt hatte. Wie die Dinge 1919 aber lagen, war es gerade der Artikel 231, der den Versailler Vertrag in den Augen aller Deutschen zu einem Diktat stempelte. Es gab keinen deutschen Staatsmann, der diesen Artikel freiwillig bejaht hätte[31].

Die Entwaffnungsbestimmungen sollten Deutschland der Entente gegenüber wehrlos machen, ohne es zugleich eines

Grenzschutzes im Osten und einer Macht zur Aufrechterhaltung der inneren Ordnung zu berauben. Die Wehrpflicht wurde abgeschafft, das Heer auf 100000, die Marine auf 15000 langdienende Berufssoldaten herabgesetzt, der Generalstab verboten, Bewaffnung und Munitionierung beschränkt, Panzer-, Gas-, Luft- und U-Boot-Waffen überhaupt untersagt. Die Befestigungen im Westen und an den Seewegen zwischen Nord- und Ostsee waren zu schleifen, die im Osten und Süden durften auf dem gegenwärtigen Stand erhalten bleiben[32]. Die Flotte war, bis auf eine ganz geringe Zahl von Schiffen verschiedener Klassen, die Deutschland zugestanden wurden, abzuliefern. Der Hauptteil der deutschen Hochseeflotte wurde am 21. Juni 1919 im britischen Seestützpunkt Scapa Flow, wohin sie nach dem Waffenstillstand geleitet worden war, von ihren Mannschaften versenkt[33]. Zur Begründung der einseitigen Entwaffnung Deutschlands sagte der Text des Vertrages (Einl. V. Teil), daß sie der »Anfang einer allgemeinen Beschränkung der Rüstungen aller Nationen« sein solle.

Insgesamt darf man von dem Friedensvertrag wohl feststellen, daß, je nachdem wie man ihn ansah, er entweder zu hart oder zu milde war. Zu hart: denn Deutschland konnte nicht anders, als vom ersten Augenblick an zu versuchen, ihn abzuschütteln; zu milde: denn der Eingriff in die deutsche Substanz war nicht tief genug, um Deutschland die Hoffnung und die Möglichkeit zu nehmen, den Vertrag revidieren zu können – sich ihm zu entwinden oder ihn zu zerreißen.

Vergleicht man die Friedensregelung, wie sie aus der Pariser Konferenz hervorging und in den sogenannten Vorortverträgen von Versailles (28. Juni 1919 Deutschland), St. Germain (10. September 1919 Österreich), Trianon (4. Juni 1920 Ungarn), Neuilly (27. November 1919 Bulgarien) und schließlich Sèvres (10. August 1920 Türkei) ihren Niederschlag fand, mit den großen europäischen Friedensverträgen des 19. Jahrhunderts, so halten die Hauptfiguren der Pariser Friedenskonferenz den Vergleich mit Metternich, Castlereagh oder Bismarck nicht aus. Die Regelung der europäischen Verhältnisse, wie sie 1815 aus dem Wiener Kongreß und 1866 und 1871 aus den Friedensschlüssen von Prag und Frankfurt hervorgingen, dienten der Wiederherstellung und Fortführung des europäischen Staatensystems und schenkten Europa eine lange Friedenszeit. Die europäische Ordnung, wie sie 1919 geschaffen wurde, trug den Keim neuer Kriege in sich. Allerdings wird man bedenken müssen, daß die Staatsmänner der Alliierten nach diesem ersten totalen Kriege in ihren Entschlüssen nicht so frei waren wie ihre größeren Vorgänger. Der Krieg hatte die Massenleidenschaften entfesselt, ungezügelte Hoffnungen erweckt und wilden Haß entfacht. Es war schwer denkbar, daß ein solcher Krieg, der die Massen aufgerührt und sich aus ihren elementaren Tiefen genährt hatte, durch einen Frieden abgeschlossen werden konnte, der das Zeichen kühl abwägender Staatsvernunft trug. Es kam Deutschland hingegen zugute, daß durch die widerstreitenden Interessen seiner Gegner die Härte mancher Forderung gemildert wurde. Und es darf auch nicht übersehen werden, daß ideelle Momente in den Vertrag mit hineinverwoben sind. In einigen Fällen wurde das Selbstbestimmungsrecht auch den Deutschen zuerkannt. In Nordschleswig, Allenstein, Marienwerder und dann auch in Oberschlesien wurden Volksabstimmungen durchgeführt. Der Gedanke des Völkerbundes schließlich, so unvollkommen und fragwürdig auch seine Realisierung in der Form von 1919 als Teil der Friedensverträge war, als übernationale Ordnungsidee wies er über das zu Ende gehende Zeitalter des europäischen Staatensystems hinaus.

Der ernsteste Vorwurf gegen die Friedensverträge betrifft die Balkanisierung Osteuropas. Churchill hat dieser Kritik das Gewicht seines Namens gegeben. Er bezeichnete neben den Reparationen die Auflösung Österreich-Ungarns als die Tragödie Europas: »Es gibt keine einzige Völkerschaft oder Provinz des Habsburgischen Reiches, der das Erlangen der Unabhängigkeit nicht die Qualen gebracht hätte, wie sie von den alten Dichtern und Theologen für die Verdammten der Hölle vorgesehen sind.« Aber was hätte man tun können? So fragt Gerhard Ritter: »Hat man je einen konkreten Vorschlag gehört, in welcher Form der alte Vielvölkerstaat der Habsburger an der Donau nach seinem totalen Zusammenbruch hätte wiederhergestellt werden können?« Und weiter: »War das Ergebnis der großen Mächteverschiebung für Deutschlands Zukunft eigentlich so unbedingt ungünstig?« Bei Churchill liest man: »Die Balkanisierung Südosteuropas schritt rasch fort, wobei gleichzeitig die relative Macht Preußens und des Deutschen Reiches zunahm, das unversehrt und seinen einzelnen Nachbarn überlegen war, wenn auch erschöpft und von Kriegsspuren durchzogen.« Von den politischen Möglichkeiten, die sich hier für eine deutsche Außenpolitik öffneten, sagt Ritter: »Das neugeschaffene Zwischeneuropa schob sich zwischen uns und Rußland. Der russische Koloß, dessen Nachbarschaft seit dem 18. Jahrhundert alles deutsche Leben überschattet hatte (so wie die türkische Gefahr im 16. und 17. Jahrhundert), war ein großes Stück weiter nach Asien abgeschoben; überdies war Rußland geschlagen und für längere Zeit mit innerpolitischen Nöten belastet, die es hinderten, seine alten imperialistischen Machtziele zu verfolgen. Damit war aber zum erstenmal seit dem Spätmittelalter das deutsche politische Leben befreit von dem Doppeldruck einer Gefährdung von zwei Fronten, vom Osten und vom Westen her zugleich. Auf lange Sicht gesehen waren die neuen zwischeneuropäischen Mittel- und Kleinstaaten einfach genötigt, ihren wirtschaftlichen und politischen Rückhalt gegen das bolschewistische Rußland bei uns zu suchen statt bei dem viel zu weit entfernten Frankreich. Durch uns zuerst waren sie mit dem System der westlichen Zivilisation und Demokratie verbunden. Für eine kluge, besonnene und geduldige deutsche Politik, die für unseren Staat nichts anderes erstrebte, als ihn zur friedenssichernden Mitte Europas zu machen, eröffneten sich – auf lange Sicht gesehen – die besten Chancen. Daß wir sie verfehlt haben und in maßloser Ungeduld, in blindem Haß gegen das sogenannte Versailler System uns einem gewalttätigen Abenteurer in die Arme stürzten, ist das größte Unglück und der verhängnisvollste Fehltritt unserer neueren Geschichte.«[34]

DW 394/995–1084 u. 395/134–175.

Vertragstexte: Th. NIEMEYER/K. STRUPP, Jb. d. Völkerrechts 8; Der Vertrag v. Versailles, hg. v. Ausw. Amt (frz., engl., dt. ²1924). W. SCHÜCKING, Kommentar zum Friedensvertrag (8 Bde. 1920).

Bibliographie: M. GUNZENHÄUSER, Die Pariser Friedenskonferenz 1919 u. die Friedensverträge 1919–1920 (1970).

Aufzeichnungen, Erinnerungen, Dokumente: Wichtigste Quelle für den inneren Gang der Konferenz sind die Dolmetscheraufzeichnungen von P. MANTOUX, Les délibérations du Conseil des Quatre, 24 mars – 28 juin 1919 (2 Bde. 1955); über einen Teil dieser Beratungen gibt es offizielle Protokolle von dem Sekretär d. brit. Delegation Lord Hankey, veröffentlicht in: Papers Relating to the Foreign Relations of the United States: The Paris Peace Conference, 1919 (13 Bde. 1942/47); die brit. Dokumente setzen erst mit Friedensschluß am 28. Juni 1919 ein. Umfangreiche private Dokumentensammlung von dem amerik. Konferenzteilnehmer D. H. MILLER, My Diary at the Conference of Paris (21 Bde. New York 1924/26), nur in 40 Exemplaren vorhanden. Die offiziellen Konferenzdokumente auch in H. W. V. TEMPERLEY, A History of the Peace Conference of Paris (6 Bde. London 1921/24, Oxford ²1969); vom Generalsekretär d. Konferenz u. ihrem Organisator in technischer Hinsicht Lord HANKEY, The Supreme Control of the Paris Peace Conference 1919 (London 1963), unentbehrlich als Darstellung des Gesamtablaufs; F. BERBER, Das Diktat von Versailles (2 Bde. 1939), bringt neben Vertragstext dipl. Noten, Reden, Bibliographie u. Überblick über das Schicksal der einzelnen Vertragsbestimmungen. – Für die einzelnen Konferenzparteien: R. St. BAKER, Woodrow Wilson and the World Settlement (3 Bde. 1922, dt. Titel: W. Wilson, Memoiren u. Dokumente über den Vertrag v. Versailles, 3 Bde. 1923), nach den Aufzeichnungen des Präsidenten verfaßt; Reden u. Botschaften in: W. WILSON, War and Peace 1917–24 (2 Bde. 1927); Col. HOUSE, Intimate Papers DW 394/411; E. M. HOUSE / Ch. SEYMOUR u.a., What really happened at Paris. The Story of the Peace Conference 1918/19, by American Delegates (1921); kritisch gegenüber dem Präsidenten der amerik. Staatssekretär R. LANSING, The Peace Negotiations. A Personal Narrative (1921); ders., War Memoirs (1935); Treaty of Peace with Germany. Hearings before the Committee on Foreign Relations United States Senate (1919). – D. LLOYD GEORGE, The Truth about the Peace Treaties (2 Bde. 1938); W. CHURCHILL, The World Crisis, 4: The Aftermath (1929); G. A. Lord RIDDELL, Intimate Diary of the Peace Conference and after (1933); J. HEADLAM-MORLEY, A Memoir of the Paris Peace Conference (London 1972). – G. CLEMENCEAU, Grandeurs et Misères d'une Victoire (1930, dt. 1930); A. TARDIEU, La Paix (1920), engster Mitarbeiter Clemenceaus; L. BARTHOU, La Paix (1919), Vorsitzender d. Friedensausschusses d. Kammer. – L. ALDOVRANDI-MARESCOTTI, Guerra diplomatica. Ricordi e frammenti di diario (1937, dt. 1940), Mitarbeiter des ital. Außenministers Sonnino; F. NITTI, La désagrégation de l'Europe (1938), Nachfolger Orlandos, Vorkämpfer der Revision in vielen Schriften; A. SALANDRA, I retroscena di Versailles, hg. v. G. B.GIFUNI (Mailand 1971), Tagebuch d. ital. Vertreters über die Friedenskonferenz.

Darstellungen: Neben Temperley guter Überblick, wenn auch hinsichtlich der Beurteilung Wilsons aufgrund von Mantoux überholt, W. ZIEGLER, Versailles, die Gesch. eines mißglückten Friedens (⁴1933); H. NICOLSON, Peacemaking 1919 (1933, dt. 1933); A. J. MAYER, Political Origins of the New Diplomacy 1917–1918 (New Haven 1959); ders., Politics and Diplomacy of Peacemaking. Containment and Counterrevolution at Versailles 1918–1919 (London 1968), neuer Forschungsansatz: Mayer stellt die Frage nach dem Verhältnis Wilsons u. der Friedenskonferenz zu der innenpolit. Entwicklung d. betroffenen Länder bes. im Hinblick auf Bolschewismus u. Antibolschewismus; K. SCHWABE, Dt. Revolution u. Wilson-Friede. Die amerik.-dt. Friedensstrategie zwischen Ideologie u. Machtpolitik (1971); H. RÖSSLER (Hg.), Ideologie u. Machtpolitik 1919. Plan u. Werk d. Pariser Friedenskonferenz 1919 (1966); ders., Das Friedenswerk von 1919 im Wandel d. Weltpolitik bis 1924 (1968); K. BOSL (Hg.), Versailles–St.Germain–Trianon. Umbruch in Europa vor 50 Jahren (1971). Zur dt. Delegation s. Lit. Kap. 6.

[1] Zur Beurteilung Wilsons u. seines Konflikts mit dem Senat Th. A. BAILEY, Woodrow Wilson and the Lost Peace (Chicago 1963); ders., W. Wilson and the Great Betrayal (1963); K. PRÜFER, W. Wilsons Völkerbundspolitik auf der Pariser Friedenskonferenz 1919 (Diss. Ms. Berlin 1952). Über den neuen Rechtsschutz für Minderheiten wegen des nicht absolut durchführbaren Prinzips des Nationalstaats E. VIERHAUS, Die Minder-

heitenfrage u. die Entstehung der Minderheitenschutzverträge auf der Pariser Friedenskonferenz 1919 (1960); ders., Nationale Autonomie u. parlamentar. Demokratie. Zur Minderheitenproblematik in Ostmitteleuropa nach 1919, Schieder-Festschr. (1968).
[2] H. HIRSCH, Die Saar in Versailles (1952); ders., Die Saar von Genf (1954).
[3] A. HOHLFELD, Die besiegten Sie-

ger. Marschall Foch u. Winston Churchill im Kampf gegen den Bolschewismus 1918/19 (1943); K. DEDERKE, Die Politik der Vereinigten Staaten gegenüber Rußland 1917–1919 (Diss. Ms. Berlin 1953); G. F. KENNAN, Russia and the West under Lenin and Stalin (London 1961), s. Bd. 18, Kap. 23, Anm. 4; B. E. STEIN, Die russ. Frage auf der Pariser Friedenskonferenz (a. d. Russ. 1953); J. M. THOMPSON, Russia, Bolshewism, and the Versailles Peace (Princeton 1966).

⁴ G. BEYERHAUS, Die Europapolitik des Marschalls Foch (1942).

⁵ Zuerst von Außenminister Pichon in der Kammer gebraucht 29. März 1919, vgl. E. BIRKE, Die franz. Osteuropapolitik 1914–18, Zs. f. Ostforsch. 3 (1954), S. 121.

⁶ Lloyd George schließt seine berühmte Denkschrift v. Fontainebleau 25. Febr. 1919 mit den Worten: »If we are wise, we shall offer to Germany a peace, which, while just, will be preferable for all sensible men to the alternative of Bolshevism«, Text Lloyd George, Truth, Bd. 1, S. 404 ff.

⁷ J. M. YEPES, Philosophie du Panaméricanisme et Organisation de la Paix (Neuchâtel 1945).

⁸ Zur Entstehung der Koloniallüge, daß die Verwaltung überseeischer Gebiete durch Dtld. dessen Unfähigkeit u. Unwürdigkeit erwiesen habe, P. E. SCHRAMM, Dtld. u. Übersee (1950), S. 451 f. u. 599 f. – H. ROTH, Das Kontrollsystem d. Völkerbundsmandate (1930); N. MACAULAY, Mandates. Reasons, Results, Remedies (1937).

⁹ D. H. MILLER, The Drafting of the Covenant (2 Bde. 1928); F. P. WALTERS, A History of the League of Nations (2 Bde. 1952); W. SCHÜCKING/H. WEHBERG, Die Satzung des Völkerbunds (2 Bde. ³1931). Als Inspirator des Völkerbundes ist neben Wilson vor allem zu nennen der südafrikanische Staatsmann Gen. SMUTS, The League of Nations: A Practical Suggestion (1918).

¹⁰ Doc. on Brit. For. Pol. 1. Serie, Bd. 2, No. 56.

¹¹ A. BRACKMANN (Hg.), Dtld. u. Polen (1933), darin: F. HARTUNG, Dtld. u. Polen während des Weltkrieges; ebd. H. ROTHFELS, Das Problem des Nationalismus im Osten; L. L. GERSON, W. Wilson u. die Wiedergeburt Polens 1914–20. Eine Untersuchung des Einflusses der Minderheiten ausländ. Herkunft auf die amerik. Außenpolitik (1953, dt. 1956), kritisch gegenüber Wilson, dessen ursprünglich abschätzige Haltung gegenüber den poln. Einwanderern sich erst geändert habe, als er, wie vor allem auch Oberst House, unter den Einfluß des Pianisten Paderewski geriet; Standardwerk von dem langjähr. Vertreter Polens beim Völkerbund: T. KOMARNICKI, Rebirth of the Polish Republic (London 1957); C. SMOGORZEWSKI, La Pologne restaurée (1927); ders., L'union sacrée polonaise 1918–1919 (1929); ders., Abrégé d'une bibliographie relative aux relations germanopolonaises (1933). Wichtig für die osteurop. Regelungen: E. HOELZLE, Der Osten im ersten Weltkrieg (1944). Über die poln. Grenzregelungen s. H. ROOS in W. MARKERT (Hg.), Osteuropa-Hdb., zahlreiche Karten, Bibliographie.

¹² G. RHODE, Die Entstehung d. Curzon-Linie, Osteuropa 5 (1955).

¹³ P. S. WANDYCZ, Soviet-Polish Relations 1917–1921 (Cambridge Mass. 1969); J. PILSUDSKI, Erinnerungen u. Dokumente (4 Bde. 1935/36); W. F. REDDAWAY, Marshal Pilsudski (London 1939); M. K. DZIEWANOWSKI, Joseph Pilsudski. A European Federalist 1918–1922 (Stanford 1970).

¹⁴ G. KÖNIGK, Der Kampf um die deutsche Ostgrenze i. J. 1919 (Diss. Ms. Freiburg 1952).

¹⁵ W. HUBATSCH, Das Memelland u. das Problem der Minderheiten, in: E. HÖLZLE u. a., Die dt. Ostgebiete (s. Allgem. Bibl. z. Weim. Rep., unter *Darstellungen*); E. A. PLIEG, Das Memelland 1920–1939 (1962).

[16] W. RECKE, Das internat. Statut der Freien Stadt Danzig. Eine Untersuchung über die Entstehung u. Wirksamkeit des internat. Regimes (1952); H. JABLONOWSKI, Die Danziger Frage, in: E. HÖLZLE u.a., Die deutschen Ostgebiete; Ch. M. KIMMICH, The Free City. Danzig and German Foreign Policy 1919–1934 (New Haven 1968).

[17] H. G. MARZIAN (Hg.), Selbstbestimmung für Ostdtld. Eine Dokumentation z. 50. Jahrestag der ost- u. westpreuß. Volksabstimmung am 11. Juli 1920 (1970). Für die Nachkriegsabstimmungen allgemein S. WAMBAUGH, Plebiscites since the World War (2 Bde. 1933).

[18] E. BIRKE, Das interalliierte Ringen um das Zugeständnis einer oberschlesischen Volksabstimmung, Vierteljahresschrift ›Schlesien‹ (1961); F. G. CAMPBELL, The Struggle for Upper Silesia 1919–1922, Journal of Mod. Hist. 42 (1970); G. MEINHARDT, Oberschlesien 1918/19. Die Maßnahmen d. Reichsreg. zur Sicherung Oberschlesiens, in: Jb. Schles. Fr.-Wilh.-Univ. Breslau 16 (1971); Gisela BERTRAM-LIBAL, Die brit. Politik i. der Oberschlesienfrage, VfZG 20 (1972). Aus dem Abstimmungsergebnis zogen England u. Italien den Schluß, daß das Industriegebiet an Dtld., Frankreich, daß es an Polen fallen solle; Benesch riet zur Teilung. Der entsprechende Beschluß des Völkerbundes wurde in der dt. Lit. einmütig abgelehnt. Gegenargumente in dem Werk des ehemaligen brit. zweiten Generalsekretärs des VB, F. P. WALTERS, A History of the League of Nations (2 Bde. 1952).

[19] K. GLASER, Die Tschechoslowakei. Polit. Gesch. eines neuzeitl. Nationalitätenstaates (a. d. Amerik. 1964); H. PREIDEL (Hg.), Die Deutschen in Böhmen u. Mähren (1950), aus der Sicht der um Verständigung bemühten vertriebenen Sudetendeutschen; K. RABL, St.-Germain u. das sudetendeutsche Selbstbestimmungsrecht, in: Das östl. Dtld. Ein Handbuch, hg. v. Göttinger Arbeitskreis (1959); E. K. JAHN, Die Deutschen in der Slowakei in den Jahren 1918–1929 (1971); H. SLAPNIKA, Die Gesch. d. Tschechoslowakei in neuer Sicht. Tschech. u. slow. Schrifttum seit 1948 zur Zeitgesch., VfZG 4 (1956); K. BOSL (Hg.), Aktuelle Forschungsprobleme über die erste Tschechoslow. Republik (1969). Vgl. Bd. 18, Kap. 23, Anm. 5.

[20] Über die Grenzfragen Österreichs W. GOLDINGER in: H. BENEDIKT (Hg.), Gesch. d. Republik Österreich (1954).

[21] J. MATL, Die Entstehung des jugoslawischen Staates, in: Südslaw. Studien (1965).

[22] K. H. RITSCHEL, Diplomatie um Südtirol. Polit. Hintergründe eines europ. Versagens (1966); M. TOSCANO, Storia diplomatica della questione dell'Alto Adige (Bari 1968); D. J. RUSINOW, Italy's Austrian Heritage 1919–1946 (Oxford 1969); A. E. ALCOCK, The History of the South Tirol Question (London 1970).

[23] H. SCHROTH, Karl Renner. Eine Bibliographie (1970), s. Allgem. Bibl. z. Weim. Rep., unter Österreich.

[24] E. A. ZUDERELL, Die Anschlußbewegung Vorarlbergs an die Schweiz 1918–21 (Diss. Ms. Innsbruck 1946); O. ENDER, Vorarlbergs Schweizer Anschlußbewegung von 1918–24 (1952).

[25] Beschreibende Bibliogr.: G. REISMÜLLER/J. HOFMANN, Zehn Jahre Rheinlandbesetz. (1928); W. VOGELS, Die Verträge über Besetzung u. Räumung des Rheinlandes u. die Ordonnanzen der interalliierten Rheinlandkommission in Koblenz (1925); E. FRAENKEL, Military Occupation and the Rule of Law. Occupation Government in the Rhineland 1918–1923 (1944).

[26] H. DOEPGEN, Die Abtretung des Gebietes von Eupen-Malmédy an Belgien i. J. 1920 (1966).

[27] K. D. ERDMANN, Die Frage des

14. März 1920 – Rede in Flensburg zur 50. Wiederkehr des Abstimmungstages, GWU 21 (1970); G. VAAGT, Die Volksabstimmungen im Landesteil Schleswig, in: ›1920–1970‹. Erinnerungsschrift (1970); H. D. LEHMANN, »Der dt. Ausschuß« u. die Abstimmung in Schleswig 1920 (1969); G. CALLESEN, Die Schleswig-Frage in den Beziehungen zwischen dän. u. dt. Sozialdemokratie 1912–1924 (1970); K. ALNOR, Hdb. d. schleswigschen Frage, Bd. 3: Die Teilung Schleswigs (1932); F. v. JESSEN, Haandbog i det nordslesvigske Spørgsmaals Historie 1900–1937 (3 Bde. 1938).

[28] Grundlegend als Kritik an den wirtschaftl. Bestimmungen des Friedensvertrages die aufsehenerregende Schrift des Nationalökonomen u. Sachverständigen in der brit. Delegation J. M. KEYNES, Die wirtschaftl. Folgen des Friedensvertrages (a. d. Engl. 1920); ders., Revision des Friedensvertrages (a. d. Engl. 1922); die Gegenargumente bei E. MANTOUX, La paix calomniée ou les conséquences économiques de M. Keynes (1946); die Auffassung Keynes' bestätigend E. WUEST, Der Vertrag von Versailles in Licht u. Schatten der Kritik (Zürich 1962); H. G. NAUMANN, Über die wirtschaftl. Auswirkungen des Versailler Vertrages, GWU 21 (1970).

[29] DW 394/108 u. 395/189 ff.; H. HOLBORN, Kriegsschuld u. Reparationen auf der Pariser Friedenskonferenz von 1919 (1932); Überblick über das Reparationsproblem von den verschiedenen Standorten aus: K. BERGMANN, Der Weg der Reparationen (1926); H. RONDE, Von Versailles bis Lausanne. Der Verlauf der Reparationsverhandlungen nach dem 1. Weltkrieg (1950). P. KRÜGER, Deutschland u. d. Reparationen 1918/19 (1972); D. LLOYD GEORGE, Die Wahrheit über Reparationen und Kriegsschulden (a. d. Engl. 1932); E. WEILL-RAYNAL, Les réparations allemandes et la France (3 Bde. 1947); P. M. BURNETT, Reparation at the Peace Conference from the Standpoint of the American Delegation (2 Bde. 1940); D. B. GESCHER, Die Vereinigten Staaten von Nordamerika u. die Reparationen 1920–1924 (1956); E. WANDEL, Die Bedeutung der Vereinigten Staaten von Amerika für das dt. Reparationsproblem 1924–1929 (1971); W. LINK, Die amerikan. Stabilisierungspolitik in Dtld. 1921–1932 (1970).

[30] J. C. SMUTS, Selections from the Smuts Papers, hg. v. W. K. HANCOCK/J. van der POEL, bisher 4 Bde. (1966); W. K HANCOCK, Smuts (2 Bde. 1962/68); G. CURRY, W. Wilson, J. Smuts and the Versailles Settlement, AHR 66 (1961).

[31] Vgl. Lit. zu Bd. 18, Kap. 8.

[32] Der dt. Friedensdelegation war Seeckt als militär. Kommissar zugeteilt. Über seine Versuche, ein 200000-Mann-Heer durchzusetzen, A. L. SMITH, Le désarmement de l'Allemagne en 1919: Les vues du Général von Seeckt, Revue Historique 228 (1962).

[33] L. v. REUTER, Scapa Flow. Das Grab der dt. Flotte (⁶1932), von dem befehlführenden Admiral; F. RUGE, Scapa Flow 1919 (1969).

[34] W. CHURCHILL, Der zweite Weltkrieg, Bd. 1, S. 24; G. RITTER, Der Versailler Vertrag von 1919, in: Festschr. des ev. Stiftsgymnasiums Gütersloh (1951); H. ROTHFELS, Fünfzig Jahre danach, Der Monat 21 (1969). – P. RENOUVIN, Le traité de Versailles (1969); P. MIQUEL, La Paix de Versailles et l'opinion publique française (1971); die Hauptthese des Buches in ders., Versailles im politischen Meinungsstreit Frankreichs 1919–1926, VfZG 20 (1972), Kritik am Vertrag von den franz. Sozialisten u. von einer nationalistischen Opposition: weil er neue Konflikte in sich berge bzw. weil die franz. Forderung nach Sicherheit und Entschädigung nicht genügend berücksichtigt worden sei.

Die deutsche Delegation zur Friedenskonferenz stand unter der
Führung des Grafen Brockdorff-Rantzau[1]. Die Richtlinien für
die deutschen Friedensunterhändler[2], von der Reichsregierung
am 21. April 1919 beschlossen, gingen von dem Wilson-Pro-
gramm aus, an das nach ihrer Überzeugung sowohl Deutschland als auch seine Gegner gebunden waren. Gebietsabtretungen sollten demnach nur auf Grund von Volksabstimmungen
möglich sein. Sie wurden ins Auge gefaßt für Elsaß-Lothringen,
für Posen östlich der Demarkationslinie und für Nordschleswig. Reparationen sollten auf den tatsächlichen Wiederaufbau
der zerstörten Gebiete beschränkt bleiben. Wirtschaftliche
Gleichberechtigung, Recht auf Kolonien und gleichmäßige Abrüstung ergänzten den Katalog deutscher Wunschvorstellun-
gen, die durch die auf der Friedenskonferenz inzwischen getroffenen Abmachungen zwischen den Alliierten ohne Chance waren. Ihrer prinzipiellen Bedeutung wegen seien jedoch die in
den deutschen Richtlinien formulierten Vorstellungen über die
Schuldfrage und den Völkerbund herausgehoben: Deutschland
plädierte für eine neutrale Untersuchungskommission, da niemand Ankläger und Richter zugleich sein könne. Für künftige
zwischenstaatliche Streitfälle schlug Deutschland vor, im Rahmen des Völkerbundes im Unterschied zu dem schließlich vorliegenden alliierten Entwurf eine Schiedsgerichtsbarkeit obliga-
torisch einzuführen mit Zwangsexekution des Urteils durch alle
Bundesmitglieder im Notfall. In dem deutschen Entwurf heißt
es: »Der Völkerbund soll durch obligatorische Schlichtung internationaler Streitigkeiten unter Verzicht auf Waffengewalt
den dauernden Frieden zwischen seinen Mitgliedern auf die sitt-
liche Macht des Rechts gründen.«[3] Die hier geforderte Beschränkung der einzelstaatlichen Souveränität zugunsten einer
überstaatlichen Organisation widersprach jedoch dem Völkerbundkonzept Wilsons. Dieser sah im Völkerbund eher ein
Forum zur Entwicklung einer offenen »neuen Diplomatie« und
einer den Frieden erhaltenden öffentlichen Weltmeinung. Clemenceau lehnte als Präsident der Friedenskonferenz den deutschen Entwurf ab. Weder wurde der Gedanke der obligatori-
schen Schiedsgerichtsbarkeit übernommen noch sollte Deutschland schon jetzt einen Platz im Bund erhalten. Das hatte man in
Berlin nicht anders erwartet. Der Völkerrechtler Professor

Schücking, der in mehreren Veröffentlichungen einen konsequenten Völkerbundgedanken entwickelt und im Auftrage der Reichsregierung den offiziellen deutschen Entwurf verfaßt hatte, erklärte in der Kabinettssitzung vom 22. April 1919, daß man zwar nach Lage der Dinge nicht auf eine detaillierte Verhandlung über den deutschen Entwurf rechnen dürfe, »er solle aber ein pronunciamento sein für Freiheit, Gleichheit und Brüderlichkeit unter den Völkern«[4].

Die deutsche Friedensdelegation sah sich, wie befürchtet, vollendeten Tatsachen gegenübergestellt. Ohne daß sie an den Verhandlungen beteiligt wurde[5], überreichten ihr die Sieger am 7. Mai 1919 in Versailles das fertige Vertragswerk. Brockdorff-Rantzau wies die Kriegsschuldthese zurück, geißelte die Fortsetzung der Blockade und verlangte die Respektierung des Vorfriedensvertrages. Eine mündliche Verhandlung über den Text wurde von den Siegern nicht zugelassen. Den Deutschen wurde anheimgestellt, innerhalb von 14 Tagen ihre Bemerkungen schriftlich einzureichen[6]. Ihre Einwände hatten Erfolg in der Frage Oberschlesiens. Hier wurde statt der vorgesehenen Abtretung eine Volksabstimmung zugestanden. Am 16. Juni schließlich überreichte man den Deutschen endgültig den Text der Vertrages als Ultimatum mit einer auf fünf, dann auf sieben Tage festgesetzten Frist.

Alle Parteien lehnten den Vertrag leidenschaftlich ab. Scheidemann erklärte am 12. Mai vor der in der Berliner Universitäsaula unter dem Bilde Fichtes tagenden Nationalversammlung, daß die Hand verdorren müsse, die ihn unterzeichne. Gegen die Unterzeichnung sprachen gewichtige Gründe. Konnte ein Vertrag Bestand haben, den so einmütig ein ganzes Volk als Vergewaltigung empfand? War es moralisch vertretbar, Verpflichtungen zu übernehmen, von denen man überzeugt war, daß sie nicht erfüllt werden konnten?[7]. Handelte man nicht gegen Ehre und Gewissen, wenn man die für falsch gehaltene einseitige Kriegsschuldthese durch eine deutsche Unterschrift beglaubigte? Den ausschlaggebenden Gegengrund vertrat im Kabinett vor allem Erzberger[8]. Er plädierte für die Annahme, weil die Verweigerung der Unterschrift den Einmarsch der feindlichen Heere in das innere Reichsgebiet nach sich ziehen werde. Die Einheit Deutschlands, die mit der Errichtung der vorläufigen Zentralgewalt durch die Niederlage hindurch gerettet war, stand auf dem Spiel. Schon wurde am 1. Juni in Mainz und Wiesbaden die Bildung einer Rheinischen Republik angekün-

digt. Die Franzosen warteten darauf, mit Hilfe der Separatistenbewegung unter dem früheren Staatsanwalt Hans Adam Dorten
ihre Ziele am Rhein zu erreichen[9]. Ein militärischer Widerstand
aber war im Falle der Nichtunterzeichnung, wie Hindenburg,
von Groener beraten, als oberste militärische Autorität erklärte,
aussichtslos, wenn er auch für sich selbst »als Soldat den ehren-
vollen Untergang einem schmählichen Frieden vorziehen«
wollte[10].

Ein Riß ging durch die Regierung und die Fraktionen der
Regierungsparteien hindurch. Am 20. Juni trat das Kabinett
Scheidemann zurück. Neben ihm schieden Brockdorff-Rantzau
und der Sozialdemokrat Landsberg sowie die Demokraten Got-
hein, Preuß und Dernburg aus der Regierung aus. Am 21. Juni
bildete Gustav Bauer auf der gleichen parlamentarischen Basis
ein neues Kabinett mit dem Sozialdemokraten Hermann Müller
als Außenminister und Erzberger als Finanzminister. Noch versuchten Regierung und Reichstag, wenigstens die Kriegsschuldthese und die im Vertrag verlangte Auslieferung der deutschen
Heerführer auszuklammern (Artikel 231 und 227-30). Unter
diesem Vorbehalt wurde am 22. Juni die Regierung von der
Nationalversammlung mit 237 zu 138 Stimmen zur Unterzeichnung ermächtigt. Die Unabhängigen und die Mehrheit der Sozialdemokraten und des Zentrums und einige Abgeordnete der
Demokraten stimmten dafür, die Rechtsparteien dagegen. Der
deutsche Vorbehalt wurde von Clemenceau jedoch scharf zurückgewiesen. Die Sieger verlangten bedingungslose Unterwer-
fung. Die Volkspartei und die Deutschnationalen wünschten
aber nicht eigentlich, die Unterzeichnung zu verhindern. Nach
Meinung Seeckts leisteten es sich viele Abgeordnete gegen die
Unterzeichnung zu stimmen, weil sie wußten, daß der Vertrag
auch gegen sie angenommen würde; alle Versuche, noch Vorbehalte, Bedingungen, Proteste anzumelden, seien Spiegelfechterei
gewesen[11]. In einer wenige Stunden vor Ablauf des Ultimatums
erneut einberufenen Sitzung der Nationalversammlung gaben
Vertreter der Demokraten, der Deutschen Volkspartei und der
Deutschnationalen Erklärungen ab, durch die sie denen, die für
die Unterzeichnung stimmen würden, die Ehrenhaftigkeit der
Motive zubilligten. Nun wurde die Regierung ermächtigt, ohne
Vorbehalte zu unterzeichnen. Außenminister Hermann Müller
und Verkehrsminister Bell (Zentrum) unternahmen den schweren Gang. Am 28. Juni setzten sie im Spiegelsaal von Versailles,
an dem Orte, wo 1871 das Deutsche Reich proklamiert worden

war, neben den Vertretern der 27 Alliierten und Assoziierten Mächte ihre Unterschrift unter den Vertrag.

Am gleichen Tage wurden die Beistandsverträge zwischen Frankreich und England und Frankreich und Amerika unterzeichnet. Es ist für das Verständnis der späteren Entwicklung des deutsch-französischen Verhältnisses von entscheidender Bedeutung, sich klarzumachen, daß der Vertrag mit Deutschland und die Verträge mit England und Amerika eine Einheit bilden. In diesen Verträgen mit seinen Kriegsverbündeten suchte Frankreich die zusätzliche Sicherheit zu finden, die ihm der Vertrag mit Deutschland nicht zu bieten schien, nachdem ihm durch seine Alliierten die ständige militärische Rheingrenze verweigert worden war. Rußland war als militärischer Partner ausgefallen, die deutsche Einheit war erhalten geblieben, das Ruhrgebiet war in deutscher Hand, Deutschland blieb zahlenmäßig und mit seinem Industriepotential Frankreich überlegen, und schließlich war die Rheinlandbesetzung zeitlich befristet. Diesen von Frankreich als Unsicherheitsfaktoren empfundenen Gegebenheiten trug die Präambel der Verträge mit England und den USA Rechnung, wenn es hieß, daß »die Gefahr besteht, daß die Bestimmungen hinsichtlich des linken Rheinufers in dem am heutigen Tage zu Versailles unterzeichneten Friedensvertrag der französischen Republik nicht unmittelbar genügende Sicherheit und geeigneten Schutz gewährleisten«. Der Vertrag wurde vom englischen Parlament gebilligt, vom amerikanischen Senat jedoch verworfen. Nun waren aber die Verträge mit England und Amerika derart aneinander gekoppelt, daß sie nur gemeinsam in Kraft treten sollten. Durch die Weigerung der USA wurde auch die britische Beistandsverpflichtung hinfällig. Damit war für Frankreich das vielleicht wichtigste Stück aus dem System von Versailles herausgebrochen. Frankreich suchte nunmehr nach anderen Möglichkeiten, sein Bedürfnis nach Sicherheit zu befriedigen.

Wie den Beistandspakt mit Frankreich, so verwarf der amerikanische Senat auch das ganze System der Vorortverträge einschließlich Völkerbund. Das amerikanische Volk strebte zurück zur traditionellen Politik der Distanz von nichtamerikanischen Angelegenheiten. Unter der republikanischen Regierung des Präsidenten Harding wurden später Sonderfriedensverträge mit Österreich, Ungarn und Deutschland (25. August 1921) abgeschlossen. In diesen Friedensverträgen ist weder vom Völkerbund noch von der Kriegsschuld die Rede, aber der Reparationsanspruch für die von der Zivilbevölkerung erlittenen Schäden blieb aufrechterhalten[12].

Allgemeine Lit. wie zu Kap. 5. Materialien betr. die Friedensverhandlungen, hg. v. Ausw. Amt (3 Teile = 12 Bde., 2 Beih. 1919/20); A. LUCKAU, The German Delegation at the Paris Peace Conference (New York 1941); F. DICKMANN, Die Kriegsschuldfrage auf der Friedenskonferenz von Paris 1919, HZ 197 (1963), über die Erörterung der Kriegsschuldfrage in Dtld. u. die Haltung der dt. Friedensdelegation.

[1] S. Allgem. Bibl. z. Weim. Rep., unter *Diplomaten*.

[2] Akten d. RK: Das Kabinett Scheidemann, hg. v. H. SCHULZE (1971), Nr. 49. Zeugnis der dt. Vorstellungen über einen akzeptablen Frieden ist auch der Bericht amerik. Offiziere aufgrund dt. vertraulicher Mitteilungen bei F. T. EPSTEIN, Zwischen Compiègne u. Versailles, VfZG 3 (1955), Nr. 4.

[3] Text des Entwurfes in: Materialien betr. Friedensverhandlungen, 2. Beiheft.

[4] Akten d. RK: Kabinett Scheidemann, Nr. 50; ferner W. SCHÜCKING, Organisation d. Welt (1909); ders., Der Dauerfrieden (1917); ders., Der Weltfriedensbund (1917); ders., Internationale Rechtsgarantien (1918); ders., Die völkerrechtl. Lehre d. Weltkrieges (1918); vgl. hierzu E. FRAENKEL, Idee u. Realität d. Völkerbundes im dt. polit. Denken. Zu Erzberger u. Brockdorff-Rantzau vgl. Kap. 3, Anm. 12 u. 13.

[5] Über Kontakt mit amerik. milit. Stellen neben F. T. EPSTEIN, Zwischen Compiègne u. Versailles, VfZG 3 (1955), auch Akten d. RK: Kabinett Scheidemann, Nr. 8, 26, 27, 38, 41, 73, 103, 109.

[6] Die dt. Gegenvorschläge zu den Friedensbedingungen, Materialien Teil III (1919).

[7] Dr. Melchior, der dt. Beauftragte bei den beginnenden Reparationsverhandlungen in Spa, zu Keynes, nachdem dieser ihm die ersten Kapitel seines Buches vorgelesen hatte: »Deutschland war fast so schuldig, anzunehmen, was es nicht erfüllen konnte, wie die Alliierten, das zu fordern, wozu sie kein Recht hatten«, J. M. KEYNES, A Defeated Enemy, in: Two Memoirs (1949).

[8] Text seines dem Kabinett vorgelegten Memorandums in M. ERZBERGER, Erlebnisse im Weltkrieg (1920), S. 371 ff.; Ph. SCHEIDEMANN, Der Zusammenbruch (1921), S. 244 ff. Dessen Gegenargument: »Der Vertrag ist ... unerfüllbar. Deshalb bedeutet er für mich einen Fetzen Papier, auf den ich meinen Namen nicht schreibe«, S. 250. Akten d. RK: Kabinett Scheidemann, Nr. 99, 105, 108, 114–118.

[9] Die Separatistenbewegung wurde offen gefördert von Gén. Mangin, Oberbefehlshaber der Besatzungsarmee, der aber von Clemenceau desavouiert wurde. L. E. MANGIN, La France et le Rhin, hier et aujourd'hui (Genf 1945); H. A. DORTEN, The Rhineland Movement, Foreign Affairs 3 (1925); ders., Latragé die Rhénane (1945); P. WENTZCKE, Rheinkampf (2 Bde. 1925); G. E. R. GEDYE, Die Revolverrepublik. Frankreichs Werben um den Rhein (aus d. Engl. 1931); K. D. ERDMANN, Adenauer in der Rheinlandpolitik nach dem Ersten Weltkrieg (1966); E. FRAENKEL, Military Occupation and the Rule of Law. Occupation Government in the Rhineland, 1918–23 (New York 1944). Vgl. unten Kap. 13, Anm. 4.

[10] Text bei O.-E. SCHÜDDEKOPF, Heer u. Republik. S. 94. Hier auch Telegramm Groeners v. 23. Juni an den der Unterzeichnung ursprünglich abgeneigten Ebert, in dem Groener

fordert, »daß der Reichswehrminister Noske die Führung des Volks und die Verantwortung für den Friedensschluß übernimmt«. Noske trat im Kabinett gegen Scheidemann für die Unterzeichnung ein: »Unser Volk ist national so verlumpt, daß wir unterzeichnen müssen« (Ph. SCHEIDEMANN, Zusammenbruch, S. 249). Eine Umfrage der OHL vom Mai 1919 hatte ergeben, daß die Bevölkerung nicht zur Wiederaufnahme des Krieges bereit sei (Text O.-E. SCHÜDDEKOPF, S. 92).

[11] F. v. RABENAU, Seeckt. Aus seinem Leben (1940), S. 185.

[15] Text RGBl. 1921 II, Nr. 3.

Kapitel 7
Die Weimarer Reichsverfassung

Die dritte große Aufgabe der Weimarer Nationalversammlung, nach der Errichtung einer vorläufigen Zentralgewalt und nach dem Abschluß des Friedensvertrages ihr eigentliches Hauptgeschäft, war die Schaffung einer neuen Verfassung. In den Vorentscheidungen, die in der politischen Entwicklung Deutschlands vom Zusammenbruch bis zur Eröffnung der Nationalversammlung gefallen waren, hatten sich die Umrisse der zukünftigen Verfassung bereits abgezeichnet. Das Ergebnis dieser Vorentscheidungen war, daß die Verfassung der Republik nicht einen revolutionären Bruch mit der Bismarckschen Reichsverfassung darstellte, sondern vielmehr eine Weiterbildung. Zwar zielte der erste Verfassungsentwurf des Berliner Staatsrechtslehrers Hugo Preuß, den Ebert als Staatssekretär des Innern berufen hatte, auf einen dezentralisierten Einheitsstaat hin[1]. Er wollte Preußen zerschlagen und das ganze Reichsgebiet in eine Anzahl von etwa gleich großen Ländern gliedern, die keinen staatlichen Charakter mehr besitzen sollten, sondern als höchste Organe der Selbstverwaltung gedacht waren. Es zeigte sich jedoch, daß das Eigenleben der Länder durch den Sturz der Dynastien nicht ausgelöscht worden war. Das historisch gewachsene Gefühl der Zusammengehörigkeit und das Beharrungsvermögen der Länderbürokratie waren stärker, als es die Anhänger des Einheitsstaates bei den Demokraten und Sozialdemokraten erwartet hatten. Nun hielten aber gerade die Sozialdemokraten an der Einheit des preußischen Staates fest[2], aus dem das rheinische Zentrum einen westdeutschen Bundesstaat herauslösen wollte. Nach dem Wegfall des Dreiklassenwahlrechtes war die Stellung der Sozialdemokratie in dem hochindustrialisierten

Preußen ähnlich wie in Sachsen besonders gefestigt. Hier haben bis zum Ende der Republik die Weimarer Koalitionsparteien die Führung in der Hand behalten können. Da also die Länder bestehen blieben, wurde die Bismarcksche Institution des Bundesrats unter dem neuen Namen Reichsrat in die neue Verfassung übernommen, allerdings mit verringertem Gewicht gegenüber dem Reichstag. War nach der Bismarckschen Verfassung für das Zustandekommen eines Gesetzes die Zustimmung beider Gremien notwendig und ausreichend, so konnte sich nach der Weimarer Verfassung der Reichstag mit Zweidrittelmehrheit gegen ein negatives Votum des Reichsrates durchsetzen. Um die Hegemonialstellung Preußens im Reiche zu mindern, wurden seine Reichsratsstimmen in 13 von der Staatsregierung instruierte Stimmen und 13 Provinzialstimmen aufgeteilt, bei insgesamt 66 Stimmen im Reichsrat im Vergleich zu den früheren 48 Bundesratsstimmen, von denen die preußische Regierung allein 17 besessen hatte. Auch die für die Bismarcksche Reichskonstruktion charakteristische Verbindung der preußischen Ministerpräsidentschaft mit dem Kanzleramt wiederholte sich im Weimarer Verfassungsleben nicht. Dennoch besaß Preußen auch in der Weimarer Republik durch seine Größe und wirtschaftliche Bedeutung schon ein besonderes Gewicht. Das Verhältnis von Preußen zum Reich blieb ein ungelöstes Zentralproblem, um das alle Bemühungen einer Weiterbildung der Weimarer Verfassung bis zu dem Augenblick kreisten, als am 20. Juli 1932 Papen diese Frage durch einen Staatsstreich löste, aber damit zugleich das Ende der Republik herbeiführte[3].

Beim Reichstag lag als der Verkörperung der Nation und der Einheit des Reiches das Schwergewicht der Verfassungskonstruktion. Seine Kompetenz erstreckte sich neben Gesetzgebung und Budgetrecht auf die Sanktionierung von Staatsverträgen. Kanzler und Regierung waren an sein Vertrauen gebunden. Wenn sie bei ihrer Ernennung durch den Reichspräsidenten auch nicht vom Reichstag bestätigt werden mußten, so konnte der Reichstag doch die Regierung insgesamt oder einzelne Minister durch ein einfaches Mißtrauensvotum stürzen. Der Reichstag besaß damit Rechte, wie sie dem westeuropäischen parlamentarischen Regierungssystem entsprechen, die ihm aber zum Teil auch schon in der Oktoberverfassung von 1918 zugesprochen worden waren[4]. Im Unterschied etwa zum britischen Parlamentarismus waren die Weimarer Verfassunggeber jedoch nicht vom Gedanken der Parlamentssouveränität geleitet. Neben dem Repräsentativprinzip bauten sie Elemente einer direkten Demokratie in die Verfassung ein[5]. Hierzu zählen die Bestimmungen über die Wahl des Reichspräsidenten. Sollte man wie in Frankreich die personale Staatsspitze vom Parlament oder wie in Amerika vom Volk wählen lassen? Es ist nicht zuletzt dem Einfluß des Soziologen Max Weber zuzuschreiben, daß man sich für die plebiszitäre Präsidentenwahl entschied[6]. Man glaubte auf diese Weise gegenüber dem unpersönlichen Proporzwahlsystem, wie es nun für alle politischen Vertretungen in der Verfassung verankert wurde, ein Element der Personalwahl als Gegengewicht in die Verfassung hineinzubringen. Vor allem wirkte hier aber auch die Vorstellung des Konstitutionalismus nach, daß man dem Parlament als dem Gremium der miteinander ringenden Parteien und Interessenvertretungen in der personalen Reichsspitze – analog zu der früheren Stellung des Monarchen – die neutrale, über den gesellschaftlichen Konflikten stehende Staatsgewalt gegenüberstellen müsse.

Dem Präsidenten wurden sehr weitreichende Befugnisse gegeben. Er konnte bei Gesetzesvorlagen mit unterschiedlichen Abstimmungsergebnissen in Reichstag und Reichsrat einen Volksentscheid herbeiführen, er ernannte und entließ den Reichskanzler und die Reichsminister[7]. Er hatte das Recht, den Reichstag aufzulösen, wenn auch nur einmal aus dem gleichen Grunde, und er besaß den Oberbefehl über die Reichswehr. Schließlich wurde ihm mit dem Artikel 48 eine Ausnahmegewalt in die Hand gegeben. Er konnte nicht nur gegen ein Land, das seine Pflichten gegenüber dem Reich verletzte, bewaffnete Macht einsetzen, sondern auch dann, wenn »im deutschen Reich die öffentliche Sicherheit und Ordnung erheblich gestört oder gefährdet« war. Für diese Fälle besaß er ein Notverordnungsrecht und die Befugnis, auch die persönlichen Freiheitsrechte der Staatsbürger zum Teil oder ganz außer Kraft zu setzen. Allerdings hatte der Reichstag gegen alle diese Maßnahmen ein absolutes Vetorecht. Sie mußten auf sein Verlangen außer Kraft gesetzt werden. Der Artikel 48 ist zu verstehen aus der Situation, in der sich das Reich befand, als die Nationalversammlung über die Verfassung des Reiches beriet. Man hatte die Insubordination des bayerischen Rätepartikularismus vor Augen und den im Reich immer wieder aufflackernden Bürgerkrieg. Die Urheber dieses Artikels haben jedoch nicht vorausgesehen, daß er in Kombination mit dem Recht des Präsidenten, den Kanzler zu ernennen und zu entlassen (Artikel 53), und dem Recht, den Reichstag aufzulösen (Artikel 25), einmal zum Instrument einer präsidialen Reichsführung werden könnte[8].

Die Diktatur des Präsidenten, wie sie in der Endphase der Republik hervortreten sollte, stützte sich auf die Reichswehr. Dieses Verhältnis von Präsidialdiktatur und bewaffneter Macht ist das Ergebnis besonderer Entwicklungen und bestimmter Entscheidungen in bestimmten Momenten (vgl. Kap. 21–24), aber es ist weder in der Verfassung noch in der Ausgangssituation des Jahres 1919 prädestiniert. Nach der Verfassung ernennt der Reichspräsident die Offiziere, und er besitzt den Oberbefehl, aber seine Anordnungen bedürfen auch für das Gebiet der Wehrmacht der Gegenzeichnung des Kanzlers oder des Ministers. Die Reichswehr sollte also der politischen Kontrolle unterworfen sein; es kam allerdings nicht zur Ernennung eines parlamentarischen Staatssekretärs für das Reichswehrministerium[9]. Andererseits lag das Ende 1919 auf dem Verordnungswege geschaffene Amt eines Chefs der Heeresleitung[10] durchaus in der Linie der zentralistischen Tendenz, die die Weimarer Verfassung im Unterschied zur Bismarckschen Verfassung kennzeichnet. Verteidigung und Organisation der bewaffneten Macht wurden zur ausschließlichen Reichssache mit einigen Zugeständnissen an landsmannschaftliche Zusammensetzung der Truppe und einer bedingten Verfügungsgewalt der Länder über die Streitkräfte im Falle einer akuten Gefährdung von Ordnung und Sicherheit (Artikel 48,4). Im übrigen ging die Weimarer Verfassung im Gegensatz zum Versailler Vertrag vom Gedanken der allgemeinen Wehrpflicht aus[11]. Erst durch das Wehrgesetz vom 23. März 1921 wurde das Berufsheer gesetzlich verankert.

Das plebiszitäre Moment der Weimarer Verfassung, das in der Volkswahl des mit so umfangreichen Befugnissen gegenüber Reichstag, Regierung und Reichswehr ausgestatteten Präsidenten lag, kam auch in den Bestimmungen zum Ausdruck, die die Nation selber zur letzten Instanz der Gesetzgebung erhoben. Ein Zehntel der Stimmberechtigten konnte im Volksbegehren einen Gesetzesvorschlag an den Reichstag und, wenn dieser ablehnte, zum Volksentscheid bringen[12]. Allerdings wurde der Artikel 1 der Verfassung, daß alle Staatsgewalt vom Volke ausgehe, von den Parteien der Weimarer Koalition staatsphilosophisch durchaus nicht einheitlich im Sinne der Volkssouveränität interpretiert. Das Zentrum machte in dieser Frage einen ausdrücklichen Vorbehalt[13].

Staatstheoretische Überlegungen haben jedoch in den durchweg sehr realistischen Debatten der Nationalversammlung und ihres Verfassungsausschusses so gut wie gar keine Rolle gespielt. Das gilt selbst für die langen und schwierigen Debatten über die Grundrechte[14]. Hier hat Friedrich Naumann die Nationalversammlung dafür zu gewinnen versucht, die Grundideen des deutschen Staates und die Leitgedanken für den politischen Weg, den er gehen sollte, in verständlicher Sprache der Verfassung voranzustellen. Er dachte an eine ähnliche Kundgebung wie die französische Erklärung der Menschenrechte von 1789, die zum Symbol eines politischen Neubeginns geworden war. Friedrich Naumann sah die Aufgabe Deutschlands darin, zwischen dem Kollektivismus der bolschewistischen Revolution und dem Individualismus der westlichen Welt die personalen Grundrechte, wie sie aus der liberalen Bewegung in die Verfassungen eingeführt worden waren, im sozialen Geiste einer neuen Zeit weiterzuentwickeln[15]. Aus dem idealistischen Schwung dieses Vorhabens wurde dann im zähen Ringen der Interessen und Überzeugungen der zweite Hauptteil der Verfassung über die Grundrechte und Grundpflichten der Deutschen, der Rechtsmaterien sehr unterschiedlicher Art umschließt. Hier finden sich neben den klassischen liberalen Grundrechten Bestimmungen über die Familie, über die Stellung der Konfessionen, der Wissenschaft und Schulen sowie über das Wirtschaftsproblem. Es entsprach durchaus dem Ursprung der liberalen Grundrechte wie auch ihrer bisherigen Geschichte, daß in den Weimarer Debatten um das Verhältnis von Staat und Kirche besonders gerungen wurde. Es gelang dem Zentrum durchzusetzen, was ihm 1871 mißlungen war: die preußischen Artikel über die Rechtsstellung der Kirche, die im Kulturkampf zum Teil außer Kraft gesetzt worden waren, wurden in die Reichsverfassung hineingenommen. Es war für die Stellung der Kirche im Staat[16] von fundamentaler Bedeutung, daß ihre Kompetenz für die Verwaltung ihrer Angelegenheiten und ihrer Ämter ohne Mitwirkung des Staates oder der bürgerlichen Gemeinde in der Verfassung institutionell garantiert wurde. Daneben wurde allerdings auch der liberale Gedanke der Glaubens-, Gewissens- und Kultusfreiheit in der Verfassung verankert.

Für den deutschen Katholizismus war es insgesamt gesehen leichter, ein positives Verhältnis zu dem neuen Staat zu entwickeln als für den Protestantismus. In der Bismarckzeit lange in

Opposition zum Staate stehend und durch die konfessionelle Zentrumspartei in den Methoden parlamentarischer Arbeit geübt, gewann der deutsche Katholizismus jetzt eine größere politische Wirkungsmöglichkeit als zuvor. In den schnell wechselnden Koalitionen der Weimarer Republik stellte das Zentrum das eigentliche Element der Kontinuität dar. Allerdings war und blieb sein Verhältnis zur Republik pragmatischer Natur. Es trug diesen Staat und betrachtete sich als »Verfassungspartei«, ohne sich jedoch als Partei auf die republikanische Staatsidee grundsätzlich festzulegen. Es stellte sich mit den Worten seines Parteivorsitzenden Gröber in der Nationalversammlung »auf den Boden der gegebenen Tatsachen«, weil es hierin die einzige Möglichkeit erblickte, »aus dem Chaos der Revolution herauszukommen«. Monarchisten und Republikaner in der Partei wurden durch eine Kompromißformel zusammengehalten: »Nachdem wir uns durch die Zustimmung zur Verfassung zur Republik bekannt haben, müssen wir alle Bestrebungen, auf einem anderen als dem Verfassungswege die Monarchie wieder herzustellen, auf das Entschiedenste ablehnen.«[17] Es war eine für das spätere Schicksal der Weimarer Republik entscheidende Frage, ob sich in der Partei auf die Dauer die republikanischen oder die auf eine monarchische Restauration gerichteten Kräfte als die bestimmenden erweisen würden. Eine republikanische Tradition gab es im Zentrum nicht. Der Sturz der Monarchie war von ihm nicht gewollt. In der positiven Mitarbeit am republikanischen Verfassungswerk sah das Zentrum jedoch die Möglichkeit, gegen einen revolutionären Laizismus die zeitweise zu befürchtende Trennung von Kirche und Staat zu verhindern und dabei zugleich der Kirche eine staatsrechtliche Sicherung zu geben, die sie in der monarchischen Reichsverfassung nicht besessen hatte. Die innere Struktur der Kirche, ihr hierarchischer Aufbau, wurde durch den Verfassungswandel von der Monarchie zur Republik nicht berührt.

Für die evangelischen Kirchen[18] bedeutete der Sturz der Monarchie das Ende des Summepiskopats. Sie standen damit vor der Aufgabe, dem kirchlichen Leben eine neue Verfassungsgrundlage zu geben. Durch die jetzt durchgeführten Wahlen zu verfassunggebenden Kirchenversammlungen wurde die Kirchenhoheit in gewählte Körperschaften verlagert. Diese Wahlen führten in Süd- wie in Norddeutschland durchweg zu starken Erfolgen für eine kirchenpolitische Vertretung von theologischer Orthodoxie und nationalprotestantischer Tradition. In zahlreichen lutherischen Landeskirchen, die an einer personalen Kirchenobrigkeit festhielten, wurde das Bischofsamt eingeführt, allerdings nicht in der jetzt in »Evangelische Kirche der Altpreußischen Union« umbenannten preußischen Landeskirche, die namentlich in ihren westlichen Provinzen ein starkes reformiertes Element in sich barg. Die Erschütterung der Landeskirchen durch die Revolution gab in der Suche nach neuem Halt auch dem Wunsch nach Zusammenschluß des deutschen Protestantismus Auftrieb. Im September 1919 trat in Dresden zum erstenmal ein Allgemeiner Deutscher Kirchentag zusammen und im Jahre 1922 wurde in der Lutherstadt Wittenberg der »Deutsche Evangelische Kirchenbund« begründet. Wie der Katholizismus, so wandte sich der Protestantismus gegen eine Trennung von Staat und Kirche und gegen die Laizisierung des Schulwesens. Dabei blieb der kirchliche Protestantismus seinem historischen Ursprung und seiner eigenen inneren Geschichte zufolge weithin auch im politischen Raum an die Idee des personalen Obrigkeitsstaates gebunden. Hinsichtlich seiner Staatsauffassung weniger an der genuin lutherischen Theologie als an der politischen Romantik orientiert, hat er es nicht vermocht, die Institutionen des parlamentarischen Parteienstaates als Obrigkeit im vollen Sinne zu bejahen, unbeschadet der Geltung des theologischen Axioms, daß die Kirche als solche an keine besondere Staatsform gebunden ist.

Der Abschnitt über »Das Wirtschaftsleben« ist im Verfassungstext das Ergebnis eines Kompromisses zwischen den verschiedenen wirtschafts- und gesellschaftspolitischen Richtungen, die in Regierung und Nationalversammlung miteinander rangen. Diesen Aussagen fehlt die systematische Geschlossenheit, die das staatliche Organisationsstatut über »Aufbau und Aufgaben des Reiches« im ersten Hauptteil der Verfassung auszeichnet. Einige Artikel haben rein deklamatorischen Charakter, andere aber sind gewichtig in ihrer gesellschaftspolitischen Substanz. Es ginge jedenfalls an der Sache vorbei, wollte man im Hinblick auf die Weimarer Verfassung lediglich von einer »formalen Demokratie« sprechen[19]. Liberalem Gedankengut entstammen die Aussagen über die »wirtschaftliche Freiheit des Einzelnen« (Artikel 151), die gesichert, und das Eigentum (Artikel 153), das gewährleistet sein soll. Der sozialistischen Grundforderung entsprechen die Artikel, die die Möglichkeit von Enteignung sowie der Vergesellschaftung wirtschaftlicher Unternehmungen vorsehen (Artikel 153 und 156). Das System der Sozialpolitik wird verfassungsrechtlich verankert (Artikel 161) und durch ein unbeschränktes Koalitionsrecht für alle Berufe, d.h. auch für Beamte ergänzt (Artikel 159). Aus dem Leitsatz für ein einheitliches Arbeitsrecht, daß die Arbeitskraft unter dem besonderen Schutz des Reiches stehe, ergibt sich die Verfassungszusage, daß jedem Arbeitsgelegenheit nachgewiesen, und wo das nicht möglich ist, Unterhalt gewährt werden soll. Entsprechend dem von der Reichsregierung am 4. März 1919 den streikenden Arbeitern gegebenen Versprechen sind auch die Räte in die Verfassung hineingenommen worden (Artikel 165). Sie bleiben aber auf den wirtschaftlichen Bereich beschränkt. Parallel zu den Verfassungsberatungen lief die Vorbereitung eines Betriebsrätegesetzes, das am 9. Februar 1920 in Kraft trat. Es ist die erste gesetzliche Verankerung einer betrieblichen Mitbestimmung der Arbeitnehmer und ein Vorläufer der Gesetzgebung zur betrieblichen und unternehmerischen Mitbestimmung in der späteren Bundesrepublik. In den Kämpfen um die Vorlage dieses Gesetzes wurden von drei Seiten her Kritik und Vorbehalte erhoben[20]. Den Vertretern des wirtschaftlichen Rätegedankens ging es nicht weit genug. Es beschränkte die Mitwirkung der Betriebsräte im wesentlichen auf soziale Fragen, gewährte nur begrenzten Einblick in Bilanz und Betriebsführung und erteilte den Betriebsräten den der Klassenkampfideologie widersprechenden Auftrag, die Erhaltung des sozialen Friedens im Betriebe zu fördern. Für den genuinen Marxismus war daher das Betriebsrätegesetz der »Totenschein« des Rätesystems. Den Arbeitgebern andererseits ging die Vorlage zu weit. Sie wehrten sich, zunächst noch mit Erfolg, gegen die Beteiligung von Betriebsratsvertretern an Aufsichtsräten und gegen eine umfassende Einsicht in die Bilanz. Aber auch die Gewerkschaften hatten Bedenken. Sie sahen zunächst in den Betriebsräten eine Beeinträchtigung ihrer eigenen Monopolstellung in der Vertretung der Arbeiterinteressen, machten sich aber schließlich den Betriebsratsgedanken zu eigen[21]. Die Idee der Gemeinwirtschaft hinterließ ihre Spuren in den Artikeln 156 und 165. Hier wird »zum Zwecke der Gemeinwirtschaft« die Möglichkeit vorgesehen, wirtschaftliche Unternehmungen in Selbstverwaltungskörperschaften zusammenzuschließen, in denen Arbeitgeber und Arbeitnehmer gemeinsam über Produktion, Preise und Verteilung bestimmen sollen. Eine solche Kooperation zwischen Arbeitern und Unternehmern ist in Ergänzung zu den Betriebsräten vorgesehen für Wirtschaftsbezirke, in die das Reich gegliedert werden sollte und übergeordnet für das Reich insgesamt. Der in der Verfassung angekündigte Reichswirtschaftsrat ist in einer vorläufigen Form am 4. Mai 1920 auf dem Verordnungswege gebildet worden. Er war als Vorstufe gedacht zu einer Art Wirtschaftsparlament, das auf wirtschaftlichem Gebiet das Recht zu Gesetzesinitiativen, aber nicht zu Entscheidungen besitzen sollte. Seine Aufgabe war im wesentlichen die Beratung. Weder der Verfassungsgesetzgeber noch die späteren Reichstage haben es vermocht, diesen in der Verfassung angelegten Gedanken der Mitbestimmung systematisch auszubauen und die vorgesehenen Zwischenglieder zwischen Betriebsräten und Reichswirtschaftsrat zu schaffen. Es ist von schwerwiegenden negativen Folgen für die innere Entwicklung der Weimarer Republik gewesen, daß der in Arbeitsgemeinschaft und Sozialpolitik, im Konzept der Gemeinwirtschaft und in den Ansätzen zur Mitbestimmung in unterschiedlicher Weise angelegte Gedanke der sozialen Partnerschaft und des Interessenkompromisses sich gegen Realität und Ideologie des Klassenkampfes von beiden Seiten nicht durchzusetzen vermochte. Die Forderung, daß das »Wohl der Gesamtheit« (Artikel 163) regulatives Prinzip im Widerstreit legitimer konkurrierender Interessen zu sein habe, blieb ein unerfülltes Verfassungsgebot[22].

Am 31. Juli 1919 wurde die Verfassung verabschiedet und am 11. August verkündet. Sie war ein Zeugnis der Besonnenheit und einer unpathetischen Staatsvernunft, die sich in den Wirren des Zusammenbruchs behauptet hatte. Sicherheitserwägungen waren es gewesen, die Ebert veranlaßt hatten, die Nationalversammlung nicht in der Zentrale Preußens und des Reichs, sondern in der Stadt Schillers und Goethes tagen zu lassen, so daß die Verfassung sich mit dem Namen Weimar verknüpfte. Dennoch waren sich die Väter der Verfassung einer inneren Beziehung zwischen der sittlichen Freiheitsidee Weimars und dem Versuch eines freiheitlichen Staatslebens als Verpflichtung bewußt. Die idealistische Freiheitsidee hat in die Weimarer Verfassung ebenso hineingewirkt wie die Vorbilder der schweizerischen, belgischen, französischen, englischen und amerikanischen Verfassungen und die Tradition der deutschen kommunalen Selbstverwaltung. Man hoffte, das Beste aus all diesen Erfahrungen zu übernehmen. Als Symbol der Republik wählte man die Farben der 48er Revolution und der großdeutschen Nationalbewegung: Schwarz, Rot und Gold[23]. Dabei blieb jedoch in der Verfassung derjenige Faktor übersehen, der in der Demokratie des modernen Massenstaates das politische Leben im wesentlichen trägt, die Parteien. Sie wurden gleichsam als »parties honteuses« nur indirekt oder in negativer Form erwähnt. So im Artikel 21, wo es heißt, daß der Abgeordnete nur seinem Gewissen unterworfen und an Aufträge nicht gebunden sei, und im Artikel 130: Beamte sind Diener der Gesamtheit, nicht einer Partei. Die Verfassunggeber von Weimar haben sich keine Gedanken darüber gemacht, daß es für das Funktionieren des Parlaments in einer modernen Parteiendemokratie notwendig sein könnte, die Parteien selber in die Verfassung einzubauen, um Sicherungen dagegen zu schaffen, daß die Träger des demokratischen Parlamentarismus seine Zerstörer werden könnten.

DW 395/435–527. W. APELT, Gesch. d. Weim. Verfassung ([2]1964); K. D. BRACHER, Entstehung d. Weim. Verfassung, in: Dtld. zwischen Demokratie u. Diktatur (1964); G. ANSCHÜTZ, Kommentar zur Reichsverfassung ([14]1933). G. ANSCHÜTZ /R. THOMA, Hdb. d. dt. Staatsrechts (2 Bde. 1929/32). Neben den Debatten im Plenum: Bericht u. Protokolle des 8. Ausschusses über den Entwurf einer Verfassung des Dt. Reiches, Berichte d. Nationalvers. Nr. 21 (1920).

[1] Entwurf u. Denkschrift Reichsanzeiger 20. Jan. 1919, enthalten auch in: H. PREUSS, Staat, Recht u. Freiheit, Ges. Aufsätze, hg. v. Th. HEUSS (1926, Ndr. 1964); ders., Reich u. Länder, Bruchstücke eines Kommentars zur Verfassung d. Dt. Reiches, hg. v. G. ANSCHÜTZ (1927); C. SCHMITT, Hugo Preuß, sein Staatsbegriff u. seine Stellung in der dt. Staatslehre (1930); G. GILLESEN, Hugo Preuß. Studien zur Ideen- u. Verfassungsgesch. d. Weim. Rep. (Diss. Ms. Freiburg 1955); S. GRASSMANN, Hugo Preuß u. die dt. Selbstverwaltung (1965). Ein Lebensbild gibt W. SIMONS, Hugo Preuß (1930).

[2] Als Vertreter d. preußischen Staatseinheit gegenüber separatistischen Tendenzen vor allem der Landwirtschaftsminister u. spätere langjährige Ministerpräsident Otto Braun, der sich aber gegen eine organische Reform des Verhältnisses Preußen – Reich durchaus nicht sträubte; hierzu A. BRECHT s. u. Anm. 3; O. BRAUN, Dt. Einheitsstaat oder Föderativsystem, Vortrag Univ. Berlin, 24. Febr. 1927 (1927).

[3] A. BRECHT, Föderalismus, Regionalismus u. die Teilung Preußens (a. d. Engl. 1949), war Leiter der Verfassungsabt. im Reichsinnenministerium, maßgebende Darstellung des Problems u. seiner Lösungsversuche; E. EIMERS, Das Verhältnis von Preußen u. Reich in den ersten Jahren d. Weim. Rep. 1918–1923 (1969).

[4] L. BERGSTRÄSSER, Die Entwicklung des Parlamentarismus in Dtld. (1954); F. GLUM, Das parlamentarische Regierungssystem in Dtld., Großbritannien u. Frankreich (1950); G. A. RITTER, Dt. u. brit. Parlamentarismus. Ein verfassungsgeschichtl. Vergleich (1962); K. v. BEYME, Die parlamentar. Regierungssysteme in Europa (1970), eine krit. Analyse d. Entstehung u. Funktionsweise des Weimarer Parlamentarismus im Rahmen eines politikwissenschaftl. Verfassungsvergleichs.

[5] R. Schiffers, Elemente direkter Demokratie im Weimarer Regierungssystem (1971).

[6] M. Weber, Der Reichspräsident, in: Ges. polit. Schriften (1921); W. J. Mommsen, Zum Begriff d. plebiszitären Führerdemokratie bei Max Weber, Kölner Zs. f. Soziologie u. Sozialpsychologie 15 (1963); C. Schmitt, Der Hüter d. Verfassung (²1969).

[7] P. Haungs, Reichspräsident u. parlamentar. Kabinettsregierung (1968).

[8] U. Scheuner, Die Anwendung des Art. 48 d. Weim. Verfassung unter den Präsidentschaften von Ebert u. Hindenburg, in: Staat, Wirtschaft u. Politik in d. Weim. Rep., H. Brüning-Festschr. (1967); K. D. Bracher, Parteienstaat – Präsidialsystem – Notstand, in: Dtld. zwischen Demokratie u. Diktatur (1964); C. Schmitt, Die Diktatur des Reichspräsidenten nach Art. 48 d. Weim. Verfassung, in: Die Diktatur (²1928), gewichtige theoretische Förderung d. präsid. Diktatur. Warnung vor Mißbrauch des § 48 auf der Tagung d. Vereinigung dt. Staatsrechtslehrer 1931, Veröffentlichungen 7 (1932). Zu C. Schmitt ferner Kap. 19, Anm. 25–27; vgl. auch A. Brecht, Vorspiel zum Schweigen, Anhang D.

[9] Für Entstehungsgesch. u. Strukturanalyse d. Reichswehr das ergiebige Kapitel »Die Reichswehr« von W. Sauer in: K. D. Bracher, Auflösung d. Weim. Rep. (⁵1971), reiche Literaturhinweise, entgeht nicht immer der Versuchung eines soziologisierenden Determinismus. – Woran ist die Ernennung eines parlamentarischen Staatssekretärs gescheitert? F. v. Rabenau, Seeckt, S. 467 f.: Noske habe »keinen zweiten Parlamentarier« haben wollen; ebenso H. Meier-Welcker, Die Stellung des Chefs d. Heeresleitung in den Anfängen d. Republik, VfZG 4 (1956), S. 155; vorsichtiger O.-E. Schüddekopf, Heer u. Republik, S. 89, Anm. 308: »Noske soll einen polit. Staatssekretär abgelehnt haben«; Sauer (s.o.), S. 222: »Die milit. ›pressure group‹ im Reichswehrministerium« habe die Ernennung vereitelt und damit »ihren ersten Sieg erfochten«; J. Schmädeke, Milit. Kommandogewalt u. parlament. Demokratie (1966), betont in der Frage d. Einsetzung eines parlamentar. Staatssekretärs das Fehlen einer klaren Konzeption der SPD, S. 160 ff.

[10] Vgl. Kap. 4, Anm. 33. Bei Meier-Welcker treffende Textkritik an dem Referat von Rabenau, S. 471 f., über Seeckts Pläne; nach Meier-Welcker ist die Stellung eines Chefs der Heeresleitung im Ansatz nicht politisch gemeint gewesen. Dagegen in Auseinandersetzung mit Meier-Welcker Sauer, S. 223.

[11] Art. 133. Auf der Friedenskonferenz ging die Forderung einer Berufsarmee auf Lloyd George zurück, während Foch für die allg. Wehrpflicht u. ein kurz dienendes Milizheer eintrat aus Sorge vor den polit. Gefahren einer lang dienenden Berufsarmee; vgl. hierzu W. Sauer, s.o., S. 208 f.

[12] R. Schiffers Elemente direkter Demokratie im Weim. Regierungssystem (1971).

[13] Die Abg. Gröber u. Spahn bei d. 1. u. 3. Lesung des Art. 1 d. Weim. Verfassung. Vgl. K. Bachem, Vorgesch., Gesch. u. Politik d. dt. Zentrumspartei 1815–1914 (9 Bde. 1927–1932, Ndr. 1965 ff.), Bd. 8: 1887–1914, enthält einen Überblick über die Zeit von 1914–1930, S. 311 ff.; A. Lauscher, Die Arbeit an der Weim. Verfassung, in: K. A. Schulte (Hg.), Nationale Arbeit. Das Zentrum u. sein Wirken in der dt. Republik (1929); R. Morsey, Die Dt. Zentrumspartei 1917–23 (1966), S. 236–242; J. Mausbach, Kulturfragen in der dt. Verfassung (1920), S. 25.

[14] H. C. Nipperdey, Die Grundrechte u. Grundpflichten d. Reichsverfassung (3 Bde. 1929 f.); C. Schmitt, Inhalt u. Bedeutung d. Grundrechte, in: G. Anschütz/R. Thoma, Hdb. d. dt. Staatsrechts,

Bd. 2; ders., Freiheitsrechte u. institutionelle Garantien d. Reichsverfassung (o. J.).

[15] Vgl. Th. HEUSS, Friedrich Naumann. Der Mann, das Werk, die Zeit (Tb. [3]1968) – Rede Naumanns im 8. Ausschuß, 18. Sitzung, 31. März 1919.

[16] DW 395/773–784. H. v. SODEN, Reich, Staat u. Kirche im dt. Recht, Theolog. Rdsch. 2 (1930); G. SCHREIBER, Dt. Kirchenpolitik nach dem ersten Weltkrieg. Gestalten u. Geschehnisse d. Novemberrevolution 1918 u. d. Weimarer Zeit, HJb 79 (1951); zu den früh auftauchenden Konkordatsplänen, die aber erst 1933 verwirklicht wurden: ders., Der erste Entwurf des Reichskonkordats 1920/21 (1950); R. MORSEY, Zur Vorgesch. d. Reichskonkordats aus dem Jahre 1920 u. 1921, ZRG 75, KA 44 (1958); H. LUTZ, Demokratie im Zwielicht. Der Weg d. dt. Katholiken aus dem Kaiserreich in die Republik 1914–1925 (1963); H. MÜLLER, Der dt. Katholizismus 1918/19, GWU 17 (1966).

[17] Der neue Parteivorsitzende Trimborn auf dem 1. Reichsparteitag d. Zentrumspartei, zit. bei H. LUTZ, Demokratie im Zwielicht, S. 87.

[18] G. MEHNERT, Ev. Kirche u. Politik 1917–1919 (1959); W. STRIBRNY, Ev. Kirche u. Staat in der Weim. Rep., in: H. J. SCHOEPS (Hg.), Zeitgeist im Wandel, Bd. 2 (1968); K. KUPISCH, Die dt. Landeskirchen im 19. u. 20. Jh. (1966); ders., Strömungen der Ev. Kirche in der Weim. Rep., in: Arch. f. Sozialgesch. 11 (1971); vgl. Lit. zu Bd. 18, Kap. 15, u. o. S. 27.

[19] Mit dem Vorwurf d. »formalen Demokratie« setzt sich auseinander H. PREUSS, Die Bedeutung d. demokrat. Republik für den sozialen Gedanken (1925), in: ders., Staat, Recht u. Freiheit (1964).

[20] Zum folgenden L. PRELLER, Sozialpolitik, S. 250 f.; M. BERTHELOT, Die Betriebsräte in Dtld. (aus d. Frz. 1926), von einem Mitarbeiter des Internationalen Arbeitsamtes in Genf; K. BRIGL-MATTHIASS, Das Betriebs-

räteproblem (1926); – Bibliographie zur Mitbestimmung und Betriebsverfassung, hg. v. Dt. Industrieinstitut (1963); Stand: 31. Dez. 1961.

[21] Zur Beurteilung des Betriebsrätegesetzes nach einem Jahrzehnt seiner Geltung durch einen den Gewerkschaften nahestehenden Wissenschaftler sei hingewiesen auf E. FRAENKEL, Kollektive Demokratie, in: Die Gesellschaft 6 (1929), Ndr. in: Th. RAMM (Hg.), Arbeitsrecht u. Politik. Quellentexte 1928–1933 (1966); ders., Zehn Jahre Betriebsrätegesetz, in: Die Gesellschaft 7 (1930), Ndr. ebenfalls in: Th. RAMM (s. o.) Fraenkel hielt es für »das soziale Meisterstück der dt. Gewerkschaftsbewegung der Nachkriegszeit«, daß die »ursprüngliche Gegnerschaft zwischen Betriebsrätebewegung und Gewerkschaft« überwunden wurde (S. 88): »Für die Gewerkschaft ist ... die Vorschrift von entscheidender Bedeutung, daß die Betriebsräte die Durchführung der Tarifverträge zu überwachen haben. Auf der ›Tarifpolizeihoheit‹ der Betriebsräte ist das Tarifwesen der Gegenwart weitgehend aufgebaut. Die Bedeutung der Betriebsräte für das Tarifwesen wird erst dann voll erkannt, wenn man sich klarmacht, daß im Bereich des kollektiven Arbeitsrechts der Betriebsrat sich zur Gewerkschaft verhält wie im Staatsleben das Exekutivorgan zur Legislative« (S. 107). Die sozialpsychologische Bedeutung sieht er darin, daß das Betriebsrätegesetz vermöge, »Hemmungen zu beseitigen, die dem Gefühl, Arbeitsbürger zu werden, entgegenstehen« (S. 111). In bezug auf die sozio-ökonomischen Kräfteverhältnisse spricht er von einem »Zeitalter des annähernden Gleichgewichts der Klassen« (S. 108).

[22] In der aktuellen Diskussion um Mitbestimmung in der BRD wird der Begriff d. sozialen Partnerschaft von unterschiedl. Wertmaßstäben her zu einem Beurteilungskriterium d. Weim. Rep. Es sei genannt als Beispiel

für eine Argumentation, die von der Ideologie des Klassenkampfes her Sozialpartnerschaft prinzipiell für illusionär hält, die aus der Marburger Schule W. Abendroths stammende Schrift von F. Deppe/ Jutta v. Freyberg u.a., Kritik d. Mitbestimmung (²1970), hier Kap. 1: Burgfrieden, Arbeitsgemeinschaft, Wirtschaftsdemokratie. Zur Vorgesch. d. Mitbestim-

mung. Unter einem positiven Wertakzent d. Sozialpartnerschaft gibt eine eindringliche Analyse des Fehlschlags dieser Idee in der Weim. Rep. B.-J. Wendt, Mitbestimmung u. Sozialpartnerschaft in der Weim. Rep., Parlament B 26 (1969).

[23] P. Wentzcke, Die dt. Farben. Ihre Entwicklung u. Deutung (²1955).

Kapitel 8
Der Kapp-Putsch

Das Jahr 1919 endete für das deutsche Volk in tiefer Niedergeschlagenheit, Enttäuschung und Verbitterung. Im Januar 1920 trat der Versailler Vertrag in Kraft, der alle die Hoffnungen zunichte machte, die im Niedersturz an die Ideen Wilsons geknüpft worden waren. Nun stand es also unbezweifelbar fest, daß das Reich von seiner früheren Höhe in Machtlosigkeit und Elend hinabgestoßen war. Ein im Innern lebenskräftiges Volk konnte nicht anders als sich gegen den Vertrag aufzubäumen. Der deutschen Außenpolitik war als ihr notwendiges Ziel die Revision des Vertrages in seinen territorialen, wirtschaftlichen und militärischen Klauseln vorgezeichnet. Aber die natürliche Auflehnung gegen den Vertrag nahm noch eine besondere, verhängnisvolle Form an. Weithin sträubte sich das deutsche Volk dagegen, die Niederlage überhaupt als Niederlage zu sehen. Man muß sich klarmachen, daß bis in den Herbst 1918 hinein die meisten Deutschen, wenn sie auch nicht mehr einen Siegfrieden für möglich gehalten, doch auch nicht geahnt hatten, daß die Niederlage so unmittelbar bevorstand. Sie waren von der Unbesiegbarkeit Deutschlands überzeugt gewesen. Um so niederschmetternder hatte die Wirkung sein müssen, als am 1. Oktober 1918 den Parteiführern und damit der Öffentlichkeit der ganze Ernst der Lage mitgeteilt wurde. Dabei standen die deutschen Truppen im Augenblick des Waffenstillstandes immer noch tief im Feindesland. Das Heer war zurückgewichen, aber es war nicht zerschlagen worden. Friedrich Ebert begrüßte die heimkehrenden Berliner Truppen am Brandenburger Tor mit den Worten: »Eure Opfer und Taten sind ohne Beispiel. Kein Feind hat euch überwunden. Erst als die Übermacht der Gegner an Menschen und Material immer drückender wurde, haben wir den Kampf aufgegeben.«[1]

Die Berliner Universität hat später auf das Ehrenmal für ihre Gefallenen die Worte gesetzt: invictis victi victuri. Die Komprimiertheit dieser Worte läßt verschiedene Deutungen zu. Waren sie in der Niederlage ein Aufruf zur Meisterung des Schicksals im Hinblick auf die ungebrochene Haltung der gefallenen Krieger, oder waren sie ein Aufruf zur Revanche, der seine Sicherheit und Legitimierung durch den Hinweis auf das unbesiegte Heer des Jahres 1918 gewann? Woher aber dann die Niederlage?

Die Dolchstoßlegende[2] gab eine Antwort: Die Widerstandskraft der unbesiegten deutschen Armee sei nicht durch den äußeren Feind, sondern durch die Revolution gebrochen worden. Schon im November und Dezember 1918 sprachen deutsche Zeitungen vom Dolchstoß. In einem Wahlaufruf der Deutschnationalen Volkspartei zur Nationalversammlung hieß es, daß die Revolution der Armee die Waffen aus der Hand geschlagen habe »und uns machtlos und wehrlos dem Feinde auslieferte«. »Wäre die Revolution nicht gekommen, dann wäre Deutschland jetzt nicht so hilflos«, schrieb ein Zentrumsblatt. Ausländische Stimmen schienen das zu bestätigen. Ein britischer General äußerte sich in diesem Sinne. Eine schweizerische Zeitung kolportierte es und fand in der deutschen Presse ein Echo. Zudem schien die Anklage von den Angeklagten selbst bestätigt zu werden. Stimmen auf der äußeren Linken rühmten sich, die Revolution von langer Hand vorbereitet zu haben[3], und die Sowjetregierung bestätigte, daß der Revolution das entscheidende Verdienst gebühre, die deutsche Militärmacht gebrochen zu haben. »Der preußische Militarismus«, so hieß es in einem Aufruf Tschitscherins vom 12. November 1918 an die Soldaten der Entente, »wurde zermalmt nicht durch die Geschütze und Tanks des verbündeten Imperialismus, sondern durch die Erhebung der deutschen Arbeiter und Soldaten.«[4] Das war genau die Dolchstoßthese mit einem umgekehrten Wertakzent. Besonders folgenschwer waren Äußerungen Hindenburgs und Ludendorffs. Beide erschienen im November 1919 vor dem parlamentarischen Untersuchungsausschuß, der zur Klärung der Ursachen des Zusammenbruchs eingesetzt worden war. Die Oberste Heeresleitung des Weltkriegs erklärte hier gleichsam offiziell der deutschen Öffentlichkeit, was sie von der Niederlage zu halten habe: »Wie ein englischer General sehr richtig gesagt hat, die deutsche Armee ist von hinten erdolcht worden.«[5] Leidenschaftlich wurde diese Deutung des Schicksals in der Öffentlichkeit aufgegriffen und tausendfach wiederholt: Man war also nicht vom äußeren Feind besiegt worden; dunkle, verräterische Kräfte waren im Spiel gewesen. Schuld an der Niederlage gab man schließlich nicht nur der Revolution, sondern auch den Parteien, die zum Verständigungsfrieden gemahnt hatten, solange er noch zu haben war, und die sich nun in der Weimarer Koalition wiedergefunden hatten. Der Feind waren die »Novemberverbrecher«, das »System«, die Republik. Das Infame an der Dolchstoßlegende war, daß sie den zutreffenden Sachverhalt der Revolution in eine unzutreffende Verbindung mit der deutschen Niederlage stellte. Der Ansatzpunkt für die Wirksamkeit der Dolchstoßlegende war die Tatsache, daß der »Generalstreik der Armee« (Walther Rathenau) für das bürgerliche Deutschland unter dem Gesichtspunkt nationaler Solidarität als schlechthin verwerflich erschien. Verdunkelt wurde dabei der wahre Hergang, daß nämlich eine Kette von Niederlagen seit Anfang August 1918 die Oberste Heeresleitung Ende September 1918 zu der Erkenntnis gebracht hatte, der Krieg sei verloren, daß Hindenburg und Ludendorff es waren, die den sofortigen Abschluß eines Waffenstillstands gefordert hatten und daß eine Ablehnung der Waffenstillstandsbedingungen den Krieg nach Deutschland hineingetragen, zur vollkommenen Zerschlagung des deutschen Heeres und zur bedingungslosen Kapitulation geführt hätte[6]. Statt daß sich das deutsche Volk in der Not enger zusammenschloß in solidarischem Bemühen um die Revision des Versailler Vertrages, wurde das Wort vom Dolchstoß zum eigentlichen und wahren deutschen Verhängnis, schlimmer noch als die Niederlage, da es die Deutschen gegeneinander kehrte. Wenn man sich fragt, wie es möglich war, daß sich in einem Volk, dessen Geschichtsbewußtsein in hohem Grade von der historischen Wissenschaft mitgeprägt worden war, so viele Menschen unkritisch einer Geschichtslüge hingaben, um an ihr das Selbstbewußtsein aufzurichten, so muß man darauf hinweisen, daß die erzwungene Annahme der Versailler Kriegsschuldthese und die Gesamtverurteilung der preußisch-deutschen Geschichte in der Mantelnote einen erheblichen Teil dazu beitrugen, einen Hexenkessel von Ressentiments entstehen zu lassen. Die Stimmen nüchterner Vernunft, kritischer Selbstüberprüfung und sachlicher Abwägung der Verantwortlichkeiten in den historischen Fragen von Kriegsentstehung und Kriegsende wurden übertönt von schrillen Anklagen und Selbstrechtfertigungen.

Das verwundete Ehrgefühl der Deutschen wurde besonders auch dadurch getroffen, daß die Ententemächte auf Grund der §§ 228–230 des Versailler Vertrags die Auslieferung von Hindenburg, Ludendorff, Bethmann Hollweg und anderen verlangten. Die Regierung Bauer versagte sich diesem Ansinnen, ebenso wie sich Holland unter Berufung auf das Asylrecht weigerte, den Kaiser auszuliefern. England und Frankreich bestanden schließlich nicht auf ihrer Forderung, und die Angelegenheit verlief sich[7].

Die öffentliche politische Meinung in Deutschland radikalisierte sich nach rechts und nach links hin. Zu Beginn des Jahres 1920 wurde es deutlich, daß die große Majorität der Weimarer Koalitionsparteien bei Neuwahlen nicht wiederkehren würde. Auf der äußersten Linken kam es zu Demonstrationen gegen das als unzureichend empfundene Betriebsrätegesetz. Straßenkämpfe in Berlin forderten im Jahre 1920 wieder viele Todesopfer. Der Kampf der politischen Rechten gegen die Weimarer Koalition aber fand Nahrung in dem Prozeß gegen Erzberger vom Januar bis März 1920.

Erzberger war für die Rechte der bestgehaßte Mann: als Urheber der Friedensresolution, als sichtbare Verkörperung der Weimarer Koalition, als Ankläger gegen die deutsche Führung im Weltkrieg, gegen die er im Juli 1919 in der Nationalversammlung eine große Rede gehalten hatte, und schließlich als der neue Finanzminister, der die Fragwürdigkeit der Kriegsfinanzierungsmethoden Helfferichs anprangerte. Erzberger führte eine bedeutende Finanzreform durch[8]. Die ungeheuren Schulden und Verpflichtungen, die sich für den Staatshaushalt nach innen und außen hin aus Krieg und Niederlage ergaben, zwangen dazu, in der Finanzwirtschaft das bisherige Verhältnis von Reich und Ländern umzukehren. War früher das Reich in erheblichem Maße auf die Matrikularbeiträge der Länder angewiesen gewesen, so nahm es jetzt die Verfügungsgewalt über die wichtigsten Steuern selbst in Anspruch, so daß die Länder in finanzielle Abhängigkeit vom Reich gerieten. Das war ein Schritt zur Festigung der neuen Zentralgewalt. Unvermeidlich mußten sich aus der Niederlage neue schwere Steuerbelastungen ergeben. Zudem kündigte sich die Inflation sichtbar an. Da holten Helfferich und seine Freunde zum Schlage gegen die republikanischen Parteien aus, indem sie Erzberger persönlich so angriffen und verdächtigten, daß dieser Strafantrag stellte[9]. Helfferich wurde zu einer Geldstrafe verurteilt, aber die politische Wirkung des Prozesses war ein Sieg für ihn, denn es wurde im Zusammenhang mit dem Prozeß festgestellt, daß Erzberger in der Tat seine Kenntnisse der Geschäfte für seine Privatinteressen ausgenutzt hatte. Er mußte gehen. Das war ein Schlag für die Republik, eine personelle Diskreditierung, die ihr tiefe Einbuße getan hat.

Die durch den Prozeß geschürte nationalistische Erregung ließ einen zwanzigjährigen ehemaligen Fähnrich einen Mordanschlag auf Erzberger versuchen. Dieser wurde nur verwundet. Das Geschworenengericht begnügte sich damit, eine Gefängnisstrafe von anderthalb Jahren zu verhängen, da es dem Täter ideelle Beweggründe zubilligte. Mußte die Milde des Gerichtes nicht geradezu eine Ermutigung bedeuten, in einem zweiten Anlauf zu versuchen, was beim ersten Anschlag mißlungen war?

Am 13. März, einen Tag nachdem das Urteil im Erzberger-Prozeß verkündet worden war, versuchten militante Kräfte der radikalen Rechten die Regierungsgewalt in ihre Hand zu bekommen. In der Nationalversammlung hatten am 9. März Deutschnationale und Deutsche Volkspartei beantragt, Neuwahlen für einen Reichstag durchzuführen und auch die Stelle des Reichspräsidenten durch Volkswahl zu besetzen. In einer für das Schicksal der Weimarer Republik charakteristischen Konstellation stimmte die äußerste Linke, die USPD, mit den Rechtsparteien gegen die republikanische Mitte. Der Antrag wurde in der Nationalversammlung abgelehnt, die Forderung wurde darum um so lauter im öffentlichen politischen Kampf erhoben. Der Kandidat der bürgerlichen Rechtsparteien für das Amt des Reichspräsidenten war schon damals Hindenburg, der sich zur Verfügung stellte, nachdem er sich der Zustimmung des abgedankten Kaisers versichert hatte. Damals lagen in der Nähe von Berlin Freiwilligenverbände, die im Baltikum, in den Grenzkämpfen und im Bürgerkrieg verwendet worden waren und sich gegen das ihnen drohende Schicksal der Auflösung sträubten. Deutschland war in Ausführung der Entwaffnungsbestimmungen des Versailler Vertrags gezwungen, die Zahl der Truppen, damals noch etwa 400000 Mann, auf 100000 herabzusetzen. Am Vormittag des 13. März nun besetzten die Marinebrigade Ehrhardt und einige andere Formationen unter Führung des Generals v. Lüttwitz das Berliner Regierungsviertel und machten den ostpreußischen Generallandschaftsdirektor Kapp, der als Alldeutscher 1917 mit Tirpitz die deutsche Vaterlandspartei gegründet hatte, zum Kanzler[10]. Das Kabinett Bauer entwich; aber der Putsch war ein Fehlschlag. Er scheiterte an der Ministerialbürokratie, die sich im Reich und in Preußen weigerte, den Anordnungen der Putschisten Folge zu leisten[11] und am Generalstreik der Gewerkschaften[12], durch den die Nachrichten- und Verkehrsverbindung Berlins mit der Außenwelt abgeschnitten wurde. Nach vier Tagen verließen die Putschisten sang- und klanglos die Stadt. Aber der Streik ging zunächst weiter, obwohl der in Berlin zurückgebliebene Vizekanzler Schiffer zu seiner Beendigung aufrief. Den Gewerkschaften schien es geboten, nach dem Scheitern des Kapp-Putsches gesellschaftliche und politische Sicherungen für die demokratische Fortentwicklung der Republik zu schaffen. Sie verlangten Sozialisierung der dafür reifen Wirtschaftszweige, Reinigung des Behörden- und Militärapparats von unzuverlässigen Elementen, Bestrafung der Schuldigen, den Rücktritt des bei den Arbeitern verhaßten Reichswehrministers Noske, Umbildung der Regierung nach Verständigung mit den Gewerkschaften und deren entscheidenden Einfluß auf die Wirtschafts- und Sozialgesetzgebung. Mit solchen Forderungen knüpften sie an unerfüllte Erwartungen und Hoffnungen der Novemberrevolution an, und sie schienen zunächst Erfolg zu haben. Verhandlungen mit Vertretern der Reichsregierung, der Preußischen Staatsregierung und der Mehrheitsparteien führten am 20. März zur Vereinbarung eines Acht-Punkte-Programms, das den Wünschen der Streikenden gerecht wurde, allerdings mit einer entscheidenden Ausnahme. Zwar gestand die Regierungskommission zu, daß »den gewerkschaftlichen Organisationen der Arbeiter, Angestellten und Beamten ... entscheidender Einfluß auf die Neuregelung der wirtschafts- und sozialpolitischen Gesetzgebung eingeräumt« werden sollte, aber »unter Wahrung der Rechte der Volksvertretung«[13]. Durch diesen Formelkompromiß wurde die in der Abwehr des Kapp-Putsches wieder aufgeworfene revolutionäre Frage nach der ausschlaggebenden gesellschaftlich-politischen Macht – organisierte Arbeiterschaft oder Parlament – nicht gelöst, sondern zugedeckt. Trotzdem ging der Streik, obwohl offiziell für beendet erklärt, in der Reichshauptstadt noch weiter. Es kam dabei zu blutigen Zusammenstößen zwischen bewaffneten Arbeitern und Reichswehr. Erst als Reichspräsident Ebert, dem Druck weichend,

Noske fallen ließ und Vertreter der beiden sozialdemokratischen Parteien sich verpflichteten, für die gewerkschaftlichen Forderungen in ihren Fraktionen einzutreten, wurde die Arbeit am 23. März 1920 wieder aufgenommen; allerdings unter dem Vorbehalt eines möglichen neuerlichen Streiks, falls diese Forderungen nicht erfüllt würden.

Inzwischen aber war im Ruhrgebiet der Generalstreik in einen Aufstand übergegangen. In einer Massenaktion hatte sich eine bewaffnete Macht gebildet, die von Anhängern und Gegnern als »Rote Armee« bezeichnet wurde. Sie war jedoch kein durchorganisierter Truppenkörper mit klaren Befehlsverhältnissen, sondern ein aus der Situation entstandener spontaner Zusammenschluß. Ihre Stärke ist zahlenmäßig nicht genau abzuschätzen. Sie mag bei 50000 gelegen haben. Es gelang ihr jedenfalls zunächst, innerhalb weniger Tage das gesamte Revier zwischen Hamm im Osten, dem Rhein im Westen, der Lippe im Norden und der Wupper im Süden unter ihre Kontrolle zu bringen. Freikorps und Reichswehrtruppen, die unter dem Befehl des in seiner politischen Loyalität gegenüber der Republik zwielichtigen Generals Watter nach Beginn der Generalstreiks einmarschiert waren, wurden zur Räumung des Gebiets genötigt. Was waren die politischen Ziele der Aufständischen, wer die Führer? Eine generelle Subsumierung unter den Begriff des »Bolschewismus«, der dem Sprachgebrauch der Zeit entsprechend auf alle radikalen Bewegungen der Linken angewendet wurde, gibt nichts her. Es ist festzustellen, daß die KPD in Berlin sich zunächst dem Streikaufruf der Gewerkschaften nicht anschloß, da sie die demokratisch-liberale Republik nicht für verteidigungswert hielt. Erst mit Verzögerung schaltete sie sich in die Massenbewegung ein. Es gelang ihr, an verschiedenen Orten des Ruhrgebiets und in der Roten Armee Einfluß zu gewinnen. Größeres Gewicht hatten in der Aufstandsbewegung die Unabhängigen Sozialdemokraten und radikalsyndikalistische Gruppen. Die Masse der sozialistisch gesonnenen Arbeiter der verschiedenen Richtungen, die jetzt zu den Waffen griff, wurde aber nicht durch eine klare gesellschaftlich-politische Zielsetzung zusammengehalten, sondern durch den Willen, den Anschlag auf die Republik abzuwehren und Sicherungen für die Zukunft zu gewinnen. Sie wollten die Entwicklung rückgängig machen, die seit dem Beginn des Bürgerkriegs 1918/19 zu einer politisch-militärischen Rechtsorientierung der Sozialdemokratie geführt und im Kapp-Putsch ihre Quittung erhalten hatte[14].

Dieser radikalen Arbeiterbewegung gegenüber suchte der Reichs- und preußische Kommissar für das Ruhrgebiet, Carl Severing[15], den Ausgleich, um militärische Gewaltanwendung zu vermeiden, und machte Zugeständnisse. Vertreter des Reichs, der Stadtverwaltungen, der Gewerkschaften und der Parteien vom Zentrum bis zu den Kommunisten schlossen am 24. März 1920 in Bielefeld ein Abkommen. Es beruhte auf dem Berliner Acht-Punkte-Programm und zielte auf die Errichtung einer Arbeiterregierung. Das Abkommen hatte den von der Reichs- und preußischen Regierung erhofften Erfolg: die Gewerkschaften und Mehrheitssozialdemokraten setzten sich für die Beendigung des Aufstandes und Ablieferung der Waffen ein[16]. Aber ein Teil der Roten Armee widersetzte sich. Die Regierung ließ nun neu herangeführte Truppen in das Revier einmarschieren[17]. Hierbei kam es zu schweren Kämpfen und Ausschreitungen auf beiden Seiten. Die KPD rief zur Fortsetzung des Widerstandes auf, der jedoch von den überlegenen Kräften der Reichswehr und Sicherheitspolizei gebrochen wurde. Da sich deren Operationen auch auf die entmilitarisierte Zone erstreckten, wurde dies für Frankreich zum Anlaß, Frankfurt, Darmstadt und Teile des Maingaues vorübergehend zu besetzen[18].

Was aber war inzwischen aus der Forderung der Gewerkschaften geworden, eine Arbeiterregierung zu bilden? Bei den Berliner Verhandlungen hatte man nicht die Vorstellung gehabt, daß nur die beiden sozialistischen Parteien beteiligt werden sollten. Auch Vertreter der Christlichen und der Hirsch-Dunckerschen Gewerkschaften, also Zentrum und Demokraten, waren vorgesehen. Eine solche breite Koalition unter Einschluß der USPD war jedoch von vornherein nicht realisierbar. Eine Arbeiterregierung nur im Rahmen der Weimarer Koalition ließ sich ebensowenig verwirklichen. Die Vorbehalte des Zentrums und die entschiedene Ablehnung der Demokraten verhinderten es.

Bei der Neubildung der Regierung hatten die Sozialdemokraten zunächst die Absicht, anstelle von Noske Otto Wels zum Reichswehrminister zu machen, der 1918 das Verdienst für sich hatte in Anspruch nehmen können, die Soldatenräte für die Politik der Mehrheitssozialisten gewonnen zu haben. Aber Wels lehnte ab, und es fand sich niemand in den Reihen seiner Partei, der sich mit dem umstrittenen Amt belasten wollte. So gaben die Sozialdemokraten ohne Notwendigkeit diese Schlüsselstellung preis. Der Demokrat Otto Geßler trat in die Lücke[19]. Er hat das Amt benutzt, um in den folgenden Jahren die immer wieder auftretenden Spannungen zwischen politischer und militärischer Führung auszugleichen, soweit es ging. Von größerem Gewicht als die Frage des Reichswehrministers war die Frage nach dem Kanzler. Nun hatten die Gewerkschaften bei der Abwehr des Kapp-Putsches die ausschlaggebende Rolle gespielt. Sie hatten in Zusammenarbeit mit Severing als Staatskommissar im Ruhrgebiet vermittelnd im Ruhraufstand eingegriffen und zu dessen Lokalisierung und verhältnismäßig schneller Beilegung beigetragen. Dabei hatten sie zugleich in Übereinstimmung mit den Wünschen der Ruhrarbeiterschaft die Forderung erhoben, die durch die Nationalversammlung suspendierte Frage der gesellschaftlichen und wirtschaftlichen Neuordnung im sozialistischen Sinne voranzutreiben. Es wäre in der damaligen Situation wohl begründet gewesen, wenn nun der Führer der Gewerkschaften Carl Legien die politische Verantwortung als Kanzler übernommen hätte. Für die Gewerkschaftsführung hätte dies bedeutet, daß sie aus dem gewohnten Bereich sozial- und lohnpolitischer Kämpfe in den Bereich wirtschaftspolitischer Zielsetzung und zentraler staatlicher Verantwortung vorgestoßen wäre. Diesen Schritt hat sie nicht getan. Legien hat sich der Kanzlerschaft versagt. Warum? Wäre Legiens Krankheit der ausschlaggebende Grund gewesen – er starb im Dezember des gleichen Jahres –, dann hätte aus den Reihen der Gewerkschaften, falls sie ernsthaft gewillt gewesen wären, vielleicht ein anderer ihrer Führer in die Bresche springen können. Entscheidend ist wohl viel eher folgende Überlegung gewesen: eine von einem Gewerkschaftsführer geleitete Regierung aus den Weimarer Parteien konnte die vereinbarten acht Punkte nicht in das Regierungsprogramm aufnehmen. Darüber hinaus mußte damit gerechnet werden, daß sich als Ergebnis der demnächst anstehenden Wahlen eine Reichstagsmehrheit bilden würde, die erst recht nicht gewillt sein würde, das Gewerkschaftsprogramm der acht Punkte durchzuführen. Entsprechend den getroffenen Vereinbarungen hätten die Gewerkschaften aber in diesen Fällen dann vor der Frage gestanden, ob der am 23. März abgebrochene Generalstreik wieder aufgenommen werden sollte. In einer solchen Situation wären einer an der Regierung beteiligten Gewerkschaftsführung wahrscheinlich die Zügel entglitten[20]. Dagegen war bei einer Nichtbeteiligung der höchsten Gewerkschaftsrepräsentanten an der

Regierung die Wahrscheinlichkeit eines durch Enttäuschung ge-
schürten Aufbegehrens und damit einer Wiederaufnahme des
Generalstreiks geringer, als wenn Gewerkschaftsmitglieder in
Regierungsverantwortung mit dem Verzicht auf Durchführung
des Acht-Punkte-Programms hätten belastet werden können.
Wahrscheinlich überließ man deshalb die Regierungsverantwortung anderen. Zwar wurden bei der durchgeführten Kabi-
nettsumbildung das Kanzleramt noch einmal durch einen Sozialdemokraten, Hermann Müller, besetzt und die Regierung
aus Mitgliedern der Weimarer Koalitionsparteien gebildet,
wenn auch ohne Reichswehrminister Noske und ohne Vizekanzler Schiffer, der ebenfalls auf Verlangen der Gewerkschaften ausscheiden mußte[21]. Unter dem Aspekt der Macht der sozialistischen Gesamtbewegung war das neue Kabinett eine
Rückzugsposition. Die Wahlen zum ersten Reichstag der Weimarer Republik im Juni 1920 veränderten das Bild vollends.

Die geschichtliche Bedeutung des Kapp-Putsches ist nicht zuletzt darin zu sehen, daß er das zwiespältige Verhältnis zwischen Republik und Reichswehr offenbarte. Bisher war die bewaffnete Macht von der Republik nur zum Kampf gegen links
eingesetzt worden. Im Kapp-Putsch wurde die Republik von
rechts bedroht. Als die Putschisten auf Berlin vorrückten, beriet
Noske mit den Generälen der Reichswehrführung die Lage.
General Reinhardt, der Chef der Heeresleitung, war bereit, Gewalt gegen Gewalt zu setzen. Aber General von Seeckt, der
Chef des Truppenamtes – unter diesem Namen wurde der frühere Generalstab fortgesetzt – verweigerte den Gehorsam. Es
fiel das ominöse Wort, daß Reichswehr nicht auf Reichswehr
schieße[22]. Noske aber und Ebert fanden nicht den Entschluß zu
einem klaren Befehl. Im Gegenteil: die Gehorsams- und Ver-
trauenskrise im Verhältnis von Staat und bewaffneter Macht
endete damit, daß nach dem Scheitern des Putsches Seeckt selbst
nun an die Stelle von Reinhardt gesetzt wurde, hingegen Noske
gehen mußte. Gewerkschaften und weithin auch die Sozialdemokratische Partei machten ihn dafür verantwortlich, daß es
zum Kampfe des Heeres gegen die Arbeiter im Industriegebiet
gekommen war. Für den Entschluß Eberts, Seeckt an die Spitze
der Reichswehr zu stellen, sprach die Überlegung, daß das
Reich angesichts des noch lange nicht endgültig überwundenen
Bürgerkriegs eines in sich geschlossenen militärischen Führer-
korps bedurfte. Seeckt schien der Mann zu sein, dem es gelingen
konnte, die Reichswehr aus den Übergangskrisen der unmittel-

baren Nachkriegszeit herauszuführen und zu einer in sich festgefügten Organisation zu machen. Man wird sich jedoch fragen müssen, ob dies nicht eine der schwerwiegendsten Fehlentscheidungen in der Geschichte der Republik war. Von Seeckt selbst wissen wir, daß er die Chancen eines Kampfes zwischen loyalen Truppen und Putschisten für den regierungstreuen Teil der Reichswehr positiv beurteilte[23]. Hätten Ebert und Noske den Mut gefunden, es zu einer Kraftprobe kommen zu lassen, so wäre hier von Anfang an klargestellt gewesen, daß die bewaffnete Macht zum Schutze der Republik gegen den Umsturz von rechts nicht weniger verpflichtet war als gegen die Revolution von links. So aber wurde die Reichswehr mit Notwendigkeit zu einer Sphinx, und ihr hervorragender Organisator Seeckt hat sie bewußt in dieser Zweideutigkeit belassen, der er mit der Forderung, der Soldat habe unpolitisch zu sein, eine Scheinlegitimität zu geben verstand[24]. Die in Gewerkschaften und Sozialdemokratie organisierten Arbeiter haben nach den Erfahrungen des Jahres 1920 niemals ein positives Verhältnis zur Wehrmacht ihres eigenen Staates gewonnen[25], sehr zum Schaden der Republik.

Akten der Reichskanzlei: Das Kabinett Bauer (in Bearbeitung); Das Kabinett Müller I, hg. v. M. VOGT (1971).

[1] F. EBERT, Schriften, Aufzeichnungen und Reden (1926), S. 127; S. A. KAEHLER, Über die Herkunft des Schlagwortes: »Im Felde unbesiegt«, in: Vier quellenkrit. Untersuchungen (s. Bd. 18, Kap. 25, Anm. 7) weist nach, daß der Gedanke zuerst formuliert worden ist am 16. November 1918 in einer Proklamation der badischen Volksregierung an die zurückkehrenden Landwehr- und Landsturmtruppen, und zwar mit einer gewissen partikularistischen Berechtigung, da diese »in der Tat die franz. Angriffe auf das Elsaß bis zuletzt mit Erfolg abgewehrt und das badische Land vor der franz. Invasion bewahrt hatten«.

[2] Als erster ist nach dem Zweiten Weltkrieg S. A. KAEHLER, Vorurteile u. Tatsachen (1949) der Entstehung der Dolchstoßlegende nachgegangen. Die Frage ist mit einigen Richtigstellungen an Kaehler umfassender aufgegriffen worden von zwei in der BRD u. in der DDR erschienenen Untersuchungen: Fr. Frhr. Hiller v. GAERTRINGEN, »Dolchstoß«-Diskussion u. »Dolchstoßlegende« im Wandel von vier Jahrzehnten, Rothfels-Festschr. (1963); J. PETZOLD, Die Dolchstoßlegende. Eine Geschichtsfälschung im Dienst des dt. Imperialismus u. Militarismus (³1963). Gaertringen weist mit Recht auf den inneren Widerspruch hin, der sich für die kommunistische Geschichtsschreibung daraus ergibt, daß sie auf der einen Seite die Niederlage von den Voraussetzungen des dt. Imperialismus her als gesetzmäßig erklärt, u. daß sie auf der anderen Seite bemüht ist, die Wirkung der revolutionären Bewegung auf den Ablauf des Krieges möglichst hoch zu veranschlagen.

[3] So das ehemalige Mitglied des Ra

tes der Volksbeauftragten, E. BARTH, Aus d. Werkstatt d. dt. Revolution (1920).

⁴ Dok. u. Materialien zur Gesch. d. dt. Arbeiterbewegung, R. II, Bd. 2, Nr. 155.

⁵ Das Werk des Untersuchungsausschusses der Verfassunggeb. Dt. Nationalversammlung u. des Reichstags, Sten. Ber. über die öffentl. Verhandlungen des Untersuchungsausschusses, 15. Ausschuß, R. 1, Bd. 1 (1919), S. 698–701; bezieht sich vermutlich auf mißverstandene Äußerungen des engl. Generalstäblers Gen. Maurice in engl. Blättern, über die die ›Neue Zürcher Zeitung‹ am 17. Dez. 1918 berichtete; so Petzold u. Hiller v. Gaertringen gegen Kaehler, der auf ein Gespräch zwischen Ludendorff u. dem Leiter d. engl. Waffenstillstandskommission, Gen. Malcolm, hinweist: Als Ludendorff Vorwürfe gegen Regierung und Zivilbevölkerung erhoben u. Malcolm den Sinn dieser Ausführungen in die Frage gefaßt habe: »You mean that you were stabbed in the back?«, soll Ludendorff dieses Stichwort aufgegriffen haben. Ohne Zweifel ist aber, wie Petzold u. Hiller v. Gaertringen nachweisen, der Begriff schon lange vor diesem Gespräch, das erst im Januar 1919 stattfand, in Dtld. verwendet worden; s. o. Anm. 2.

⁶ Unentbehrlich für eine Beurteilung der Dolchstoßlegende ist die klassische Darstellung von P. RENOUVIN, L'Armistice de Rethondes (1968). Er weist zwingend nach, daß alle Spekulationen über ein Auseinanderbrechen der Koalition der Westmächte im Falle einer Wiederaufnahme des Widerstandes durch Dtld. illusorisch waren. Die am 5. Nov. 1918 in den amerikan. Wahlen siegreichen Republikaner waren Gegner des Wilsonschen Verhandlungsfriedens u. wünschten in Übereinstimmung mit dem Oberbefehlshaber der amerikan. Streitkräfte in Dtld., General Pershing, nicht einen Waffenstillstand auf der Grundla-

ge der 14 Punkte, sondern die Kapitulation. Renouvins Ergebnis: »Wenn sich der Krieg noch einige Wochen oder Monate hingezogen hätte, dann wäre die Niederlage Dtlds. noch viel schwerer gewesen.«

⁷ J. W. BRÜGEL, Das Schicksal d. Strafbestimmungen des Versailler Vertrags, VfZG 6 (1958).

⁸ M. ERZBERGER, Reden zur Neuordnung des dt. Finanzwesens (1919); G. HÖFLER, Erzbergers Finanzreform u. ihre Rückwirkung auf die bundesstaatl. Struktur des Reiches vorwiegend am bayer. Beispiel (Diss. Ms. Freiburg 1955); H. E. HONSCHU, Die Entwicklung des Finanzausgleichs im Dt. Reich u. in Preußen 1919–45 (1950).

⁹ Der Erzberger-Prozeß. Sten.Ber. über die Verhandlungen im Beleidigungsprozeß Erzbergers gegen Helfferich (1920). Ein anonymes, auf Wunsch Erzbergers hergestelltes Gutachten: Der Prozeß Erzberger–Helfferich. Rechtsgutachten mit einem Begleitwort von S. LÖWENSTEIN (⁵1921). Vgl. das ausgewogene Kapitel über den Prozeß bei K. EPSTEIN, Matthias Erzberger und das Dilemma der dt. Demokratie (dt. 1962). – Allg. Lit. über die Justiz u. ihr Verhältnis zur Weim. Rep.: DW 395/742–750. H. SINZHEIMER/E. FRAENKEL, Die Justiz in der Weim. Rep. (1968), Auszüge aus der Zs. ›Die Justiz‹, erschienen von Herbst 1925 bis April 1933; ders., Zur Soziologie der Klassenjustiz (zuerst 1927), Ndr. in ders., Zur Soziologie d. Klassenjustiz u. Aufsätze zur Verfassungskrise 1931–1932 (1968); H. u. Elisabeth HANNOVER, Polit. Justiz 1918 bis 1933 (Tb. 1966).

¹⁰ Zum Kapp-Putsch: J. ERGER, Der Kapp-Lüttwitz-Putsch (1967), umfassendste Darstellung des Putsches, basiert auf der These, daß weniger der Generalstreik u. der Widerstand der Beamtenschaft zum Scheitern des Unternehmens geführt haben als die Improvisation des Putsches und die Heterogenität der Ziele der

Putschisten; K. Brammer, Fünf Tage Militärdiktatur. Dokumente zur Gegenrevolution unter Verwendung amtl. Materials (1922); aus dem Material des Prozesses gegen v. Jagow, den Innenminister unter Kapp: K. Brammer, Verfassungsgrundlagen u. Hochverrat. Beiträge zur Gesch. des neuen Dtlds. Nach sten. Verhandlungsber. u. amtl. Urkunden des Jagow-Prozesses (1922); A. Luckau, Kapp-Putsch – success or failure?, Journal of Centr. Europ. Aff. 7 (1947/48); Gabriele Krüger, Die Brigade Ehrhardt (1971).

[11] H. v. Borch, Obrigkeit u. Widerstand, Zur polit. Soziologie des Beamtentums (1954), S. 214 ff.; W. Runge, Politik u. Beamtentum im Parteienstaat (1965).

[12] Zum Vorhaben der Gewerkschaften u. C. Legiens: H. J. Varain, Freie Gewerkschaften, Sozialdemokratie u. Staat (1956), S. 172 ff.; E. Könnemann/Brigitte Berthold/G. Schulze (Hg.), Arbeiterklasse siegt über Kapp u. Lüttwitz (2 Bde. B-Ost 1970), Sammlung zeitgenössischer Materialien unter aktuellem Einheitsfrontaspekt; E. Könnemann, Zum Problem d. Bildung einer Arbeiterregierung nach dem Kapp-Putsch, in: Beitr. z. Gesch. d. Arbeiterbeweg. 5 (B-Ost 1963); ders., Aktionseinheit contra Kapp-Putsch: der Kapp-Putsch im März 1920 und der Kampf der deutschen Arbeiterklasse (B-Ost 1972).

[13] Texte bei H. J. Varain, Freie Gewerkschaften, S. 174–176.

[14] G. Eliasberg, Der Ruhrkrieg 1920. Zum Problem von Organisation u. Spontaneität in einem Massenaufstand u. zur Dimension d. Weimarer Krise, Arch. f. Sozialgesch. 10 (1970), vorbildlich in Materialbehandlung u. analytischer Durchdringung; seine These: »Die zentrale – und von der Geschichte der vergangenen 50 Jahre gründlich widerlegte – Behauptung ist, daß ›das Proletariat‹ eine ›an sich‹ revolutionäre Klasse sei, die zwar von der kapitalistischen Umwelt korrum-

piert und von den ›verräterischen‹ Reformisten der sozialdemokratischen Parteien und Gewerkschaften seiner eigentlichen Bestimmung entfremdet werden könne, dennoch aber fähig und willens sei, in einer ›revolutionären Situation‹ die Macht zu ergreifen, die kapitalistische Ordnung zu stürzen und den Sozialismus aufzubauen, vorausgesetzt, daß es von einer im Leninschen Sinne organisierten kommunistischen Partei geführt werde. – Der Ruhrkrieg, die größte Aufstandsbewegung, die es in Deutschland seit dem Bauernkrieg gegeben hat, kann als Beweis für diese Auffassungen angeführt werden. Die Bewegung war ›proletarisch‹ in ihrem Charakter, insofern, als es eine Erhebung von Arbeitern war. Sie war sicherlich ›revolutionär‹ in ihren Formen, insoweit als man bewaffneten Widerstand gegen die Staatsgewalt so bezeichnen will. Sie war auch ›sozialistisch‹ wenn man an die polit. Überzeugungen der großen Mehrheit der Teilnehmer und an die Terminologie vieler ihrer Führer denkt. Und doch war diese Massenbewegung einheitlich und erfolgreich – erfolgreich, weil einheitlich –, solange sie nicht auf sozialistisch-proletarisch-revolutionäre Forderungen ausgerichtet war, sondern ihre Parolen ›Gegen die Reaktion!‹ und ›Für die Verteidigung der Errungenschaften der Arbeiter!‹ lauteten. Sie zerfiel genau in dem Augenblick, in dem diese Ziele – scheinbar! – erreicht waren …« S. 369. Im Auftrage des Zechenverbandes H. Spethmann, Zwölf Jahre Ruhrbergbau 1914–1925, Bd. 2: Aufstand und Ausstand vor und nach dem Kapp-Putsch bis zur Ruhrbesetzung (1928); ders., Die Rote Armee an Ruhr u. Rhein ([5]1932); Darstellungen aus den Nachkriegskämpfen dt. Truppen u. Freikorps (s. o. S. 24), Bd. 9, Errettung des Ruhrgebiets 1918–1920 (1943); E. Lucas, Märzrevolution im Ruhrgebiet. Vom Generalstreik gegen den Militärputsch zum bewaffneten Arbeiteraufstand, Bd. 1 (1970).

[15] C. SEVERING, 1919/20 im Wetter- u. Watterwinkel (1927); ders., Mein Lebensweg, Bd. 1 (1950), S. 253 ff.; W. T. ANGRESS, Weimar Coalition and Ruhr Insurrection, Journal of Mod. Hist. 29 (1957).

[16] Flugblatt des Zentralrats Rheinland-Westfalen in Akten d. RK: Kabinett Müller I, hg. v. M. VOGT, Nr. 9.

[17] Aufruf C. Severings an die Bevölkerung 5. April 1920, ebd., Nr. 11.

[18] Stellungnahme der Reichsregierung hierzu, ebd., Nr. 15.

[19] Zur Ablehnung des Reichswehrministeriums durch Wels s. H. ADOLPH, Otto Wels u. die Politik der dt. Sozialdemokr. 1894–1939 (1971), S. 157 f. u. Akten d. RK: Kabinett Müller I, hg. v. M. VOGT, Einleitung, S. XII u. XVIII. – O. GESSLER, Reichswehrpolitik in der Weim. Zeit (1958).

[20] Hierzu H. J. VARAIN, Freie Gewerkschaften, S. 181: »Bei einem Mißlingen der Regierungsbildung oder einer Ablehnung der gewerkschaftlichen Forderungen durch das Parlament hätte Legien oder ein anderer Gewerkschaftsführer nicht zurücktreten können, ohne sich weiterdrängen zu lassen. Selbst Stresemann hielt es damals nicht für ausgeschlossen, ›daß … das Parlament durch eine Räteregierung ersetzt werden würde‹; auch er befürchtete eine Entwicklung, die ›über das Kontrollorgan der Gewerkschaften in die Diktatur des Proletariats einzumünden‹ drohte. Es spricht alle Wahrscheinlichkeit dafür, daß

auch Carl Legien genau dasselbe sah und den Auftrag darum ablehnte. Um die Zügel in der Hand zu halten, durfte er nicht versuchen, selbst die Regierung zu bilden.« Vgl. E. H. SCHLOTTNER, Stresemann, der Kapp-Putsch u. die Ereignisse in Mitteldeutschland u. in Bayern im Herbst 1923 (Diss. Ms. Frankf. 1948), S. 35 u. 38.

[21] Über die Zusammensetzung des Kabinetts Akten d. RK: Kabinett Müller I, hg. v. M. VOGT, Einleitung.

[22] F. v. RABENAU, Seeckt. Aus seinem Leben (1940), S. 221 ff.; H. MEIERWELCKER, Seeckt (1967), S. 258 ff., bes. Anm. 12 u. 19, bezweifelt die Zuverlässigkeit der Darstellung Rabenaus bezüglich der Seeckt in den Mund gelegten Äußerung. Tatsache aber bleibt, daß Seeckt in der fraglichen Sitzung vom Einsatz der Reichswehr abgeraten hat. Ihm ging es nicht um den Erhalt der Republik, sondern um die Vermeidung des Kampfes von Reichswehr gegen Reichswehr. Vgl. auch F. L. CARSTEN, Reichswehr u. Politik (1964), S. 89 ff.

[23] F. v. RABENAU, Seeckt, S. 234.

[24] H. v. SEECKT, Die Reichswehr (1933); ders., Gedanken eines Soldaten (1935). – C. GUSKE, Das politische Denken des Generals v. Seeckt. Ein Beitrag zur Diskussion des Verhältnisses Seeckt – Reichswehr – Republik (1971).

[25] G.-A. CASPAR, Die sozialdemokrat. Partei u. das dt. Wehrproblem in den Jahren der Weim. Rep., Wehrwissensch. Rundschau, Beih. 11 (1959).

Kapitel 9
Der Kampf um die Reparationen

Die Wahlen vom 6. Juni 1920 einschließlich Nachwahlen ließen die Oppositionsparteien der Rechten und Linken beträchtlich anschwellen. Die USPD vervierfachte ihre Sitze im Reichstag (22:84), dazu kamen vier Kommunisten, während die SPD ein Drittel einbüßte (165:102). Die Demokraten gingen zurück

(75:39). Vom Zentrum spaltete sich die Bayrische Volkspartei als Vertreterin konservativer und föderalistischer Gesinnung ab (Zentrum 91:64; BVP 21). Auf der Rechten hatten die Deutschnationalen einen großen Gewinn (44:71). Einen relativ sehr hohen Zuwachs errang die Deutsche Volkspartei (19:65). Durch diese Wahl verloren die Sozialdemokraten die Führung. Erst acht Jahre später konnten sie mit Hermann Müller noch einmal einen Kanzler stellen. Aber auch die Weimarer Koalition insgesamt verlor die Mehrheit im Parlament und hat sie nie wieder errungen. Ernst Troeltsch sah das Ergebnis der Wahl in der »Zertrümmerung der die neue Verfassung tragenden Mitte«[1]. Die Parteiengruppe, die sich 1917 zusammengefunden und 1919 die Verfassung geschaffen hatte, ist niemals von der Wählerschaft mit der politischen Führung der Republik auf der Basis dieser Verfassung beauftragt worden. Damals kam das Wort auf, daß der Weimarer Staat eine Republik ohne Republikaner sei. Trotz des starken Rechtsrucks war eine Alternative in Form einer Koalition zwischen DVP und DNVP nicht möglich, denn auch diese beiden Rechtsparteien verfügten nicht über eine parlamentarische Mehrheit. Ein normales Wechselspiel zwischen Regierung und Opposition hat in der Weimarer Republik nie zustande kommen können, weil auf der äußersten Linken USPD bzw. Kommunisten in solcher Stärke in den Reichstagen vertreten waren, daß weder die Rechtsparteien noch die Weimarer Koalitionsparteien die Majorität der Stimmen auf sich vereinigen konnten[2]. Es blieben in der Weimarer Republik nur die Möglichkeiten, relativ homogene Minderheitsregierungen zu bilden (Weimarer Koalition: SPD, DDP, Zentrum; bürgerliche Koalition: DDP, Zentrum, DVP) oder in ausgreifender Koalitionsbildung weit auseinanderstehende Parteien zusammenzufassen (Große Koalition: SPD, DDP, Zentrum, DVP; bürgerliche Rechtskoalition: Zentrum, DVP, DNVP). Beide Fälle boten keine Stabilität auf lange Sicht. Häufiger Regierungswechsel ist ein Kennzeichen des Weimarer Staats gewesen. Von Scheidemann 1919 bis Schleicher 1932 hat Deutschland dreizehnmal den Kanzler gewechselt. Der 1920 gewählte Reichstag hat bis Mai 1924 bestanden. Die Kanzler dieser Zeit sind: Fehrenbach (Ztr.), Wirth (Ztr.), Cuno (o. P.), Stresemann (DVP) und Marx (Ztr.). Diese Unstabilität der Regierungen wirkte sich ungünstig auf die Behandlung der schwierigen außenpolitischen Probleme aus.

Als erstes stellte sich für die bürgerliche Minderheitsregierung unter Fehrenbach die Frage der Reparationen[3]. Ihre Höhe war in Versailles nicht fixiert worden. Nur vorläufig hatte man Deutschland eine Summe von 20 Milliarden Goldmark auferlegt, die es vorweg bis zum 1. Mai 1921 zu zahlen hatte. In der Reparationskommission schufen sich die Gläubigermächte in Deutschland ein Vollstreckungsorgan mit tiefgreifenden Kontrollbefugnissen über Wirtschaft und Staatshaushalt. In den Jahren 1920–1922 ging es in einer Fülle von dicht aufeinanderfolgenden Konferenzen um die Festsetzung der Gesamtforderung, der jährlich zu leistenden Zahlungen, der Zahlungsmodalitäten und der Behandlung von wiederholten deutschen Gesuchen um Zahlungsaufschub. Als Auftakt wurde in Spa (Juli 1920) ein Verteilerschlüssel zwischen den Alliierten vereinbart, wobei von der gesamten zu erwartenden Summe der französische Anteil 52 Prozent, der britische 22 Prozent, der italienische 10 Prozent, der belgische 8 Prozent usw. betragen sollte. In Paris vereinbarten die Ententeminister im Januar 1921, daß Deutschland 42 Jahreszahlungen leisten solle, steigend von 2 bis auf 6 Milliarden. Am 3. März wurde der Reichsregierung von einer in London tagenden Konferenz der Gläubiger eine Frist von 4 Tagen für die Annahme der Pariser Beschlüsse oder die Vorlage geeigneter deutscher Angebote gestellt. Gegenvorschläge, die Außenminister Simons vortrug, wurden für unzureichend erklärt und darauf am 8. März 1921 als Sanktionsmaßnahme Duisburg, Ruhrort und Düsseldorf besetzt. Nach dem Scheitern eines auf deutsche Bitte unternommenen amerikanischen Vermittlungsversuchs trat die Regierung Fehrenbach am 4. Mai in Erwartung weiterer Repressalien zurück. Inzwischen hatte die Reparationskommission die Gesamtforderung auf 132 Milliarden berechnet. Durch das Londoner Ultimatum vom 5. Mai 1921[4] erzwangen die Ententemächte unter Drohung mit Ruhrbesetzung und neuer Blockade die Annahme dieser Summe. In die Annuitäten war neben der fixen Summe von 2 Milliarden ein gleitender Posten in Höhe von 26 Prozent der deutschen Ausfuhr angesetzt.

Am 10. Mai 1921 bildete Wirth eine neue Regierung der Weimarer Koalitionsparteien. Diese sprachen sich ebenso wie die USPD und einige Abgeordnete der Deutschen Volkspartei im Reichstag mit 220 gegen 172 Stimmen für die Annahme des Londoner Ultimatums aus. Mitbestimmend für dieses Votum war der Eindruck des drohenden Verlustes von ganz Oberschlesien. Am 20. März 1921 hatte die Abstimmung in Oberschlesien ein Verhältnis von 60:40 zugunsten Deutschlands ergeben. England war geneigt, das Industriegebiet bei Deutschland zu belassen, Frankreich wollte es an Polen geben. Die Polen selbst versuchten durch einen abermaligen Aufstand, den dritten sogenannten Korfanty-Aufstand, der sich weithin des Landes bemächtigte, vollendete Tatsachen zu schaffen[5]. Unter englischer Duldung wurde die Gegenwehr des deutschen Selbstschutzes organisiert. Im Reichstag fürchtete man, durch Ablehnung des Londoner Ultimatums den englischen Rückhalt für Oberschlesien zu verlieren. Am 23. Mai 1921 gelang es dem oberschlesischen Selbstschutz unter General Hoefer, den beherrschenden Annaberg zu erobern. Aber der Entscheid, den am 20. Oktober 1921 der Völkerbundrat fällte, war erneut ein harter Schlag für Deutschland. Das Abstimmungsgebiet wurde geteilt, wobei das Industriegebiet, das den stärksten polnischen Bevölkerungsanteil in Oberschlesien hatte, fast ganz an Polen fiel[6]. Etwa gleich starke Minderheiten blieben auf beiden Seiten der neuen Grenzlinie, 258000 deutsche Stimmen im polnischen, 200000 polnische Stimmen im deutschen Teil Oberschlesiens. Über deren Nationalitätenrechte trafen Deutschland und Polen im Genfer Abkommen vom 15. Mai 1922 eine Vereinbarung[7]. Das an Polen fallende Gebiet wurde mit dem polnischen Anteil an dem ehemaligen Österreichisch-Schlesien, Teschen, zur neuen Woiwodschaft Schlesien zusammengefaßt, die ein gewisses Maß von provinzieller Autonomie, so auch ein eigenes Parlament erhielt.

In die Regierung Wirth war als Wiederaufbauminister, später Außenminister, Walther Rathenau[8] eingetreten. Er hielt das Londoner Ultimatum für undurchführbar und unmoralisch, sprach sich aber dennoch unter dem Zwang der Lage für seine Annahme aus. Er hoffte, die Unerfüllbarkeit der Reparationsforderungen zu beweisen und ihre Revision gerade dadurch zu erreichen, daß Deutschland sie bis an die Grenze des Möglichen zu erfüllen suchte. Das politische Problem der Erfüllungspolitik lag darin, daß sie von der Gläubigerseite durchaus nicht als ernsthafter deutscher Versuch gewertet wurde, den Vertragsbestimmungen gerecht zu werden. Denn wo lag die Grenze der Leistungsfähigkeit Deutschlands? Wenn Deutschland nach Zahlung der ersten Milliarde Goldmark auf Grund des neuen Planes ein Moratoriumsgesuch an die Gläubiger richtete, so sah man auf der anderen Seite, namentlich in Frankreich, in dieser Bitte um Zahlungsaufschub einen Versuch des Schuldners, sich seinen Verpflichtungen zu entziehen. Offenbar konnte man nur weiterkommen, wenn man die internationalen Schuldverpflichtungen insgesamt und im Zusammenhang mit den Wirtschaftsproblemen von politischen Forderungen und Ressentiments so weit wie möglich loslöste. Daher schlug Lloyd George in Cannes dem französischen Ministerpräsidenten Aristide Briand[9] vor, in Genua eine Konferenz durchzuführen, zu der neben Deutschland auch Rußland geladen sein sollte. Die Verlagerung der Reparationsdiskussion auf die wirtschaftliche Ebene sollte für Frankreich dadurch erleichtert werden, daß sich ihm nun die Aussicht eröffnete, den 1919 nicht zustande gekommenen Garantiepakt jetzt wenigstens mit England allein abzuschließen. Aber diesmal kam das Nein von Frankreich selbst. Die Wege Frankreichs und Englands begannen damals auseinanderzugehen[10]. Schon im Vorjahre hatte sich auf der Washingtoner Konferenz Frankreich in den Abrüstungsfragen als von England überspielt empfunden. Eine Rivalität der beiden Mächte trat in vorderorientalischen Fragen, namentlich an dem ungelösten Problem der Türkei zutage, gegen die Lloyd George den griechischen Bundesgenossen vorschickte, während Frankreich den Türken politisch Hilfestellung leistete. Briand, der persönlich geneigt war, auf das Angebot Lloyd Georges einzugehen, mußte zurücktreten. An seine Stelle kam Poincaré[11]. Damit begann eine neue, die letzte Phase der französischen Hegemonialpolitik auf dem Kontinent, die nach einem kurzen, unglücklichen Verlauf scheiterte.

Poincaré ging nicht selbst zur Konferenz von Genua (10. April bis 19. Mai 1922). Der französische Vertreter Barthou wurde angewiesen, weder über Abrüstung noch über Reparationen zu verhandeln. Die USA blieben der Konferenz wegen der Teilnahme Rußlands fern. Das einzige, völlig unvorhergesehene Resultat der im übrigen ergebnislosen Konferenz war der in Rapallo, in der Nähe Genuas, am 16. April 1922 abgeschlossene Vertrag zwischen Deutschland und Sowjetrußland.

Akten der Reichskanzlei: Das Kabinett Fehrenbach, hg. v. P. WULF (1972); Das Kabinett Wirth, hg. v. Ingrid SCHULZE-BIDLINGMAIER (2 Bde. 1973); E. LAUBACH, Die Politik der Kabinette Wirth 1921/22 (1968), kritische Abwägung von Erfolg u. Mißerfolg der »Erfüllungspolitik«. – Lit. zum Reparationsproblem Kap. 5, Anm. 29.

[1] E. TROELTSCH, Spektator-Briefe, hg. v. H. BARON (1924), S. 142. K. D. BRACHER, Probleme d. Wahlentwicklung in d. Weimarer Republik, in: ders., Dtld. zwischen Demokratie u. Diktatur (1964); A. MILATZ, Wähler

u. Wahlen in der Weimarer Republik (²1968). – Zur Bildung des Kabinetts Fehrenbach u. seiner Charakterisierung, Akten der Reichskanzlei: Kabinett Fehrenbach, hg. v. P. WULF, Einleitung.

² Hervorragende Analyse des Problems der Regierungsbildung bei A. BRECHT, Vorspiel zum Schweigen. Das Ende d. dt. Republik (1948).

³ S. Kap. 5, Anm. 29.

⁴ Text in: Ursachen u. Folgen 4, Nr. 959 u. 959a.

⁵ E. SONTAG, Adalbert Korfanty. Ein Beitrag zur Gesch. d. poln. Ansprüche auf Oberschlesien (1954).

⁶ Vgl. Kap. 5, Anm. 18.

⁷ G. F. de MARTENS, Nouveau recueil général de traités, Bd. 16, S. 645 ff.; RGBl. 1922 II, S. 238 ff.

⁸ Literatur zu RATHENAU, S. 18; ferner: D. FELIX, Walther Rathenau and the Weimar Republic. The Politics of Reparations (Baltimore 1971); Bespr. des Rathenau-Tagebuchs K. D. ERDMANN in: Der Spiegel, 12. Febr. 1968; A. BRECHT, W. Rathenau u. das dt. Volk (1950); E. C. KOLLMANN, W. Rathenau and German Foreign Policy, Journal of Mod. Hist. 24 (1952); B. GUTTMANN, Tragische Erinnerung, Gegenwart 2 (1947), H. 11/12; Entgegnung hierauf von Ph. HELFFERICH, Rathenau u. Helfferich, Gegenwart 2 (1947), H. 15/16.

⁹ G. SUAREZ, Aristide Briand, sa vie, son œuvre, Bd. 5 (6 Bde. 1938/52); Fr. H. LEONHARDT, Aristide Briand u. seine Deutschlandpolitik (Diss. Heidelberg 1951).

¹⁰ Brit. Blaubuch: Papers respecting Negotiations for an Anglo-French Pact (1924); W. M. JORDAN, Great Britain, France and the German Problem, 1918–1939 (1943); A. WOLFERS, Britain and France between two wars (New York 1940).

¹¹ Erinnerungen DW 394/452. I. E. L. LOYRETTE, The Foreign Policy of Poincaré (Diss. Oxford 1955). Zur franz. Beurteilung Poincarés vor allem M. BAUMONT, La Faillite de la paix 1918–1939 (Peuples et civilisations, Bd. 20) u. P. RENOUVIN, Les Crises du XXᵉ siècle, Bd. 1: De 1914 à 1929 (Histoire des relations internationales Bd. 7 1957, ⁶1969).

Kapitel 10
Rapallo

Das Verhältnis Deutschlands zu Sowjetrußland war von Grund auf zwiespältig. Als demokratisch-sozialer bürgerlicher Staat war die Weimarer Republik durch die Idee der Weltrevolution bedroht und seit 1918 im Innern nicht zur Ruhe gekommen. Die ersten Jahre der Republik waren von Bürgerkriegskämpfen durchzogen: Dezember 1918 Berlin; Januar 1919 Berlin und viele Städte im Norden, Westen und Süden Deutschlands; März/April 1919 Sachsen, Thüringen, Bayern; März/April 1920 Mitteldeutschland und Ruhrgebiet, in den gleichen Gebieten wieder im März 1921. Die Kommunistische Partei Deutschlands war in dieser Zeit zu einem immer stärker werdenden Faktor in den innerdeutschen Auseinandersetzungen geworden¹. Zwar hatte sich im April 1920 eine linke syndikalistische

Gruppe als Kommunistische Arbeiterpartei Deutschlands (KAPD) abgespalten, auch hatten die Kommunisten bei den Reichstagswahlen im Juni 1920, an denen sie sich im Unterschied zu den Nationalversammlungswahlen beteiligten, lediglich vier Mandate erringen können. Jedoch gelang es der KPD Ende 1920 eine breite Basis zu gewinnen: die auf Kosten der SPD erheblich gewachsene USPD entschied sich auf ihrem Parteitag im Oktober 1920 für einen Anschluß an die Kommunistische Internationale. Etwa ein Drittel ihrer 900000 Mitglieder folgte dem Beschluß. Etwa die gleiche Zahl blieb in der Partei, die sich 1922 wieder mit den Mehrheitssozialdemokraten zusammenschloß. Etwa ein Drittel schied aus, ohne sich nach der einen oder der anderen Seite festzulegen. Den stärksten Eindruck auf dem Parteitag der USPD hinterließ eine Rede Sinowjews, den Lenin zum Vorsitzenden des Exekutivkomitees der Dritten Internationale gemacht hatte. Er appellierte an seine Zuhörer, Vorkämpfer für die bald zu erwartende Weltrevolution zu werden. Vergeblich warnte Hilferding davor, russische Revolutionserfahrung kurzschlüssig auf die Situation Deutschlands zu übertragen und die Widerstandsfähigkeit der bestehenden Staats- und Gesellschaftsordnung zu unterschätzen. Die im Dezember 1920 aus der Verschmelzung von KPD und Teilen der USPD hervorgegangene Vereinigte Kommunistische Partei Deutschlands (VKPD) bekannte sich zur »revolutionären Offensive« und zur Einheitsfronttaktik. Hatte sie bei ihren Versuchen, neue Anhänger zu werben, wie verschiedene Landtagswahlen im Winter 1920/21 zeigten, auch nur einen relativen Erfolg, so gelang es ihr doch, in der Arbeiterschaft des mitteldeutschen Industriegebiets eine klare Majorität zu gewinnen[2]. Die jetzt anlaufenden Vorbereitungen für eine Erhebung in Mitteldeutschland müssen vor einem doppelten Hintergrund gesehen werden: im Bewußtsein, eine revolutionäre Massenpartei geworden zu sein, überschätzte die VKPD das revolutionäre Potential in der damaligen deutschen Situation; zudem wurde sie von Emissären der Komintern angetrieben, wie dem ungarischen Revolutionär Béla Kun. Die Komintern wollte der Sache der Weltrevolution durch einen Aufstand in Deutschland neuen Auftrieb geben, nachdem das Prestige Sowjetrußlands durch die Niederlage der Roten Armee im Krieg gegen Polen Ende 1920 erhebliche Einbuße erlitten hatte. Man hat den Aufstand vom März 1921 in Mitteldeutschland[3] als die Marneschlacht der KPD bezeichnet. Die geplanten Aktionen konnten sich nicht entfalten, da ihnen die preußische Sicherheitspolizei zuvorkam. Im Einvernehmen mit Severing ließ sie der Oberpräsident der preußischen Provinz Sachsen, Hörsing, am 19. März 1921 in das Industriegebiet einrücken, um die Arbeiter zu entwaffnen. Es kam zu erbitterten Kämpfen im Bergwerksrevier und um die Leunawerke. Der Parteizentrale entglitt die Leitung des Aufstandes. Zum lokalen Führer wurde Max Hoelz, ein gewalttätiger revolutionärer Kondottiere, der sich schon nach dem Kapp-Putsch in Sachsen als Organisator revolutionären Widerstandes hervorgetan hatte[4]. Er war nach dem Kapp-Putsch aus der KPD ausgeschlossen worden und sympathisierte jetzt mit der KAPD. Ein Aufruf der KPD zu einem allgemeinen Generalstreik in Deutschland fand nur vereinzeltes Echo, so in Hamburg. Der Aufstand erwies sich als ein völliger Fehlschlag, weil die Zentrale der Partei in ihrer politischen und militärischen Führungsfunktion versagte, vor allem aber, weil es der Partei nicht gelang, über das sächsische Industriegebiet hinausgehend die Massen in Bewegung zu setzen. Am 1. April gestand sich die Zentrale die Niederlage ein und brach die Aktion ab. Die Zahl der Toten auf beiden Seiten betrug fast 200. Aber die gescheiterte Märzerhebung war noch nicht der letzte Versuch, durch die Vorbereitung einer revolutionären Massenaktion die parlamentarische Republik zu stürzen.

Durch seine Kämpfe gegen die kommunistischen Aufstände im Innern gehörte Deutschland ins Lager der westeuropäischen bürgerlichen Staaten. Aber als Macht unter Mächten, in seinem Ringen um die Reparationen und um die Revision des Versailler Vertrages mußte das Reich der Tatsache Rechnung tragen, daß auch Sowjetrußland in einem scharfen Gegensatz zu den führenden Mächten der bürgerlich-kapitalistischen Welt stand, gegen deren militärische Interventionen sich das neue Regime in schweren Kämpfen hatte durchsetzen müssen. Die innere und äußere Staatsräson wiesen also Deutschland in entgegengesetzte Richtung. Bei natürlicher Solidarität mit dem Westen auf Grund seiner sozialen und politischen Struktur wurde Deutschland durch seine außenpolitische Lage auf Verständigung mit der Sowjetmacht hingewiesen. Dies wurde dadurch erleichtert, daß nach der Auflösung der Habsburger Monarchie und der Zurückdrängung des Kommunismus aus Südosteuropa die deutsche Politik nicht mehr belastet war durch die früheren Konflikte zwischen dem österreichisch-ungarischen Bundesgenossen und einem im Balkanraum ausgreifenden Panslawismus.

Darüber hinaus ergab sich ein gemeinsames Interesse im Verhältnis zu Polen. Deutschland und Sowjetrußland hatten territoriale Revisionsansprüche gegenüber diesem Bundesgenossen Frankreichs. Seit der Ausweisung des russischen Botschafters Joffe im November 1918 bestanden keine diplomatischen Beziehungen mehr zwischen Deutschland und Rußland. Das zwiespältige Verhältnis zu der neuen Macht im Osten hatte in Deutschland zu einander widersprechenden Gedanken über die einzuschlagende Richtung geführt. An den äußersten Extremen standen die Vorstellung des Führers der deutschen Baltikumtruppen, von der Goltz, zunächst den Bolschewismus militärisch niederzuwerfen, um dann an Rußland einen Bundesgenossen gegen den Westen zu finden, und die Idee Seeckts, der realistischer denkend die Möglichkeiten nutzen wollte, die sich aus der Feindschaft der Sowjets gegen Polen wie gegen die Westmächte ergeben konnten. Auf der anderen Seite war aber auch das Verhältnis Sowjetrußlands zur Weimarer Republik zwiespältig. Der Umsturz der politisch-sozialen Verhältnisse in Deutschland blieb das Hauptziel der kommunistischen Bewegung. Aber nachdem sich die Weltrevolution nicht im ersten Anlauf aus der Oktoberrevolution ergeben hatte, war Sowjetrußland gezwungen, sich auch als Staat unter Staaten einzurichten. Der von Lenin durchgesetzte Abschluß des Brest-Litowsker Friedens war ein erster Schritt zu einer sowjetischen Außenpolitik gewesen, deren Hauptziel, von Lenin deutlich ausgesprochen, darauf gerichtet war, die zwischen den bürgerlichen Staaten bestehenden Spannungen zu erhalten und auszunutzen[5]. Die Sowjetunion war also daran interessiert, zu verhindern, daß Deutschland politisch in das Lager der westeuropäischen Mächte gezogen wurde.

Ohne daß offizielle diplomatische Beziehungen bestanden hätten, kam es in den ersten Jahren der Republik zu mannigfachen praktischen Berührungen mit Sowjetrußland. Aus der Behandlung der Kriegsgefangenenfrage hatte sich eine wirtschaftliche Fühlungnahme entwickelt (Abkommen vom 6. Mai 1921[6]). Die Pflege des Handels mit Rußland wurde zu einem Hauptanliegen der deutschen Politik. Besonders der Schwerindustrie, deren gewichtigster Sprecher Stinnes war, lag an der Öffnung von direkten Exportmöglichkeiten nach Rußland, während die verarbeitende Industrie, zu deren Vertretern auch Rathenau zählte, wegen ihres Rohstoffbedarfs stärker auf die Handelsbeziehungen zum Westen angewiesen war[7]. Hier befreundete man sich deshalb mit dem in der europäischen Finanzwelt auftauchenden Gedanken, ein internationales Konsortium für die Betätigung in Rußland zu bilden. Mit den wirtschaftlichen verknüpften sich militärische Interessen. Der im Jahre 1921 sich steigernde deutsche Export nach Rußland kam nicht zuletzt dem Aufbau einer sowjetischen Rüstungsindustrie zugute, an der wiederum die Reichswehr interessiert war, da sie von dort zusätzlich Artilleriemunition zu beziehen hoffte[8]. Diese Beziehungen bedeuteten freilich nicht, daß Sowjetrußland sich irgendwie auf Deutschland festgelegt hätte. Dem Abkommen mit Deutschland war ein Handelsabkommen mit England vorangegangen[9], und die Einladung Sowjetrußlands nach Genua schien neue Möglichkeiten für eine wirtschaftliche Zusammenarbeit mit den Westmächten zu eröffnen.

Die Ostabteilung des deutschen Auswärtigen Amtes unter ihrem rührigen Chef Ago Freiherr v. Maltzan[10] war bemüht, die zwischen Rußland und Deutschland schwebenden finanziellen und wirtschaftlichen Fragen vertraglich zu regeln und die diplomatischen Beziehungen wieder aufzunehmen. Die sowjetische Delegation für Genua unter Führung Tschitscherins machte auf der Durchreise in Berlin halt. Hier wurde der Wortlaut des späteren Vertrages entworfen, ohne daß es jetzt bereits zur Unterzeichnung gekommen wäre. Rathenau und Wirth wollten sich vor Genua nicht festlegen, und Ebert widerstrebte der Vertrag überhaupt. Die Regierung wollte sich nicht die Möglichkeit verbauen, die Leitsätze dieses Vertragsentwurfs in eine Gesamtregelung der Beziehungen zwischen dem Westen und Sowjetrußland einbringen zu können. Aber auch die Russen zeigten keine allzu große Bereitwilligkeit. Vor beiden Seiten stand noch die Möglichkeit eines eigenen Arrangements mit den Westmächten. Deutschland lag an einer wirtschaftlichen Regelung der Reparationen im Zusammenhang mit einer internationalen Anleihe, und Rußland hoffte auf eine Beteiligung der westeuropäischen Industriemächte an seinem wirtschaftlichen Aufbau. Hierbei gedachte es die bestehenden französisch-britischen Spannungen zu benutzen, um die Bildung des geplanten internationalen Konsortiums zu verhindern. Die unter Ausschluß Deutschlands in Genua geführten Verhandlungen brachten aber kein Ergebnis. Denn wenn die Westmächte von Rußland die Anerkennung der zaristischen Vorkriegsschulden und Entschädigung für sozialisiertes Privateigentum westlicher Staatsangehöriger verlangten, so präsentierte die Sowjetdelegation eine

Gegenrechnung für die bei der Intervention erlittenen Schäden. Die deutsche Delegation unter Führung des Reichskanzlers Wirth fühlte sich auf der Konferenz isoliert und fürchtete, daß sich Rußland mit den Westmächten dadurch auf Kosten Deutschlands einigen könnte, daß es die im Artikel 116 des Versailler Vertrages vorbehaltenen russischen Reparationsansprüche an Frankreich als Ersatz für dessen Vorkriegsanleihen abtrat, falls Frankreich ihm zusätzlich neue Kredite gewährte[11], während deutsche Ersatzansprüche gegenüber Rußland aus Enteignungsschäden unberücksichtigt bleiben würden. So lag sowohl der sowjetischen wie der deutschen Delegation daran, zum Abschluß zu kommen, jede besorgt, daß sich die andere Seite mit den Westmächten verständigen könnte. Am 16. April 1922 wurde der Vertrag in Rapallo von Tschitscherin und Rathenau unterzeichnet[12]. Es wurde vereinbart, daß die beiden Mächte keine sich aus der Zeit des Krieges ergebenden Forderungen mehr erheben wollten. Beide Teile verzichteten ausdrücklich auch auf den Ersatz von Zivilschäden. Damit wurde Artikel 116 des Versailler Vertrages hinfällig. Dafür ließ Deutschland die Ansprüche fallen, die sich aus den Sozialisierungsmaßnahmen in Sowjetrußland ergaben, soweit deutsches Eigentum hiervon betroffen war. Es wurde vereinbart, die diplomatischen und konsularischen Beziehungen wieder aufzunehmen. Handelspolitisch sollte der Grundsatz der Meistbegünstigung gelten. Schließlich wurde eine gegenseitige wirtschaftliche Förderung beschlossen: Deutschland erklärte sich bereit, private Lieferungen nach Rußland zu unterstützen, d. h. Kredite zu gewähren. Politische oder militärische Geheimabkommen waren mit dem Vertrag nicht verbunden. Dennoch wurde er in England und Frankreich als starke Brüskierung empfunden. Die Konferenz wurde durch seinen Abschluß völlig überrascht. Allerdings gelang es dem diplomatischen und rednerischen Geschick Rathenaus, Sympathien zurückzugewinnen[13]. Auf Grund des neu gewonnenen Verhältnisses zu Sowjetrußland wurde es der deutschen Delegation in Genua sogar möglich, zwischen den Russen und den Briten sich vermittelnd einzuschalten. Es läßt sich heute entgegen früheren Deutungen mit Sicherheit sagen, daß die Konferenz von Genua nicht an Rapallo gescheitert ist, sondern daran, daß Frankreich über die Reparationsfragen nicht mit sich reden lassen wollte. Maßnahmen zur Stabilisierung der Währungen und zum Wiederaufbau der Wirtschaft in Europa aber waren ohne Neuordnung der zwischenstaatlichen Verschuldungen unrealistisch. Immerhin konnte Rathenau den Erfolg erzielen, daß sich am Rande der Konferenz ein Gremium internationaler Finanzexperten mit dieser Frage einschließlich der Reparationen befaßte. In der Finanzwelt setzte sich allgemein die Überzeugung durch, daß die Reparationsfrage unter wirtschaftlichen Gesichtspunkten neu geregelt werden müsse. Es schwebten damals Verhandlungen über eine schwedisch-englisch-amerikanische Privatanleihe an Deutschland, die im August in Paris fortgesetzt wurden. Hier kam es dann zu einer harten Konfrontation zwischen der amerikanischen Bereitschaft, sich für eine internationale Anleihe an Deutschland einzusetzen, die auf dem Wege über Reparationszahlungen auch Frankreich zugute gekommen wäre, und der französischen Weigerung, die bestehenden Reparationsverpflichtungen zu modifizieren. Nicht in Rapallo ist also die Ursache dafür zu sehen, daß in Frankreich unter Poincaré eine Politik zum Zuge kam, die auf drastische Maßnahmen gegen Deutschland drängte und die im folgenden Jahre zur Besetzung des Ruhrgebietes führte.

Was bedeutete aber die neue Beziehung zu Sowjetrußland für die deutsche Politik gegenüber den Westmächten? Als erster deutscher Botschafter ging Graf Brockdorff-Rantzau[14] nach Moskau. Er ließ sich mit besonderen Vollmachten wie dem Recht des unmittelbaren Vortrags beim Reichspräsidenten ausstatten. Die außenpolitischen Möglichkeiten sah er damals in der Ausnutzung der französisch-britischen Spannungen und in einer Annäherung an England, während er das Verhältnis zu Sowjetrußland zwar vor allem nach der wirtschaftlichen Seite hin pflegen wollte, jedoch unter Ablehnung aller militärisch-politischen Kombinationen, die sich hieran anknüpfen konnten. In einem an den Reichskanzler Wirth gerichteten Memorandum warnte er vor einer geheimen deutsch-russischen Militärallianz, wie sie Seeckt befürwortete[15]. Dieser sah das Beste am Rapallo-Vertrag darin, daß man vermutete, er sei mit geheimen militärischen Abmachungen verknüpft. Auf das Memorandum Brockdorff-Rantzaus, das ihm zur Stellungnahme zugeleitet wurde, antwortete er in einem Gegengutachten, in dem er die Vernichtung Polens als des Eckpfeilers der französischen Politik und die Herstellung einer deutsch-russischen Grenze forderte. »Wer im Rapallo-Vertrag einen politischen Fehler sieht«, so schrieb er in Verzerrung des Votums von Brockdorff-Rantzau, »mag an anderer Stelle taugen, untauglich erscheint er als deutscher Botschafter in Moskau.« Und weiter: »Am klarsten wird das Für und Wider des Krieges in militärischen Köpfen abgewogen werden, aber Politik treiben, heißt führen. Dem Führer wird trotz allem das deutsche Volk in den Kampf um seine Existenz folgen. Diesen Kampf vorzubereiten, ist die Aufgabe; denn erspart wird er uns nicht.«[16]

Diesem Zweck sollte auch eine Zusammenarbeit zwischen Reichswehr und Roter Armee dienen, die sich auf Initiative Seeckts seit dem Jahre 1920 angebahnt hatte. Während Deutschland für den Aufbau einer sowjetischen Rüstungsindustrie Hilfe leistete, gewährte die Rote Armee der Reichswehr die Möglichkeit, auf russischem Boden die taktischen und technischen Erprobungen von Waffen vorzunehmen, die Deutschland durch den Versailler Vertrag verboten waren[17]. Das betraf vor allem die Panzerwaffe und die Luftwaffe. Die Schulung der ersten Kader für den späteren Wiederaufbau einer deutschen Luftwaffe insbesondere fand auf dem Flughafen Lipetzk bei Saratow statt. Diese militärische Zusammenarbeit erfolgte mit Wissen des Reichskanzlers Wirth, der sie voll und ganz deckte.

Der am 16. April paraphierte Rapallo-Vertrag bedurfte noch der Zustimmung des Reichstages. Von den Parteien waren nur die Demokraten (DDP), die Partei Rathenaus, voll einverstanden. Alle anderen hatten Vorbehalte, ohne den Vertrag jedoch ablehnen zu wollen. Die KPD sah die Voraussetzung für ein wirkliches Bündnis mit Rußland in einer Arbeiterregierung, die trotz aller Widerstände kommen werde. Daß der Vertrag gerade hiergegen und gegen die Agitation der Kommunisten keine Garantien biete, war der Vorbehalt der Deutschnationalen. Die Deutsche Volkspartei kritisierte den Verzicht auf Ersatz für Sozialisierungsschäden. Am skeptischsten waren die Sozialdemokraten, die den Zeitpunkt für eine solche Verständigung mit Sowjetrußland noch nicht für gekommen erachteten. Zudem fühlte sich Ebert beim Zustandekommen des Vertrages schlecht informiert und übergangen. Aber der Reichstag stimmte trotz dieser Bedenken zu. Der Vertrag wurde am 4. Juli 1922 ratifiziert.

DW 395/304–316. Akten d. RK: Das Kabinett Wirth, hg. v. Ingrid SCHULZE-BIDLINGMAIER (2 Bde. 1973). Lit. zu den dt.-sowj. Beziehungen Kap. 3, Anm. 1 u. Bd. 18, Kap. 18, Anm. 14, Bd. 18, Kap. 22. Zu den Anfängen der dt.-sowj. Beziehungen vgl. Kap. 3 u. 4. Erinnerungen Beteiligter: W. v. BLÜCHER, Dtlds. Weg nach Rapallo. Erinnerungen eines Mannes aus dem zweiten Gliede (1951); G. HILGER, Wir und der Kreml, dt.-sowj. Beziehungen 1918–1941. Erinnerungen eines dt. Diplomaten (²1956). Th. SCHIEDER, Die Probleme des Rapallo-Vertrages (1956); ders., entstehungsgesch. d. Rapallo-Vertrages, HZ 204 (1967); H. HELBIG, Die Träger der Rapallo-Politik (1958); verwertet u.a. den Nachlaß Brockdorff-Rantzaus; minutiöse Darstellung der Vorgesch.: H. G. LINKE, Dt.-sowj. Beziehungen bis Rapallo (1970); über die Rolle der Finanzprobleme in den Konferenzverhandlungen: K. D. ERDMANN, Dtld., Rapallo u. der Westen, VfZG 11 (1963). Aus der Publizistik zur Beurteilung des Rapallo-Vertrages hervorzuheben M. BOVERI, Rapallo – Geheimnis, Wunschtraum, Gespenst, Merkur 6 (1952); P. SCHEFFER, Die Lehren von Rapallo, Merkur 7 (1953). Gutes Hilfsmittel die Dokumentation: H. H. FISHER/X. JEUDIN, Soviet Russia and the West 1920–1927. A documentary Survey, Hoover Library Nr. 26 (1957). – Aus der Sicht der kommunistischen Geschichtsschreibung: A. ANDERLE, Die dt. Rapallo-Politik, dt.-sowj. Beziehungen 1922–1929 (B-Ost 1962); ders., Der Vertrag von Rapallo – eine nationale Chance, ZfG 10 (1962). – Zur Beurteilung der westdt. Rapallo-Forschung: F. KLEIN, Zur Beurteilung des Rapallo-Vertrages durch die westdt. bürgerlichen Historiker, ZfG 10 (1962) u. H. GRAML, Die Rapallo-Politik im Urteil der westdt. Forschung, VfZG 18 (1970). Zur sowj. Außenpolitik s. auch Lit. S. 23.

[1] Zur Gesch. d. KPD Lit. S. 25. Für die hier behandelte Phase grundlegend W. T. ANGRESS, Stillborn Revolution. The Communist Bid for Power in Germany 1921–23 (Princeton 1963).

[2] Preuß. Landtagswahlen 20. Febr. 1921, Wahlbezirk Halle: KPD 197000, SPD 70000, USPD 75000. – H. NAUMANN, Die Vereinigung des linken Flügels d. USPD mit d. KPD, ZfG 19 (1971).

[3] Dokumentation zum Märzaufstand in: Ursachen u. Folgen 4, Nr. 892–907. Wurde der weitreichende Aufstand in der Provinz Sachsen im März 1921 zentral geplant und geleitet oder umgekehrt erst durch eine Polizeiaktion ausgelöst? Wichtigste Quellen: Denkschrift über die Märzunruhen im Jahre 1921, hg. v. Staatskommissar für die öffentl. Ordnung (1921); Niederschrift des parlamentar. Untersuchungsausschusses in: Drucksachen des Preuß. Landtages, 1. Wahlperiode, Bd. 8 (1923); als Zeugnis der damaligen innerkommunistischen Auseinandersetzung von dem kurz zuvor seines Parteivorsitzes enthobenen P. LEVI, Unser Weg. Wider den Putschismus (²1921); ders., Was ist das Verbrechen? Die Märzaktion oder die Kritik daran? (1921); Charlotte BERARDT, Paul Levi. Ein demokratischer Sozialist in der Weimarer Republik (1969). Kommunistische Deutung: Die Märzkämpfe 1921, hg. v. Marx-Engels-Lenin-Stalin-Institut (1956).

[4] Autobiographie von M. HOELZ, Vom »Weißen Kreuz« zur Roten Fahne (1929, Ndr. 1969); ders., Briefe aus dem Zuchthaus, hg. v. E. E. KISCH (1927).

[5] Belege bei Th. SCHIEDER, Probleme des Rapallo-Vertrages, S. 7.

[6] 6. Mai 1921 »Dt.-russ. Abkommen über die Erweiterung der Tätigkeit der beiderseitigen Delegationen für Kriegsgefangene«, Text bei G. F. de MARTENS, Nouveau recueil général de traités, Bd. 11.

[7] Vgl. H. E. CARR, Berlin–Moskau. Dtld. u. Rußland zw. den beiden Weltkriegen (Baltimore 1951, dt. 1954), S. 71f. u. Th. SCHIEDER, Probleme d. Rapallo-Vertrages, S. 15, Anm. 23.

[8] Über die militär. Kontakte zwischen Reichswehr u. Roter Armee: H. W. GATZKE, Russo-German military Collaboration during the Weimar Republic, AHR 63 (1958); E. KÖSTRING, Der milit. Mittler zwischen den Dt. Reich u. der Sowjetunion 1921–1941, bearb. v. H. TESKE (1965).

[9] Text des Abkommens vom 16. März 1921 bei G. F. de MARTENS,

Nouveau recueil général de traités, Bd. 18.

[10] Zur Persönlichkeit A. v. Maltzans: W. v. BLÜCHER (s. o.) u. H. v. DIRKSEN, Moskau, Tokio, London (1949), S. 34.

[11] Die Meinungen darüber, ob Art. 116 in den Verhandlungen zwischen den Sowjets und den Westmächten überhaupt erörtert worden ist oder nicht, sind geteilt. Vgl. Th. SCHIEDER, Probleme des Rapallo-Vertrages, S. 38, Anm. 71. Keineswegs hat diese Frage im Vordergrund gestanden, vgl. K. D. ERDMANN, Dtld., Rapallo u. der Westen – Bibliogr. über Dokumente u. Materialien zur Konferenz von Genua bei H. H. FISHER/ X. JEUDIN, Soviet Russia and the West, S. 439.

[12] Text in: Ursachen u. Folgen 6, Nr. 1402.

[13] Text der Schlußrede vom 19. Mai in: K. WIPPERMANN (Hg.), Dt. Geschichtskalender 1922, S. 346 ff.

[14] H. HELBIG, Die Träger d. Rapallo-Politik (1958).

[15] Dieses ›Promemoria‹ vom 15. August u. andere Denkschriften Brockdorff-Rantzaus aus dem Jahre 1922 bei H. HELBIG, Die Moskauer Mission des Gf. Brockdorff-Rantzau,

Forsch. z. Osteurop. Gesch. 2 (1955), Anhang.

[16] Gutachten vom 11. November 1922 in: Ursachen u. Folgen 6, Nr. 1407 d; G. W. F. HALLGARTEN, General H. v. Seeckt and Russia 1920–22, Journal of Mod. Hist. 21 (1949). – Nach den von Helbig mitgeteilten Aufzeichnungen Brockdorff-Rantzaus bekannte sich der Reichskanzler Wirth dem Botschafter gegenüber zu Seeckt mit den Worten: »Aber was wollen Sie mit Parteien, die sich zu dem Wahlspruch ›Nie wieder Krieg‹ bekennen? Diesen Standpunkt kann ich nicht teilen, und eines erkläre ich Ihnen unumwunden: Polen muß erledigt werden. Auf dieses Ziel ist meine Politik eingestellt ... Ich schließe keine Verträge, durch die Polen gestärkt werden könnte, es ist vielmehr mit meinem Einverständnis manches auch bezüglich der Ostgrenze geschehen, was nur wenige außer mir wissen. In diesem Punkt bin ich ganz einig mit den Militärs, besonders mit dem General v. Seeckt« (H. HELBIG, Moskauer Mission, S. 306).

[17] Bericht des beteiligten Generals a. D. H. SPEIDEL, Reichswehr u. Rote Armee, VfZG 1 (1953); E. KÖSTRING (s. o. Anm. 8).

Kapitel 11
Die innere Entwicklung von Fehrenbach bis Cuno

Das Kabinett Fehrenbach, die am 21. Juni 1920 gebildete erste Regierung des Reichstages der Weimarer Republik, setzte sich aus Mitgliedern der bürgerlichen Parteien (DDP, Ztr., DVP) zusammen. Es war eine Minderheitsregierung, die parlamentarisch von der SPD toleriert wurde. Die politische Führung des Reiches hing also davon ab, ob und inwieweit sich eine republikanische Arbeiterpartei und eine monarchistisch-bürgerliche Partei mit den in ihr vorherrschenden Arbeitgeberinteressen auf einer praktischen Linie des Kompromisses treffen konnten. Die große Koalition von der SPD bis zur DVP – sei es in der Form faktischer Zusammenarbeit oder in der Form offener parlamentarischer Regierungsabsprache – wurde angesichts der gegebenen Fraktionsstärken, die eine klare Mehrheitsbildung der Rechten, der Linken oder der Weimarer Koalitionsparteien ausschlossen, zur Lebensfrage der Republik[1]. Die außenpolitischen Aufgaben, die sich aus der Bemühung um die Reduzierung der Reparationen und die Revision des Versailler Vertrages ergaben, standen dabei für das Reich notwendigerweise im Vordergrund. Die Außenpolitik der Weimarer Republik ist in der Tat im wesentlichen getragen worden durch die Parteien von der SPD bis zur DVP, während in den innenpolitischen und sozialpolitischen Fragen die beiden Parteien niemals zu einer klaren gemeinsamen Linie fanden. Freilich war auch die außenpolitische Solidarität nicht von vornherein gegeben, sondern sie erwuchs aus den wirrenreichen ersten Jahren der Republik. Daß sie zustande kam, ist auf seiten der DVP vornehmlich das Verdienst Gustav Stresemanns[2].

Das Kabinett Fehrenbach trat nach dem Londoner Ultimatum zurück. Gegen dessen Annahme stimmte mit den Deutschnationalen, einem großen Teil der Unabhängigen Sozialdemokraten und der Demokraten auch die Mehrheit der Deutschen Volkspartei. Stresemann begann sich in der Zeit der Auseinandersetzung um das Londoner Ultimatum von der starr oppositionellen Haltung der Rechten abzuwenden, obwohl er im Reichstag nach dem Rücktritt Fehrenbachs gegen den neuen Reichskanzler Wirth das Nein seiner Fraktion gegen die Annahme des Ultimatums begründete. Er nahm damals Fühlung mit der britischen Botschaft auf und versuchte in London zu sondieren, was Deutschland von der britischen Politik zu gewärtigen habe. Der Gedanke an eine mögliche Kanzlerschaft Stresemanns tauchte auf. Die von dem Zentrumsabgeordneten Wirth am 10. Mai 1921 gebildete Regierung stützte sich auf die Weimarer Koalitionsparteien (SPD, DDP, Zentrum). Der darüber hinausgreifende Gedanke der Großen Koalition wurde zuerst in Preußen verwirklicht. Hier hatten die Landtagswahlen des Jahres 1921 der Weimarer Koalition, ähnlich wie ein Jahr zuvor im Reich, die parlamentarische Mehrheit genommen. Der Sozialdemokrat Otto Braun bildete im Oktober 1921 ein Kabinett, dem außer den Weimarer Parteien auch zwei Minister der DVP angehörten. Diese Große Koalition in Preußen blieb drei Jahre bestehen und wurde ein fester Rückhalt für ähnlich gerichtete Bemühungen im Reich.

Es hat das politische Leben in Deutschland aufs schwerste belastet, daß sich die Verhältnisse in dem zweitgrößten Lande, in Bayern, gänzlich anders entwickelten[3]. Hier hatte der Kapp-Putsch unter dem Druck der Reichswehr zum Rücktritt der Regierung des Sozialdemokraten Hoffmann geführt. An seine Stelle trat Dr. v. Kahr, Regierungspräsident von Oberbayern. Die Bayerische Volkspartei wurde von nun an führend. Neben ihr beteiligten sich die Deutschnationalen und zunächst auch die Demokraten an der Regierung. Die Bayerische Volkspartei hatte sich bereits in der Nationalversammlung im Januar 1920 neben dem Zentrum als eigene Fraktion konstituiert. Ihr Ziel war eine Reichsreform, die dem Reichsrat das gleiche Gewicht wie dem Reichstag geben sollte. Politisch war die BVP im Unterschied zu dem Zentrum mit seinem stark im Vordergrund stehenden Gewerkschaftsflügel nach rechts hin orientiert. Aus den bayerischen Landtagswahlen vom Juni 1920 gingen die Rechtsparteien gestärkt hervor. Hinter ihnen standen bewaffnete Einwohnerwehren. Sie gehörten zum großen Teil der Organisation Escherich (»Orgesch«) an und besaßen hierdurch einen über das Land hinausgreifenden Zusammenschluß. An der Frage der Einwohnerwehren entzündete sich ein erster Konflikt zwischen Bayern und dem Reich. Nach Inkrafttreten des Versailler Vertrages bestanden die Ententemächte auf strikter Durchführung der Entwaffnungsbestimmungen. Die Regierung Kahr weigerte sich jedoch, die »Orgesch« aufzulösen. Überhaupt wurde Bayern damals zu einer Zufluchtstätte für die in militärähnlichen Verbänden sich organisierenden Gegner der Republik. Zu den Gruppen, die damals in Bayern frei agitieren konnten, während sie in Preußen durch den sozialdemokratischen Innenminister Severing an ihrer freien Betätigung gehindert wurden[4], gehörte auch die Nationalsozialistische Deutsche Arbeiterpartei. Ihre wilde Hetze wurde in Bayern auch dann nicht unterbunden, als politische Gewalttaten die Republik veranlaßten, zu ihrem eigenen Schutz besondere Sicherungsvorkehrungen zu treffen.

Am 26. August 1921 wurde Erzberger während eines Erholungsaufenthaltes im Schwarzwald ermordet. Die Attentäter, Angehörige der Organisation Consul, eines geheimen Nachfolgeverbandes der aufgelösten Brigade Ehrhardt, entkamen ins Ausland[5]. Auf Grund des § 48 erließ der Reichspräsident eine Verordnung zum Schutze der Republik, die den Reichsminister des Innern befugte, Druckschriften, Versammlungen und Vereinigungen vorübergehend zu verbieten[6]. Kahr weigerte sich, die Verordnung durchzuführen, da sie einen unzulässigen Eingriff in das Eigenleben Bayerns darstelle. Hier bestand ein eigener Ausnahmezustand, der sich ausschließlich gegen links richtete. Nun wollte allerdings die Mehrheit der Bayerischen Volkspartei es nicht zum Bruch mit dem Reich kommen lassen. An die Stelle Kahrs trat im September 1921 Graf Lerchenfeld. Er fand einen Kompromiß mit dem Reich, der zur Aufhebung des bayerischen Ausnahmezustandes und zur Abschwächung der Reichsverordnung führte.

Der Konflikt zwischen dem Reich und Bayern[7] um die Selbstsicherung der Republik erneuerte sich in verschärfter Form nach dem Mord an Rathenau. Am 24. Juni 1922 wurde dieser auf der Fahrt zu seinem Ministerium aus einem überholenden Kraftwagen durch Pistolenschüsse und Handgranatenwurf getötet. Eine Welle der Empörung ging durch Deutschland. Die Mörder hatten nicht die geringste Vorstellung davon, wer eigentlich ihr Opfer war. Sie wußten nicht, daß Rathenau sich um die Organisation der Rohstoffwirtschaft im Kriege entscheidende Verdienste erworben, daß er als glühender deutscher Patriot noch im Oktober 1918 sich öffentlich für eine levée en masse eingesetzt hatte und daß schließlich sein Motiv für die Unterzeichnung des Rapallo-Vertrages nichts anderes gewesen war als der Wunsch, Deutschland aus der außenpolitischen Isolierung herauszuführen. Seit er sein Amt übernommen hatte, war er von dunklen Vorahnungen erfüllt gewesen. Er hat das Opfer bewußt auf sich genommen. Mit Recht sahen die Republikaner die eigentlich Schuldigen nicht in den primitiven Attentätern selber, sondern in der hemmungslosen Hetze der nationalistischen Rechten gegen den deutschen Staat und seine Vertreter und in dem erschreckend um sich greifenden Antisemitismus[8]. Rathenau starb, weil er Republikaner und weil er Jude war. Gegen Helfferich gewendet, rief Wirth im Reichstag aus: »Da steht der Feind, der sein Gift in die Wunden eines Volkes träufelt. Da steht der Feind – und darüber ist kein Zweifel: dieser Feind steht rechts!«[9] Für die weitere innenpolitische Entwicklung wurde es nun bedeutsam, daß ein »Gesetz zum Schutze der Republik« im Reichstag und im Reichsrat eine verfassungsändernde Mehrheit fand[10]. Mit den Weimarer Koalitionsparteien stimmten auf der Linken die Unabhängigen Sozialdemokraten, auf der Rechten die große Mehrheit der Deutschen Volkspartei. Der sozialdemokratische Reichsjustizminister Gustav Radbruch hatte sich vom Kabinett ermächtigen lassen, vor dem Reichstag zu erklären, daß die Maßnahmen zum Schutz der Republik gegen rechts gerichtet seien[11]. Radikal nationalistische Verbände, unter ihnen die NSDAP, wurden in Preußen und einigen anderen Ländern verboten. Die beiden sozialdemokratischen Parteien schlossen sich kurz darauf zusammen[12]. Allerdings folgte die Wählerschaft der Unabhängigen diesem Schritt ihrer politischen Führung nicht. Gegen das Gesetz zum Schutze der Republik stimmte neben den Deutschnationalen auch die Bayerische Volkspartei. Bayern sah nämlich in dem jetzt beim Reichsgericht zu bildenden »Staatsgerichtshof zum Schutze der Republik« einen Eingriff in die Rechte der bayerischen Volksgerichte, die nach dem Sturz des Räteregiments eingerichtet worden waren. Es weigerte sich, das Reichsgesetz als bindend anzuerkennen, und setzte an dessen Stelle eine eigene Verordnung, der zufolge der Staatsschutz in Bayern ausschließlich Landesorganen vorbehalten sein sollte. Nun besaß das Reich nicht die Machtmittel, Bayern zur Befolgung des Gesetzes zu zwingen bzw. Ebert wollte es nicht auf eine Kraftprobe ankommen lassen. So beschritt man erneut den Weg des Kompromisses. In den Staatsgerichtshof wurde ein süddeutscher Senat hineingenommen mit drei bayerischen Laienrichtern. In Bayern selbst wurde die politische Rechtsorientierung der Regierung nun noch deutlicher. Graf Lerchenfeld trat Anfang November 1922 zurück. Jetzt schieden auch die Demokraten aus der bayerischen Regierungskoalition aus. In dem neuen Kabinett Knilling waren sie nicht mehr vertreten.

Im Reich aber trat die beim Republikschutzgesetz zustande gekommene Zusammenarbeit von den Sozialisten bis zur Deutschen Volkspartei deutlicher in Erscheinung. Am 24. Oktober 1922 wurde durch verfassungsändernden Beschluß des Reichstages die Amtszeit Eberts bis zum 30. Juni 1925 verlängert. Stresemann hatte sich besonders für diese Lösung eingesetzt. Freilich war er hierbei auch vom Wunsche geleitet, eine öffentliche Wahl zu verhindern, die dem sozialdemokratischen Reichspräsidenten wahrscheinlich eine starke plebiszitäre Stellung gegeben hätte. Aber es war doch ein Novum, daß sich die von Hause aus monarchistische Partei Stresemanns für eine Verfassungsänderung zugunsten eines sozialdemokratischen Präsidenten der Republik einsetzte. Und schließlich wurde auch außenpolitisch eine gemeinsame Linie gefunden. Die Parteien von den Sozialdemokraten bis zur Deutschen Volkspartei stimmten einer Note vom 14. November 1922 zu, in der die Bitte um ein weiteres Moratorium in den Reparationszahlungen verbunden wurde mit Vorschlägen für eine Stabilisierung der deutschen Währung[13]. Dennoch scheiterte der von dem Reichskanzler Wirth auf Veranlassung Eberts durchgeführte Versuch einer entsprechenden parlamentarischen Koalitionsbildung am Mißtrauen der Sozialdemokratie gegen die Politik der Deutschen Volkspartei in sozialpolitischen Fragen[14]. Wirth trat jetzt zurück, nachdem sein Versuch zur Bildung einer großen parlamentarischen Koalition gescheitert war. Die neue Regierung wurde am 22. November 1922 durch einen Mann gebildet, der außerhalb des parlamentarischen Lebens stand und mit der Deutschen Volkspartei bzw. mit dem Zentrum sympathisierte, von Dr. Cuno, dem Direktor der Hamburg-Amerika-Linie. In sein Kabinett der Männer »mit diskontfähiger Unterschrift« traten neben Mitglieder, die nicht aus dem parlamentarischen Leben kamen, wie General Groener als Verkehrsminister, Dr. v. Rosenberg als Minister des Auswärtigen und Dr. Hans Luther, Oberbürgermeister von Essen, als Ernährungsminister, auch Parlamentarier der bürgerlichen Mittelparteien. Die Sozialdemokraten blieben abseits. Aber der Ruhrkampf, in den nun das Ringen um die Reparationen mündete, stellte dringlicher als zuvor die Frage nach der Großen Koalition.

Akten der Reichskanzlei: Das Kabinett Fehrenbach, hg. v. P. WULF (1972); Das Kabinett Wirth, hg. v. Ingrid SCHULZE-BIDLINGMAIER (2 Bde. 1973); Das Kabinett Cuno, hg. v. K.-H. HARBECK (1968).

[1] Daß nach den Juniwahlen 1920 keine Regierung der Großen Koalition zustande kam, lag primär an der Weigerung der SPD, die eine Erweiterung der Weimarer Koalition durch die USPD wünschte, wozu diese aber nicht bereit war; vgl. Akten der Reichskanzlei: Kabinett Fehrenbach, hg. v. P. WULF, Einleitung. Kritischer Kommentar zum Verhalten der SPD und ihrer »Flucht vor der Macht« bei K. D. BRACHER, Dtld. zwischen Demokratie u. Diktatur (1964). Zur parlamentarischen Haltung der SPD in den Anfangsjahren unter dem Aspekt des Koalitionsproblems: A. KASTNING, Die dt. Sozialdemokratie zwischen Koalition u. Opposition 1919–1923 (1970); vgl. im Anschluß hieran für das Koalitionsproblem nach 1923 J. BLUNCK u. M. STÜRMER, Lit. zu Kap. 17.

[2] Lit. s. unter Kap. 13.

[3] W. G. ZIMMERMANN, Bayern u. das Reich 1918–1923. Der Bayer. Föderalismus zwischen Revolution u. Reaktion (1953); K. SCHWEND, Bayern zwischen Monarchie u. Diktatur. Beiträge zur bayer. Frage in der Zeit von 1918–1933 (1954). Bespr. H. GOLLWITZER, Bayern 1918–1933, VfZG 3 (1955).

[4] Zur Tätigkeit nationalsozialistischer Tarnorganisationen in Preußen vgl. W. MASER, Die Frühgesch. d. NSDAP (1965), S. 317f.

⁵ H. C. GOLDSCHEIDER, Heinrich Tillesen u. seine Welt, Frankfurter Hefte 2 (1947); G. JASPER, Aus den Akten der Prozesse gegen die Erzberger-Mörder, Dokumentation, VfZG 10 (1962); Statuten der Organisation Consul in: Ursachen u. Folgen 7, Nr. 1592b.

⁶ 29. August 1921, RGBl. 1921, Nr. 90.

⁷ R. PILOTY, Der Streit zwischen Bayern u. dem Reich über das Republikschutzgesetz u. seine Lösung, AöR 43 (1922).

⁸ K. RIEZLER, Die Schuld der Oberschicht, in: Die Dt. Nation 4 (1922), Auszug bei K. D. ERDMANN (Hg.), K. Riezler, Tagebücher, Aufsätze, Dokumente (1972), S. 139 f.

⁹ M. FREUND, »Der Feind steht rechts«. Zum Tode von Reichskanzler a. D. Wirth, Gegenwart 11 (1956).

¹⁰ 21. Juli 1922, Text bei E. R. HUBER, Dokumente zur dt. Verfassungsgesch., Bd. 3, Nr. 190; ebd. Dokumentation über den anschließenden Konflikt mit Bayern Nr. 240–246;

G. JASPER, Der Schutz der Republik. Studien zur staatlichen Sicherung der Demokratie in der Weimarer Republik 1922–1930 (1963).

¹¹ Kabinettssitzung 25. Juni 1922, Akten der Reichskanzlei: Kabinett Wirth, hg. v. Ingrid SCHULZE-BIDLINGMAIER, Nr. 300; Reichstagssitzung 25. Juni 1922.

¹² Parteitag Nürnberg 24. September 1922, Lit. s. L. BERGSTRÄSSER, Gesch. d. polit. Parteien in Dtld. (¹¹1965), S. 305–307.

¹³ Texte bei H. RONDE, Von Versailles bis Lausanne. Der Verlauf der Reparationsverhandlungen nach dem Ersten Weltkrieg (1950), S. 73 ff.

¹⁴ Wirth hatte bei der Umbildung der Regierung nach dem Verlust Oberschlesiens im Oktober 1921 schon einmal versucht, eine Große Koalition zustande zu bringen. Über die Gründe des Scheiterns L. ALBERTIN, Die Verantwortung der liberalen Parteien für das Scheitern der Großen Koalition im Herbst 1921, HZ 205 (1967).

Kapitel 12
Der Ruhrkampf

Schon im Londoner Ultimatum hatten die Reparationsmächte mit der Besetzung des Ruhrgebietes gedroht. Aber Deutschland hatte sich unterworfen, und in England war auf Lloyd George im September 1922 ein Kabinett unter der Führung des Konservativen Bonar Law gefolgt. Er und sein Außenminister Curzon waren an deutschen Reparationszahlungen nicht weniger interessiert als Frankreich, aber sie suchten zu verhindern, daß man sich in einer Sackgasse festrannte. Poincaré auf der anderen Seite forderte, daß sich die Gläubiger in den Besitz produktiver Pfänder setzen sollten. Er ließ keinen Zweifel daran, daß er entschlossen wäre, notfalls allein vorzugehen und die Hand auf das Ruhrgebiet zu legen. Wenn sich die französische Politik nun auf das Ruhrgebiet richtete, so sind zwei Motive dafür maßgebend. Das militärische Sicherheitsbedürfnis war durch die Nichtratifizierung der Versailler Bündnisverträge mit England und Amerika unbefriedigt geblieben. Durch die Deutschland gewährten Moratorien in den Reparationszahlungen, durch das Versacken der deutschen Währung und die ständigen deutschen Bemühungen um Revision der Reparationsverpflichtungen und internationale Anleihen schienen nun auch in diesem Teil des Versailler Systems die Erwartungen Frankreichs enttäuscht zu werden. Der Besitz der Ruhr aber, so hoffte man in Frankreich, würde erhöhte militärische Sicherheit bedeuten und zugleich eine Schadloshaltung für die nicht gezahlten Reparationen auf einem Wege ermöglichen, für den sogar wirtschaftliche Vernunftgründe angeführt werden konnten. Die deutsch-französische Grenze trennte in unnatürlicher Weise die Kohle an der Ruhr vom Erz in Lothringen und im Becken von Longwy-Briey. Deshalb hatte die deutsche Schwerindustrie, solange es die militärische Lage Deutschlands im Ersten Weltkrieg zu erlauben schien, die Annexion dieses Gebietes gefordert. Deshalb hatten die Franzosen sich 1919 die Saarkohle angeeignet, und deshalb streckten sie nun die Hand nach der Ruhr aus. Neben den Triebkräften einer militärisch-nationalen Sicherheitspolitik sind es in der Tat die Interessen der französischen Schwerindustrie, die Frankreich zur Ruhrinvasion veranlaßten. Der Gedanke eines engeren Zusammenschlusses der Schwerindustrie beider Länder hatte aus wirtschaftlichen Gründen auch in den Kreisen der deutschen Industrie aktive Förderer. So führte Hugo Stinnes Verhandlungen mit dem Ziel, ein deutsch-französisches Riesenkartell zu errichten[1]. Diese Pläne wurden durch die gewaltsame Invasion zunichte. Für diese Methode konnten aus dem Sachkomplex der Reparationen nur Vorwände gefunden werden. Denn was die Geldzahlungen betraf, so hatte Deutschland im Rahmen der gewährten Moratorien seine Verpflichtungen erfüllt. Hinsichtlich der Sachlieferungen konnte die Reparationskommission lediglich geringfügige Rückstände feststellen. Mit Holz für Telegraphenstangen und mit Kohlen war Deutschland insgesamt um einen Betrag von 24 Millionen Goldmark im Verzug bei einer tatsächlichen deutschen Reparationsleistung von 1,478 Milliarden im Jahre 1922. Gegen die Stimme des englischen Delegierten beschlossen die Vertreter Frankreichs, Italiens und Belgiens, hierin einen vorsätzlichen Bruch der Reparationsverpflichtungen zu sehen. Das diente zum Vorwand, um am 9. Januar 1923 eine Ingenieurkommission ins Ruhrgebiet zu entsenden und es militärisch durch eine französisch-belgische Armee zu besetzen, die im Verlaufe des Jahres auf 100000 Mann anstieg. Die Reichsregierung antwortete darauf, von allen Parteien unterstützt, mit der Einstellung der Reparationslieferungen. Sie wies ihre Beamten an, Anordnungen der Besatzungsmacht nicht auszuführen und verbot den Eisenbahnern, Ladungen nach Frankreich oder Belgien abzufertigen[2]. Auf die französische Politik der »produktiven Pfänder« reagierte die Bevölkerung des Ruhrgebiets mit dem »passiven Widerstand«. Gruben, Fabriken, Bahnen wurden, soweit Frankreich sie in Anspruch nehmen wollte, weitgehend stillgelegt. Das Reich unterstützte das arbeitslose Ruhrgebiet durch Geld und Lebensmittel. Es war das Ziel der deutschen Regierung, durch diese Maßnahmen zu demonstrieren, daß sich für die Gläubiger die territoriale Pfandpolitik nicht bezahlt mache. Sie hoffte, die Franzosen und Belgier zum Rückzug veranlassen zu können, um dann über die Höhe der Reparationen und über die mögliche Heranziehung deutscher Sachwerte als Garantie zu verhandeln. Im ersten halben Jahr der Ruhrbesetzung wurde auf diese Weise weniger Kohle und Koks abtransportiert als in den letzten 10 Tagen vor dem Einmarsch. Die lothringische Eisenindustrie geriet zeitweise in Bedrängnis. Aber konnte der Widerstand durchgehalten werden? Die Franzosen richteten sich mit eigenen Technikern und Ingenieuren, mit 11000 eigenen Eisenbahnern und mit Hilfe ausländischer Arbeiter mehr und mehr im Ruhrgebiet ein und brachten Zechen und Bahnen für sich in Gang. Auf der anderen Seite wurde die finanzielle Leistungsfähigkeit Deutschlands durch die Finanzierung des Ruhrkampfes überbeansprucht. Die Mark sank ins Bodenlose[3]. Der Wert des Dollars betrug im Januar 1923 1800 Mark und am Ende des Jahres, im Augenblick der Stabilisierung, 4,2 Billionen[4]. Ein Stützungsversuch der Reichsbank scheiterte. Sie griff vergeblich auf eigene Goldreserven in Höhe von 50 Millionen Dollar zurück. Durch die Inflation wurden alle Rentner betroffen, die ganze kleinbürgerliche Schicht, die ihre Ersparnisse in Konten angelegt hatte, und die Lohn- und Gehaltsempfänger. Alle Schuldverpflichtungen auf der anderen Seite, die auf Boden- und Sachwerten lagen, wurden faktisch hinfällig. Die zunehmende Differenz zwischen dem Wert der Mark und ausländischen Währungen veranlaßte diejenigen, die die Möglichkeit dazu hatten, ausländische Werte zu erwerben. Das traf vor allem für die verarbeitende Industrie zu. Es wäre allerdings völlig falsch, in der Inflation das Ergebnis teuflischer Machenschaften von Interessenten erblicken zu wollen oder sogar eine bewußte Verzweiflungspolitik der Regierung, um sich den Reparationsverpflichtungen zu entziehen. Es ist aber auf der anderen Seite unbestreitbar, daß die Inflation in schamloser Weise zu Spekulationen ausgenutzt wurde und daß Männer wie Stinnes den Versuch der Regierung Cuno, die Mark zu stützen, sabotierten[5].

Der passive Widerstand ging hie und da in aktive Sabotagemaßnahmen über: Schiffe wurden versenkt, Kanäle blockiert und Schienen gesprengt, um den Abtransport der Kohle zu verhindern. Terrormaßnahmen der Besatzung gegen die Bevölkerung schufen Haß und Verbitterung: Beamte wurden ausgewiesen, Männer wie Albert Leo Schlageter[6], der besonderen Anteil an den aktiven Sabotagemaßnahmen hatte, hingerichtet, hohe Zuchthaus- und Gefängnisstrafen verhängt. Das gesamte besetzte Gebiet wurde durch eine Zollgrenze vom unbesetzten Deutschland abgetrennt, nachdem die Franzosen den englischen Bereich durch die Besetzung von Vohwinkel und Remscheid von Osten her umfaßt hatten. Als die Amerikaner aus Protest gegen die französischen Maßnahmen die Truppen aus ihrer Koblenzer Zone abberiefen, nahmen die Franzosen auch dieses Gebiet in Besitz. Durch die Besetzung von Offenburg und Appenweier brachten sie zudem die Nord-Süd-Eisenbahnverbindung entlang dem Oberrhein unter ihre Kontrolle. Im Rheinland und in der Pfalz ermutigten Belgier und Franzosen separatistische Bewegungen. In Bayern waren französische Agenten tätig. Man mußte befürchten, daß hier von der französischen Politik ein neuer Anlaß gesucht und gefunden werden konnte, um die Mainlinie zu besetzen und Süd- und Norddeutschland voneinander zu trennen. Die Reichseinheit war bedroht.

In allen politischen Lagern war man sich in dem einen Punkte einig, daß der passive Widerstand nicht endlos weitergeführt werden konnte. Die Kommunisten wollten ihn zu einem allgemeinen Generalstreik ausweiten. In ihrer Propaganda verschmolz das revolutionäre Motiv des Kampfes gegen den Kapitalismus mit dem nationalistischen Motiv der Erhebung gegen Frankreich. Zwischen ihnen und dem militanten Rechtsradikalismus, der aus den vereinzelten Sabotageakten einen organisierten Kampf gegen Frankreich entwickeln wollte, ergab sich für einen Augenblick eine enge Berührung. In einer berühmt gewordenen Rede vor dem Exekutivkomitee der Komintern in

Moskau am 20. Juni 1923 feierte Karl Radek den deutschen Widerstandskämpfer Schlageter. Dieser mutige Soldat der Konterrevolution verdiene es, männlich-ehrlich gewürdigt zu werden. »Wir glauben«, so erklärte Radek, »daß die große Mehrheit der national empfindenden Masse nicht in das Lager des Kapitals, sondern in das Lager der Arbeit gehört. Wir wollen und wir werden zu diesen Massen den Weg suchen und den Weg finden. Wir werden alles tun, daß Männer wie Schlageter, die bereit waren, für eine allgemeine Sache in den Tod zu gehen, nicht Wanderer ins Nichts, sondern Wanderer in eine bessere Zukunft der gesamten Menschheit werden, daß sie ihr heißes, uneigennütziges Blut nicht verspritzen um die Profite der Kohlen- und Eisenbarone, sondern um die Sache des großen arbeitenden deutschen Volkes, das ein Glied ist in der Familie der um ihre Befreiung kämpfenden Völker. Die Kommunistische Partei wird diese Wahrheit den breitesten Massen des deutschen Volkes sagen ... Schlageter kann nicht mehr diese Wahrheit vernehmen. Wir sind sicher, daß Hunderte Schlageters sie vernehmen und sie verstehen werden ... «[7] Dieser »Schlageter-Linie« der Radekschen Taktik in Deutschland entsprachen außenpolitisch die sowjetrussischen Sympathiekundgebungen für den deutschen Abwehrkampf gegen die französische Invasion[8]. Wenn auch bei der großen Erschöpfung Rußlands nach den Bürgerkriegen mit einer militärischen Unterstützung durch die Rote Armee nicht zu rechnen war[9], so trug die Haltung Rußlands doch ohne Zweifel dazu bei, Polen der Versuchung widerstehen zu lassen, die Schwäche Deutschlands auszunutzen, um im Osten die Hand nach weiterem deutschen Gebiet auszustrecken. Daß man mit solchen Möglichkeiten im Osten rechnen mußte, zeigte das Vorgehen Litauens. Es schuf am 10. Januar 1923 gleichzeitig mit der französischen Ruhr-Invasion durch die Besetzung des Memelgebietes, dessen definitiver Status nocht nicht festgesetzt war, vollendete Tatsachen[10].

In der westdeutschen Industrie kam man schon im März zu der Überzeugung, daß es notwendig sei, einen Ausweg aus dem passiven Widerstand zu suchen[11]. Hierfür sprach vor allem auch die Haltung, die die britische Regierung zur Ruhrbesetzung einnahm. Zwar distanzierte sie sich von dem einseitigen Vorgehen Frankreichs und ließ durch die Kronjuristen die Völkerrechtswidrigkeit der Ruhrbesetzung feststellen[12], aber sie war weit davon entfernt, sich von ihrem französischen Mitgläubiger loszusagen. England hatte kein Interesse daran, daß Frankreich die Ruhrkohle mit dem französischen Erz zu einer beherrschenden wirtschaftlichen Einheit zusammenschloß und zugleich militärisch eine Hegemonialstellung in Europa erlangte. Aber es wollte auch nicht, daß sich Deutschland irgendwie den Reparationsverpflichtungen entzog. So war die deutsche Note vom 14. November 1922 von den Gläubigermächten gemeinsam abgelehnt und am 26. Januar 1923 das Londoner Ultimatum durch die Reparationskommission erneut in Kraft gesetzt worden. Deutschland war hiernach zu jährlichen Zahlungen von 3,6 Milliarden Goldmark verpflichtet. Als die Regierung Cuno, um überhaupt wieder ins Gespräch zu kommen, am 2. Mai 1923 in einer Note an die Gläubigermächte für die Reparationen eine Gesamtsumme von 30 Milliarden nannte, wurde dieser Vorschlag von Frankreich, Belgien, Italien und Großbritannien als gänzlich unzureichend zurückgewiesen. Diese deutsche Note enthielt aber noch einen anderen weiterführenden Gedanken. Um dem französischen Sicherheitsbedürfnis Rechnung zu tragen, regte die Regierung Cuno den Abschluß eines Westpaktes an, der praktisch auf eine Anerkennung der bestehenden Westgrenzen hinauslief und dessen Gedanken später in Locarno wieder aufgegriffen wurden. Am 7. Juni machte die Reichsregierung neue Vorschläge[13]. Sie sprach jetzt von Jahreszahlungen von 1 Milliarde Goldmark und erklärte sich bereit, als Garantie für diese Zahlungen die Reichsbahn und den Grundbesitz zu verpfänden. Die Note führte zu scharfen Auseinandersetzungen zwischen England und Frankreich, zwischen denen Belgien zu vermitteln suchte. Ein Aktionsplan des britischen Außenministers Curzon, der auch unter Baldwin (seit Mai 1923) dieses Amt innehatte, sah nach der Aufgabe des passiven Widerstandes eine progressive Räumung der Ruhr vor; ein unparteiisches Sachverständigengremium mit Einschluß Amerikas sollte über die Zahlungsfähigkeit befinden und Vorschläge machen bezüglich der zu fordernden Sachgarantien für die Reparationen; interalliierte Diskussionen über einen neuen Reparationsplan sollten nach Meinung Curzons sofort beginnen, und sobald die Garantieforderungen von Deutschland angenommen seien, sollte das Ruhrgebiet geräumt werden. Poincaré hingegen wollte, wenn der passive Widerstand aufgegeben würde, die Ruhr nicht sofort, sondern nur entsprechend den tatsächlichen Zahlungen schrittweise räumen. Für die Frage der deutschen Zahlungsfähigkeit und der Sachgarantien erklärte er an Stelle eines internationalen Sachverständigengremiums die Reparationskommission für zuständig. Eine Diskussion der Gesamtsumme wies er zurück. Nur in Anknüpfung an die englischen Vorschläge boten sich für die deutsche Außenpolitik Möglichkeiten weiterzukommen, unter der einen Voraussetzung allerdings, daß man den passiven Widerstand preisgab. Denn in diesem Punkte waren sich England und Frankreich bei aller Schärfe der Auseinandersetzung einig. Die Verantwortung dafür, diesen unvermeidlichen Schritt zu tun, übernahm als neuer Kanzler Stresemann.

DW 395/834–843. Vgl. Kap. 5, Anm. 29. Zum Ruhreinbruch, Tatsachen u. Dokumente (1923); W. VOGELS (Hg.), Urkunden über Besetzung u. Räumung des Ruhrgebiets u. die Arrêtés der franz.-belg. Militärbefehlshaber (2 Bde. 1924/25); Franz. Gelbbuch: Die franz. Dokumente zur Sicherheitsfrage 1919–1923 (1924); Engl. Weißbuch: Correspondence with the Allied Governments respecting Reparation Payments by Germany (Cmd. 1943, 1923); Belg. Graubuch: Documents Diplomatiques relatifs aux Réparations (1923); Documenti dipl. italiani, 7. Serie, Bd. 1 u. 2, 1922/23 (1953/55); Notenwechsel der Alliierten im Anschluß an die dt. Noten vom 2. Mai u. 7. Juni 1923 (1923); P. WENTZCKE, Ruhrkampf (2 Bde. 1930/32); L. E. MANGIN, La France et le Rhin, hier et aujourd'hui (1945); E. R. ROSEN, Mussolini u. Dtld. 1922/23, VfZG 5 (1957); E. SCHULTZE (Hg.), Ruhrbesetzung u. Weltwirtschaft. Schriften d. weltwirtschaftl. Inst. d. Handelshochsch. Leipzig (1927); W. LINK, Ruhrbesetzung u. amerik. Wirtschaftsinteressen, VfZG 17 (1969); J.-C. FAVET, Le Reich devant l'occupation franco-belge de la Ruhr en 1923 (Genf 1969); R. J. SCHMIDT, Versailles and the Ruhr: Seedbed of World War II (1968). – K. D. ERDMANN, Adenauer in der Rheinlandpolitik nach dem Ersten Weltkrieg (1966); L. ZIMMERMANN, Frankreichs Ruhrpolitik. Von Versailles bis zum Dawesplan, hg. v. W. P. FUCHS (1971); beide unter Benutzung franz. Akten – Hohe franz. Rheinlandkommission bzw. Quai d'Orsay –, aus denen sich ergibt, in welchem Maße die franz. Regierung und nicht nur ihre örtlichen militär. u. polit. Vertreter im Rahmen der reparationspolit. Sanktionsmaßnahmen Ziele anstrebten, die in der Tradition der franz. Rheinpolitik lagen.

[1] G. W. F. HALLGARTEN, Hitler, Reichswehr u. Industrie 1918–1933 (³1962).

[2] Verordnungen vom 16. März, 29. März u. 11. August 1923 im RGBl. 1923 I, Nr. 21, 26 u. 73.

[3] Zahlen zur Geldentwertung in Dtld. von 1914–1923, bearb. v. Statist. Reichsamt (1925).

[4] Wichtigste Studie über Ursachen u. Ablauf der Inflation durch das ital. Mitglied der Repko C. BRESCIANI-TURRONI, Le vicende del marco tedesco (1931); erw. engl. Ausg.: The Economics of Inflation. A Study of Currency Depreciation in Postwar Germany (1937); K. LAURSEN/J. PEDERSEN, The German Inflation 1918–1923 (Amsterdam 1964); F. K. RINGER (Hg.), The German Inflation of 1923 (London 1969).

[5] Aufzeichnung Stresemanns vom 19. März 1923, Vermächtnis, Bd. 1, S. 42. Vorwürfe gegen die Firma Stinnes: ›Vorwärts‹, 26. u. 27. April u. Frankf. Zeitung, 28. April 1923. Der Reichstag setzte am 9. Mai 1923 einen Untersuchungsausschuß ein über das Scheitern der Stützungsaktion; dessen Bericht in: Verhandlungen des Reichstags, Bd. 380, Anlagen Nr. 6591. – G. v. KLASS, Hugo Stin-

nes (1958), Lebensbild ohne vertiefte Behandlung der polit. Probleme.

[6] A. L. SCHLAGETER, Ges. Aufsätze aus der Monatsschrift des C. V. (Cartell-Verband d. kath. dt. Stud.verbindungen), hg. v. H. HAGEN (1932); P. WENTZCKE, Den Helden des Ruhrkampfes ([2]1933). Von dem Verteidiger der im Ruhrkampf angeklagten Deutschen: F. GRIMM, Vom Ruhrkrieg zur Rheinlandräumung (1930); F. GLOMBOWSKI, Organisation Heinz (O.H.). Das Schicksal des Kameraden Schlageter, nach Akten bearb. (1934).

[7] Text der Rede: K. RADEK, Der Kampf der Kommunist. Internationale gegen Versailles u. gegen die Offensive des Kapitals (1923), Auszug in: Ursachen u. Folgen, Bd. 5, Nr. 1047 g; vgl. dazu Mitteilungen von E. TROELTSCH über ein Gespräch mit Radek, 11. Mai 1922, ebd., Bd. 6, Nr. 1404. – Gf. E. v. REVENTLOW, Völkisch-kommunist. Einigung? (1924).

[8] Resolution des Zentralexekutivkomitees, Isvestija, 14. Januar 1923, u. Interview Trotzkis, Manchester Guardian, 1. März 1923, beides in: J. DEGRAS (Hg.), Soviet Documents on Foreign Policy, Bd. 1 (3 Bde. 1951/1953).

[9] Allerdings scheint Brockdorff-Rantzau zunächst von der Hilfe Rußlands im Falle eines dt. Konflikts mit dem W. und Polen überzeugt gewesen zu sein; vgl. W. v. BLÜCHER, Dtlds. Weg nach Rapallo. Erinnerungen eines Mannes aus dem zweiten Gliede (1951), S. 172 u. G. HILGER, Wir und der Kreml, dt.-sowj. Beziehungen 1918–1941. Erinnerungen eines dt. Diplomaten ([2]1956), S. 121 f.

[10] S. Kap. 5, Anm. 15.

[11] G. STRESEMANN, Vermächtnis, Bd. 1, S. 42, Gespräch mit Stinnes.

[12] Das Gutachten der Kronjuristen ist nicht veröffentlicht. Die brit. Regierung stützt sich darauf in einer Note an Frankreich u. Belgien vom 11. August 1923 (Cmd. 1943). Über die völkerrechtl. Kontroversen zur Ruhrinvasion s. A. J. TOYNBEE, Survey of International Affairs 1924, S. 271.

[13] Note vom 7. Mai u. Memorandum vom 7. Juni bei H. RONDE, Von Versailles bis Lausanne. Der Verlauf der Reparationsverhandlungen nach dem Ersten Weltkrieg (1950), S. 91 ff.

Kapitel 13
Stresemann und der Abbruch des Ruhrkampfes

Die Geschicke des Reiches sind 100 Tage lang von Stresemann gelenkt worden, vom 13. August bis zum 23. November 1923. In dieser Zeit wurde der deutsche Staat von einer tiefen Krise bedroht. In die Regierungszeit Stresemanns fiel die Liquidierung des Ruhrkampfes, ein erneuter Konflikt mit Bayern, die Reichsexekution gegen die sozialistisch-kommunistischen Koalitionsregierungen in Sachsen und Thüringen, der Hitler-Putsch, die Auseinandersetzung mit dem Separatismus in seinen mannigfaltigen Formen und die Stabilisierung der Mark. In dieser kurzen Zeit der 100 Tage hat Stresemann mit drei verschiedenen Kabinetten gearbeitet. Er begann am 13. August mit einer Regierung der Großen Koalition, die am 6. Oktober umgebildet wurde und aus der am 2. November die Sozialdemokraten unter Bruch der Koalition wieder ausschieden, bis am 23. November der Reichstag Stresemann das verlangte Vertrauensvotum versagte.

Die vordringlichste und erste Aufgabe, um derentwillen sich die Parteien der Großen Koalition zu einer Regierungsmehrheit zusammengefunden hatten, war die Beendigung des Ruhrkrieges. Stresemann suchte zu verhindern, daß die Aufgabe des Widerstandes an der Ruhr einer Kapitulation gleichkam, aber vergeblich bemühte er sich darum, von Frankreich die Zusicherung zu erhalten, daß die Aufgabe des Widerstandes zur Räumung des Gebietes führen werde oder daß wenigstens versprochen wurde, bei Beendigung des Widerstandes den Ausgewiesenen die Rückkehr zu erlauben und die Inhaftierten freizusetzen. Poincaré verlangte bedingungslose Kapitulation. Am 24. September mußte sich das Reichskabinett in einer Besprechung mit Vertretern der rheinischen Wirtschaft, darunter Hugo Stinnes, eingestehen, daß Deutschland am Ende der Kraft war. Stresemann hatte den Mut, den unpopulären Schritt, der getan werden mußte, zu verantworten. Am 26. September 1923 wurde der Widerstand beendet. Auch die nationale Opposition wußte keinen Ausweg. Die Deutschnationalen forderten, daß man im Augenblick der Preisgabe des passiven Widerstandes mit Frankreich brechen und die Verantwortung für die Wirtschaft in den besetzten Gebieten und für die Verpflegung der Bevölkerung den Besatzungsmächten überlassen sollte[1]. Das war gegenüber Rhein und Ruhr eine Politik des Versackenlassens, gegen die sich die Westdeutschen selbst am heftigsten wehrten. Die bayerische Regierung verkündete als Protest gegen die Aufgabe des Widerstandes den Ausnahmezustand und legte die Exekutivgewalt in die Hände des zum Generalstaatskommissar ernannten Herrn v. Kahr, der sich auf die Wehrverbände stützte. Der bayerische Ministerpräsident v. Knilling hatte an den Beratungen des Reichskabinetts teilgenommen und den Abbruch des Widerstandes als unvermeidlich anerkannt. Aber er forderte, daß nach dem Bruch des Versailler Vertrages durch Frankreich auch die Reichsregierung sich nicht mehr durch ihn gebunden betrachten dürfe.

Die Kapitulation Deutschlands erhielt ihr volles Gewicht erst dadurch, daß Frankreich sich auch nach Abbruch des Widerstandes weigerte, mit der Reichsregierung über die Verhältnisse an Rhein und Ruhr zu verhandeln. Poincaré glaubte am Ziel zu stehen. Es war lebensnotwendig für die Ruhrwirtschaft, die Arbeit in vollem Umfang wieder aufzunehmen. Sie sah sich zu unmittelbaren Verhandlungen mit der Besatzungsmacht gezwungen. Diese Verhandlungen wurden mit Einverständnis der Reichsregierung geführt, die jedoch den ausdrücklichen Vorbehalt der Hoheitsrechte für das besetzte Gebiet machte und eine Entschädigungspflicht gegenüber der Industrie für die an die Besatzungsmächte erfolgenden Lieferungen von Kohle und Industrieerzeugnissen nur insofern anerkannte, als diese Lieferungen tätsächlich dem deutschen Reparationskonto gutgeschrieben würden. Am 23. November kam es zum ersten sogenannten Micum-Abkommen[2]. Es war ein Mantelvertrag zwischen der Mission Interalliée de Contrôle des Usines et des Mines und der westdeutschen Industrie, dem die einzelnen Firmen gesondert beitraten. Die Verträge wurden wiederholt bis über den Sommer 1924 hinaus verlängert. Sie verpflichteten die Ruhrindustrie zu bestimmten Lieferungen und Zahlungen auf Reparationskonto. Aber der eigentliche Sinn der Verträge lag in den Kontrollbestimmungen, die er enthielt. Die »Micum« behielt sich die Erteilung von Exportlizenzen selbst nach dem unbesetzten Deutschland vor. Es schien, als ob die Industrie an Rhein und Ruhr nunmehr von Frankreich aus im Interesse der Bildung eines großen deutsch-französischen Kohle- und Stahltrusts gelenkt werden sollte[3]. Diese Kontrolle der westdeutschen Wirtschaft hoffte Frankreich noch verstärken zu können durch die Einführung einer rheinischen Sonderwährung und durch die Bildung einer eigenen westdeutschen Eisenbahn unter rheinischer, belgischer und französischer Beteiligung. Schließlich hofften Frankreich und Belgien auch politisch die besetzten Gebiete durch Förderung der separatistischen Bestrebungen in ihren verschiedenen Formen endgültig unter ihre Kontrolle zu bekommen[4]. Unter dem Schutz und gelegentlich direkter Beihilfe der Besatzungstruppen gelang es den Separatisten im Rheinland und in der Pfalz an verschiedenen Orten erfolgreich zu putschen. Sie proklamierten am 21. Oktober 1923 in Aachen eine Rheinische Republik. In Koblenz, Bonn, Wiesbaden und Mainz kam es in den folgenden Tagen zu ähnlichen Vorgängen. Am 24. Oktober ließ im Speyrer Kreistag der dortige französische Oberkommandierende erklären, daß von jetzt ab die Pfalz als autonomer Staat zu betrachten sei. Bis Mitte November besetzten die Separatisten alle öffentlichen Gebäude in der Pfalz.

Gefährlicher noch als solche offenen Loslösungsbewegungen

war eine Art von legalem Separatismus, der sich zwangsläufig aus dem Währungsproblem ergab. Am 15. Oktober 1923 wurde durch Regierungsverordnung die Rentenbank geschaffen. Der Grundgedanke stammte von Helfferich. Zur Deckung der neuen stabilen Währung zog das Reich, da es nicht über genügend Gold verfügte, den industriellen und landwirtschaftlichen Grundbesitz heran und belastete ihn mit einer verzinslichen Grundschuld gegen zinstragende Rentenbankbriefe. Um die auf dieser Basis beruhende Rentenmark vor dem Abgleiten ähnlich der Papiermark zu sichern, sollten die von der Rentenbank dem Reich zu gewährenden Kredite von vornherein auf 1,2 Milliarden begrenzt sein. Als Termin für die Eröffnung der Bank wurde der 15. November bestimmt. In der Tat gelang es der Regierung Stresemann, der Inflation auf der Basis eines Wechselkurses von 1 Rentenmark = 1000 Milliarden Papiermark ohne ausländische Anleihen Einhalt zu gebieten[5]. Die Stabilisierung konnte aber nur Bestand haben, wenn es gelang, den Reichshaushalt auszubalancieren. Dessen stärkste Belastung waren seit Jahresbeginn die Summen, die zur Finanzierung des passiven Widerstandes an Rhein und Ruhr flossen. Aber auch jetzt, nach dem Abbruch des passiven Widerstandes, als die Rentenmark-Verordnung erlassen wurde, blieben Rhein und Ruhr zunächst bei anschwellender Arbeitslosigkeit auf die Finanzhilfe des Reiches angewiesen. Konnte das Reich es verantworten, die Unterstützungszahlungen über den 15. November hinaus fortzusetzen, an dem die Rentenmark in Kraft treten sollte? Bedeutete andererseits eine Weigerung der Zahlungen nicht, daß man das Rheinland auf sich selbst verwies – und auf Frankreich? Hier haben die von der westdeutschen Wirtschaft und den Parteien, vom Kölner Oberbürgermeister Konrad Adenauer und dem Präsidenten der Kölner Industrie- und Handelskammer Louis Hagen erwogenen und von den Franzosen geförderten Pläne einer eigenen rheinischen Währung und Notenbank ihren Ursprung. Die Meinung des Reichskabinetts war gespalten. Finanzminister Luther (seit 3. Oktober 1923) sprach sich gegen die Fortführung der Zahlungen aus, der Minister für die besetzten Gebiete Fuchs (Ztr.) dafür. Stresemann, der Luthers Ansicht teilte, suchte durch befristete Verlängerungen die Entscheidung hinauszuschieben. Tatsächlich wurden die Zahlungen nicht eingestellt. Aber ihr Aufhören schwebte als Drohung über dem Rheinland. Wenn es, militärisch in der Gewalt der Franzosen, durch eine Zollgrenze vom Reich abgetrennt, in seinem Wirtschaftsleben von Frankreich kontrolliert, nicht mehr auf die Unterstützung durch das Reich rechnen durfte, war es dann nicht richtiger, den für unvermeidlich gehaltenen Eigenweg des Rheinlands wenigstens von Reichs wegen zu sanktionieren, indem man einem besonderen rheinischen Gremium für das besetzte Gebiet Verordnungsbefugnisse auch in Abweichung vom geltenden Reichsrecht übertrug? Stresemann selbst, der nationalliberale Verfechter der Reichseinheit, kam zu diesem Resultat (Kabinettssitzung vom 12. November), während Adenauer, der rheinische Zentrumsmann und Föderalist, der am folgenden Tage mit anderen Vertretern des Rheinlandes zu einer Kabinettssitzung zugezogen wurde, sich nun umgekehrt in einer heftigen Anklage gegen die Reichsregierung wandte: »Der Reichsminister der Finanzen behauptet immer, daß das Reich gewisse Zahlungen an das besetzte Gebiet nicht mehr leisten könne. Ich bestreite, daß das Reich in einer so schwierigen finanziellen Lage ist. Mag selbst die Rentenmark dadurch ebenso wie die Papiermark in einen Abgrund getrieben werden, daß das Reich umfangreiche Zahlungen an das besetzte Gebiet leistet, das Rheinland muß mehr wert sein als ein oder zwei oder selbst als drei neue Währungen. Ohne Lösung des Reparationsproblems wird es überhaupt nicht möglich sein, eine wertbeständige Währung zu schaffen. Wenn der Reichsminister der Finanzen aber die neue Währung retten will, dann hat er dabei den Hintergedanken, das Rheinland preiszugeben, um dadurch von den Reparationen freizukommen.«[6]

Es kennzeichnet die verworrene Lage, daß der Gedanke an die Schaffung einer legalen rheinischen Sonderinstanz zunächst einfach an dem Veto der betroffenen deutschen Länder, Preußen, Bayern, Hessen und Oldenburg scheiterte, die nichts von ihren Landesrechten preisgeben wollten (Kabinettssitzung mit den Landesvertretern vom 13. November). Vor allem aber widersprach diese ganze Entwicklung des offenen und verdeckten Separatismus in politischer und wirtschaftlicher Hinsicht den britischen Interessen[7]. England ließ keinen Zweifel darüber, daß es für seine eigene Besatzungszone die politischen Pläne der Industrie- und Handelskammer in Köln verhindern werde. Auf britische Vorstellung ließen auch die Belgier die putschierenden Separatisten fallen. Sehr viel später erst gaben die Franzosen den Separatismus preis, nachdem durch den Widerstand der Bevölkerung der Willkürcharakter ihrer Herrschaft vor aller Welt offenbar geworden war und nachdem vor allem durch die Weiterentwicklung der außenpolitischen Lage das Separatistenexperiment überhaupt seinen Sinn verloren hatte.

Baldwin und Curzon versuchten nämlich nach dem Abbruch des passiven Widerstandes nun ihr eigenes Programm durchzuführen. Zwar hatte Baldwin am 9. September bei einer Durchreise durch Paris die Gemeinsamkeit der französischen und britischen Grundanschauungen öffentlich betont, aber das hinderte die britische Regierung nicht, sich am 12. Oktober an die USA-Regierung mit der Frage zu wenden, ob sie sich an einer internationalen Prüfung der Reparationsfrage beteiligen würde. Sie konnte dabei an eine Rede des amerikanischen Staatssekretärs Hughes vom 29. Dezember 1922 anknüpfen, und so reagierte die amerikanische Regierung positiv. Wenn sich die USA 1919 nach ihrer Intervention im Weltkrieg von den europäischen Angelegenheiten abgewendet hatten, so kehrten sie jetzt über das Problem der Reparationen und der internationalen Anleihen zurück[8]. Vergeblich versuchte Frankreich, die Kompetenz der zu bildenden Kommission auf die Untersuchung der »capacité actuelle« Deutschlands zu beschränken. Die USA bestanden auf einer umfassenden Untersuchungsbefugnis, und Poincaré gab nach. Das Gewicht der britisch-amerikanischen Vorschläge war noch erheblich dadurch verstärkt worden, daß Baldwin seine Anfrage an die USA-Regierung zugleich im Namen der damals in London versammelten Reichskonferenz richten konnte. Die Staaten des Commonwealth erklärten, »daß die europäische Situation nur durch die Mitarbeit der USA auf die Ebene einer möglichen Regelung gehoben werden könnte ... Die Konferenz sieht jede Politik, die das Zerschlagen des deutschen Staates zum Ergebnis haben könnte, als unvereinbar mit den Vertragsverpflichtungen an«[9]. Vor allem setzte sich der südafrikanische Premierminister Smuts für eine großzügige Neuregelung der Reparationsfrage ein. Scharf verurteilte er in einer Londoner Rede das einseitige französische Vorgehen[10]. Daß gerade Smuts sich so exponierte, war um so bedeutungsvoller, als durch ihn die Militärpensionen in die Reparationsforderungen von Versailles hineingezogen worden waren.

Auf diese allmähliche Veränderung der politischen Weltlage hat aber auch Stresemann selbst eingewirkt. Durch Vermittlung des Historikers Oswald Spengler war er an Smuts herangetreten; der brieflich und durch Mittelsmänner geführte Gedankenaustausch hat bis zu taktischen Absprachen geführt[11]. Am 24. Oktober 1923, einen Tag nach jener Rede von Smuts, wandte sich die deutsche Regierung im Sinne der amerikanisch-britischen Vorschläge an die Reparationskommission mit dem Antrag, eine Untersuchung über die wirtschaftliche Lage Deutschlands durchzuführen. Hier wurde am 30. November die Bildung zweier Ausschüsse beschlossen, von denen der erste sich mit der Frage beschäftigen sollte, wie das deutsche Budget ins Gleichgewicht gebracht und die Währung stabilisiert werden könne. Der andere sollte sich mit der Kapitalflucht aus Deutschland befassen. Bedeutung hat nur der erste Ausschuß erlangt. Er stand unter dem Vorsitz des Amerikaners Dawes. Im Januar 1924 trat er in Paris zusammen. Aus seiner Arbeit sollte ein neuer Reparationsplan hervorgehen.

Wer hat den Ruhrkrieg gewonnen? Die Frage ist nicht eindeutig zu beantworten. Ohne Zweifel ist Deutschland in die Knie gezwungen worden und hat sich den Reparationsforderungen nicht entziehen können. Aber durch die Einbeziehung amerikanischer Vertreter in die Ausschüsse wurde die Regelung der Reparationsfrage entgegen der ursprünglichen Absicht Poincarés aus der Zuständigkeit der Reparationskommission, die ein Organ des Versailler Vertrags war, gelöst und in einem weiteren internationalen Gremium unter Voranstellung wirtschaftlicher Gesichtspunkte neu durchdacht. Durch das einseitige Vorgehen Frankreichs hatte sich weithin in der Welt die Sympathie Deutschland zugewandt. Durch den Widerstand der Bevölkerung an Rhein und Ruhr wurde die moralische Isolierung Deutschlands durchbrochen. Vor allem hat Frankreich sein politisches Ziel, die Loslösung der Rheinlande vom Reich, nicht erreicht. Statt dessen sollte der aus dem Ruhrkrieg hervorgegangene Dawes-Plan zum ersten Schritt werden auf dem Wege, der Deutschland aus der politischen Isolierung heraus nach Locarno und in den Völkerbund führte.

G. ZWOCH, G. Stresemann-Bibliogr. (1953); M. WALSDORFF, Bibliogr. Gustav Stresemann (1973). – G. STRESEMANN, Reden u. Schriften (2 Bde. 1926); Vermächtnis (3 Bde. 1932/33). Das als Edition unzureichende »Vermächtnis« ist kritisch zu benutzen im Zusammenhang mit dem 1953 zugänglich gewordenen Nachlaß. Durch den Nachlaß ist die Stresemann-Forschung neu in Gang gekommen. Die ältere Kontroverse: Stresemann Nationalist oder Europäer? ist noch nicht überwunden. Zur Stresemann-Lit. F. E. HIRSCH, Stresemann in hist. Perspektive, Revue of Politics 15 (1953); L. ZIMMERMANN, Das Stresemann-Bild in der Wandlung, in: Studien zur Gesch. d. Weim. Rep. (1956); K. D. ERDMANN, Lit. Ber., GWU 8 (1957); H. W. GATZKE, G. Stresemann: A bibliographical Article, in: Journal of Mod. Hist. 36 (1964); ders., The Stresemann Papers, ebd. 26 (1954). Über die Anfänge von Stresemanns Karriere als Syndikus u. Lobbyist des Bundes der Industriellen D. WARREN, The red Kingdom of Saxony (The Hague 1964); M. L. EDWARDS, Stresemann and the greater Germany, 1914–1918 (New York 1963). Auf dem Nachlaß beruhende neuere Arbeiten über Stresemann in der Weimarer Republik: H. W. GATZKE, Stresemann and the Rearmament of Germany (1954); ders., Dt.-russ. Beziehungen im Sommer 1918, VfZG 3 (1955); ders., Von Rapallo nach Berlin. Stresemann u. die dt. Rußlandpolitik, VfZG 4 (1956); ders., Stresemann u. Litwin, VfZG 5 (1957); Anneliese THIMME, G. Stresemann, Legende u. Wirklichkeit, HZ 181 (1956); dies., Stresemann als Reichskanzler, WaG 17 (1957); dies., G. Stresemann, eine polit. Biographie zur Gesch. d. Weim. Rep. (1957). GATZKE u. THIMME betonen im Charakterbild Stresemanns die nationalistischen u. opportunistischen Züge. Positive Würdigung der staatsmännischen Leistung Stresemanns: H. L. BRETTON, Stresemann and the Revision of Versailles (1953); F. HIRSCH, Stresemann, Ballin u. Amerika, VfZG 3 (1955); ders., Stresemann, Patriot u. Europäer (1964); E. EYCK, Neues Licht auf Stresemanns Politik, Dt. Rundschau (1955); H. A. TURNER, Stresemann and the politics of the Weimar Republic (Princeton 1963, dt.: Stresemann, Republikaner aus Vernunft (1968); W. WEIDENFELD, Die Englandpolitik G. Stresemanns (1972); M.-O. MAXELON, Stresemann und Frankreich (1972); K. D. ERDMANN, Adenauer u. Stresemann, zwei Wege dt. Politik, Jordan-Festschr. (1972).

[1] Helfferich im Ausw. Ausschuß 26. September 1923.

[2] Text Industrie- u. Handelszeitung, Berlin 27. November 1923; H. RYCKEN, Die Micum-Abkommen des Ruhrkohlenbergbaus 1923/24 (Diss. Gießen 1931).

[3] Hier sei hingewiesen auf eine betriebsame Figur am Rande der dt. Politik, A. Rechberg, der während der Ruhrkrise in dem franz. Abgeordneten P. Reynaud einen Partner fand für die Idee, daß das dt.-franz. Problem durch einseitige Beteiligung der Franzosen an der Ruhrindustrie gelöst werden könne. Stresemann hielt sich den Dilettanten vom Leibe. – E. v. VIETSCH, A. Rechberg u. das Problem der polit. Westorientierung Dtlds. nach dem 1. Weltkrieg, Schriften des Bundesarchivs 4 (1958).

[4] Bibliographie G. REISMÜLLER/ J. HOFMANN, Zehn Jahre Rheinlandbesetzung (1928); Die separatist. Umtriebe in den besetzten Gebieten. Notenwechsel zw. der dt. u. der franz. Regierung, hg. v. Ausw. Amt (1924); Urkunden über die Machenschaften zur Abtrennung der Rheinlande, hg. v. Reichsmin. f. d. besetzten Gebiete (1925). Zu DORTEN s. Kap. 6, Anm. 9;

vgl. ferner Kap. 3, Anm. 19; M. SPRINGER, Loslösungsbestrebungen am Rhein 1918–1924 (1924); W. KAMPER, Die Rheinlandkrise des Herbstes 1923, ein polit. Überblick (1925); P. WENTZCKE, Ruhrkampf (2 Bde. 1930/32); K. D. ERDMANN, Adenauer in der Rheinlandpolitik nach dem Ersten Weltkrieg (1966); R. MORSEY, Die Rheinlande, Preußen u. das Reich 1914–1945, in: Rhein. Vjbll. 29 (1965).

[5] Auf Wunsch des sozialdem. Finanzministers Hilferding wurde der ursprünglich vorgesehene Reichskredit in Höhe von 2 Milliarden auf 1,2 Milliarden herabgesetzt; er bestand auch auf Rückkehr zur Goldwährung. Sein Nachfolger Luther hat die Reform praktisch gestaltet und durchgeführt. Der Bankdirektor Hjalmar Schacht wurde zum Währungskommissar bestellt. Er hat den Ablauf des Stabilisierungsprozesses überwacht. Zur literarischen Fehde der Beteiligten, wem das eigentliche Verdienst an diesem Werk gebühre: H. SCHACHT, Die Stabilisierung der Mark (1927); H. LUTHER, Politiker ohne Partei (1960); F. STAMPFER, Die vierzehn Jahre der ersten dt. Republik

(³1953), unterstreicht die Verdienste Hilferdings; vgl. ferner R. STUCKEN, Dt. Geld- u. Kreditpolitik 1914–1963 (³1964); K.-B. NETZBAND/H. P. WIDMAIER, Währungs- u. Finanzpolitik der Ära Luther 1923–1925 (1964).

⁶ Protokoll über Sitzungen des Reichskabinetts vom 12. u. 13. November 1923.

⁷ H. E. KUNHEIM, Die Wirkungen der Ruhrbesetzung auf Wirtschaft u. Politik Großbritanniens (1929).

⁸ D. B. GESCHER, Die Vereinigten Staaten von Nordamerika u. die Reparationen 1920–1924 (1956).

⁹ Imperial Conference 1923, Summary of Proceedings (Cmd. 1987, 1923), S. 11 f.

¹⁰ Vor dem südafrikanischen Klub am 23. Oktober, voller Wortlaut: ›Times‹, 24. Oktober 1923; W. K. HANCOCK, Smuts (2 Bde. London 1962/68).

¹¹ Briefwechsel mit Spengler u. Smuts im Stresemann-Nachlaß.

Kapitel 14
Die Große Koalition 1923
Der gescheiterte »Deutsche Oktober«

Die Große Koalition (13. August bis 2. November 1923) hatte sich zusammengefunden, um den Ruhrkampf zu liquidieren. Daß die Liquidation tatsächlich eine bedingungslose Kapitulation war, ließ innerhalb der Koalition neue Spannungen hervortreten. Der bayerische Ausnahmezustand wurde durch die Verhängung des Ausnahmezustandes im Reich beantwortet. In dem nun beginnenden Konflikt zwischen Bayern und Reich standen die Sympathien der »nationalen« Opposition bei der bayerischen Regierung wegen ihres Protestes gegen Versailles und wegen der freien Agitationsmöglichkeit, die dort alle Verbände der militanten Rechten genossen. Diese Spannung ging bis tief in die eigene Partei Stresemanns hinein¹. Gab es von Anfang an in der Fraktion der Deutschen Volkspartei eine vor allem durch die Schwerindustrie vertretene Gruppe, die der Großen Koalition reserviert gegenüberstand, so wurde jetzt auf diesem Flügel der Partei die Forderung nach einer nationalen Rechtskoalition erhoben. Eine Anzahl von DVP-Abgeordneten versagten ihrem eigenen Kanzler die Unterstützung im Parlament, sie organisierten sich als Fronde (Nationalliberale Vereinigung). Sie fürchteten, daß die Wähler nach rechts abgleiten würden. Gegen Stresemann argumentierte man in seiner eigenen Partei mit dem parlamentarischen Gedanken, daß durch die Große Koalition das natürliche Wechselspiel zwischen Regierung und Opposition verdorben werde. Da aber die Rechtsparteien, selbst wenn man die Stimmen der Deutschen Volkspartei dazurechnete, keine verfassungsändernde Mehrheit besessen hätten, die für das jetzt von allen Seiten für erforderlich gehaltene Ermächtigungsgesetz nötig gewesen wäre, spielten sie mit dem Gedanken der Diktatur. Stresemann mußte hart darum ringen, die Partei auf seiner Linie zu halten. Ein starker Rückhalt war ihm hierbei die Fraktion im preußischen Landtag, wo sich die Große Koalition bewährte. Aber wie ein Teil der Deutschen Volkspartei mit den Deutschnationalen nach Bayern hinüberschaute als auf das Land, wo die nationale Rechte zum Zuge gekommen war – die Bayerische Volkspartei stand auch im Reichstag in Opposition zu Stresemann –, so waren die Sozialdemokraten, besorgt, daß in der furchtbaren wirtschaftlichen Notlage Deutschlands ein Teil ihrer Anhänger nach links abglitt, besonders durch das Schicksal zweier anderer deutscher Staaten, Sachsen und Thüringen, berührt. Beides mußte sich ungünstig auswirken auf den inneren Zusammenhalt der Großen Koalition und das politische Zusammenwirken von Kapital und Arbeit.

In Sachsen und Thüringen besaßen die Sozialdemokraten und Kommunisten gemeinsam die parlamentarische Mehrheit. Es war ein Novum in der deutschen Partei- und Parlamentsgeschichte seit der Revolution, daß Koalitionsregierungen von Sozialdemokraten und Kommunisten gebildet wurden (10. und 16. Oktober 1923). Dies entsprach der auf dem 3. Weltkongreß der Kommunistischen Internationale geforderten Taktik einer Einheitsfront von unten und oben[2]. Was bedeutete es, wenn die Kommunisten nun, statt sich nur um die Gewinnung von sozialdemokratischen Arbeitern zu bemühen, zur politischen Zusammenarbeit in sozialdemokratisch geführten Länderregierungen bereit waren? Tatsächlich verbanden die beiden Partner mit der Koalitionsbildung unterschiedliche Zielsetzungen. Für die thüringischen und sächsischen Sozialdemokraten war der Wunsch bestimmend, auf parlamentarischer Basis in diesen Ländern Arbeiterregierungen zu bilden als soliden Block gegen die der deutschen Republik von Bayern her drohenden konservativ- und revolutionär-nationalistischen Gefahren. Für die Kommunistische Partei hingegen war die Koalition mit den Sozialdemokraten ein taktischer Schritt, um das mitteldeutsche Industriegebiet als Basis für den abermaligen Versuch einer revolutionären Erhebung auszubauen, die zur Errichtung der Rätediktatur, zu einem »Deutschen Oktober« führen sollte. Die

KPD wurde damals durch Heinrich Brandler geführt. Er war ein Exponent des rechten Flügels. Die von ihm verfolgte Taktik der Einheitsfront stand in der innerparteilichen Diskussion im Zwielicht. Würde sie im Endergebnis dazu führen, daß die Kommunisten unter Verzicht auf ihre revolutionäre Zielsetzung zu einer radikalen reformistischen Arbeiterpartei wurden, oder würde durch die Zusammenarbeit der beiden Parteien der linke Flügel der Sozialdemokraten für den Gedanken der Rätediktatur gewonnen werden?

Daß die Situation in dem von äußeren und inneren Krisen geschüttelten Deutschland im Jahre 1923 revolutionäre Möglichkeiten in sich schloß, war eine Überzeugung, die von der Führung der deutschen und der russischen Kommunisten geteilt wurde. Aber die Konzentration der Führung der deutschen Kommunisten etwa von Oktober 1923 an auf die organisatorische Vorbereitung einer revolutionären Erhebung erklärt sich aus der unrealistischen Beurteilung der deutschen Lage durch die Kommunistische Internationale, deren Weisungen die deutschen Kommunisten folgten. Die KPD hatte im Jahre 1923 erheblich an Stärke gewonnen. Der Mitgliederrückgang nach dem gescheiterten Märzaufstand des Jahres 1921 war ausgeglichen worden. Die Partei zählte wieder annähernd 300000 Angehörige. In den Gewerkschaften und stärker noch in den Betriebsräten hatte sie Fuß gefaßt. Ein unter Einheitsfrontaspekten einberufener Reichsbetriebsrätekongreß im November 1922 beispielsweise hatte eine sehr hohe kommunistische Majorität gezeigt (Flechtheim gibt folgende Zahlen an: Kommunisten 657, Sozialdemokraten 38, Unabhängige 22, übrige 52). Aus der Massenbewegung nach dem Rathenau-Mord waren inzwischen unter Initiative der Kommunisten zum Kampf gegen den Faschismus proletarische Hundertschaften gebildet worden. Die Verelendung der Massen infolge der Inflation und die hohe Arbeitslosigkeit infolge des Ruhrkampfes führten den Kommunisten zahlreiche Anhänger und Sympathisanten zu. Das Exekutivkomitee der Kommunistischen Internationale kam deshalb schließlich, wie es in einem Telegramm seines Vorsitzenden Sinowjew vom 1. Oktober 1923 an die KPD hieß, zu der Überzeugung, daß in vier bis sechs Wochen der entscheidende Augenblick zum Losschlagen gekommen sein werde. Als einer der vorbereitenden Schritte sollte der Eintritt in die sächsische Regierung dienen. An dem Tage, an dem dieser Weisung aus Moskau entsprechend mit den Sozialdemokraten in Dresden der

Eintritt in die Regierung vereinbart wurde, schrieb der Sekretär der russischen Kommunistischen Partei, Joseph Stalin, an den Herausgeber der kommunistischen Tageszeitung ›Die Rote Fahne‹, August Thalheimer, daß die herannahende Revolution in Deutschland das wichtigste Weltereignis der Zeit sei. Ihr Sieg werde größere Bedeutung haben als die russische Revolution vor sechs Jahren. Der Sieg des deutschen Proletariats werde das revolutionäre Weltzentrum von Moskau nach Berlin verlagern. Unter maßgeblicher Beteiligung einer aus Moskau entsandten Gruppe von Experten für Bürgerkrieg wurde eine militärische Führungsorganisation von der zentralen militärischen Planung bis herunter zu den örtlichen Kampfleitungen aufgebaut. Gelder kamen aus Rußland über die sowjetische Botschaft in Berlin. Neben der militärischen wurden auch politische Vorbereitungen für die Übernahme der Verwaltung auf allen Stufen getroffen. Die ganze Organisation stand unter der Oberaufsicht des Deutschlandexperten der Kommunistischen Internationale, Karl Radek. Daß diese Vorbereitungen erfolglos blieben, erklärt sich aus drei Gründen. Der erste war die Überschätzung der eigenen Kräfte, zu der man durch die unbezweifelbaren Fortschritte der kommunistischen Bewegung in der letzten Zeit verleitet worden war. Weder der Zahl noch der Bewaffnung noch der Ausbildung nach konnten sich die proletarischen Hundertschaften mit der Reichswehr messen. Der zweite Grund war die Unterschätzung des Zusammenhalts in der gewerkschaftlichen und sozialdemokratischen Arbeiterbewegung und die Entschlossenheit ihrer Führung, auf kommunistische Revolutionsdrohungen energisch zu reagieren. So wurden in Preußen durch Innenminister Carl Severing die proletarischen Hundertschaften verboten und die ›Rote Fahne‹ in den entscheidenden Wochen am Erscheinen gehindert. Der dritte Grund war, daß die Reichsregierung den kommunistischen Aufstandsplänen durch eine militärische Intervention zuvorkam.

Am 13. Oktober löste der Wehrmachtsbefehlshaber in Sachsen, General Müller, unter dem Ausnahmezustand die proletarischen Hundertschaften auf. Er stellte die sächsische Polizei unter seinen Befehl und richtete an die Regierung Zeigner die ultimative Forderung, diesen Weisungen Folge zu leisten. Zeigner antwortete mit einem kategorischen Nein und heftigen Angriffen auf die Reichswehr. Er verlangte die Auflösung der sogenannten Schwarzen Reichswehr. Diese Verbände von Zeitfreiwilligen waren unter Führung von Reichswehroffizieren in jener chaotischen Lage des Reichs gebildet worden, in der man gerade auch an der Ostgrenze mit Zwischenfällen rechnen mußte – ohne Zweifel eine Überschreitung der Entwaffnungsbestimmungen des Versailler Vertrags, aber in dieser Situation aus der Sicht der Reichsregierung unvermeidlich. Das Problematische jener Verbände bestand freilich darin, daß die sich dort sammelnden Elemente vielfach scharfe Gegner der Republik waren. Im Bereich illegaler rechtsradikaler Organisationen kam es zu zahlreichen Morden politischer Gegner und Verdächtiger aus den eigenen Reihen[3]. Von Küstrin aus versuchten zeitfreiwillige Truppen unter Major Buchrucker am 1. Oktober 1923 sogar einen Putsch, der aber am Widerstand der Reichswehr scheiterte[4]. Durch die Angriffe Zeigners sah Reichswehrminister Geßler ein elementares Sicherheitsinteresse des Reiches gefährdet. Er ließ nunmehr mit Zustimmung der Reichsregierung Truppen nach Sachsen einmarschieren. Diese Aktion hatte den doppelten Zweck, die Verhältnisse in Sachsen und Thüringen unter Kontrolle zu bringen und gleichzeitig gegen die von Bayern her kommende Bedrohung eine Barriere zu errichten. Wie reagierte nun die kommunistische Führung auf den Einmarsch der Reichswehr? Auf einer Reichsbetriebsrätekonferenz, die damals in Chemnitz tagte, forderte Heinrich Brandler die Proklamation eines Generalstreiks. Die sozialdemokratischen Vertreter sprachen sich aber mit Entschiedenheit dagegen aus. Die Zentrale der Kommunistischen Partei wertete dies als einen negativ ausgefallenen Test über die revolutionäre Bereitschaft der Massen. Sie kam zu dem Ergebnis, daß jetzt kein Aufstand möglich sei. Nur in Hamburg kam es am 23. Oktober 1923 aus nicht ganz geklärten Umständen zu einem nach wenigen Tagen zusammengebrochenen Aufstandsversuch[5].

Nun verlangte Stresemann von Zeigner am 28. Oktober unter Inanspruchnahme des Artikels 48 der Reichsverfassung, die Kommunisten aus der sächsischen Regierung auszustoßen. Als dieser sich weigerte, wurde er seines Amtes enthoben[6]. Der ehemalige Reichsminister und Volksparteiler Heinze wurde zum Reichskommissar ernannt. Aber der von ihm betriebenen Einsetzung einer bürgerlichen Rechtsregierung kam der sächsische Landtag zuvor, indem er am 29. Oktober erneut einen Sozialisten, Fellisch, zum Ministerpräsidenten wählte, der jetzt eine rein sozialdemokratische Regierung ohne Kommunisten bildete. Daß die Dinge in Sachsen und ähnlich auch in Thüringen diesen Ausgang nahmen statt der von der DVP-Fronde erhofften Rechtsdiktatur, verschärfte wiederum die Gegensätze innerhalb der Partei Stresemanns und schwächte seine Stellung als Kanzler.

Der nicht zustande gekommene »Deutsche Oktober« markiert einen Wendepunkt sowohl in der Kommunistischen Internationale wie in der Kommunistischen Partei Deutschlands. In den sechs Jahren von 1917 bis 1923 hatte die kommunistische Weltbewegung an der Vorstellung einer baldigen Weltrevolution festgehalten. Diese Frage mußte sich in Deutschland entscheiden. Der Fehlschlag im Jahre 1923 zeigte, daß in Deutschland keine Chance bestand, die Mehrheit der Arbeiterschaft für eine revolutionäre Aktion zur Errichtung einer Diktatur des Proletariats zu gewinnen. Am 21. Januar 1924 starb Lenin. In der nachfolgenden stalinistischen Periode, die sich zunächst darauf konzentrierte, den »Kommunismus in einem Lande« zu errichten, wurden die kommunistischen Parteien außerhalb der Sowjetunion zu Hilfsorganisationen für die Interessen der sowjetischen Führung. In der KPD wurde Brandler abgesetzt, der rechte Flügel entmachtet und Ruth Fischer, die markanteste intellektuelle Figur der Parteilinken, mit der zentralen Leitung betraut, bis auch sie später in Ungnade fiel. An ihre Stelle trat als genuiner Proletarier der Hamburger Hafenarbeiter Ernst Thälmann, ein williges Werkzeug der Moskauer Zentrale. In der Periode der Stalinisierung der KPD machte auch der organisatorisch begabte und in der Handhabung des Apparates versierte Walter Ulbricht Karriere.[7]

Die Ereignisse in Sachsen und Thüringen brachten die Sozialdemokraten als Partner der Großen Koalition in eine zwiespältige Lage. Richtete sich doch das scharfe Vorgehen des Reichs gegen Länderregierungen, die unter sozialdemokratischer Führung standen. Der Einsatz der Reichswehr war gefordert und ihm war applaudiert worden von den bürgerlichen Parteien und ebenso von den Industrieverbänden Sachsens, zu denen Stresemann in besonders enger Beziehung stand. Zwar waren sich die besonnenen Führer der Sozialdemokraten im Reichstag der Unvermeidlichkeit eines Eingreifens in die thüringisch-sächsischen Verhältnisse bewußt. Aber sie sahen auch, daß diese Intervention denjenigen Kräften im Reich Auftrieb geben würde, gegen die die Gewerkschaften eben damals in einem erbitterten Kampf um das Problem der Arbeitszeit standen. Es ging um den Achtstundentag, der als eine der wesentlichsten Errungenschaften der Revolution galt. Die Schwerindustrie verlangte seine Abschaffung. Es gelang dem von ihr bestimmten rechten Flügel innerhalb der Deutschen Volkspartei, den zur eigenen Partei gehörenden Wirtschaftsminister v. Raumer am 3. Oktober 1923 zu Fall zu bringen. Raumer hatte sich nach der Revolution in der Arbeitsgemeinschaft zwischen Unternehmerverbänden und Gewerkschaften hervorgetan und arbeitete im Kabinett Hand in Hand mit dem sozialistischen Finanzminister Hilferding[8]. Auch dieser mußte zurücktreten: er hatte den Versuch gemacht, die Reichssubventionen an die westdeutsche Schwerindustrie, die mit der Finanzierung des passiven Widerstands zusammenhingen, zu unterbinden. An die Stelle von Hilferding trat der Essener Oberbürgermeister Dr. Luther[9], der bisher das Ernährungsministerium innegehabt hatte, an die Stelle von Karl v. Raumer der frühere Demobilmachungskommissar Joseph Koeth. Beide waren parteipolitisch nicht gebunden, aber insgesamt verstärkte sich durch diesen Wechsel der bürgerliche Charakter des Kabinetts. Wenige Tage später kam der Streit um den Achtstundentag zum offenen Ausbruch. Im Ruhrgebiet begannen am 6. Oktober jene Verhandlungen zwischen Beauftragten der Industrie, zu denen auch Stinnes, Mitglied der Reichstagsfraktion der Deutschen Volkspartei, gehörte, und dem französischen General Degoutte, die später zum Abschluß der Micum-Verträge führen sollten. Hierbei appellierten die Vertreter der Industrie an den Schutz der französischen Waffen zur Einführung einer längeren Arbeitszeit, ein Ansinnen, das von Degoutte zurückgewiesen wurde[10]. In heller Empörung brandmarkten die Gewerkschaften ein solches Vorgehen als Landesverrat. Am 8. Oktober versuchte der Zechenverband im Ruhrgebiet statt der im Bergbau üblichen Siebenstundenschicht eine achteinhalbstündige Arbeitszeit einzuführen. Der Anschlag scheiterte daran, daß sich die preußischen Staatsgruben an diesem Vorhaben nicht beteiligten. Nun war die Forderung nach einer gesteigerten Arbeitsanstrengung in dem Augenblick, in dem sich auf Besitz und Industrie die Hypothekenlast neuer Reparationsverpflichtungen zu senken drohte, durchaus natürlich. Die Gewerkschaften haben sich dieser Einsicht nicht verschlossen, und die Sozialdemokraten billigten eine Vereinbarung der Fraktionsführer, in der es hieß, daß »die Neuregelung der Arbeitsgesetze unter grundsätzlichem Festhalten an dem Achtstundentag als Normalarbeitstag nicht zu umgehen sein werde. Dabei ist auch die Möglichkeit der tariflichen oder gesetzlichen Überschreitung der jetzigen Arbeitszeit vorgesehen«[11]. Aber am

13. Oktober stimmten sie einem Ermächtigungsgesetz für das Kabinett Stresemann nur mit der Einschränkung zu, daß sich die Verordnungsbefugnis des Kabinetts auf wirtschaftliche und finanzielle Fragen, nicht aber auf die Frage der Arbeitszeit erstrecken sollte. So war die Große Koalition bereits mit sozialpolitisch bedingten Spannungen aufgeladen, als die Sozialdemokraten verlangten, den militärischen Ausnahmezustand in Sachsen aufzuheben und mit der gleichen Entschiedenheit wie hier auch gegen Bayern vorzugehen. Da sich Stresemann aus militärischen und innenpolitischen Gründen und auch im Hinblick auf die nationalistische Fronde in seiner eigenen Partei hierzu nicht in der Lage sah, kündigten die Sozialdemokraten am 2. November 1923 die Große Koalition auf. Fast fünf Jahre hindurch hatten sie danach keinen Anteil mehr an der Regierungsverantwortung im Reich.

Es kennzeichnet die der politischen Krise zugrunde liegenden wirtschaftlich-sozialen Spannungen, daß nicht nur die Große Koalition, sondern auch die Zentralarbeitsgemeinschaft auseinanderbrach, die im Jahre 1918 in Zusammenarbeit von Unternehmerverbänden und Gewerkschaften die Grundlinien der Weimarer Sozialpolitik vorgezeichnet hatte. Im Januar 1924 schied der Allgemeine Deutsche Gewerkschaftsbund (ADGB) aus.

Allg. Lit. wie zu den Kap. 12 u. 13.

[1] R. THIMME, Stresemann u. die Dt. Volkspartei 1923–1925 (1961).

[2] Zum folgenden grundlegend W. T. ANGRESS, Stillborn Revolution. The Communist Bid for Power in Germany 1921–1923 (Princeton 1963). Heranzuziehen auch der 2. Band der Trotzki-Biographie von I. DEUTSCHER, The Prophet Unarmed, Trotzky 1921–1929 (London 1959, dt. 1962).

[3] E. J. GUMBEL u. a., »Verräter verfallen der Feme«. Opfer, Mörder, Richter 1919–1929 (1929).

[4] B. E. BUCHRUCKER, Im Schatten Seeckts. Die Gesch. d. »Schwarzen Reichswehr« (1928).

[5] H. HABEDANK, Zur Gesch. d. Hamburger Aufstands 1923 (1958); R. A. COMFORT, Revolutionary Hamburg (Stanford 1966).

[6] K. HOHLFELD, Die Reichsexekution gegen Sachsen im Jahre 1923, ihre Vorgesch. u. polit. Bedeutung (1964).

[7] H. WEBER, Die Wandlung des dt. Kommunismus. Die Stalinisierung der KPD in der Weimarer Republik (2 Bde. 1970); Carola STERN, Ulbricht. Eine polit. Biographie (1963).

[8] R. HILFERDING, Das Finanzkapital (1910, ²1920, Ndr. 1955 u. 1968); W. GOTTSCHALCH, Strukturveränderungen d. Gesellschaft u. polit. Handeln in der Lehre von R. Hilferding (1962).

[9] H. LUTHER, Politiker ohne Partei (1960).

[10] G. STRESEMANN, Vermächtnis, Bd. 1, S. 158 ff., Aufzeichnung über die Besprechung der Industrievertreter mit Degoutte vom 5. Oktober 1923 im Stresemann-Nachlaß.

[11] Jb. d. ADGB 1923, S. 65 ff.

Kapitel 15
Der Hitler-Putsch

Die innere Situation in Bayern[1] war durch sehr verschiedenartige Faktoren bestimmt. Hinter dem Ministerpräsidenten v. Knilling und dem Generalstaatskommissar v. Kahr standen die konservativen Kräfte, christlich, föderalistisch und weitgehend auch wittelsbachisch gesonnen. Kahr als der Inhaber der vollziehenden Gewalt unter dem bayerischen Ausnahmezustand stützte sich auf die vaterländischen Verbände, uneinheitliche, zum Teil bewaffnete Wehrorganisationen. In ihnen trafen sich verschiedene Elemente. Eine bürgerliche und bäuerliche, mehr konservative Gesinnung führte seit dem Kampf gegen die bayerische Rätediktatur zu Verbänden, die vom Gedanken des Heimatschutzes getragen waren. Nicht um den Schutz Bayerns, sondern um den Kampf gegen das »System« ging es den ehemaligen Freischärlern und Baltikumkämpfern, den Resten der Brigade Ehrhardt und den vielen Angehörigen der Schwarzen Reichswehr, die sich nach deren Auflösung in München einfanden. Dieser Kampf wurde schließlich von der »Nationalsozialistischen Deutschen Arbeiterpartei« (NSDAP)[2] in der Form geführt, daß eine politische Partei sich eines eigenen militärähnlich organisierten Verbandes bediente, der »Sturmabteilungen« (SA)[3]. Die Ursprünge der nationalsozialistischen Bewegung sind in den völkisch-antisemitischen Kreisen zu sehen, wie sie im München der Nachkriegszeit in der »Thule-Gesellschaft« und namentlich um den Schriftsteller und Journalisten Dietrich Eckart zu finden waren[4]. Zu den Mitarbeitern einer von Eckart geleiteten Zeitschrift, die gegen »Novemberverbrecher« und »Zinsknechtschaft« anging, gehörten Alfred Rosenberg und Gottfried Feder. Am 5. Januar 1919 war in München eine »Deutsche Arbeiterpartei« gegründet worden. Ihr schloß sich im September 1919 Adolf Hitler an.

Hitler wurde 1889 in Braunau am Inn als Sohn eines österreichischen Zollbeamten geboren[5]. Als Vierzehnjähriger verlor er den Vater. Er verließ vorzeitig die Realschule in Linz, um sich zeitweilig auch durch privaten Kunstunterricht für ein Studium an der Wiener Akademie vorzubereiten mit dem Berufsziel Maler oder Architekt. Seine Aufnahmegesuche schlugen jedoch zweimal fehl. Ohne Berufsausbildung und, nachdem Ende 1907 auch seine Mutter gestorben war, ohne Familienrückhalt war er nun gezwungen, sich neben einer bescheidenen

Waisenrente durch Postkarten- und Bildermalereien und durch andere Gelegenheitsarbeiten seinen Unterhalt zu verdienen. Von 1908 bis 1913 lebte er in Wien, dann siedelte er nach München über. In diesen Jahren haben sich seine politischen Grundüberzeugungen gebildet. Aus einem kleinbürgerlichen Milieu stammend und in diesen Jahren in der stärksten inneren Spannung lebend, die zwischen seinen Phantasieträumen von einem berühmten Dasein als Maler oder als Architekt und der äußersten Unsicherheit und sozialen Bindungslosigkeit seiner materiellen Existenz bestand, sträubte er sich dagegen, Proletarier zu sein, und nährte sein Selbstbewußtsein aus einem elementaren Haß gegen Gewerkschaften und Sozialdemokratische Partei als den Massenorganisationen der selbstbewußten Arbeiter. In der Lebensfrage des alten Österreich, dem Verhältnis der verschiedenen Völker zueinander, ließ sich Hitler von den alldeutschen Parolen Schoenerers gewinnen. Dazu kam seine Bewunderung für die Person des Wiener Oberbürgermeisters Lueger und für das Geschick, mit dem dieser seine christlich-soziale Volksbewegung führte[6]. Von beiden ließ er sich in dem Antisemitismus, von dem er schon früh infiziert worden war, bestärken. Bei Kriegsausbruch meldete er sich als Freiwilliger. In dem bayerischen Regiment List diente er den Krieg über an der Westfront als Meldegänger und wurde mit dem Eisernen Kreuz zweiter und erster Klasse ausgezeichnet. Bei Kriegsende lag er mit einer Gaserkrankung in einem Lazarett in Pommern. Hitler hat in der festen Ordnung der Truppe den Rückhalt gefunden, der bisher seinem Leben gemangelt hatte. Neben den politischen Überzeugungen aus seiner Wiener Zeit wurde das »Fronterlebnis« zum weiteren bestimmenden Element für seinen politischen Kampf. Im Winter 1918/19 war er wieder in München. Hier erlebte er die kurze Rätediktatur und die Befreiung der Stadt durch die Reichswehr und das Freikorps des Oberst Ritter v. Epp. In dessen Stab diente der Hauptmann Ernst Röhm[7], der Typus des national-revolutionären Soldaten. Der Name des Gefreiten Hitler taucht Ende Mai/Anfang Juni 1919 in einer Liste von politischen Agenten, »V-Leuten«, auf, die im Auftrag des Bayerischen Reichswehrgruppenkommandos 4 geschult und zu Propagandatätigkeit in- und außerhalb der Truppe verwendet wurden. Dieser Weg führte ihn zur »Deutschen Arbeiterpartei«, in der ihn seine propagandistische und organisatorische Begabung und sein Elan bald an die Spitze brachten[8]. Im Februar 1920 führte Hitler, bis Ende März noch im Militärdienst

stehend, seine erste Massenversammlung im Münchener Hof-
bräuhaus durch und gewann in Bayern bald eine wachsende
Anzahl von Anhängern[9]. Über die Stärke der Partei im Jahre
1923 lassen sich keine genauen Zahlenangaben machen. Ihre
Mitgliedschaft wird vor dem Hitler-Putsch für München auf
etwa 35 000, für Bayern insgesamt auf 150 000 geschätzt. Im
größten Teil Deutschlands war die NSDAP verboten, so in
Preußen, Sachsen, Thüringen, Württemberg, Baden, Hamburg
und Bremen, was sie nicht hinderte, Angehörige in Tarnorganisationen zu sammeln. Noch schwieriger ist es, für die Frühzeit
ein zuverlässiges Bild der sozialen Zusammensetzung der Partei
zu gewinnen. Fest steht, daß sie Anhänger aus allen Schichten
gewann, auch Arbeiter, besonders aber Angehörige des neuen
Mittelstandes (Angestellte und Beamte). Deutlich ist auch, daß
die Partei besonders auf Jugendliche eine starke Anziehungs-
kraft ausübte.

Hitler setzte für seine Partei in Anlehnung an ähnliche Gruppen in den Sudetenländern und in Österreich[10] den Namen
»Nationalsozialistische Deutsche Arbeiterpartei« durch und
verkündete ein von ihm und dem als Theoretiker der Partei
gefeierten Ingenieur Feder[11] ausgearbeitetes Programm. In diesem Programm verbanden sich allgemeine nationale Forderungen wie der Anschluß Österreichs, Erwerb von Kolonien,
Gleichberechtigung Deutschlands mit sozialistischen Gedanken
wie Einziehung der Kriegsgewinne, Verstaatlichung der verge-
sellschafteten Betriebe, Gewinnbeteiligung der Arbeiter an
Großbetrieben, Ausbau der Altersversorgung, Bodenreform,
unentgeltliche Enteignung von Boden für gemeinnützige
Zwecke und schließlich »Brechung der Zinsknechtschaft«. Dahinter stand bei Hitler als eigentlich treibende Kraft sein wilder
Antisemitismus, der zu der Programmforderung führte, daß
den Juden das Staatsbürgerrecht genommen werden sollte und
daß sie ausgewiesen werden dürften. Das Programm der
NSDAP ist im Laufe der Jahre wiederholt umstritten gewesen,
insofern es namentlich in der SA Kräfte gab, die mit den sozialistischen Forderungen Ernst machen wollten, während Hitler
selbst später den Punkt 17, der von der unentgeltlichen Enteignung des Bodens handelte, praktisch dadurch widerrief, daß er
erklärte, er richte sich »in erster Linie gegen die jüdischen
Grundstücksspekulationsgesellschaften«[12]. Beherrschend blieb
in allen Wandlungen die antisemitische Parole. Sie bildete den
Grundtenor aller seiner Reden, mit denen er den Kampf gegen

Versailles, gegen die »Zinsknechtschaft«, gegen den Marxismus und gegen die »Republik der Novemberverbrecher« propagandistisch führte.

Als Zeitung hatte die Partei den ›Völkischen Beobachter‹ erworben[13]. Als dieser im Oktober 1923 durch den Reichswehrminister Geßler wegen seiner Angriffe auf die Reichsregierung in Anwendung des Ausnahmezustandes verboten werden sollte, ergab sich hieraus ein abermaliger Konflikt zwischen Bayern und dem Reich, der direkt zum Novemberputsch hinführte. Der Kommandeur der 7., in Bayern stationierten Reichswehrdivision, General von Lossow, führte nämlich den ihm gegebenen Auftrag, das Verbot des ›Völkischen Beobachters‹ durchzuführen, nicht aus. Er ließ sich statt dessen mitsamt der bayerischen Division von der bayerischen Regierung »in Pflicht nehmen«[14]. Das war Rebellion, wenn sich auch Generalstaatskommissar v. Kahr für sein Vorgehen auf Artikel 48 Abschnitt 4 der Weimarer Verfassung berief, der in Notzeiten die Landesregierungen zu Notverordnungsmaßnahmen ermächtigte. Aber gerade für die Ausnahmeverordnungen im Artikel 48 war eindeutig die Überordnung des Reiches über die Länder festgesetzt. In Bayern sprach man nun vom Marsch nach Berlin. Sehr verschiedene Vorstellungen verbanden sich mit dieser Losung. Für Kahr war der Kampf gegen die Republik ein Kampf für die bayerischen Sonderrechte, für Hitler war Bayern das Sprungbrett, um sich der Zentralgewalt zu bemächtigen. Lossow dachte an ein »Nationales Direktorium«, in dem »Hitler der politische Trommler sein könne«[15]. Gegen diese aus Bayern drohende Gefahr beauftragte der Reichspräsident Ebert am 3. November den General von Seeckt, die Reichswehr aufmarschieren zu lassen. Seeckt verweigerte die Durchführung der Weisung[16]. Es war im Grunde das gleiche wie beim Kapp-Putsch: Seeckt wollte unter allen Umständen die Spaltung der Reichswehr vermeiden, weil er in ihr das einzige Instrument sah, in dem sich die Einheit des Reiches verkörperte. Deshalb verurteilte er zugleich auch in schärfsten Worten die Insubordination Lossows. Dessen Verhalten widersprach seiner militärischen Denkweise. Aber gerade diese seine Vorstellung von der Einheit der Reichswehr als oberstem Gesetz machte dieses Heer zu einem sehr fragwürdigen Instrument des Staates, auf den es verpflichtet war. So hat Seeckt sich am 5. November, am Vorabend des »Marsches auf Berlin«, in einem bezeichnenden Schreiben an Kahr gewandt. Statt die Autorität der Republik, wie sein Auftrag von Ebert gelautet hatte, durch das Gewicht der Waffen zur Geltung zu bringen, versicherte er Kahr seiner Übereinstimmung in der Grundanschauung. Er distanzierte sich von Stresemann und erklärte sich als Gegner der Sozialisten. Die verfassungsmäßigen Formen solle man um der Autorität des Reichs willen allerdings nur im äußersten Notfalle aufgeben. Freilich – so ist in dem Entwurf zu diesem Brief zu lesen – gelte ihm die Republik nicht als ein »noli me tangere«[17]. Seeckt trug sich damals mit Diktaturplänen, wobei er eine Zeitlang an sich selbst als zukünftigen Kanzler dachte[18]. Aber er wollte die diktatorische Umwandlung der Verfassung nicht auf gewaltsamem, sondern auf legalem Wege erreichen. Auf die Reichswehr konnten weder die Republik noch die Rebellen rechnen. Am 8. November verdichteten sich in Berlin die Gerüchte von einem bevorstehenden Putsch. Als an diesem Tage während einer Besprechung bei dem Reichspräsidenten Ebert der preußische Innenminister Carl Severing an Seeckt die Frage richtete, ob die Reichswehr die Hauptstadt Berlin schützen werde, wenn die 7. Division marschiere, erhielt er die gleiche Antwort, wie Seeckt sie Noske beim Kapp-Putsch gegeben hatte: Reichswehr schießt nicht auf Reichswehr[19]. Wie die Reichswehr sich tatsächlich verhalten haben würde, vermag niemand mit Sicherheit zu sagen, da sie in Wirklichkeit nicht vor diese Frage gestellt wurde: der von München aus geplante Putsch brach in sich selbst zusammen.

Am 8. November hatte Kahr seine Anhänger im Bürgerbräukeller zusammengerufen. Hitler, der die Bayerische SA in München zusammengezogen hatte, wollte den Stein ins Rollen bringen und die Zögernden voranstoßen. Er überrumpelte die Versammlung und rief die »Nationale Revolution« aus. Sich selbst dachte er die politische, dem später herbeigerufenen Ludendorff die militärische Führung zu. Unter dem Eindruck des geglückten Streichs und der Stimmung der von Hitler für sich gewonnenen Versammlung schlossen sich Kahr, der Kommandeur der bayerischen Schutzpolizei Seisser und General Lossow halben Herzens an. Aber nachdem sie im Laufe der Nacht ihre Handlungsfreiheit zurückgewonnen hatten und sich herausstellte, daß die bayerische Generalität den Schritt Lossows nicht mitvollzog, widerriefen sie und erklärten, erpreßt worden zu sein. In dieser Lage suchte Hitler die Vermittlung des Kronprinzen Rupprecht. Bevor diese wirksam werden konnte, veranlaßte jedoch am Mittag des 9. November Ludendorff gegen die Warnung Hitlers einen Demonstrationszug von Oberland und SA durch die Straßen der Stadt München, Ludendorff und Hitler an der Spitze marschierend. An der Feldherrnhalle wurde der Marsch durch das Feuer eines Polizeikordons aufgehalten. Die Demonstration verlief sich, die »Nationale Revolution« war zusammengebrochen.

In Berlin hatte, als die Nachricht von dem Putsch eintraf, Ebert die Ausübung der vollziehenden Gewalt und des Oberbefehls über die Wehrmacht in die Hände Seeckts gelegt. Die NSDAP, die mit ihnen sympathisierenden, besonders in Norddeutschland tätigen Deutsch-Völkischen und die Kommunisten wurden durch Erlaß Seeckts für das ganze Reichsgebiet verboten. In der bayerischen Reichswehr stellte Seeckt die Disziplin wieder her. Die Infanterieschule München, die sich dem Putsch angeschlossen hatte, wurde gemaßregelt und nach Dresden verlegt. Den Fall Lossow behandelte Seeckt dilatorisch, da, nachdem sich Kahr und Knilling gegen Hitler gewendet hatten, die Reichsregierung es erst recht nicht auf eine Kraftprobe mit Bayern ankommen lassen wollte. Die historische Bedeutung des Hitler-Putsches liegt darin, daß zum erstenmal das Verhältnis von bürgerlich-konservativem und revolutionärem Nationalismus auf die Probe gestellt wurde. Nach einer Zeit des Zusammenwirkens, die durch die gemeinsame negative Zielsetzung gegen den republikanischen Staat gekennzeichnet war, wandten sich die beiden Kräfte gegeneinander, als sie sich in der Situation des geplanten Marsches nach Berlin der diametralen Verschiedenheit ihrer politischen Ziele bewußt wurden. Damals, als Hitler an der Haltung von Reichswehr und Polizei scheiterte, erwiesen sich die national-konservativen Kräfte als die stärkeren. Für die politische Situation in der Reichspolitik hatte dies zur Folge, daß der republikanische Staat nun zunächst von dem Druck der Diktaturpläne einer in sich geschlossenen nationalen Opposition befreit war. Seeckt legte im Februar 1924 die Ausübung der vollziehenden Gewalt in die Hände der Reichsregierung zurück, der militärische Ausnahmezustand wurde in einen bis Oktober 1924 bestehenden zivilen umgewandelt. Indem die Deutschnationale und die Bayerische Volkspartei den revolutionären Nationalismus von sich abstießen, rückten sie selbst in größere Nähe zum bestehenden Staat. Die nächsten Jahre sind dadurch politisch charakterisiert, daß es zeitweise zu einer Mitarbeit der Konservativen und Monarchisten an den Aufgaben der Republik kam.

Die Regierung Stresemann stürzte über diese Ereignisse. Stresemann hatte sich geweigert, gegen Bayern mit Gewalt vorzugehen, nicht weil er an sich vor einem solchen Schritt zurückgeschreckt wäre, sondern weil er ebenso wie Geßler an dem Erfolg eines solchen Vorgehens zweifelte[20]. Seeckt hatte in den kritischen Tagen der Auseinandersetzung mit Bayern mit aller Deutlichkeit erklärt, daß Stresemann nicht das Vertrauen der Reichswehr habe[21]. Wenn es zum offenen Kampf kam, mußte man damit rechnen, daß auch in Norddeutschland völkisch-nationalistische Kräfte sich erheben würden. Dazu kam die ständige Sorge vor der Möglichkeit eines Wiederaufflammens kommunistischer Erhebungen wie im Oktober in Hamburg. In der verzweifelten Lage des Reiches und bei der schwindenden Autorität der Reichsregierung hatte sich Stresemann auch an den Münchener Kardinal Faulhaber gewendet und ihn aufgerufen, nach Berlin zu kommen, um dort in sichtbarer Weise die politische Solidarität mit dem Reich zu bekunden. Aber bei aller Zustimmung, die ihm von dieser Seite gegeben wurde, und bei aller Schärfe, mit der der Kardinal den Antisemitismus und politische Gewaltmethoden verurteilte, benutzte er doch diese Stunde, um in einem Brief an den Kanzler neben schulpolitischen Wünschen die Forderung nach einer föderalistischen Umgestaltung des Reiches zu erheben[22]. Die klare Bundesgenossenschaft, die Stresemann suchte, fand er hier nicht. Eine Reichsexekution gegen Bayern mußte auch nach dieser Richtung hin untunlich erscheinen. Daß sie unterblieb, kostete ihn aber die Unterstützung der Sozialdemokraten.

Als sich am 23. November der Reichstag versammelte, fühlten sich die Sozialdemokraten gegenüber ihrer Anhängerschaft verpflichtet, ein Mißtrauensvotum einzubringen, das sie mit dem unterschiedlichen Verhalten Stresemanns gegenüber Sachsen und Bayern begründeten. Es war nicht eigentlich ihre Absicht, Stresemann zu stürzen. Sie rechneten damit, daß die Deutschnationalen sich einem so begründeten Mißtrauensvotum nicht anschließen würden. Aber diese antworteten mit einem eigenen Mißtrauensantrag, dem jede Begründung fehlte. Sie wollten die Sozialdemokraten zwingen, Farbe zu bekennen. Aber konnten diese sich dem deutschnationalen Vorgehen anschließen? Hätte man über die Mißtrauensanträge abgestimmt, so wären sie möglicherweise beide abgelehnt worden. Stresemann wollte jedoch sein Verbleiben nicht von dieser vagen Chance abhängig machen. Er stellte die Vertrauensfrage und verlor. Am 23. November trat er zurück. Ebert sah im Verhalten der Fraktion seiner Parteifreunde ein Unglück: »Was euch veranlaßt, den Kanzler zu stürzen, ist in sechs Wochen vergessen, aber die Folgen eurer Dummheit werdet ihr noch zehn Jahre lang spüren«.[23]

DW 395/552–577, 826–833, 844–851. Der Hitlerprozeß. Auszüge aus den Verhandlungsberichten (1924); Hitler u. Kahr, aus dem Untersuchungsausschuß d. Bayer. Landtags, Landesausschuß d. SPD (1928). Kritische Neuverarbeitung d. Überlieferung von H. H. HOFMANN, Der Hitler-Putsch. Krisenjahre dt. Gesch. 1920–1924 (1961), wichtig durch minutiöse Rekonstruktion der Vorgänge vom 8./9. November in München. E. DEUERLEIN (Hg.), Der Hitler-Putsch. Bayerische Dokumente zum 8./9. November 1923 (1962), Standard-Werk; H. J. GORDON jr., Hitlerputsch 1923. Machtkampf in Bayern 1923–1924 (a. d. Amerik. 1971).

[1] Lit. über Bayern Kap. 11, Anm. 3.
[2] Lit. über Hitler u. NSDAP in Bd. 20: Dtld. unter der Herrschaft des Nationalsozialismus. Für die Jahre vor 1923 hervorzuheben W. MASER, Die Frühgesch. d. NSDAP, Hitlers Weg bis 1924 (1965); G. FRANZ-WILLING, Die Hitlerbewegung, Bd. 1: 1919–1922 (²1974); Der Aufstieg der NSDAP 1919 bis 1933 in Augenzeugenberichten, hg. u. eingel. von E. DEUERLEIN (1968); D. ORLOW, The History of the Nazi Party, 1919–1933 (Pittsburgh 1969).
[3] H. BENNECKE, Hitler u. die SA (1962).
[4] R. H. PHELPS, Before Hitler came. Thule Society and Germanen Orden, Journal of Mod. Hist. 35 (1963); Margarete PLEWNIA, Auf dem Weg zu Hitler. Der »völkische« Publizist Dietrich Eckart (1970).
[5] Das Bild, das Hitler in ›Mein Kampf‹ von seiner Jugendgeschichte gibt, korrigiert durch die Materialien bei K. HEIDEN, Hitler (Zürich 1936) u. R. OLDEN, Hitler the Pawn (1936). Von österreichischen Jugendbekannten Hitlers: J. GREINER, Das Ende des Hitler-Mythos (1947); A. KUBIZEK, Adolf Hitler, mein Jugendfreund (1953). Die dunklen Wiener Jahre Hitlers wurden Anlaß zu mancherlei nicht nachprüfbaren Legenden: F. JETZINGER, Hitlers Jugend. Phantasien, Lügen u. die Wahrheit (1956);

W. DAIM, Der Mann, der Hitler die Ideen gab (1958), sieht den entscheidenden Einfluß auf Hitlers Ideologie in der Wiener Zeit bei Lanz v. Liebenfels, Begründer des rassisch-sektiererischen »Neu-Templer-Ordens«, Zeitschrift ›Ostara‹. Kritische Auseinandersetzung mit diesen verschiedenen Überlieferungen bei W. MASER, Frühgesch. (s. Anm.2); ders., Adolf Hitler. Legende – Mythos – Wirklichkeit (³1972). E. DEUERLEIN, Hitlers Eintritt in die Politik u. die Reichswehr, Dokumentation, VfZG 7 (1959), aus den Akten des Reichswehrgruppenkommandos 4.
[6] O. KARBACH, Die polit. Grundlagen des dt.-österr. Antisemitismus, Zs. f. d. Gesch. d. Juden 1 (1964).
[7] Lit. in Bd. 20: Dtld. unter der Herrschaft d. Nationalsozialismus.
[8] R. H. PHELPS, Hitler and the Deutsche Arbeiterpartei, AHR 68 (1963); ders., Hitler als Parteiredner im Jahre 1920, Dokumentation, VfZG 11 (1963).
[9] Vgl. W. MASER, Frühgesch., S. 252 ff.; H. J. GORDON, Hitlerputsch, S. 69 ff., der dazu neigt, den Anteil der Arbeiterschaft zu überschätzen, u. G. FRANZ-WILLING, Hitlerbewegung; dieser formuliert zutreffend S. 136: »Soziologisch war die von Hitler organisierte Anhängerschaft des Nationalsozialismus die Fortsetzung der schon vor dem Kriege vor-

handenen Mittelstandsbewegung«, die sich gegen die »kapitalistische Erwerbswirtschaft auf der einen Seite und gegen die marxistische Klassenkampfbewegung auf der anderen Seite« wehrte; für den Stand unmittelbar vor dem Hitler-Putsch: M. H. KATER, Zur Soziographie der frühen NSDAP, VfZG 19 (1971); sein Ergebnis: die NSDAP »war im wesentlichen eine Partei des unteren Mittelstands«. Für eine spätere Entwicklungsphase sind genauere Angaben möglich, s. M. BROSZAT, Der Staat Hitlers (Tb. ²1971), S. 49ff.

[10] A. G. WHITESIDE, Nationaler Sozialismus in Österreich vor 1918, VfZG 9 (1961).

[11] G. FEDER, Manifest zur Brechung der Zinsknechtschaft (1918); ders., Der Dt. Staat auf nationaler u. sozialer Grundlage (1923); ders., Kampf gegen die Hochfinanz (1933); ders., Wirtschaftsführung im Dritten Reich (1934). F. wurde nach 1933 nur vorübergehend Staatssekretär ohne Einfluß auf die Wirtschaftspolitik.

[12] Text d. Programms der NSDAP aus d. Jahre 1920 bei W. MOMMSEN, Parteiprogramme. – Lit. d. sozialist. Strasser-Opposition innerhalb d. NS-Bewegung s. Kap. 24, Anm. 12.

[13] Ch. F. SIDMAN, Die Auflagenkurve des Völkischen Beobachters u. die Entwicklung des Nationalsozialismus Dez. 1920 bis Nov. 1923, Dokumentation, VfZG 13 (1965).

[14] Th. VOGELSANG, Die Reichswehr in Bayern u. der Münchener Putsch 1923, Dokumentation, VfZG 5 (1957).

[15] Lossow vor dem Volksgerichtshof München, Hitler-Prozeß, S. 116.

[16] F. v. RABENAU, Seeckt, S. 367; vgl. dazu H. MEIER-WELCKER, Seeckt (1967), S. 396.

[17] Text von Entwurf u. Brief bei O.-E. SCHÜDDEKOPF, Heer u. Republik, S. 186ff. Ungenau die Wiedergabe bei F.v. RABENAU, Seeckt, S. 368ff.

[18] E. KESSEL, Seeckts polit. Programm von 1923, Braubach-Festschr. (1964); s. auch H. MEIER-WELCKER, Seeckt, S. 389ff.

[19] C. SEVERING, Lebensweg, Bd. 1 (1950), S. 447.

[20] Kabinettssitzung 2. Nov., Stresemann-Vermächtnis, Bd. 1, S. 193.

[21] Auseinandersetzung hierüber 6. Nov. in der DVP-Fraktion, Vermächtnis, Bd. 1, S. 198ff. Über die Äußerung Seeckts: O. GESSLER, Reichswehrpolitik in der Weimarer Republik, hg. v. K. SENDTNER (1958), S. 299. Vgl. Brief Seeckts an v. Kahr, 5. Nov., O-E. SCHÜDDEKOPF, Heer u. Republik, S. 188.

[22] Vermächtnis, Bd. 1, S. 129ff.

[23] Ebd., S. 245.

Kapitel 16
Die Ära Stresemann:
Deutsche Außenpolitik vom Dawes-Plan bis zum Young-Plan

Stresemann hat als Kanzler die Republik in den Monaten ihrer schwersten Existenzbedrohung zu führen gehabt. Die Grundentscheidungen, die in diesen drei Monaten von August bis November 1923 fielen, bestimmten weitgehend den Gang der deutschen Außen- und Innenpolitik in den nächsten sechs Jahren bis zu seinem Tode. In dieser Zeit ist Stresemann in allen wechselnden Kabinetten Außenminister gewesen. Aber auch innenpolitisch war der Parteiführer Stresemann die zentrale Figur. Es war, verglichen mit den turbulenten Anfangsjahren der Republik, eine Epoche ruhigerer Entwicklung, in der sich außenpolitisch, wirtschaftlich und innenpolitisch der neue Staat zu konsolidieren schien. Bei wechselnden Regierungskonstellationen blieb für Stresemann die parlamentarische Basis seiner Außenpolitik die Unterstützung, die er an den Parteien von der SPD bis zur Deutschen Volkspartei fand. Die Sozialdemokraten, die in dieser Phase nicht an der Regierungsverantwortung beteiligt waren, stellten sich hinter die Außenpolitik Stresemanns, während die Deutschnationalen selbst als Koalitionspartei für diese Politik nur zeitweise und begrenzt die Mitverantwortung übernahmen.

Was war das Ziel der Außenpolitik Stresemanns? Man kann es am besten erfassen, wenn man es mit der Zielsetzung seines großen Gegenspielers in der Ruhr- und Rheinlandkrise 1923, Konrad Adenauer, vergleicht. Beiden gemeinsam war die Überzeugung, daß die Kernfrage der deutschen Außenpolitik in dem Verhältnis zu Frankreich lag. Ohne klare Bereinigung der hier liegenden wirtschaftlichen und militärischen Probleme war der Wiederaufstieg Deutschlands nicht denkbar. Stresemann und Adenauer sind in die Geschichte eingegangen als Staatsmänner, die sich dafür eingesetzt haben, die deutsch-französische »Erbfeindschaft« zu überwinden. Beide gingen ferner davon aus, daß England als Gegner der französischen wirtschaftlichen und politischen Hegemonialbestrebungen an Rhein und Ruhr eine Schlüsselstellung für die Bereinigung des deutsch-französischen Verhältnisses besaß. Aber beide waren von verschiedenen Vorstellungen darüber geleitet, was an die Stelle der französischen Vorherrschaft treten sollte. Der Gegensatz zwischen Adenauer und Stresemann, der schon im November 1923 beim Widerspruch der Rheinländer gegen die Versackungspolitik der Reichsregierung zu einem heftigen Zusammenstoß zwischen beiden geführt hatte, erreichte seinen Höhepunkt in den ersten Monaten des Kabinetts Marx Ende 1923/Anfang 1924. Was sollte nach Abbruch des passiven Widerstandes aus Rhein und Ruhr werden? Die französische Politik erstrebte, nachdem sie erkannt hatte, daß der putschistische Separatismus keinen Rückhalt bei der Bevölkerung fand, eine Autonomielösung für das Rheinland in Verständigung mit den führenden wirtschaftlichen und politischen Kräften Westdeutschlands. Es kam zu Verhandlungen Adenauers, dem Vertrauensmann der westdeut-

schen Kommunalverbände und der Industrie, mit Tirard, dem
Hohen Rheinlandkommissar. Tirard, der in Übereinstimmung
mit der Pariser Regierung handelte, legte Adenauer den Entwurf eines Rheinlandstatuts vor. Es sah die Bildung dreier autonomer Staaten vor, die mit dem Reich nur noch in lockerer
Verbindung stehen sollten. Ohne Abgeordnete in den Reichstag
zu entsenden, würden sie lediglich im Reichsrat vertreten sein
mit dem Recht eigener Gesetzgebung, eigener Währung und
eigener politischer Vertretung in den westeuropäischen Haupt-
städten. Es war eine moderne Variationsform der früheren französischen Rheinbundpolitik. Dem setzte Adenauer ein gänzlich
anders geartetes Konzept entgegen[1]. Er entwickelte es in Übereinstimmung mit führenden Kreisen der westdeutschen Industrie. Hier ist neben den Namen Silverberg (Rheinisches Braun-
kohlensyndikat) und Klöckner (Stahlindustrie) vor allem der
Name von Hugo Stinnes zu nennen. In Verhandlungen zwischen Beauftragten von Hugo Stinnes und dem französischen
schwerindustriellen Comité des Forges wurde eine Vereinbarung entworfen, die auf die Dauer der französischen Industrie
den Bezug von Kohle und Koks aus Deutschland und der deutschen Industrie den Bezug von Erzen und Halbzeug aus Frankreich garantieren sollte[2]. Auch die Frage gegenseitiger Aktien-
beteiligung wurde erörtert, ohne daß man hier schon zu einem
Übereinkommen gelangte. Adenauer verband diese Bemühungen um eine Interessenverklammerung innerhalb der franzö-
sisch-deutschen Montanindustrie mit seinem schon 1919 entwickelten Gedanken einer Westdeutschen Republik. Durch
diese bewußt herbeigeführte wirtschaftliche Interessenverklammerung sollte eine die beiden Nationen übergreifende gemeinsame Realität geschaffen werden, gegenüber der die herkömmli-
chen nationalen Antagonismen zwischen den beiden Staaten an
Bedeutung verlieren würden. Der politische Treuhänder dieses
gemeinsamen Interesses sollte eine Westdeutsche Republik sein.
Sie sollte stark sein und möglichst von der Pfalz bis zum Ruhrgebiet reichen, und sie sollte die gleichen Rechte und Pflichten
wie die anderen Gliedstaaten des Reiches besitzen, um in der
deutschen Politik das ganze Gewicht ihres Einflusses im Sinne
der erstrebten deutsch-französischen Gemeinsamkeit geltend
machen zu können. Reichskanzler Marx wurde von Adenauer
über den Inhalt dieser Verhandlungen unterrichtet. Aber dieser
Plan Adenauers eilte seiner Zeit voraus. Er scheiterte an Paris,
wo Poincaré den Rheinbundplänen Tirards seine Unterstützung

lieh, und auch an Berlin, wo Stresemann ein striktes Veto einlegte.

Stresemann wollte nichts wissen von französischen Beteiligungen im Ruhrgebiet und nichts von einer Westdeutschen Republik. Eine vom Kabinett am 9. Januar 1924 an Stinnes erteilte Genehmigung[3], in Paris zunächst auf wirtschaftlicher Basis weiterzuverhandeln, wußte er zu durchkreuzen. Stresemann hatte inzwischen in einer Politik des aktiven Zuwartens die Gewißheit gewonnen, daß es mit Hilfe der angelsächsischen Mächte gelingen werde, die Reparationsfrage neu zu regeln und die Franzosen schließlich zum Rückzug von der Ruhr zu veranlassen. Er war geleitet von dem Gedanken, daß es darauf ankomme, die Machtstellung des deutschen Nationalstaates zurückzugewinnen. Dabei ging er allerdings in realpolitischer nüchterner Einschätzung der begrenzten Möglichkeiten, die der Außenpolitik des geschlagenen und entwaffneten Reiches geblieben waren, den Weg der Verhandlung und Verständigung. Verständigung zwischen deutlich gegeneinander abgegrenzten Nationalstaaten oder die Schaffung realer Gemeinsamkeiten, die die nationalen Interessen miteinander verklammerten – das waren die beiden Wege der Politik, die sich in den Namen Stresemann und Adenauer verkörperten[4]. Adenauer, ohne Regierungsamt und nur auf eine regional begrenzte Vertrauensbasis im Rheinland gestützt, war damals der Unterlegene. Im Januar 1924 verzichtete er auf jede außenpolitische Aktivität, und als er einige Jahre später, 1926, vor die Frage gestellt wurde, sich als Kanzler zur Verfügung zu stellen, lehnte er ab, weil Stresemann die von ihm geführte Deutsche Volkspartei nicht in die von Adenauer geforderte Große Koalition einbringen wollte.

Stresemann suchte und fand den eigentlichen Rückhalt für die Stabilisierungspolitik, wie er sie nach der Liquidierung des Ruhrkampfes verfolgte, in amerikanischen Krediten. Der amerikanische Finanzmann wurde zu einer charakteristischen Figur in allen internationalen Verhandlungen um das deutsche Reparationsproblem. Diese Periode der Stabilisierung endete mit dem amerikanischen Bankkrach vom Oktober 1929, der zeitlich fast mit dem Tode Stresemanns zusammenfiel. Sie war zu kurz, als daß es hätte gelingen können, das Wiederaufbrechen eines die Realitäten mißachtenden Nationalismus zu verhindern. Es hat in letzter Stunde gleichsam einen Versuch gegeben, unter voller Wahrung des nationalstaatlichen Souveränitätsprinzips

von Deutschland und Frankreich her die europäische Staaten-
welt zu konsolidieren: den europäischen Föderationsplan
Briands. Dem hier anklingenden Motiv einer europäischen Solidarität wirtschaftlichen Inhalt zu geben, ohne das Prinzip der
nationalen Souveränität antasten zu lassen, haben die letzten
Bemühungen Stresemanns gegolten. Er war auf dem von ihm
eingeschlagenen Weg in Vorstellungen hineingewachsen, die
schließlich über die nationalstaatliche Begrenzung hinaus-
wiesen.

Ausgangspunkt der Entwicklung des Reparationsproblems
war der von der Dawes-Kommission ausgearbeitete Plan[5]. Er
beruhte auf folgenden Grundsätzen: Zur Sicherung der deutschen Zahlungen trug man dem französischen Gedanken Rechnung, daß für die deutsche Zahlungswilligkeit Garantien gegeben werden sollten. Aber diese hatten nun nicht mehr territorialen, sondern allgemein-wirtschaftlichen Charakter. Die Reichsbahn wurde in eine Gesellschaft umgewandelt, die man mit
bestimmten Obligationen belastete, auf die sie jährlich bis zu
660 Millionen Mark Zinsen zu zahlen hatte. Zum Aufsichtsrat
gehörten Ausländer. Die Industrie erhielt eine verzinsliche Hypothek von 5 Milliarden aufgebürdet. Auch bestimmte Reichseinnahmen wurden verpfändet und aus den Reichseinkünften
Jahreszahlungen bis zur Höhe von 1,25 Milliarden jährlich an-
steigend vorgesehen. Die Kommission wollte sich an den wirtschaftlichen Grundsatz halten, daß die Reparationszahlungen
nur aus dem Überschuß der Arbeitsleistungen bestritten werden könnten. Die Zahlungsbilanz sollte nicht gefährdet werden.
In Wirklichkeit jedoch war bis 1929 kein echter Zahlungsbi-
lanzüberschuß vorhanden. Aber der deutsche Kredit wurde
wiederhergestellt, und unmittelbar mit dem Dawes-Plan verbunden erhielt Deutschland eine Anleihe von 800 Millionen,
um die Zahlungen überhaupt in Gang zu setzen. In den folgenden Jahren ergoß sich an öffentliche und private Stellen in
Deutschland ein Anleihestrom, mit dessen Hilfe die Industrie
modernisiert, die Produktionsmethoden rationalisiert wurden[6].
Um die deutsche Währung durch die vorgesehenen Reichs-
markzahlungen ins Ausland nicht zu gefährden, wurde im Dawes-Plan ein Schutz des Transfers vorgesehen. Die deutschen
Zahlungen erfolgten in Reichsmark auf ein Reichsbankkonto
des Reparationsagenten. Diesem oblag es, unter Beobachtung
der allgemeinen Wirtschaftslage die Transferierung unter der
Verantwortung eines Transferkomitees der Gläubiger durchzu-

führen. Eine Gesamtsumme der Zahlungen wurde nicht fixiert. Die Dawes-Kommission war sich aber darüber klar, daß die frühere Forderung des Londoner Ultimatums von 132 Milliarden die Grenzen des Möglichen überstieg. Zunächst sollte aber mit dem Dawes-Plan ein neuer Mechanismus erprobt werden. Die Annuitäten begannen mit 1 Milliarde und sollten in fünf Jahren auf 2,5 Milliarden ansteigen. Dazu sollte ein besonderer Wohlstandsindex berücksichtigt werden. Zu diesem Plan war auch die Meinung deutscher Sachverständiger gehört worden. Ende 1923 hatte Schacht das Reichsbankpräsidium übernommen. Er charakterisierte die Gesamttendenz des Plans als »Loslösung des Reparationsproblems aus der Sphäre politischer Gewaltmaßnahmen und seine Zurückführung auf das wirtschaftlich Mögliche«[7].

Dieser vom Dawes-Ausschuß vorgelegte Plan wurde auf der Londoner Konferenz, Juli bis August 1924, angenommen. An ihr nahmen von deutscher Seite neben Stresemann der Reichskanzler Marx und der Finanzminister Luther teil. Die Konferenz stand unter der Leitung des Führers der britischen Labour Party, McDonald, der als Nachfolger Baldwins im Januar 1924 die erste britische Arbeiterregierung bildete. Auch in Frankreich hatte sich ein politischer Umschwung vollzogen. Poincaré war im Mai 1924 durch Neuwahlen gestürzt worden. Auf der Londoner Konferenz wurde Frankreich durch den neuen Premierminister Herriot vertreten. Herriot, Bürgermeister der gewerbefleißigen Stadt Lyon, war die typische Figur des französischen Radikalsozialismus, d. h. einer kleinbürgerlichen Partei, die sich unter Berufung auf die Freiheits- und Gleichheitsidee der Französischen Revolution zu einer liberalsozialen laizistischen Republik bekannte und zur Idee einer europäischen Verständigung. Der ehemalige Rhetoriklehrer hatte ein nahes Verhältnis zum deutschen Geist der klassischen Zeit. Aus seiner Feder stammt eine Beethoven-Biographie, und in einer späteren Schrift über Europa berief er sich auf Immanuel Kant, den »alle Eliten noch immer als einen Führer betrachten« und der »es nicht erlaube, daß auf immer ein Zwiespalt zwischen Politik und Moral bestehe«[8]. Diesen neuen Männern trat Stresemann gegenüber, der den passiven Widerstand beendet hatte, um auf diese Weise die Voraussetzung zu schaffen für die Befreiung des Ruhrgebietes. Obwohl für die Londoner Konferenz auf Verlangen Frankreichs die Räumungsfrage als Programmpunkt ausgeschlossen worden war, kam es unter der geschickten Vermittlung McDonalds zu inoffiziellen Unterredungen hierüber. Herriot, der sich gegenüber der öffentlichen Meinung des eigenen Landes nicht exponieren durfte, um nicht das ganze Werk der Tagung zu gefährden, taktierte zurückhaltend, gab aber ebenso wie der belgische Ministerpräsident Theunis am Schluß der Konferenz die briefliche Zusicherung, das Ruhrgebiet binnen Jahresfrist zu räumen[9]. Tatsächlich ist das Ruhrgebiet bis Juli 1925 freigegeben worden. Der deutsche Reichstag hat dem Londoner Abkommen zugestimmt. Die Umwandlung der Reichsbahn in eine Gesellschaft hatte verfassungsändernden Charakter und machte eine Zweidrittel-Majorität erforderlich. Bei der entscheidenden Abstimmung am 29. August haben auch 48 deutschnationale Abgeordnete, etwa die Hälfte der Gesamtfraktion, ihre Stimme für die Dawes-Gesetze gegeben.

Für Frankreich blieb gegenüber Deutschland das Problem der Sicherheit die außenpolitische Hauptsorge. Es wurde nach dem Verzicht auf die Politik der militärischen Expansion und nach der Entpolitisierung der Reparationen erneut dringlich. Auf Initiative von Herriot und McDonald wurde bald nach der Londoner Konferenz der Versuch gemacht, den Völkerbund zu einem wirkungsvollen Instrument kollektiver Friedenssicherung zu machen. Der Grundgedanke war, »das grundsätzliche Verbot des Krieges mit einem sorgfältig durchdachten und nahezu lückenlosen System der Kriegsverhütung und friedlichen Regelung internationaler Streitigkeiten« zu verbinden[10]. Dazu gehörte bei internationalen Rechtsstreitigkeiten die obligatorische Gerichtsbarkeit des Ständigen Internationalen Gerichtshofs und für politische Konflikte eine obligatorische Schiedsgerichtsbarkeit in Ergänzung zum Vermittlungsverfahren vor dem Völkerbundrat. Man versuchte auch, eine präzise Definition des Angreifers zu geben. Als solcher sollte gelten, wer unter Verletzung der Völkerbundsatzung bzw. dieser Obligatorien zum Kriege schritt. Als Sanktion gegen den Angreifer sollten, über die Völkerbundsatzung hinausgehend, auch militärische Maßnahmen mit zwingender Wirkung für die Mitgliedsstaaten beschlossen werden können. Mit solchen Vorkehrungen wollte man die vielbesprochene »Lücke« im Sicherheitssystem der Völkerbundsatzung schließen. Aber dieses in Genf am 2. Oktober 1924 unterzeichnete Protokoll[11] wurde durch die konservative Regierung Baldwin, die im Oktober 1924 auf MacDonald folgte, nicht ratifiziert. Das bedeutete für das französische Sicherheitsverlangen eine ähnliche Enttäuschung wie nach Versailles die Nichtratifizierung der Garantieverträge durch England und die USA. Auch diesmal lag der Grund für das Nichtzustandekommen eines kollektiven Sicherheitssystems in Europa in den transozeanischen Rücksichten der britischen Politik. Die britischen Dominions weigerten sich, solche Verpflichtungen, wie sie das Genfer Protokoll vorsah, in Europa zu übernehmen.

Die kollektive Sicherheit war also nicht in universalem Rahmen zu erreichen. Konnte man in engerem, regionalem Rahmen zu greifbaren Ergebnissen gelangen? Das Sicherheitsproblem wurde um so dringender, als der industrielle Wiederaufbau Deutschlands das Reich für die Zukunft erneut als einen ernsthaften Machtfaktor erstehen lassen würde. Zudem stellte die militärische Kontrollkommission Ende 1924 fest, daß Deutschland nicht in vollem Umfange seinen Entwaffnungsverpflichtungen nachgekommen sei. Es ist in der Tat unbestreitbar, daß sich die Reichswehrführung nicht strikt an diese Bestimmungen hielt und hierbei des Einverständnisses Stresemanns sicher war[12]. Die Überschreitung betraf einmal die Ausbildung von Reserven über die zulässigen 100000 Mann hinaus. Das war vor allem im Jahre 1923 geschehen und erklärte sich zwangsläufig aus der im Innern und von außen bedrohten Lage Deutschlands. Auch die im Ausland durchgeführten Erprobungen und Entwicklungen bestimmter Waffen (Panzer, Flugzeuge und Gas in der Sowjetunion, U-Boot in Schweden) entsprachen nicht den Vertragsverpflichtungen. Es handelte sich hier allerdings zunächst noch nicht um eine quantitativ ins Gewicht fallende Ausrüstung, sondern um Maßnahmen, die den Zweck verfolgten, Reichswehr und Reichsmarine in technischer Planung und Ausbildung mit der modernen Waffenentwicklung Schritt halten zu lassen. Die Alliierten erklärten in einer Note vom 5. Januar 1925, Deutschland habe gegen die Entwaffnungsbestimmungen verstoßen und kündigten an, daß die am 10. Januar 1925 fällige Räumung der ersten Zone nicht durchgeführt werde. Am 4. Juni präzisierten sie ihre Vorwürfe. Sie bezogen sich auf Fortführung des Generalstabes (Truppenamt), Kasernierung der Schutzpolizei, Ausbildung von Zeitfreiwilligen und mangelhafte industrielle Abrüstung[13]. Stresemann vermutete zu Recht, daß weniger hierin als in dem allgemeinen französischen Sicherheitsbedürfnis der eigentliche Grund für die Verzögerung der Rheinlandräumung lag. Mit Sorge beobachtete er Anzeichen, die auf eine Erneuerung der französisch-britischen Ent-

ente hinwiesen. Der britische Außenminister Chamberlain hat
später Stresemann gegenüber die Richtigkeit dieser Vermutung
bestätigt. Jedoch bestanden auf englischer Seite Bedenken gegen
einseitige Allianzen. Denn Bündnisse zwingen den, gegen den
sie gerichtet sind, sich durch Gegenbündnisse zu decken.
Deutschland wäre aber nicht mehr ohne die Möglichkeit eines
Gegenbündnisses gewesen. Während damals das Verhältnis
zwischen Großbritannien und der Sowjetunion außerordentlich
gespannt war, hatte sich seit dem Rapallo-Vertrag zwischen
Deutschland und der Sowjetunion eine wirtschaftliche Zusammenarbeit entwickelt[14], deren politische Ergänzung und Wei-
terführung von Rußland erstrebt wurde. Die sowjetische Politik
stand damals unter dem Eindruck, daß England die Bildung
einer westeuropäischen Koalition gegen Rußland betreibe. In
der Tat war es das Ziel der britischen Politik, Deutschland zwar
nicht in eine Koalition gegen Rußland hineinzuziehen, aber es
doch durch Aufnahme in den Völkerbund enger an die Westmächte heranzuführen.

In einem an die britische Regierung gerichteten Memorandum vom 20. Januar 1925 und am 9. Februar in unmittelbarer
Aussprache mit Lord d'Abernon, dem damals in der Politik
sehr aktiven britischen Botschafter in Berlin, schlug Stresemann
in Anlehnung an das frühere ähnliche Angebot Cunos vor, den
territorialen Status quo im Westen gegenseitig unter der Garantie dritter Mächte anzuerkennen. Frankreich hatte den Wunsch,
einen solchen Vertrag im Westen zu ergänzen durch eine ähnliche Garantie der deutschen Ostgrenzen. Es ist Stresemann gelungen, den Garantiepakt auf die Westgrenzen zu beschränken.
Am 16. Oktober 1925 wurde in Locarno eine Reihe von Verträgen paraphiert[15]. Deutschland einerseits, Frankreich und Belgien andererseits verzichteten auf eine gewaltsame Veränderung
der bestehenden Grenzen, für die England und Italien eine Garantie übernahmen. Dieser Garantievertrag wurde ergänzt
durch Schiedsverträge Deutschlands mit Frankreich, Belgien,
Polen und der Tschechoslowakei. Gleichzeitig schloß Frankreich mit Polen und der Tschechoslowakei Beistandspakte ab
für den Fall eines deutschen Angriffs. Durch die Locarno-Verträge wurde die deutsche Westgrenze unter eine stärkere milita-
rische Garantie gestellt als die Ostgrenze bei grundsätzlicher
Offenhaltung friedlicher Revisionsmöglichkeiten im Westen
wie im Osten. So hat denn auch Deutschland, wenn auch vergeblich, versucht, durch Verhandlungen mit Belgien das Gebiet

von Eupen und Malmédy zurückzugewinnen. Für das deutsche Revisionsverlangen im Osten schien aber nach Stresemanns Auffassung durch die Locarno-Verträge – abgesehen von dem Fehlen einer britisch-italienischen Garantie der polnischen Westgrenze – auch insofern eine günstigere Vorbedingung geschaffen worden zu sein, als durch den Westpakt dem alten französisch-polnischen Bündnis die Zähne ausgebrochen seien, da dieses bei der Garantie Deutschlands gegen einen französischen Angriff nur noch für den Fall angewendet werden könne, daß Deutschland bei einem Konflikt mit Polen unzweideutig der Angreifer sein werde. So konnte Stresemann vor dem Reichskabinett erklären, »daß Polen diese Verträge als eine vollkommene Niederlage ansehe«. Der Sinn der Locarno-Politik war für ihn »die Erhaltung der Rheinlande und die Möglichkeit der Wiedergewinnung deutschen Landes im Osten«[16].

Es war eine Bedingung der Locarno-Verträge, daß Deutschland in den Völkerbund eintrat[17]. Heftig wurde in Locarno um die Frage gerungen, ob und in welchem Maße Deutschland die Sanktionsverpflichtungen (§ 16 des Völkerbundvertrages) übernehmen sollte. England und Frankreich verlangten volle Übernahme der Verpflichtungen. Dies hätte bedeutet, daß Deutschland sich gegebenenfalls wirtschaftlichen Sanktionen gegen die Sowjetunion hätte anschließen und unter Umständen sogar den Durchmarsch französischer Truppen durch das Reichsgebiet hätte erlauben müssen. Dieser Forderung hat Stresemann ein »non possumus absolu« entgegengesetzt. Er hat es zuwege gebracht, die Sanktionsartikel des Völkerbunds zu entschärfen. Deutschland erhielt eine Auslegung des Artikels zugesichert, die es zur Mitwirkung an Sanktionen lediglich in einem Maße verpflichtete, »das mit seiner militärischen Lage verträglich ist und seiner geographischen Lage Rechnung trägt«. Der Eventualfall, um den diese Debatten in Locarno kreisten, war ein Krieg zwischen Rußland und Polen. Polen mußte hinfort damit rechnen, daß es in diesem Falle auf sich allein gestellt sein würde, da es Deutschland in der Hand hatte, den Freunden Polens durch Verweigerung des Durchmarsches eine Hilfestellung unmöglich zu machen. Es mußte zudem fraglich sein, ob es überhaupt zu einem Sanktionsbeschluß gegen Rußland würde kommen können, wenn erst einmal Deutschland Mitglied des Völkerbundrates war.

Am 1. Dezember 1925 wurden die Locarno-Verträge in London unterzeichnet, nachdem die Parlamente ihre Zustimmung gegeben hatten. Sie sollten in Kraft treten mit dem vorgesehenen Eintritt Deutschlands in den Völkerbund. Für die deutsche Politik fanden die Locarno-Verträge ihre Ergänzung in einem am 24. April 1926 in Berlin unterzeichneten deutsch-russischen Freundschaftsvertrag[18]. Die Russen hatten vergeblich versucht, Deutschland vom Abschluß des Westpaktes und vom Eintritt in den Völkerbund zurückzuhalten. Schon im Dezember 1924 und im Januar 1925 war Graf Brockdorff-Rantzau in Moskau das Angebot eines sowjetisch-deutschen Bündnisses gemacht worden[19]. Der Hintergrund war eine sowjetische Erklärung, daß es notwendig sei, die durch den Versailler Vertrag geschaffenen Grenzen gemäß dem ethnographischen Prinzip zu revidieren. Dies wurde in Berlin so verstanden, daß damit in der Konsequenz dieses Prinzips die »Zurückdrängung Polens auf seine ethnographischen Grenzen« im Osten und Westen gemeint sei. Natürlich konnte die Sowjetunion in ihrer damaligen nach dem Tode Lenins (21. Januar 1924) schwer belasteten inneren Situation und angesichts des unfertigen Zustandes ihrer Rüstungen noch nicht wie fünfzehn Jahre später an die Verabredung einer militärischen Aktion gegen Polen denken. Das Angebot eines Militärbündnisses bedeutete allenfalls eine Perspektive auf die Zukunft, für die Gegenwart aber die Ausübung eines militärischen Doppeldrucks auf Polen und vor allem den Versuch, Deutschland daran zu hindern, in eine von Moskau ständig befürchtete antisowjetische Kombination der Westmächte einzutreten. Auf dieses Angebot aus Moskau im Winter 1924/25 hatte Berlin hinhaltend reagiert. Unmittelbar vor der Abreise der deutschen Delegation nach Locarno erschien nun der russische Volkskommissar des Äußeren Tschitscherin persönlich in Berlin, um einen letzten Versuch zu machen, Deutschland statt eines Eintritts in den Völkerbund für ein enges, über den Rapallo-Vertrag hinausgehendes Zusammenwirken mit der Sowjetunion zu gewinnen[20]. Der Sache, wenn auch nicht der Form nach handelte es sich um eine Erneuerung des früheren Bündnisangebotes. In dramatischen Unterredungen mit Tschitscherin hat Stresemann diesen Gedanken ebenso eindeutig zurückgewiesen, wie er sich umgekehrt in Locarno zur Übernahme unbegrenzter Sanktionsverpflichtungen gegen Rußland auch dadurch nicht gewinnen ließ, daß ihm Chamberlain und Briand die Möglichkeit einer Wiederbewaffnung Deutschlands für den Fall eines deutsch-sowjetischen Konfliktes in Aussicht stellten. In dem Berliner Vertrag zwischen Deutschland und der Sowjetunion sicherte Deutschland Neutralität zu für den Fall eines Krieges zwischen Rußland und dritten Mächten, vorausgesetzt allerdings, daß Rußland nicht der Angreifer sei. Durch diese Einschränkung, die die Russen konzedierten, war Deutschlands Einwand, der Neutralitätsvertrag könne in formalem Widerspruch zu den Völkerbundsverpflichtungen stehen, behoben. Deutschland wurde durch diese »Rückversicherung«, wie man sie genannt hat, der Sorge enthoben, von Rußland bei den Westmächten überspielt zu werden, und Rußland war die Sorge los, die Krestinski, der russische Botschafter in Berlin, Stresemann gegenüber geäußert hatte, was geschehen werde, »wenn im Falle eines Konfliktes der Westmächte mit Rußland die Westmächte plötzlich die Erlaubnis geben würden, 500000 Mann unter die Waffen zu rufen«.

Für die Beurteilung der Locarno-Politik Stresemanns muß man davon ausgehen, daß das Grundmotiv seiner Politik eine Geste der Abwehr ist, um Risiken und Gefahren zu bannen, die als Erinnerung aus der Vorkriegszeit ihm zugleich auch als Bedrohung am Wege seiner Revisionspolitik entgegentraten, nämlich die britisch-französische Entente und das Zusammenspiel Frankreichs und Rußlands über den Rücken Deutschlands hinweg. Beides hat er zu bannen gesucht durch den Garantiepakt nach Westen und den Neutralitätspakt nach Osten. Das Verhältnis des positiven Gehaltes dieser beiden Verträge zueinander ist klar und durchsichtig: eingegliedert in den Bund der westlichen Völker, sollte Deutschland nach dem Willen Stresemanns militärisch weder für die Partner des Rheinpaktes noch für die Sowjetmacht optieren[21]. Die militärische Option für den Westen hätte als Frontstellung gegen Rußland von vornherein den Verzicht auf die Wiedergewinnung der verlorenen Ostgebiete bedeutet; in der militärischen Option für den Osten aber sah er die Gefahr der Bolschewisierung und Spaltung Deutschlands. Man sollte den Geist von Locarno bei Stresemann weniger in ideellen Bekenntnissen als in dem sehr realen Wandel des politischen Klimas suchen, in dem Stresemann die deutsche Politik von den großen Worten und den starken Gesten auf die nüchterne Einschätzung des menschlich und damit auch politisch Vernünftigen und Möglichen hinzulenken versuchte. Chamberlain nannte Locarno »die wirkliche Trennungslinie zwischen den Jahren des Krieges und den Jahren des Friedens«.

Der Eintritt Deutschlands in den Völkerbund verzögerte sich

jedoch bis zum 8. September 1926. Es waren Schwierigkeiten entstanden, die sich aus dem deutschen Anspruch auf einen ständigen Sitz im Völkerbundrat ergaben[22]. Das Kernproblem der deutschen Außenpolitik wie der Gestaltung der europäischen Dinge überhaupt blieb das Verhältnis zu Frankreich. Der Partner Stresemanns in Locarno war Briand gewesen[23]. Er war von 1924 bis 1932 in wechselnden Ministerien wiederholt Außenminister und zeitweilig auch Regierungschef. Mit Überzeugung arbeitete er an der Verbesserung des deutsch-französischen Verhältnisses. Als Stresemann in Genf den Eintritt Deutschlands in den Völkerbund vollzog, benutzten die beiden Staatsmänner am 17. September 1926 die Gelegenheit zu einem persönlichen Gespräch in Thoiry[24]. Stresemann machte das Angebot, die Reichsbahnobligationen zugunsten Frankreichs, dessen Währung auf ein Zehntel ihres Vorkriegswerts abgesunken war, zu mobilisieren gegen das Zugeständnis einer sofortigen Räumung des Rheinlandes; auch die Freigabe der Saar und der vorzeitige Rückkauf der dortigen Kohlengruben wurde erörtert. Für eine solche radikale Bereinigung des deutsch-französischen Verhältnisses fehlten aber sowohl in Deutschland wie in Frankreich die Voraussetzungen. Hier war Poincaré kurz zuvor, im Juli 1926, wieder Regierungschef geworden. Er blieb es für die Dauer von drei Jahren, und es gelang ihm, den Franc zu stabilisieren. Umgekehrt wiesen auf deutscher Seite Finanzsachverständige auf die Gefahren hin, die sich für die deutsche Währung ergeben könnten, wenn man Summen in der in Thoiry vorgesehenen Höhe transferierte. Stresemann konnte allerdings als einen nicht zu übersehenden Erfolg seiner Politik verbuchen, daß die erste Zone des Rheinlandes im Dezember 1925/Januar 1926 geräumt wurde, wobei die Westmächte jetzt über die Verstöße gegen die Entwaffnungsbestimmungen stillschweigend hinweggingen. Dann gelang es Stresemann, die Alliierten zum Verzicht auf die Kontrolle der Abrüstung zu veranlassen. Am 31. Januar 1927 wurde die interalliierte Militärkommission aus Deutschland zurückgezogen. Rheinlandräumung und Sicherheitsproblem blieben von französischer und deutscher Seite her gesehen die zentralen Fragen im Verhältnis der beiden Länder. Stresemann hat daher alle Bemühungen unterstützt, die geeignet erschienen, das französische Sicherheitsbedürfnis zu befriedigen. Briands Idee war, die Sicherheit dadurch zu verstärken, daß sich die internationalen Beziehungen in juristisch greifbare Rechtsbeziehungen verwandelten. Die meisten europäischen Nationen haben in den folgenden Jahren die obligatorische Schiedsgerichtsbarkeit des Ständigen Internationalen Gerichtshofs akzeptiert. In gemeinsamer Initiative Briands und des amerikanischen Staatssekretärs Kellogg kam es zu einer Rechtloserklärung des Krieges selber. Das Recht auf Selbstverteidigung und auf Teilnahme an Sanktionen des Völkerbundes blieb hiervon unberührt. Nachdem durch eine Entschließung der Völkerbundversammlung vom 24. September 1927 der Angriffskrieg zu einem internationalen Verbrechen erklärt worden war, unterzeichneten am 27. August 1928 fünfzehn Nationen, unter ihnen auch Deutschland, einen Kriegsächtungspakt, dem sich in der Folge eine große Anzahl weiterer Staaten anschloß[25]. Im klassischen System der Mächte war der Krieg als solcher ein legitimes Mittel der Politik gewesen. Durch den Briand-Kellogg-Pakt erneuerte sich die mittelalterliche Unterscheidung zwischen bellum iustum und iniustum insofern, als nunmehr durch eine vertraglich festgelegte Norm der für nationale Interessen geführte Angriffskrieg als völkerrechtswidrig galt. Das war ein Fortschritt auf dem Wege der moralischen Verurteilung und rechtlichen Bändigung des Krieges über die Völkerbundsatzung hinaus, die in Artikel 15,7 den im nationalen Interesse geführten Angriffskrieg nicht gänzlich ausgeschlossen hatte für den Fall, daß ein Schlichtungsverfahren vor dem Völkerbundrat scheiterte. Aber ein realer Fortschritt konnte sich aus einer solchen allgemeinen Erklärung nur dann ergeben, wenn sie unterbaut wurde durch die Lösung konkreter politischer und wirtschaftlicher Fragen.

Für Deutschland wurde die Mitgliedschaft im Völkerbund wichtig hinsichtlich der Stellung der deutschen Minderheiten in anderen Staaten[26]. Infolge der neuen Grenzziehung durch die Friedensverträge gab es in allen osteuropäischen Staaten deutsche Bevölkerungsteile. Die Auflösung Österreich-Ungarns war durch den Gedanken legitimiert worden, daß in diesem Staatengebilde den verschiedenen Völkerschaften nicht die ihnen zustehenden Rechte auf nationale Eigenentwicklung gewährt worden seien. Deshalb sind mit den Nachfolgestaaten Österreich-Ungarns und des Zarenreiches im Zusammenhang mit den Friedensschlüssen Minderheitenschutzverträge abgeschlossen worden. Auch in den Friedensverträgen selbst sind die Tschechoslowakei, Polen, Jugoslawien, Rumänien, Griechenland und die Türkei verpflichtet worden, die Interessen ihrer nationalen und religiösen Minderheiten zu respektieren[27].

Deutschland hatte außerdem mit Polen nach der Teilung Oberschlesiens einen besonderen zweiseitigen Minderheitenschutzvertrag geschlossen, der den Nationalitäten weitgehende Eigenrechte zusicherte[28]. Alle diese verschiedenen Rechtsformen des Minderheitenschutzes standen unter der Garantie des Völkerbundes. Wenn von den vielen hundert Beschwerden in Minderheitenfragen, die im Laufe der Jahre an den Völkerbund gerichtet wurden, auch nur sehr wenige bis vor den Rat gelangten und hier entschieden wurden, so bedeutete doch bereits ihre Behandlung im Sekretariat bzw. in einer für diesen Zweck geschaffenen Dreierkommission ein nicht wirkungsloses Korrektiv gegen Nationalisierungstendenzen der Staatsvölker gegenüber ihren Minderheiten. Die Behandlung dieser Fragen war von Natur aus außerordentlich schwierig, da man sich ja auf einem völlig neuen Rechtsboden bewegte. Stellte doch die Völkerbundsgarantie für den Minderheitenschutz ein gewisses Interventionsrecht einer übernationalen Instanz in die inneren Angelegenheiten einzelner Staaten dar. Bei einer öffentlichen Behandlung solcher Fragen vor dem Rat hängten sich sofort die Imponderabilien der öffentlichen Meinung mit ihren Prestigeempfindungen an die sachlichen Probleme und erschwerten ihre Lösung. Ihre Behandlung wurde aber auch erschwert durch die Ungelöstheit der Frage, ob es bei dem Minderheitenschutz um Individualrechte oder Volksrechte gehen sollte. Der Völkerbund stammte seiner ganzen Konzeption nach aus der liberaldemokratischen Gedankenwelt, in deren Mittelpunkt die Idee der Individualrechte stand. Man wird nicht bestreiten können, daß der Minderheitenschutz des Völkerbundes insofern eine wichtige Aufgabe erfüllt hat, als er auf die Staaten ständig im Sinne der Aufrechterhaltung der Rechte des Individuums, gleichgültig welcher Nationalität, eingewirkt hat mit dem Zwecke, die staatsbürgerliche Gleichheit des Einzelnen, der der Minderheit angehört, mit den Angehörigen des Staatsvolkes zu gewährleisten. Der Nationalitätenkongreß, ein Zusammenschluß der verschiedensten europäischen Minderheiten, forderte jedoch die Fortentwicklung zum Volksgruppenrecht in der Überzeugung, daß nicht nur das Recht des Einzelnen, sondern die Individualität der Volksgruppe rechtlich zu schützen sei [29]. Solche Bestrebungen sind übrigens im Rahmen des Völkerbundes besonders von Kanada unterstützt worden. Hier wirkten sich die historischen Erfahrungen aus, die man für das Zusammenleben der französischen und englischen Kanadier gemacht hatte. Die kanadische Erfahrung wies darauf hin, daß zwischen der Gewährung kultureller Autonomierechte an Volksgruppen und deren strikter Loyalität gegenüber dem Staat, in dessen Hause sie lebten, ein enger Zusammenhang besteht. Autonomierechte und Loyalität bedingen sich gegenseitig. Hier lag aber die eigentliche Schwierigkeit in dem Verhältnis Deutschlands zu Polen, was die deutschen Minderheiten in den an Polen gefallenen Gebieten betraf. Denn ebensowenig wie die Deutschen auf eine Revision der Ostgrenzen verzichteten, waren die Polen bereit, der deutschen Minderheit als Volksgruppe entgegenzukommen. Es hat aber auch Länder gegeben, in denen deutschen Minderheiten weitgehende Rechte im Sinne einer Kulturautonomie der Volksgruppe zugestanden wurden, so vor allen Dingen in Estland[30] und für die Deutschen in Siebenbürgen.

Drängender als die Minderheitenfrage war für Deutschland das Reparationsproblem und die Räumung des Rheinlandes. Beide Fragen waren durch Locarno und die Londoner Konferenz in Fluß gekommen. Am 27. August 1928 hatte Stresemann aus Anlaß der Unterzeichnung des Kellogg-Paktes in Paris mit Poincaré eine persönliche Unterredung. Er forderte die Räumung unter Hinweis auf Locarno und den Kellogg-Pakt. Auch im Versailler Vertrag selber war die Möglichkeit einer Räumung vor Ablauf der 15 Jahre vorgesehen, falls Deutschland seinen Verpflichtungen korrekt nachkomme. So stand die Räumungsfrage im Zusammenhang mit dem Reparationsproblem, dessen endgültige Regelung von beiden Staatsmännern als notwendig empfunden wurde[31]. Dabei wurde von vornherein klar, daß der Zeitraum der deutschen Zahlungen eng mit der Regelung der interalliierten Schulden verknüpft sein werde, für die ein Zahlungsplan auf 62 Jahre bestand. Hierbei erklärte Poincaré, er sei der festen Überzeugung, »daß ein Zeitraum von 62 Jahren für Deutschland zu viel ist«. So wurde, noch bevor der neue Reparationsplan das Licht der Welt erblickte, seine Revisionsbedürftigkeit gesehen.

Daß das Reparationsproblem einer neuen Regelung bedurfte, ergab sich aus der Tatsache, daß im Dawes-Plan keine neue Endsumme festgesetzt worden war und sich zudem die vollen Annuitäten, die Deutschland demnächst zu zahlen haben würde, als eine faktisch nicht tragbare Belastung herausstellten. Unter Vorsitz des Amerikaners Young überprüfte vom Januar bis Juni 1929 in Paris eine Sachverständigenkonferenz erneut das Reparationsproblem. Von deutscher Seite nahm als erster Sachverständiger Schacht an den Beratungen teil. Seine Unterschrift steht unter dem Gutachten (Young-Plan), das folgende neue Regelungen vorsah: Statt der unbegrenzten Zahlungsdauer des Dawes-Plans wurde ein Zahlungsplan auf insgesamt 59 Jahre aufgestellt. Die Annuitäten betrugen an Stelle der 2,5 Milliarden + Wohlstandsindex des Dawes-Plans hinfort im Durchschnitt etwa 2 Milliarden, wobei für die letzten 22 Jahre die Summe erheblich niedriger sein sollte. Die Annuitäten sollten auch mit einer erheblich unter der Normalquote liegenden Summe beginnen, nämlich mit 741,8 Millionen, und langsam ansteigen. Falls die USA ihren Gläubigern einen interalliierten Schuldennachlaß gewährten, sollte Deutschland mit zwei Dritteln hieran beteiligt werden. Wichtig war, daß die ausländische Kontrolle der deutschen Finanzen fortfallen sollte. Die Reparationskommission und ihre Aufsichtsorgane sollten aufgehoben und durch eine »Bank für internationalen Zahlungsausgleich« die Reparationszahlungen bankmäßig verwaltet werden. Auch die Verpfändung von Industrieobligationen und Reichseinnahmen fiel fort. Der Transfer wurde der deutschen Regierung in eigene Verantwortung gegeben, wobei allerdings die Jahreszahlungen in einen geschützten und einen ungeschützten Teil aufgegliedert wurden. Wenn Deutschland in Transferschwierigkeiten geriet, konnte es an einen internationalen Sachverständigenausschuß appellieren. Diesem Ausschuß sollte Deutschland überdies Vorschläge für eine erneute Überprüfung des Problems unterbreiten können, wenn es sich wirtschaftlich nicht in der Lage sehen sollte, die Reparationen zu erfüllen. Der Gegenwartswert der gesamten zu leistenden Zahlungen betrug etwa 40 Milliarden.

Am 21. August 1929 wurde auf einer Konferenz der Regierungen in Den Haag der Plan angenommen[32]. Es wurde vereinbart, daß die Räumung des Rheinlandes sofort beginnen sollte. Aus der zweiten Zone wurden darauf bis zum 30. November alle Truppen abgezogen. Die dritte Zone und damit das ganze Rheinland wurde am 30. Juni 1930 frei, fünf Jahre vor der in Versailles festgesetzten Frist.

Im Augenblick, in dem die endgültige Rheinlandräumung begann, stellte sich in natürlicher Verbindung der Probleme für Frankreich wiederum die Frage nach der Sicherheit. Am 5. September 1929 entwickelte Briand vor der Völkerbundsversammlung in Genf einen Plan für die Vereinigung Europas[33]. »Ich denke«, so erklärte er, »daß es zwischen Völkern, die geographisch wie die Völker Europas gruppiert sind, eine Art föderaler Bindung geben sollte. Diese Völker müssen in jedem Augenblick die Möglichkeit haben, in Kontakt miteinander zu treten, ihre Interessen zu diskutieren, gemeinsame Entschließungen zu fassen und zwischen sich ein Band der Sicherheit zu schlingen, das es ihnen ermöglichen wird, wenn nötig widrigen Verhältnissen zu begegnen.«[34] Zum erstenmal wurde hier der Europagedanke, der, wie Briand sagte, bisher nur »die Phantasie der Philosophen und Dichter beschäftigt« hatte, vor ein politisches Forum als konkrete Aufgabe gestellt. Es war eine Sensation für die Zuhörer. Briand wurde beauftragt, genauere Vorschläge auszuarbeiten und den Regierungen zu übermitteln. War die Idee Briands unrealistisch und verfrüht? Stresemann griff den Gedanken auf, indem er ihm eine Wendung ins Wirtschaftliche gab. Hier lagen konkrete Aufgaben. Damals fiel schon der Schatten der anhebenden Wirtschaftskrise auf Europa. Da schien es ein Gebot der nationalen Selbsterhaltung für die einzelnen Staaten zu sein, sich aufzuraffen und die widersinnigen Hindernisse abzubauen, die sich in dem durch den Krieg balkanisierten Europa einer freien Entfaltung des Wirtschaftslebens entgegenstellten. »Sie sehen neue Grenzen«, so rief Stresemann in seiner letzten Völkerbundsrede am 9. September 1929 aus, »neue Maße, neue Gewichte, neue Usancen, neue Münzen, ein fortwährendes Stocken des Verkehrs. Ist es nicht grotesk, daß Sie auf Grund neuer praktischer Errungenschaften die Entfernung von Süddeutschland nach Tokio um 20 Tage verkürzt haben, sich aber in Europa selbst stundenlang mit der Lokomotive irgendwo aufhalten lassen müssen, weil eine neue Grenze kommt, eine neue Zollrevision stattfindet, als wenn das Ganze ein Kleinkrämergeschäft wäre, das wir in Europa innerhalb der gesamten Weltwirtschaft noch führen dürfen? Neue Industrien werden aus nationalem Prestige begründet, sie müssen geschützt werden, müssen sich selbst neue Absatzgebiete suchen und können oftmals kaum im eigenen Lande diejenigen Absatzmöglichkeiten finden, die ihnen ihre Rentabilität sichern. Wo bleibt in Europa die europäische Münze, die europäische Briefmarke?«[35]

Es ist Stresemann nicht mehr vergönnt gewesen, die deutsche Antwort auf das im Mai 1930 versandte Memorandum über die Schaffung einer »Europäischen Föderalen Union« zu geben. Am 3. Oktober 1929 starb er.

Akten zur Dt. Ausw. Politik (ADAP) 1918–1945 aus dem Archiv des Ausw. Amtes 1918 bis 1945, Serie A: 1918–1925 noch nicht in Angriff genommen; Serie B: 1925–1933, bisher Bd. 1–5, Dez. 1925 bis Juni 1927 (1966–1972). – Zu den völkerrechtlichen Fragen dieses Kapitels jeweils mit Lit.-Angaben: G. DAHM, Völkerrecht (3 Bde. 1958/61). – Lit. zu STRESEMANN nach Kap. 13.

[1] Texte des Entwurfs von Tirard u. des Gegenentwurfs von Adenauer: K. D. ERDMANN, Adenauer in der Rheinlandpolitik (1966), Nr. 17 u. 20.

[2] Vereinbarung Hugo Stinnes / Comité des Forges, ebd. Nr. 37.

[3] Besprechung Reichskanzlei 9. Jan. 1924, ebd. Nr. 29 a u. b. Zur Politik d. Reichsregierung: Akten d. RK: Die Kabinette Marx I u. II, hg. v. G. ABRAMOWSKI (2 Bde. 1973).

[4] K. D. ERDMANN, Adenauer u. Stresemann – Zwei Wege dt. Politik, Jordan-Festschr. (1972).

[5] Amtl. Textausgabe: Die Berichte der von der Reparationskommission eingesetzten beiden Sachverständigenkomitees vom 9. April 1924 (1924). – Bester Überblick bei C. BERGMANN, Der Weg der Reparation (1926), dort S. 298 eine Zusammenstellung der Dawes-Annuitäten. – Wichtige Aufschlüsse aus dt. u. amerik. Akten jetzt in: W. LINK, Die amerikan. Stabilisierungspolitik in Dtld. 1921–1932 (1970); E. WANDEL, Die Bedeutung d. Vereinigten Staaten von Amerika für das dt. Reparationsproblem 1924 bis 1929 (1971).

[6] F. LÜBBE, Die Kreditaufnahme des Dt. Reiches von der Währungsstabilisierung 1923 bis zum Zusammenbruch 1945 (Diss. Ms. Bonn 1949). – Welche Funktion hatten die hereinströmenden Anleihen? H. SCHACHT, Ende der Reparationen (1931): Devisenbeschaffung für Reparationszahlungen; J. A. SCHUMPETER, Business Cycles (2 Bde. 1939, dt.: Konjunkturzyklen, 2 Bde. 1961): Erhöhung des Kapitalspiegels für die dt. Wirtschaft; R. STUCKEN, Dt. Geld- u. Kreditpolitik 1914–1963 ([3]1964): Forcierung der Konsumtion auf Kosten innerer Ersparnisbildung. Stucken teilt die Kritik Schachts an übermäßiger Kreditaufnahme. – A. BRADY, The Rationalization Movement in German Industry. A Study in the Evolution of Economic Planning (Berkeley 1953).

[7] H. SCHACHT, Das Ende der Reparationen (1931), S. 44 ff.; R. C. DAWES, Wie der Dawes-Plan zustande kam (1926); ders., The Journal of Reparations (1939).

[8] E. HERRIOT, L'Europe (1930), S. 32; ders., Jadis, Bd. 2: D'une guerre à l'autre (1952).

[9] G. STRESEMANN, Vermächtnis, Bd. 1, S. 480 ff.; vgl. P. SCHMIDT, Statist auf diplomatischer Bühne ([11]1968), S. 50 ff. Der Brief vom 16. Aug. an Marx ist zusammen mit anderen offiziellen Konferenzdokumenten abgedruckt im dt. Weißbuch: Die Londoner Konferenz Juli–August 1924 (1925).

[10] G. DAHM, Völkerrecht (3 Bde. 1958/61), 2. Bd., S. 342.

[11] Text F. BERBER, Versailles, Bd. 2, Nr. 65; W. SCHÜCKING, Das Genfer Protokoll (1924); weitere Lit. s. G. DAHM, Völkerrecht, Bd. 2, S. 341.

[12] H. W. GATZKE, Stresemann and the Rearmament of Germany (1954).

[13] Der einschlägige Notenwechsel ist enthalten im dt. Weißbuch: Materialien zur Entwaffnungsnote (1925). Zum gesamten Fragenkomplex M. SALEWSKI, Entwaffnung u. Militärkontrolle in Dtld. 1919 bis 1927 (1966).

[14] R. P. MORGAN, The political Significance of German-Soviet Trade Negotiations 1923–1925, Hist. Journal 5 (1963).

[15] Text V. BRUNS (Hg.), Polit. Verträge, Bd. 1, Nr. 55–57; F. BERBER, Locarno. Eine Dokumentensammlung (1936), Nr. 12–14; Locarno-Konferenz 1925. Eine Dokumentensammlung, hg. v. Ministerium f.

Ausw. Angelegenheiten d. DDR (1962), dort u. a. Text des grundlegenden Memorandums v. 20. Jan. 1925. K. STRUPP, Das Werk von Locarno. Eine völkerrechtl. polit. Studie (1926); V. N. TUROK, Locarno (Moskau 1949). Wichtigste Quelle für die Verhandlungen in Locarno: Niederschrift durch H. v. DIRKSEN, Stresemann-Nachlaß. Mitteilungen des damaligen Kanzlers: H. LUTHER, Stresemann u. Luther in Locarno, Polit. Studien 8 (1957). Zur Revision der Ostgrenzen C. HÖLTJE, Die Weim. Rep. u. das Ost-Locarno-Problem 1919–1934 (1958); M. ALEXANDER, Der Dt.-Tschechoslow. Schiedsvertrag von 1925 im Rahmen der Locarno-Verträge (1970); H. LIPPELT, Zur dt. Politik gegenüber Polen 1925/26, VfZG 19 (1971).

[16] K. D. ERDMANN, Das Problem d. Ost- oder Westorientierung in der Locarnopolitik Stresemanns, GWU 6 (1955), These: springender Punkt der dt. Locarnopolitik ist die Schaffung günstiger Voraussetzungen für die Revision d. Ostgrenzen im Falle eines russ.-polnischen Konflikts. – Zu Stresemanns Beurteilung der Locarnoverträge seine Rede vor der »Arbeitsgemeinschaft dt. Landsmannschaften«, Berlin 14. Dez. 1925, in: ADAP, Serie B, Bd. 1,1, Anhang II.

[17] J. SPENZ, Die diplomat. Vorgesch. d. Beitritts Dtlds. zum Völkerbund 1924–1926 (1966).

[18] Text mit sämtl. dt. u. russ. Vorentwürfen bei M. WALSDORFF, Westorientierung u. Ostpolitik. Stresemanns Rußlandpolitik in der Locarno-Ära (1971). – Dokumentation der Verhandlungen in: ADAP, Serie B, Bd. 2,1 u. 2.

[19] Z. J. GASIOROWSKI, The Russian Overture to Germany of Dec. 1924, Journal of Mod. Hist. 30 (1958); M. WALSDORFF, Westorientierung u. Ostpolitik, bringt den Text d. wichtigsten diplomat. Aktenstücke zur sowjet. Dezemberinitiative 1924.

[20] Text d. Aufzeichnungen Stresemanns, hierüber: K. D. ERDMANN,

Ost- oder Westorientierung, GWU 6 (1955), S. 153 ff.

[21] H. W. GATZKE, Von Rapallo nach Berlin, VfZG 4 (1956), rechnet mit der mögl. Existenz eines Geheimabkommens neben dem Berliner Vertrag; hierzu K. D. ERDMANN, Lit.Ber. GWU 6 (1955), S. 242 ff., u. Th. SCHIEDER, Die Probleme des Rapallo-Vertrages (1956), S. 69.

[22] F. P. WALTERS, League of Nations, Bd. 1, Kap. 27. Über den ergreifenden Verlauf des Aufnahmeaktes P. SCHMIDT, Statist, S. 114 ff.; Dok. zu den Verhandlungen über die Aufnahme Dtlds. in den Völkerbund, in: ADAP, Serie B, Bd. 1,1 u. 2.

[23] S. Kap. 9, Anm. 9; F. H. LEONHARDT, Aristide Briand u. seine Dtld.-Politik (Diss. Heidelberg 1951).

[24] Niederschrift Stresemanns im Nachlaß, gekürzt Vermächtnis, Bd. 3, S. 15 ff. Zum Bericht des franz. Dolmetschers Hesnard: G. SUAREZ, Briand, Bd. 6, S. 221 ff. Analyse des Gesprächs: E. EYCK, Gesch. d. Weim. Rep., Bd. 2, S. 102 ff. – ADAP, Serie B, Bd. 1,2.

[25] V. BRUNS, Polit. Verträge, Bd. 1, Nr. 86; G. DAHM, Völkerrecht, Bd. 2, § 73, dort weitere völkerrechtl. Lit.

[26] F. WERTHEIMER, Dtld., die Minderheiten u. der VB (1926); E. JÄCKH / W. SCHWARZ, Die Politik Dtlds. im VB (1932). Zur dt. Minderheitenpolitik im VB im Zusammenhang mit dem Revisionsproblem d. Ostgrenze kritisch Z. J. GASIOROWSKI, Stresemann and Poland after Locarno, Journal of Centr. Europ. Aff. 18 (1958).

[27] Zum Minderheitenrecht G. DAHM, Völkerrecht, Bd. 1, § 70, dort weitere völkerrechtl. Lit.

[28] Vgl. Kap. 5, Anm. 1 u. Kap. 9, Anm. 7; G. KAECKENBECK, International Experiment of Upper Silesia. A Study of the Working of the Upper Silesian Settlement, 1922–1937 (London 1942); der Belgier Kaeckenbeeck war der vom Völkerbundrat eingesetzte Präsident des Schiedsgerichts für Oberschlesien in Beuthen.

[29] E. KELMES, Der europ. Nationalitätenkongreß 1925–38 (Diss. Ms. Köln 1956); Nation u. Staat, Dt. Zs. f. die europ. Minoritätenprobleme (1927 ff.). Grundlegend der Aufsatz des Baltendeutschen P. SCHIEMANN, Volksgemeinschaft u. Staatsgemeinschaft, Nation u. Staat 1 (1927). H. v. RIMSCHA, P. Schiemann als Minderheitenpolitiker VfZG 4 (1956); Margarethe DÖRR, P. Schiemanns Theorie vom »anationalen Staat«, GWU 8 (1957). Ausdruck eines überstaatl. Volksgedankens M. H. BOEHM, Das eigenständige Volk (1932). Zur historischen Beurteilung: Th. SCHIEDER, Nationalstaat u. Nationalitätenproblem, Zs. f. Ostforsch. 1 (1952); ders., Idee u. Gestalt des übernationalen Staates, HZ 184 (1957); ders., Die Schweiz als Modell d. Nationalitätenpolitik, Herzfeld-Festschr. (1958).

[30] K. AUN, Der völkerrechtl. Schutz der nationalen Minderheiten von Estland 1917–1940 (Diss. Ms. Hamburg 1948); H. WEISS, Das Volksgruppenrecht in Estland vor dem zweiten Weltkrieg, Zs. f. Ostforsch. 1 (1952). –

R. WITTRAM, Die Schulautonomie in Lettland, Zs. f. Ostforsch. 1 (1952); W. WACHSMUTH, Von dt. Arbeit in Lettland 1918–1934 (3 Bde. 1951–1953).

[31] Aufzeichnungen Stresemanns über das Gespräch, Vermächtnis, Bd. 3, S. 357 ff.

[32] Texte des endgültigen Vertragswerks s. Kap. 21, Anm. 7. Gegen die Darstellung von H. SCHACHT, Das Ende der Reparationen (1931) in scharfer Polemik J. CURTIUS, Der Young-Plan, Entstellung u. Wahrheit (1950). Für die erste Haager Konferenz Stresemann, Vermächtnis, Bd. 3, S. 541 ff.; M. VOGT (Hg.), Die Entstehung des Young-Plans, dargestellt v. Reichsarchiv 1931–1933 (1970).

[33] K. D. ERDMANN, Der Europaplan Briands im Lichte der engl. Akten, GWU 1 (1950); W. LIPGENS, Europ. Einigungsidee 1923–1930 u. Briands Europaplan im Urteil der dt. Akten, HZ 203 (1966).

[34] Actes de la Xe Ass.pl., S. 51.

[35] Stresemann, Vermächtnis, Bd. 3, S. 570 ff.

Kapitel 17
Die Ära Stresemann: Innenpolitische Entwicklung
vom Sturz des Kabinetts bis zu seinem Tode

Der Sturz Stresemanns als Reichskanzler am 23. November 1923 änderte an den innenpolitischen Verhältnissen zunächst nichts. Eine parlamentarische Mehrheit zu schaffen war damals nach rechts wie nach links hin unmöglich. So kam es, daß unter dem Zentrumsführer Wilhelm Marx ein Kabinett gebildet wurde, das sich, abgesehen von einer vorübergehenden Beteiligung der Bayerischen Volkspartei, aus den gleichen Parteien zusammensetzte wie zuletzt die Regierung Stresemanns. Vor allem blieben Luther als Finanzminister[1] und Stresemann als Außenminister. Die SPD tolerierte das neue Kabinett nicht nur, sondern gab ihm ein befristetes Ermächtigungsgesetz[2]. Die Lage forderte vom deutschen Volk, weniger auszugeben und mehr zu arbeiten. Nur so konnte die Reparationslast getragen, die neue Währung gefestigt werden. Marx benutzte seine Vollmachten dazu, um durch Ausgabensenkung, zu der ein in der Geschichte der öffentlichen Verwaltung selten radikaler Personalabbau gehörte, und durch Erhöhung der Steuern den Reichshaushalt auszugleichen. Der Achtstundentag blieb zwar die Norm[3], tatsächlich jedoch wurden die Arbeitszeiten in der Industrie teilweise bis auf 12 Stunden verlängert. Ein erregter öffentlicher Streit ergab sich aus der Frage der Aufwertung für Inflationsgeschädigte, die als Rechtsanspruch der Getroffenen durch Reichsgerichtsurteil anerkannt wurde. Vermögensanlagen wurden auf 15% aufgewertet. Auf der anderen Seite wurde der Hausbesitz mit einer zusätzlichen Steuer belastet. Durch beide Maßnahmen fühlten sich weite Schichten des Mittelstandes geschädigt bzw. in ihren Ansprüchen nicht genügend berücksichtigt. Die Zerstörung der kleinen Vermögen durch die Inflation wurde zu einer schweren politischen Belastung der Republik. Sie entfremdete die kleinbürgerlichen Schichten dem neuen Staat. Die bittere Erfahrung der Inflation, durch die das Kleinbürgertum im ökonomischen Sinne weitgehend proletarisiert wurde, hinterließ eine Bereitschaft, bei einer neuen Gefährdung des Wirtschaftslebens aus Furcht vor dem völligen Absinken ins Proletariertum auf radikale Parolen zu hören.

Im Reichstag ergab sich die merkwürdige Situation, daß die Sozialdemokraten die Regierung Marx wegen des Inhaltes der Verordnungen bekämpften, die sie selbst durch das Ermächtigungsgesetz ermöglicht hatten. Es war eine ähnlich widerspruchsvolle Haltung wie früher gegenüber Stresemann, den sie nicht hatten stürzen wollen, aber auch nicht zu stützen bereit gewesen waren. Daher löste Marx im Einverständnis mit Ebert den Reichstag, der ohnehin im Jahre 1924 neu gewählt werden mußte, am 13. März auf.

Bei den Wahlen am 4. Mai 1924 erlitt die SPD eine schwere Einbuße. Es zeigte sich, daß die nach dem Rathenau-Mord erfolgte Verschmelzung von SPD und USPD von den Wählern nicht nachvollzogen wurde. Die Zahl der KPD-Abgeordneten schnellte von 4 auf 62 empor, während die der SPD von 172 auf 100 herabsank. Das Zentrum behauptete sich und stellte mit Marx auch erneut den Reichskanzler, während die liberalen Parteien der Mitte zurückgingen. Von der DVP, die statt 65 nur noch 45 Abgeordnete aufwies, war ein großer Teil der Wähler nach rechts zu den Deutschnationalen übergegangen, die von 71 auf 95 stiegen. Wie auf der äußersten Linken so zeigte sich auf der äußersten Rechten eine Radikalisierung. Eine Einheitsliste von Nationalsozialisten und Deutschvölkischen, die zuletzt im Reichstag mit drei ehemaligen Deutschnationalen vertreten waren, gewann 32 Sitze. Den Deutschnationalen schlossen sich 10 Abgeordnete des Landbundes und der von der Volkspartei abgesplitterten Nationalliberalen Vereinigung an. Dadurch wurden sie zur stärksten Fraktion und stellten den Reichstagspräsidenten.

Im politischen Leben Deutschlands rangen vier Staatsanschauungen miteinander unter vier verschiedenen Symbolen: zweimal die rote Fahne der Revolution mit Hammer und Sichel oder dem Hakenkreuz, zweimal die Trikolore als Schwarz-Rot-Gold der Republikaner, als Schwarz-Weiß-Rot der Monarchisten. Die Anhänger des Hakenkreuzes und der roten Fahne mit Hammer und Sichel hatten bei aller Gegensätzlichkeit ihrer Vorstellung von Staat und Gesellschaft das eine gemeinsam, daß sie kollektivistisch dachten und mit der rechtsstaatlichen Tradition brachen, die dem einzelnen Staatsbürger einen Bereich der Freiheit und Sicherheit gegenüber dem Staat gewährleistet hatte. Beide Bewegungen sind als totalitär und als revolutionär zu bezeichnen. Es besteht keine Veranlassung, den Begriff »totalitär« auf den Nationalsozialismus (bzw. »Faschismus«) zu beschränken und den Begriff »revolutionär« dem Kommunismus (bzw. »Sozialismus«) vorzubehalten. Beide Bewegungen sind beides: totalitär, insofern sie die Existenz unverrückbarer Rechtsnormen leugnen, durch die dem Menschen ein Freiheitsraum gegenüber dem Zugriff staatlicher und gesellschaftlicher Macht zugedacht wird; revolutionär, insofern sie das Staatsgebäude der Weimarer Republik, in deren Verfassung diese Rechtsnormen eingebaut waren, zu stürzen trachteten[4]. Im Unterschied dazu berührten sich die Weimarer republikanischen Parteien und die bürgerlichen Rechtsparteien, die sich am monarchisch-konstitutionellen Deutschland orientierten. Beide bekannten sich zur rechtsstaatlichen Tradition. Aber im Endergebnis waren die wirtschaftlich-gesellschaftlichen Spannungen im sozialdemokratisch-bürgerlich-konservativen Parteienfeld der Weimarer Republik zu groß und das Bewußtsein der gemeinsamen Bedrohung durch die revolutionär-totalitären Bewegungen von rechts und links nicht deutlich genug, um die Republik in der Zeit der Konsolidierungsphase von 1924 bis 1929 krisenfest zu machen.

Im Jahre 1924 waren die Deutschnationalen nicht bereit, offen die Verantwortung für die anstehende außenpolitische Entscheidungsfrage, den Dawes-Plan, mit zu übernehmen. Stresemann hat sich damals sehr darum bemüht, die Deutschnationalen an seine Politik heranzuziehen. Es war die natürliche Konsequenz aus der Tatsache, daß im Vorjahre die Sozialdemokraten aus der Großen Koalition ausgeschieden waren und sich eine deutliche Verlagerung des parlamentarischen Schwergewichts nach rechts vollzogen hatte. Aber auch die Deutschnationalen waren nicht als zuverlässige Partner zu gewinnen. Ihre Haltung war in sich widersprüchlich. Es kam zu jenem merkwürdigen parlamentarischen Vorgang, daß sie in ihrer Agitation den Dawes-Plan als ein »zweites Versailles« bekämpften, aber in der entscheidenden Abstimmung am 29. August 1924 so viele Ja-Stimmen abgaben, daß die notwendige Zweidrittelmehrheit gesichert war[5].

Da eine Regierungsbildung mit den Deutschnationalen, die nach den Spielregeln des Parlamentarismus nahegelegen hätte, nicht zustande kam, wurden im Dezember 1924, also zum zweiten Male im gleichen Jahre, Reichstagswahlen durchgeführt. Sie zeigten, daß sich die Annahme des Dawes-Plans wie überhaupt die Überwindung der Staatskrise des Jahres 1923 politisch auszuwirken begann. Die radikalen Flügelparteien erlitten erhebliche Einbußen, die Sozialdemokraten gewannen 31 Sitze hinzu, auch die bürgerlichen Parteien einschließlich der Deutschnationalen hatten Gewinne. Jetzt, nachdem die außenpolitische Entscheidung gefallen war, beteiligten sich die Deutschnationalen zum erstenmal an der Bildung einer Regierung unter dem bisherigen Finanzminister Luther[6], der selbst keiner Partei angehörte, aber der DVP nahestand. Die Deutschnationalen erklärten sich bereit, die schwarz-rot-goldenen Reichsfarben zu respektieren. Sie stellten sich in der Regierungserklärung für die praktische Arbeit am Staat auf den Boden der Republik.

Auf dem Wege einer Annäherung der Konservativen an den gegebenen Staat lag auch die Reichspräsidentenwahl. Am 28. Februar 1925 starb Ebert. Seine letzten Monate wurden durch einen Beleidigungsprozeß vergällt. Ein Zeitungsschreiber hatte ihn wegen der Beteiligung am Munitionsarbeiterstreik vom Januar 1918 des Landesverrats bezichtigt. Das Gericht kam zu dem in politischer Hinsicht grotesken Urteil, daß der objektive Tatbestand des Landesverrats bestanden habe, wenn auch festgestellt wurde, daß Ebert damals in die Leitung des Streiks eingetreten war, um ihn zu beenden. Das Urteil lautete nicht auf Verleumdung, sondern nur auf formale Beleidigung, und diese wurde mit der geringfügigen Strafe von drei Monaten geahndet[7].

Mit Ebert war ein Sohn des Arbeiterstandes an die höchste Stelle des Reiches gelangt. Er ist in diesem Amt über die Grenzen seiner Partei weit hinausgewachsen. Auch seine Gegner haben anerkannt, mit welcher Redlichkeit, Umsicht und staatsmännischen Begabung er sein Amt versah. Seine Bemühungen, die verschiedenen Parteien, so weit es irgend ging, zur positiven Mitarbeit am Staat heranzuziehen, dienten dem doppelten Ziele, die Staatsordnung für eine demokratische Entwicklung im Innern zu sichern und nach außen hin Deutschland vom Druck der Versailler Belastungen zu befreien.

An seiner Stelle wurde am 26. April 1925 Hindenburg gewählt. Erst im zweiten Wahlgang wurde er aufgestellt, nachdem im ersten Wahlgang keiner der 7 Kandidaten die erforderliche absolute Mehrheit erhalten hatte. Die größte Stimmenzahl war auf den Duisburger Oberbürgermeister Jarres gefallen, hinter dem Deutschnationale und Deutsche Volkspartei standen. Die Weimarer Parteien hatten je einen eigenen Kandidaten benannt, die Demokraten den badischen Staatspräsidenten Hellpach, das Zentrum den früheren Reichskanzler Marx, die Sozialdemokraten den preußischen Ministerpräsidenten Otto Braun. Dieser erhielt beim ersten Wahlgang hinter Jarres die zweithöchste Stimmenzahl. Als Zählkandidaturen waren außerdem von der Bayerischen Volkspartei Ministerpräsident Held, von den Völkischen Ludendorff und von den Kommunisten Ernst Thälmann aufgestellt worden. Als sich jetzt die Weimarer republikanischen Parteien auf Marx als Kandidaten einigten, kamen die Deutschnationalen auf den Gedanken, an Hindenburg zu appellieren. Es gelang Admiral v. Tirpitz, die ursprünglichen Bedenken des Hochbetagten zu überwinden. Die Führung der deutschnationalen Fraktion lag damals in den Händen des Grafen Westarp. Die Partei hatte ihr fähigstes Mitglied Helfferich durch ein Eisenbahnunglück verloren. Wenn Westarp sich jetzt für Hindenburg einsetzte, so mußte er sich der Problematik dieses Schrittes bewußt sein, denn niemand kannte die Grenzen der Persönlichkeit des Feldmarschalls besser als er. Wir wissen heute aus einer Veröffentlichung aus Westarps Nachlaß, wie sehr sich Hindenburg vor der Öffentlichkeit der Verantwortung dafür zu entziehen suchte, daß er am 9. November 1918 in Spa entgegen dem Rat kampfbereiter Monarchisten wie der Grafen Schulenburg und Plessen den Kaiser veranlaßt hatte zu fliehen.[8]. Sein Verhalten zu den großen außenpolitischen Fragen im Weltkrieg hatte gezeigt, daß seine Begabung nicht über das Militärische hinausreichte. Wenn die Deutschnationalen ihn jetzt für die Reichspräsidentschaft vorschlugen, so geschah es, um durch die große Popularität des Siegers von Tannenberg den Kandidaten der republikanischen Parteien auszustechen. Aber auch der zunächst zögernde Stresemann setzte sich schließlich für Hindenburg ein. Er sah in seiner Kandidatur die historische Kontinuität zwischen dem Deutschland vor und nach dem Umsturz, zwischen Monarchie und Republik sichtbar verkörpert. Die Bayerische Volkspartei stellte sich ebenfalls hinter ihn. Die Wahl ergab für Hindenburg 14,6, für Marx 13,7 und für den Kommunistenführer Thälmann 1,9 Millionen Stimmen. Der Sieg Hindenburgs ist das Ergebnis der Spaltung der Arbeiterbewegung und der Spaltung auch des politischen Katholizismus[9]. Es kann kein Zweifel sein, daß Hindenburg bemüht gewesen ist, sein Amt als republikanischer Reichspräsident loyal zu erfüllen. Solange der Reichstag arbeitsfähig blieb und der politische Mechanismus der Republik funktionierte, sind durch die Loyalitätsempfindungen weiter Kreise des deutschen Volkes gegenüber seiner Person der Republik Elemente staatlicher Autorität zugeflossen. Als aber später in der Wirtschaftskrise der parlamentarische Mechanismus versagte, wurde der altersschwache Präsident – er war bei seinem Amtsantritt 78 Jahre – durch die Situation überfordert[10].

Während sich im Reich durch den Eintritt der Deutschnationalen in die Regierung und durch die Besetzung des Reichspräsidentenamtes mit einem kaiserlichen Generalfeldmarschall eine Entwicklung nach rechts vollzog, verlief die Entwicklung in Preußen in entgegengesetzter Richtung. Auch hier hatten im Dezember 1924 Wahlen stattgefunden. Das Ergebnis hätte eine Fortführung der Großen Koalition erlaubt. Aber die Deutsche Volkspartei versagte sich und versuchte ähnlich wie im Reich, einen Bürgerblock zustande zu bringen. Das mißlang, und aus langwierigen und verworrenen Experimenten der Regierungsbildung ging schließlich wiederum unter Führung von Otto Braun ein Kabinett der Weimarer Koalition hervor[11]. Hier entstand ein Dualismus zwischen Reich und Preußen, dessen gewaltsame Aufhebung sieben Jahre später durch den

Staatsstreich Papens zugleich das Ende der Republik bedeuten sollte.

Der im Dezember 1924 gewählte, bis zum Mai 1928 bestehende Reichstag hat vier Kabinette getragen, zwei unter der Kanzlerschaft Luthers, zwei unter Marx. Er begann mit einer bürgerlichen Rechtskoalition unter Luther vom Zentrum bis zu den Deutschnationalen und endete mit der gleichen Koalition unter Marx. Dazwischen standen zwei Regierungen der bürgerlichen Mitte unter Luther und Marx. In der Zeit dieser Kabinette war der Reichshaushalt einigermaßen ausgeglichen; in den ersten Jahren nach der Stabilisierung der Währung wies er sogar Überschüsse auf. Denn die nun einsetzende wirtschaftliche Gesundung Deutschlands hatte zu dem merkwürdigen Ergebnis geführt, daß die Steuereinnahmen des Reiches zunächst die Vorausberechnungen weit überstiegen. So wurden Steuersenkungen möglich. Die Regierung Luther führte im Jahre 1925 eine umfassende Steuerreform durch[12]. Ihr Charakteristikum war das Bemühen um Ausgleich. Sie bestimmte einerseits im Interesse der Masse der Steuerzahler: Senkung der Einkommensteuer, Steuervorteile für kinderreiche Familien, bei der Körperschaftssteuer Begünstigung der kleineren Gesellschaften, Erhöhung der Progression in der Erbschaftssteuer bei höheren Vermögen – andererseits im Interesse der inneren Kapitalbildung des nach außen in hohen Schuldverpflichtungen stehenden Landes: Abbau der Progression in der Vermögenssteuer und, zur Erleichterung des Geschäftsverkehrs, Senkung der Kapitalverkehrssteuern, der Grunderwerbssteuer und der Wechselsteuer. Neben der Steuerreform stellte sich als finanz- und handelspolitisches Hauptproblem die Frage der Zölle und Handelsverträge. Im Jahre 1925 war nämlich die fünfjährige Periode abgelaufen, in der auf Grund des Vertrages von Versailles den Alliierten zollpolitische Vorteile zustanden. Jetzt ergab sich die Möglichkeit einer Zollpolitik gemäß den wirtschaftlichen Bedürfnissen Deutschlands. Hieß das Freihandel oder Schutzzoll, und wenn Schutzzoll, dann sowohl für die Landwirtschaft als auch für die Industrie? Die unternehmerische Schutzzollforderung fand Zustimmung auch auf gewerkschaftlicher Seite. Beider Interesse richtete sich um des Exportes und der Niedrighaltung der Gestehungskosten willen aber gegen nennenswerte agrarische Schutzzölle. Von landwirtschaftlicher Seite kam die Drohung, man werde sich für den Freihandel einsetzen, falls sich die Industrie versage. Im Endergebnis einigten sich dann Industrie und

die in der DNVP stark vertretene Landwirtschaft auf Zoll-
schutz für beide Wirtschaftszweige[13]. Hier wiederholte sich eine
Interessengemeinschaft, die sich schon im kaiserlichen Deutschland unter Bismarck, Caprivi und Bülow in der Schutzzollpolitik zusammengefunden hatte. In die wirtschaftspolitischen
Sachüberlegungen spielten dabei hier wie dort innenpolitische
Motivationen mit hinein. Um welche politische Frontstellung es
ging, zeigte der Vorgang der Abstimmung über das Zollgesetz
im Reichstag am 12. August 1925. Die bürgerliche Rechtskoalition stimmte zu, die Sozialdemokraten und Kommunisten
verließen den Saal, die Demokraten enthielten sich der Stimme.
Zwei Jahre später, am 9. Juli 1927, wurde der agrarische Schutzzoll unter dem vierten Kabinett Marx, das sich ebenfalls auf eine
bürgerliche Rechtskoalition stützte, etwa auf das Niveau der
Bülowzölle von 1902 angehoben, diesmal gegen die Stimmen
der Demokraten, Sozialdemokraten und Kommunisten.

Von großer sozialpolitischer Bedeutung war das unter dem
vierten Kabinett Marx am 16. Juli 1927 verabschiedete Gesetz
über Arbeitslosenversicherung[14]. In der sozialpolitischen Gesetzgebung des Reiches, wie sie durch Bismarck in Gang gekommen war, hatte man bis zum Kriege keine Arbeitslosenversicherung gekannt. Durch die Demobilisierung von vielen Millionen Soldaten war es für den Staat notwendig geworden, diese
Frage aufzugreifen. Auf dem Verordnungswege und durch Ein-
zelgesetze hatte man seitdem Unterstützungsmöglichkeiten geschaffen. Nun wurden diese Maßnahmen zusammengefaßt und
weiter entwickelt, die Arbeitslosenversicherung auf einen festen
Boden gestellt. Die Kosten wurden je zur Hälfte von den Arbeitgebern und den Arbeitnehmern in einem bestimmten Prozentsatz zum Lohn aufgebracht, und auch die Leistungen richteten sich in verschiedenen Stufen nach dem früheren Lohn des
Arbeitslosgewordenen. Träger dieser Versicherung wurde eine
Reichsanstalt für Arbeitsvermittlung und Arbeitslosenversicherung, an deren Verwaltungsaufsicht Arbeitgeber- und Arbeit-
nehmerverbände in gleicher Weise beteiligt waren. Durch dieses
Gesetz wurde dem Arbeitnehmer der niederen Lohn- und Ge-
haltsstufen neben der Sozialversicherung und dem kollektiven
Tarifvertrag eine dritte Existenzsicherung gegeben. Die Löhne
entwickelten sich in diesem Zeitraum aufwärts. Die relative
Konsolidierung der Verhältnisse kam aber vielleicht in keinem
Umstande so deutlich zum Ausdruck wie in der Tatsache, daß
das 1922 nach dem Rathenau-Mord erlassene Republikschutz-

gesetz im Jahre 1927 mit großer Mehrheit unter Einschluß der Deutschnationalen erneuert werden konnte.

Problematisch war in den kritischen Jahren der Republik die Stellung der Reichswehr gewesen. Hier hat gerade die Reichspräsidentschaft Hindenburgs geholfen, ein klares Verhältnis zu schaffen. Die Beziehungen zwischen Seeckt und Hindenburg waren nicht die besten. Seeckt wurde im Oktober 1926 entlassen. Die Teilnahme eines Kronprinzensohnes an Reichswehrmanövern war hierfür mehr der Anlaß als der eigentliche Grund[15]. Nach dem Rücktritt des Schöpfers der Reichswehr wurde der Reichspräsident die eigentliche personale Spitze des Heeres. Einige Monate nach Seeckt trat auch der Reichswehrminister Geßler, der sein Amt seit dem Kapp-Putsch innegehabt hatte, zurück. An seine Stelle kam Groener[16], der im kaiserlichen Heer als ein demokratisch gesonnener General gegolten hatte und in dessen Person sich im Augenblick des Zusammenbruchs die Zusammenarbeit zwischen Generalstab und dem Rat der Volksbeauftragten verkörperte. Mit Hindenburg und Groener lag die Führung der republikanischen Reichswehr in den Händen der letzten kaiserlichen Obersten Heeresleitung. Nachfolger Seeckts als Chef der Heeresleitung wurde Heye, ihm folgte 1930 Frhr. v. Hammerstein-Equord. Ihre Stellung war der Seeckts nicht mehr vergleichbar, da das Heer sich nun in ganz anderer Weise als unter Ebert an das Staatsoberhaupt gebunden fühlte. Wenn Seeckt auf die Frage, hinter wem die Reichswehr stehe, die Antwort hatte geben können: »Die Reichswehr steht hinter mir«, so war sie jetzt an Hindenburg durch ein gegenseitiges Treueverhältnis gebunden. Später wurde sie wieder zu einem eigenen politischen Faktor in dem Augenblick, als der Mechanismus des parlamentarischen Staates zu funktionieren aufhörte. Die Bindung der Reichswehr an den republikanischen Staat war nie eine Bindung an das Parlament gewesen; unter Hindenburg wurde sie zu einer Bindung an den Marschall-Präsidenten, den »Ersatzkaiser«[17]. Zwar bedurften die Anordnungen des Präsidenten als des Oberbefehlshabers der Reichswehr der Gegenzeichnung des Reichswehrministers bzw. des Kanzlers. Jedoch ist die ursprünglich beabsichtigte Kontrolle der Reichswehr durch einen parlamentarischen Staatssekretär niemals zustande gekommen. Vielmehr schuf sich umgekehrt Oberst v. Schleicher, der vom Mitarbeiter zum Gegenspieler Seeckts wurde, in der Einrichtung des sogen. Wehrmachtsamtes (Ministeramtes) eine Position, von der aus er später bestimmend in den Gang des Geschehens eingreifen sollte[18]. Die Reichswehr behielt auch die Rekrutierung ihres Nachwuchses, namentlich auch für die Offiziersstellen, unkontrolliert in der eigenen Hand. Der sozialdemokratische Versuch, eine zivile Prüfungskommission einzuschalten, schlug fehl[19]. Zudem war es der Reichswehr gelungen, die Verwendung der ihr freigebig gewährten Etatmittel im einzelnen zu verschleiern und der Kontrolle des Parlaments zu entziehen. Das lag neben dem Geschick der Reichswehrführung vor allem am Reichstag selber, der in seiner Mehrheit die Aufgabe des Parlaments nicht begriff, die bewaffnete Macht unter strikter Kontrolle zu behalten. Vor allem war für Rechtsparteien die Reichswehr weithin ein Noli-me-tangere, während umgekehrt für den Chef der Reichswehr General v. Seeckt, die Republik keineswegs als unantastbar galt. Als Scheidemann am 16. Dezember 1926 im Reichstag die Verbindungen zwischen Reichswehr und Roter Armee ans Licht der Öffentlichkeit zog, rückten alle bürgerlichen Parteien enger aneinander und erneuerten im vierten Kabinett Marx die Rechtskoalition, die nach Locarno auseinandergebrochen war.

Überhaupt führt die Frage, welches die Gründe für die Regierungskrisen in dieser Reichstagsperiode gewesen sind, zu der Feststellung, daß in diesen Jahren der wirtschaftlichen Konsolidierung die Anlässe dafür nicht in den konkreten Aufgaben lagen, die sich innenpolitisch stellten, sondern eher dem nationalen Gefühlsbereich angehörten. So hatten die deutschnationalen Minister des ersten Kabinetts Luther die Locarno-Politik Stresemanns anfangs durchaus gebilligt. Weil aber die Rheinlandräumung nicht sofort konzediert wurde und weil es nicht zu einer feierlichen Widerrufung des Kriegsschuldparagraphen gegenüber den ehemaligen Feindmächten kam, wichen sie dem Druck der deutschnationalen Landesverbände und schieden aus der Regierung aus. Die bürgerliche Koalitionsregierung der Mitte, mit der Luther dann weiterregierte, stolperte über eine Flaggenverordnung des Reichspräsidenten[20]. Es bestand ja der merkwürdige Zustand, daß neben den schwarz-rot-goldenen Reichsfarben, die man nun einmal als Symbol der Republik eingeführt hatte, auch die schwarz-weiß-roten Farben weiter gezeigt werden durften, und zwar in der Handelsschiffahrt (schwarz-weiß-rot mit schwarz-rot-goldener Gösch). Nunmehr sollten auch die gesandtschaftlichen und konsularischen Vertretungen in Übersee und in den europäischen Hafenstädten das Recht erhalten, neben der schwarz-rot-goldenen die schwarz-weiß-rote Fahne zu zeigen. Luther, der diese Verordnung veranlaßt und gegengezeichnet hatte, mußte am 12. Mai 1926 zurücktreten. An der unglückseligen Flaggenfrage entzündeten sich immer wieder die Leidenschaften. Wenn die Verbände der nationalen Rechten unter der schwarz-weiß-roten Flagge marschierten, so hatte sich im Jahre 1924 auf der anderen Seite zum Schutz der Republik eine eigene Wehrorganisation gebildet, das »Reichsbanner Schwarz-Rot-Gold«[21]. Durch den irrationalen Streit der Symbole wurde der Blick dafür getrübt, wie sehr angesichts der Stärkeverhältnisse im Reichstag die Weimarer und die bürgerlich-nationalen Parteien aufeinander angewiesen waren. Die bürgerliche Regierung der Mitte unter Marx, die auf Luther folgte, wurde dann am 29. Januar 1927 infolge der erwähnten Rede Scheidemanns in eine Regierung der bürgerlichen Rechtskoalition umgewandelt. Deren Ende kam durch die Maiwahlen des Jahres 1928.

Diese Wahlen brachten den Sozialdemokraten einen starken Erfolg. Ihre Abgeordnetenzahl stieg von 131 auf 153. Die Oppositionszeit war der SPD zugute gekommen. Umgekehrt hatten sich die Deutschnationalen in der Regierungsverantwortung abgenutzt. Sie gingen von 103 auf 73 zurück. Auch die Mittelparteien hatten Einbußen, ebenso die NSDAP, während die Kommunisten von 45 auf 54 Abgeordnete wuchsen. Gleichzeitige Wahlen in Preußen gaben dort der Weimarer Koalition eine große Mehrheit mit 289 von 450 Sitzen. Im Reich wurde die Große Koalition unter Führung der SPD erneuert. Kanzler wurde Hermann Müller. Die Hauptaufgaben dieser Regierung lagen auf außenpolitischem Gebiet. Damals stellte sich das Reparationsproblem erneut. Es fand im Young-Plan seine Lösung.

Innenpolitisch war bei den heterogenen Kräften, die in diesem Kabinett zusammengeschlossen waren, nur ein vorsichtiges Lavieren möglich. Der Autorität der Regierung wurde es außerordentlich abträglich, daß die sozialdemokratische Führung in sich selbst in einer Frage gespalten war, die wiederum nicht zu den Zentralproblemen gehörte, aber an der sich die Leidenschaften um so mehr entzündeten. Es war der Streit um den Panzerkreuzer A. Hier handelte es sich um einen Ersatzbau, der sich im Rahmen des Versailler Vertrags hielt. Der Bürgerblock hatte hierfür im Etat für 1928 die erste Rate vorgesehen. Der Reichsrat hatte beschlossen, die Arbeit vorerst nicht in Angriff zu nehmen, um zu vermeiden, daß man bei eventuell notwendi-

gen Sparmaßnahmen einen inzwischen begonnenen Bau abbre-
chen müßte. In der Öffentlichkeit war diese Maßnahme aber als
Suspendierung des Neubaus überhaupt verstanden worden. Die
neue Regierung beschloß nun am 10. August 1928, das Schiff
auf Kiel zu legen. Müller setzte sich überhaupt für die wehrpoli-
tischen Belange Deutschlands mit Nachdruck ein. Vor dem
Forum des Völkerbundes forderte er mit Schärfe, daß die Siegermächte endlich ihr Abrüstungsversprechen erfüllten[22]. Hierbei stand die Partei hinter ihm, nicht aber in der Frage des
Panzerkreuzerbaus. Der Wahlkampf war zum Teil um diese
Frage geführt worden (Berliner Wahlparole: Panzerkreuzer
oder Kinderspeisung). So beantragte die Reichstagsfraktion der
SPD im November 1928, den Bau des Schiffes einzustellen. Der
Antrag wurde abgelehnt. Damit war die Große Koalition in
dieser Frage durchschnitten. Bei der Abstimmung ergab sich
der groteske Umstand, daß die sozialdemokratischen Minister
mit ihrer Fraktion am 16. November gegen ihren eigenen Kabi-
nettsbeschluß stimmten, den sie am 10. August gefaßt hatten.
Das Ergebnis war eine völlige Verwirrung der Meinungen und
eine starke Einbuße an Glaubwürdigkeit der Regierung[23]. Hin-
zukam, daß diese so ungefestigte Koalition sich nun einer
deutschnationalen Opposition gegenübergestellt sah, die im
Jahre 1928 einen entscheidenden Kurs- und Führerwechsel vor-
nahm. Der bisherige Fraktions- und Parteiführer Graf Westarp
wurde gestürzt. An seine Stelle trat der alldeutsche Hugenberg[24]. Ursprünglich aus dem Verwaltungsdienst kommend,
später Vorsitzender des Krupp-Direktoriums, errang er in der
Kriegs- und Inflationszeit eine beherrschende Stellung im deutschen Zeitungs-, Nachrichten- und Filmwesen. Er beherrschte
die Partei durch seinen wirtschaftlichen Einfluß und durch seine
Presse. Die republikanischen Elemente der Partei wurden jetzt
herausgedrängt, wie der Führer des Deutschnationalen Hand-
lungsgehilfenverbandes Lambach, der erklärt hatte, daß der
monarchische Gedanke überlebt sei. Hugenberg stellte die Verbindung zu den Nationalsozialisten wieder her, die nach dem
Hitler-Putsch abgerissen war. Er trug erheblich dazu bei, daß
sich der politische Kampf in Deutschland hinfort vom Parlament weg auf die Massenagitation und auf die Straße verlagerte.
Der Young-Plan gab den Anlaß, die Leidenschaften aufzupeit-
schen. Hugenberg, Hitler und der Stahlhelmführer Seldte riefen
noch vor Zusammentritt der Haager Konferenz einen »Reichs-
ausschuß für das deutsche Volksbegehren« ins Leben. Sie

forderten im September 1929 ein »Gesetz gegen die Versklavung des deutschen Volkes«, in dem eine strafrechtliche Verfolgung vorgesehen war für den Reichskanzler, die Reichsminister und die Bevollmächtigten des Reiches, die den Young-Plan unterzeichnen würden. Man hat diese Formulierung dann noch dahin abgeändert, daß zwar Reichskanzler und Reichsminister, nicht aber Hindenburg, wegen Landesverrats angeklagt werden konnten[25]. Während sich so von außen her durch die Bildung der »Nationalen Einheitsfront« eine Gefährdung für das außenpolitische Werk Stresemanns erhob, wurde zwischen der ersten und der zweiten Haager Konferenz die Große Koalition in ihrem Innern durch eine sozialpolitische Frage aufgewühlt.

Die Arbeitslosenziffer hatte im Winter 1928/29 mit 2,4 Millionen eine erschreckende Höhe erreicht. Allerdings sank sie im Sommer 1929 wieder auf 900000 zurück. Die Gründe für die Arbeitslosigkeit, die im Februar und März für das Jahr 1929 ihren höchsten Stand erreichte, lagen zum Teil in einem besonders langen und strengen Winter, es machte sich aber doch auch ein Absinken der allgemeinen Weltkonjunktur bemerkbar, von der die deutsche Wirtschaft in Mitleidenschaft gezogen wurde. Diese herannahende Krise bildete ja den Hintergrund für die Europapläne Briands in Genf. Durch die wachsende Arbeitslosigkeit war die Reichsanstalt für Arbeitslosenversicherung in Zahlungsschwierigkeiten geraten, die zunächst durch ein Reichsdarlehen gedeckt wurden. Der Haushalt der Reichsanstalt wies im Jahre 1928/29 ein Defizit von einer halben Milliarde auf. Es erhob sich die Frage, ob man die Beiträge erhöhen oder die Leistungen senken sollte. Hugenberg griff in seiner Presse die Arbeitslosenversicherung prinzipiell an. Er wollte statt dessen einen Sparzwang einführen. Auch der Großindustriellenflügel der Deutschen Volkspartei stellte sich gegen eine Erhöhung der Beiträge und wollte die Leistungen senken. In einer Novelle der Reichsregierung setzte sich jedoch der Standpunkt der SPD durch, daß die Beiträge von 3 auf 3 ¹/₂% erhöht würden. Daneben wurden gewisse Einsparungen in den Leistungen vorgesehen. Am Widerstand der Deutschen Volkspartei hiergegen drohte die Koalition auseinanderzubrechen. Stresemann, der den innenpolitischen Rückhalt für seine Außenpolitik gefährdet sah, eilte vom Krankenlager zur Fraktionssitzung seiner Partei und veranlaßte sie nach schwerem Ringen, sich wenigstens der Stimme zu enthalten. Das war am Tag vor seinem Tode[26]. Er starb am 3. Oktober 1929.

Akten d. RK: Die Kabinette Marx I u. II, hg. v. G. Abramowski (2 Bde. 1973); Die Kabinette Luther I u. II, hg. v. K.-H. Minuth (2 Bde. in Vorbereitung); Das Kabinett Müller II, hg. v. M. Vogt (2 Bde. 1970); J. Blunck, Der Gedanke d. Gr. Koalition in den Jahren 1923–1928 (Diss. Ms. Kiel 1961); M. Stürmer, Koalition u. Opposition in der Weim. Rep. 1924–1928 (1967); P. Haungs, Reichspräsident u. parl. Kabinettsregierung. Eine Studie zum Regierungssystem d. Weim. Rep. (1968).

[1] K.-B. Netzband / H. P. Widmaier, Währungs- u. Finanzpolitik der Ära Luther 1923–1925 (1964).

[2] 8. Dez. 1923, RGBl. 1923 I, Nr. 126.

[3] Arbeitszeitverordnung 21. Dez. 1923, RGBl. 1923 I, Nr. 134.

[4] Die neuere sog. »Totalitarismusforschung« ist z. T. geneigt, diese Gemeinsamkeiten zu verwischen, indem sie – mit Recht – die bestehenden Unterschiedlichkeiten herausarbeitet. Zur Orientierung: B. Seidel /S. Jenkner, Wege d. Totalitarismus-Forschung (1968); W. Schlangen, Der Totalitarismus-Begriff. Grundzüge seiner Entstehung, Wandlung u. Kritik, Parlament B 44 (1970); M. Greiffenhagen / J. B. Müller / R. Kühnl, Totalitarismus. Zur Problematik eines polit. Begriffs (Tb. 1972).

[5] Agitation für Annahme der Dawes-Gesetze kam innerhalb der DNVP vor allem aus Richtung des Reichsverbandes der Dt. Industrie u. des Reichslandbundes. Der Parteivorsitzende Hergt rechnete im Falle einer Ablehnung des Gesetzes mit Auflösung des Reichstages. Er beurteilte »die Aussichten im Falle eines Wahlkampfes ... sehr pessimistisch«, Schreiben an den Vorsitzenden des Landesverbands Ostpreußen bei W. Liebe, Die Deutschnat. Volkspartei (1956), S. 173 ff. Aus parteitaktischen Gründen gab die Fraktion ihren Mitgliedern die Abstimmung frei.

[6] Vgl. Kap 13, Anm. 5.

[7] K. Brammer, Der Prozeß des Reichspräsidenten (1925); W. Birkenfeld, Der Rufmord am Reichspräsidenten. Grenzformen des polit. Kampfes gegen die frühe Weim. Rep. 1919–1925, Arch. f. Sozialgesch. 5 (1965).

[8] K. Gf. Westarp, Das Ende d. Monarchie, hg. v. W. Conze (1952); s. ferner Bd. 18, Kap. 24.

[9] J. K. Zeender, The German Catholics and the Presidential Election of 1925, Journal of Mod. Hist. 35 (1963); H.-J. Hauss, Die erste Volkswahl des dt. Reichspräsidenten. Eine Untersuchung ihrer verfassungspolit. Grundlagen, ihrer Vorgesch. u. ihres Verlaufs unter bes. Berücksichtigung d. Bayer. Volkspartei (1965).

[10] L. Lukas, Hindenburg als Reichspräsident (1959); W. Hubatsch, Hindenburg u. der Staat. Aus den Papieren des Generalfeldmarschalls u. Reichspräsidenten von 1878 bis 1934 (1966); A. Dorpalen, Hindenburg in der Gesch. d. Weim. Rep. (dt. 1967); G. Granier, Der Reichspräsident Paul v. Hindenburg, GWU 20 (1969). – Vgl. Bd. 18, Kap. 11, Anm. 7.

[11] M. Beer, Otto Braun als preuß. Ministerpräsident 1925–1932 (Diss. Würzburg 1971).

[12] 10. Aug. 1925, RGBl. 1925 I, S. 189–254.

[13] Zollgesetz 17. Aug. 1925, ebd., S. 261. Hierzu die über ihre engere Thematik für die Wirtschaftspolitik allg. aufschlußreiche Untersuchung von A. Panzer, Das Ringen um die dt. Agrarpolitik von der Währungsstabilisierung bis zur Agrardebatte im Reichstag im Dez. 1928 (1970).

[14] RGBl. 1927 I, Nr. 32.

[15] R. H. Phelps, Aus den Seeckt-Dokumenten. Die Verabschiedung Seeckts 1926, Dt. Rundschau 78 (1952).

[16] Lit. s. o. S. 19.

[17] Terminus bei Th. Eschenburg, Die improvisierte Demokratie d. Weim. Rep. (1951), S. 47. Zum folgen-

den O.-E. Schüddekopf, Heer u. Republik, S. 195 ff.

[18] F. Hossbach, Zwischen Wehrmacht u. Hitler (1949), Kap.: Das Wehrmachtamt. – Vgl. Kap. 23, Anm. 9; Schleicher hat Hindenburg bereits nach dem Scheitern des 3. Kabinetts Marx (Dez. 1926) die Bildung einer Rechtskoalition nahegelegt u. als letzten Ausweg die Diktatur auf der Basis der Art. 48 empfohlen. Darüber J. Becker, Zur Politik d. Wehrmachtsabteilung in der Regierungskrise 1926/27, Dokumentation, VfZG 14 (1966).

[19] Material hierzu s. O.-E. Schüddekopf, Heer u. Republik, S. 212 ff.

[20] 5. Mai 1926, RGBl. 1926 I, Nr. 26.

[21] Hierzu die Analyse der »Militanten Bewegungen im polit. Raum« bei K. D. Bracher, Die Auflösung d. Weim. Rep. (⁵1971); K. Rohe, Das Reichsbanner Schwarz Rot Gold (1966).

[22] Rede vom 7. Sept. 1928, Schulthess 1928, S. 452 ff.

[23] Zum inneren Zwiespalt d. SPD: F. Stampfer, Die 14 Jahre der ersten dt. Republik (³1953), S. 525, nennt das Verhalten d. soz.demokrat. Minister »vorbildliche Fraktionsdisziplin«,

wenn auch »aus allgemeinpolitischen Gründen wenig erbaulich«. J. Leber, Ein Mann geht seinen Weg (1952), S. 218: »Die neue Regierung ... versagte am verhängnisvollsten in dem wichtigsten Punkt jeder Staatsführung, bei der verantwortungsfreudigen Formung u. Durchsetzung des eigenen Willens ... Daß Müller in der Stunde größter Entscheidung vor seiner eigenen Fraktion kampflos kapitulierte, spricht gegen die politische Einsicht der Fraktion, aber mehr noch gegen ihn selbst«. – W. Wacker, Der Bau des Panzerschiffes »A« u. der Reichstag (1959).

[24] L. Bernhard, Der Hugenberg-Konzern (1928); D. Guratzsch, Macht durch Organisation. Die Grundlegung des Hugenbergschen Presseimperiums (1972). – Elisabeth Friedenthal, Volksbegehren u. Volksentscheid über den Youngplan u. die deutschnationale Sezession (Diss. Ms. Tübingen 1957); ferner E. Jonas, Die Volkskonservativen (1965).

[25] Texte J. Hohlfeld, Dokumente, Bd. 3, Nr. 77 u. 83.

[26] Stresemann, Vermächtnis, Bd. 3, S. 582 f.

Kapitel 18
Wirtschaft und Politik

Daß die relativ ruhigen mittleren Jahre der Weimarer Republik von nur kurzer Dauer waren und die Republik nicht imstande war, die sich aus der Weltwirtschaftskrise ergebenden Belastungen zu tragen, erklärt sich aus Fehlentwicklungen im deutschen Volk, muß aber zentral verstanden werden aus Fehlentscheidungen der Parteien, die im Reichstag die verfassungsmäßige Verantwortung für die Gesetzgebung und die Kontrolle der Regierung besaßen. Das gilt nicht nur für Gegner dieser Republik auf der äußersten Rechten und der äußersten Linken, die diesen Staat zerstören wollten, sondern auch für die Weimarer republikanischen Parteien und die bürgerlichen Rechtsparteien. Das Scheitern dieses ersten Experiments der parlamentarischen Demokratie in Deutschland ist ebensowenig ein unentrinnbares Schicksal gewesen wie der Ausbruch des Ersten Weltkrieges. Aber um die politischen Verhältnisse und die politischen Entscheidungen der verantwortlichen Gruppen und Personen zu verstehen, müssen sie in den wirtschaftlich-sozialen Zusammenhang gestellt werden, der das Handlungsfeld der Politik darstellt.

Die deutsche Wirtschaft zeigt im 20. Jahrhundert trotz Weltkriegen und Staatsumwälzungen bestimmte durchgehende Entwicklungszüge. Ihre charakteristische Strukturveränderung, in deren Prozeß die Weimarer Epoche eine wichtige Etappe darstellt, ist die zunehmende Gewichtsverlagerung von der Landwirtschaft auf die Industrie. So verringerte sich der Anteil am Nettoinlandprodukt im Bereich der Land- und Forstwirtschaft und Fischerei von 23% in den Jahren 1910 bis 1913 auf 16% in den Jahren 1925 bis 1929, während auf dem Sektor der industriellen und gewerblichen Produktion der Anteil von 45% auf 48% und im Handel, Verkehr, Dienstleistungsbereich und öffentlichen Dienst von 32% auf 36% stieg. Entsprechend fiel die Zahl der Beschäftigten im ersten Sektor, während sie im zweiten und dritten zunahm.

Dabei blieb die Landwirtschaft ein für die politische Entwicklung gewichtiger Faktor. Im Jahre 1924 konnte es zunächst den Anschein haben, als habe sie einen guten Ausgangspunkt für eine gesunde Entwicklung gewonnen, nachdem sie durch die Inflation ihrer Hypotheken- und Schuldenlast ledig geworden war. Schon bald aber zeigte sich ihre außerordentliche Anfälligkeit. Es kam im Laufe der Jahre zu einer wachsenden Neuverschuldung, die nur zum Teil notwendigen Investitionen diente, zum anderen aber Betriebsverluste ausgleichen sollte. Der eigentliche Grund hierfür ist in der besonderen Produktionsausrichtung der deutschen Landwirtschaft zu sehen. Sie war namentlich in Ostdeutschland auf extensiven Getreidebau und nicht auf intensive Veredelungswirtschaft eingestellt. Solange Deutschland vom Weltmarkt abgeschnitten war, wie im Kriege und in den ersten Nachkriegsjahren, mochte das genügen. Von dem Augenblick an jedoch, wo Deutschland notwendigerweise bemüht sein mußte, seine auswärtigen Handelsbeziehungen auszubauen, stand der deutsche Markt vor einem starken Angebot billiger ausländischer Agrarprodukte, mochte es sich um den Weizen aus Nordamerika handeln, um Rindfleisch aus Argentinien, Schweine aus Polen oder um Wein aus Spanien. Weder die Rückkehr zum Schutzzoll noch die Kontingentierung der Einfuhr von Agrarprodukten in den seit 1925 abgeschlossenen Handelsverträgen genügten als Abhilfe[1]. Auch Entschuldungsaktionen, die mit Hilfe öffentlicher Gelder durchgeführt wurden, blieben ein Kurieren an Symptomen. Obwohl die Regierungen der Weimarer Republik eine große Bereitschaft zeigten, der Landwirtschaft zu helfen, wurde solcher Hilfe eine Grenze gesetzt durch den Umstand, daß der Verbraucher schließlich einen dreifach höheren Preis für Brot bezahlen mußte, als es dem Weltmarktpreis für Getreide entsprochen hätte. Das, was von Staats wegen getan wurde und getan werden konnte, blieb hinter den Erwartungen der Landwirtschaft zurück. Nun hat es allerdings in der Weimarer Zeit Ansätze gegeben, Strukturverbesserungen der Agrarwirtschaft durchzuführen. Aber diese Maßnahmen hätten Zeit erfordert, und diese Zeit war der Weimarer Republik nicht beschieden. Eine beachtliche Leistung vollbrachte die Republik und vor allem der preußische Staat in der bäuerlichen Siedlung. In den Jahren von 1919 bis 1932 wurden insgesamt durch staatliche Hilfe und private Siedlungsgesellschaften über 57000 neue Bauernstellen geschaffen[2], und zwar namentlich in den östlichen Provinzen. So hoch diese Maßnahme bevölkerungs- und nationalpolitisch zu veranschlagen war, so wenig wurde durch sie das Grundproblem der deutschen Landwirtschaft gelöst. Die Unzufriedenheit der Landwirtschaft entlud sich gegen den Weimarer Staat. Bauern schlossen sich zusammen, um Pfändungen von Vieh, Geräten und verschuldeten Höfen zu verhindern. Zuerst in Schleswig-Holstein nahmen schon 1928 diese Unruhen in der Bauernbevölkerung unter der schwarzen Fahne revolutionäre Formen an. Die Forschung hat gerade für Schleswig-Holstein aufzeigen können, wie das ungelöste Agrarproblem entscheidend dazu beigetragen hat, daß diese Provinz, die in den letzten Vorkriegswahlen von 1912 neben einem Dänen ausschließlich sozialdemokratische und linksliberale Abgeordnete in den Reichstag entsandt hatte, als erste bei den Wahlen vom 31. Juli 1932 eine nationalsozialistische Majorität von 51% der Stimmen aufwies[3].

Neben der Landwirtschaft war der gewerbliche Mittelstand, das Handwerkertum, eine wirtschaftlich-soziale Gruppe, die sowohl von den Strukturwandlungen der deutschen Wirtschaft wie von den Brüchen in der politisch-gesellschaftlichen Entwicklung Deutschlands im 20. Jahrhundert besonders betroffen und in ihrer Einstellung zur Weimarer Republik bestimmt wurde[4]. Nicht nur in der marxistischen Theorie, sondern auch in der bürgerlichen Nationalökonomie waren im 19. Jahrhundert dem Handwerk düstere Prognosen gestellt worden. Es galt als ein Wirtschaftszweig, der mit Notwendigkeit der Industrieentwicklung zum Opfer fallen werde. Das gesellschaftlich-politische Selbstverständnis des gewerblichen Mittelstandes ist hierdurch entscheidend geprägt worden. Eingeengt zwischen der wachsenden Großindustrie und den anschwellenden Organisationen der Arbeiterschaft sah der Handwerkerstand seine wirtschaftliche Existenz bedroht durch den Kapitalismus, während er sich gleichzeitig gegen eine vermeintliche Entwicklung sträubte, die ihn in das Industriearbeitertum hinabzuziehen drohte, das sich damals weitgehend noch als Proletariat verstand. Der Mittelstand war geneigt, vom Staat zu erwarten, daß er ihm gegen Kapitalismus und Marxismus Schutz gewähre. Durch dieses Gefühl, in der wirtschaftlichen und sozialen Existenz bedroht zu sein, wurde seine Bereitschaft nach einem starken Staat als dem Retter und Helfer Ausschau zu halten, auch dann noch bestimmt, als die Wirtschaftswissenschaft (z.B. Sombart, Schumpeter) um die Mitte der zwanziger Jahre zu einer gänzlich anderen Einschätzung der Entwicklungslage des Mittelstandes gelangt war. Wie sich heute rückschauend feststellen läßt, stellt sich im Spiegel der Statistik die Entwicklung des Handwerks vom ausgehenden 19. Jahrhundert bis heute in der Tat so dar, daß es einen beachtlichen Anteil am deutschen Wirtschaftsleben nicht nur behauptet, sondern sogar noch ausgebaut hat. So betrug die Zahl der Beschäftigten im Handwerk pro hundert Köpfe der Bevölkerung (Handwerksdichte) im Deutschen Reich im Jahre 1895: 4,5; 1926: 5,9; 1939: 7,0; und wenn man die Linie in die Bundesrepublik fortsetzt 1949: 6,9 und 1963: 7,1. Mit dieser Selbstbehauptung verbunden war ein Strukturwandel des Handwerks: alte Handwerkszweige wie Küfer, Stellmacher, Weber gingen zurück oder verschwanden, neue wie Autoschlosser, Elektrotechniker, Platten- und Fliesenleger entstanden neu oder wuchsen schnell. Auch die durchschnittliche Betriebsgröße nahm zu, und in der wirtschaftlichen Ausrichtung verlagerte sich das Schwergewicht von der Produktion für den Konsum auf Zulieferung für die Industrie. Die Berücksichtigung solcher möglicher zukünftiger Strukturentwicklungen konnte zu Beginn der Stabilitätsperiode der Weimarer Republik jedoch um so weniger bestimmend sein für das politisch-soziale Selbstverständnis des Handwerkertums, als es durch die Inflation einen schweren Existenzschock erlitten hatte. Zwar war es wie die Landwirtschaft von Hypotheken und Schulden frei geworden, aber was psychologisch gravierender war, es hatte, ohne in die Sozialversicherung einbezogen zu sein, seine Ersparnisse und damit die selbsterarbeitete Sicherung des Lebens für die Notfälle und das Alter verloren. Für den Kleinhandel gelten ähnliche Feststellungen wie für das Handwerk. Nun ist es wichtig festzustellen, daß solche wirtschaftlich-sozialen Faktoren weder das Bauerntum noch den kleinen Mittelstand in seiner politischen Haltung in eindeutiger Weise determiniert haben. In den katholisch geprägten Landschaften Deutschlands des Südens und Westens blieb die Bevölkerung dieser Schichten, im geistigen Einflußbereich der päpstlichen Sozialenzyklika stehend, politisch weitgehend am Zentrum orientiert. Der Nationalsozialismus, in Süddeutschland entstanden, fand hingegen im Bauerntum und im gewerblichen Mittelstand des protestantischen Nord- und Ostdeutschland breite Anhängerschaft.

Welches sind aber nun im Bereich von Industrie und Handel, in dem das Schwergewicht der Wirtschaft lag, diejenigen strukturellen und konjunkturellen Fakten, die dazu beigetragen haben, daß die Weltwirtschaftskrise Ende der zwanziger Jahre Deutschland besonders hart treffen konnte? Ein allgemeines Entwicklungscharakteristikum, das für Deutschland nicht weniger zutrifft als für die anderen europäischen Länder und für Nordamerika, ist die wachsende Produktivität der Industrie im 19. und 20. Jahrhundert. Diese Entwicklung ist aber durch Krieg und Konjunkturschwankungen im einzelnen starken Rückschlägen ausgesetzt gewesen. Das gilt unter den europäischen Ländern insbesondere für Deutschland. Wenn man die deutsche Industrieproduktion für das Jahr 1913 mit 100 ansetzt, so ergeben sich umgerechnet in Preisen von 1958 für das Jahrzehnt nach dem Krieg folgende Zahlen[5]:

Jahr	1913	1920	1921	1922	1923	1924	1925	1926	1927	1928	1929
Prod.	100	59	72	79	53	77	91	88	109	115	115

Der Anteil Deutschlands an der westeuropäischen Industrieproduktion betrug im Jahre 1913 24% und erreichte nach einem kriegsbedingten Einbruch den gleichen Prozentanteil bereits im Jahre 1921, um ihn mit einigen Schwankungen bis zum Ende der Stabilitätsperiode in etwa zu halten (1928: 23%; 1929: 22%). Vor dem Kriege hatte die deutsche Industrie in schneller Aufwärtsentwicklung einen wachsenden Anteil an der industriellen Produktion Westeuropas gewonnen. Diese Entwicklung setzte sich also nach dem Weltkrieg nicht fort, obwohl es gelang, den letzten Vorkriegsanteil wieder zu erreichen. Den Vorkriegshoffnungen auf eine stetige Wirtschaftsexpansion Deutschlands waren Grenzen gesetzt. Das wird noch deutlicher durch einen Blick auf die Außenhandelsziffern. Wenn man wiederum den Gesamtumsatz von Ein- und Ausfuhr für das Jahr 1913 auf 100 ansetzt, so ergeben sich (auf der Grundlage von Einheitswerten des Jahres 1925) folgende Vergleichswerte[6]:

Jahr	1913	1925	1926	1927	1928
Außenh.	100	68,7	64,8	79,5	83,5

Daß im Vergleich zum Jahre 1913 die Entwicklung des Außenhandels hinter der Entwicklung der Produktion zurückblieb, erklärt sich daraus, daß der Anteil der Produktion von Investitionsgütern zunahm im Verhältnis zu den Konsumtionsgütern. In einer Hinsicht jedoch ähnelt das Bild des Außenhandels nach dem Kriege dem der Vorkriegszeit: Die Einfuhr ist durchweg mit Ausnahme der schlechten Konjunkturjahre 1923 und 1926 und der Zeit der Wirtschaftskrise höher als die Ausfuhr. Aber während vor dem Kriege die negative Handelsbilanz durch Einnahmen für Dienstleistungen an das Ausland (Überseeschifffahrt) und durch den Ertrag von Kapitalanlagen im Ausland ausgeglichen wurde, so daß die Zahlungsbilanz ein positives Bild zeigte, erfolgte in der Nachkriegszeit, und zwar gerade in den Jahren der Stabilisierung, der Ausgleich durch starke Hereinnahme ausländischer Anleihen[7]. Von der gesamten Auslandsverschuldung in Höhe von ungefähr 25,5 Milliarden Goldmark im Jahre 1930 waren etwa die Hälfte kurzfristige Kredite. Durch deren kurzfristige Abrufbarkeit wurde die deutsche Wirtschaft in besonderer Weise krisenanfällig.

Auch im deutschen Bankwesen hatte die Entwicklung zu einer besonderen Krisenanfälligkeit geführt. Wenn vor dem Kriege zwischen Eigenkapital und Einlagen ein Verhältnis von 1:3 bis 4 bestanden hatte, so hatte es sich im Jahrzehnt nach dem Kriege namentlich infolge der Inflation auf 1:15 bis 20 verschoben. Bei krisenbedingter starker Inanspruchnahme drohte den Banken Illiquidität. Die starke Konzentration im Bankwesen war ein zusätzlicher Krisenfaktor. Der Zusammenbruch einzelner Geldinstitute mußte alle anderen in Mitleidenschaft ziehen. Die aus dem Ausland hereinströmenden Kapitalmengen wurden zum Teil von der öffentlichen Hand in Anspruch genommen, besonders auch von den Gemeinden. Zu einem großen Teil wurden sie verwendet, um der Industrie in den zwanziger Jahren eine durchgreifende technische Erneuerung und Rationalisierung des Arbeitsprozesses zu ermöglichen. Die deutsche Industrie wurde auf einen Entwicklungsstand gebracht, der erheblich über dem anderer europäischer Industrieländer lag. Gefördert wurde die Rationalisierung der Produktion auch durch einen Konzentrationsprozeß innerhalb der Industrie. Er ermöglichte die Ausschaltung unrentabler Einzelbetriebe und eine planmäßige Produktionsverteilung. Die wichtigsten industriellen Zusammenschlüsse waren die IG-Farbenindustrie (1925) und die Vereinigten Stahlwerke (1926). Die großindustriellen Zusammenschlüsse und die in ihr führenden Unternehmer bestimmten weitgehend die wirtschafts-, arbeits- und sozialpolitische Haltung der Wirtschaftsverbände wie des Reichsverbandes der deutschen Industrie und der Vereinigung der deutschen Arbeitgeberverbände[8].

Für die Arbeiterschaft brachte die Industrieentwicklung in der Weimarer Zeit ein Existenzproblem, von dem sie während des Aufstiegs vor dem Ersten Weltkrieg verschont geblieben war: die Massenarbeitslosigkeit. Ihre Entwicklung zeigt folgendes Bild: Mit Beendigung des Krieges wurden Massen von heimgekehrten Soldaten arbeitslos. Anfang 1919 zählte man über eine Million. Durch Maßnahmen im Rahmen der Demobilmachungsordnung wurde diese Zahl aber in relativ kurzer Zeit erheblich reduziert, auf eine halbe Million Mitte 1919. Die beginnende Inflation förderte diesen Prozeß. Die Industrie erhielt billige Arbeitskräfte und war in der Lage, zu investieren und durch niedrige Preise ihrer Produkte erfolgreich im Ausland zu konkurrieren. Im Unterschied zu anderen westeuropäischen Industrieländern war in Deutschland im Jahre 1922 fast ein Zustand der Vollbeschäftigung erreicht. Bei den harten Forderungen der Reparationsgläubiger gegenüber Deutschland im Jahre 1921 spielte dieser Umstand eine Rolle. So war Rathenau gezwungen, sich auf der Konferenz von Genua 1922 mit dem Argument auseinanderzusetzen, daß die vollbeschäftigte deutsche Industrie doch offensichtlich in der Lage sein müsse, Reparationen zu erwirtschaften. Das Ende der Inflation im November 1923 ließ aber dann die Arbeitslosenzahl im Winter 1923/24 auf 1,5 Millionen hochschnellen. Die Wiederingangsetzung der Wirtschaft auf der neugewonnenen Basis brachte einen allmählichen Rückgang im Laufe des Jahres 1924 auf 400 000, 1925 auf 200 000, wobei die Arbeitslosenziffer in den Wintermonaten jeweils erheblich höher lag. Im Winter 1925/26 stieg sie auf die erschreckende Höhe von zwei Millionen. Und auch in dem günstigen Konjunkturjahr 1927 lag sie noch bei etwa einer halben Million. Damals wurde die Arbeitslosenversicherung statt der Erwerbslosenfürsorge eingeführt[9], und erst von diesem Zeitpunkt an gibt es genauere Statistiken, die für die folgenden Jahre ein stetiges Anwachsen der Arbeitslosigkeit zeigen. Zu Ende der Ära Stresemann im Winter 1929/30 waren es über drei Millionen Arbeitslose. Der einzelne Betroffene erhielt zunächst aus der Versicherung eine Hauptunterstützung, für die die Kosten zu gleichen Teilen aus Beiträgen der Arbeitgeber und Arbeitnehmer aufgebracht wurden. Nach einer gewissen Zeitspanne wurde er in die sogenannte Krisenunterstützung überführt, die zu vier Fünfteln vom Reich und einem Fünftel von den Gemeinden getragen wurde. Danach erhielt er eine erheblich reduzierte Fürsorgeunterstützung, die den Gemeinden oblag. Das Phänomen der Arbeitslosigkeit ist teils konjunkturbedingt (Kriegsfolgen, Stabilisierungskrise, Exporthindernisse), sie hat aber auch strukturelle Gründe (Rationalisierung, Überproduktion). Vom Verlust des Arbeitsplatzes wurden auch die Angestellten betroffen. Der Anteil der Arbeitslosen in dieser Berufsgruppe stieg von 2,4% im Jahre 1927 auf 16,3% im Jahre 1932. Die Entwicklung hatte dahin geführt, daß die Existenz des gehaltsabhängigen Angestellten kaum weniger unsicher geworden war als die des lohnabhängigen Arbeiters. Insofern ist die Feststellung zutreffend, daß beide Schichten nun »auf Grund ihres Arbeitsschicksals der gleiche Begriff des abhängigen, proletarisierten Arbeitnehmers« umschlossen habe[10]. Unterschiedlich jedoch ist die politische Auswirkung der Massenarbeitslosigkeit in diesen beiden Schichten gewesen. Während sie bei beiden eine radikale Mentalität förderte, unterschieden sie sich beide in ihrer überwiegenden Mehrheit durch ihre unterschiedliche Disponiertheit für die Ideologien eines revolutionären Marxismus auf der einen oder eines revolutionären Nationalismus auf der anderen Seite[11].

Es ist eine kontroverse Frage, in welchem Maße es möglich gewesen wäre, durch Entwicklung der inneren Kaufkraft, d.h. durch substantielle Lohnerhöhungen der Arbeitslosigkeit entgegenzuwirken. Die tatsächliche Lohnentwicklung in der modernisierten deutschen Industrie hielt sich in bescheidenen Grenzen. Vergleichende Berechnungen von Netto- und Reallöhnen der Vor- und Nachkriegszeit sind außerordentlich schwierig, da erst durch Einführung des Kollektivtarifvertrags feste statistische Ansatzpunkte gegeben wurden. Es läßt sich aber feststellen, daß in der Zeit der Inflation trotz schnell steigender Nominallöhne die Kaufkraft, über die der Arbeiter verfügte, weit hinter der der Vorkriegszeit zurückblieb. Bei der Stabilisierung wurde der Ausgangspunkt der Löhne sehr niedrig angesetzt. Das durchschnittliche Realeinkommen stieg aber bis zum Ende der Stabilisierungsperiode auf eine Höhe, die sich bei Schwankungen nach oben und unten etwa mit dem Durchschnittsreallohn von 1913 vergleichen läßt[12]. Den Gewerkschaften gelang es wie beim Arbeitslohn so auch in der Frage der Arbeitszeit Erfolge zu erringen. Nachdem die Jahre 1923/24 zum Teil erhebliche Überschreitungen des Achtstundentages gebracht hatten, wurde in den folgenden Jahren die Arbeitszeit dieser Norm wieder angenähert[13]. So wurde in der Eisenindustrie im Jahre 1927 anstelle des Zweischichtensystems wieder das Dreischichtensystem eingeführt[14].

Das Ringen um Arbeitslohn und Arbeitszeit zwischen Unternehmern und Arbeitern war von heftigen Arbeitskämpfen, und zwar sowohl Streiks wie Aussperrungen, begleitet. Nach den zumeist politisch motivierten Arbeitskämpfen der Bürgerkriegsjahre von 1918 bis 1923 ging es bei den Arbeitskämpfen der folgenden Jahre um die Gestaltung der Arbeitsbedingungen. Die Statistik zeigt, wie hoch der Arbeitsausfall durch diese Kämpfe war und daß hierbei der Verlust an Arbeitstagen durch Aussperrungen den durch Streik bedingten insgesamt erheblich überstieg[15].

Jahr		1924	1925	1926	1927	1928
Zahl d. verlor. Arbeitstage	durch Streik	13 584 400	11 267 900	8 519 700	2 945 800	869 300
	durch Aussperrg.	22 775 800	5 845 900	11 768 500	3 097 900	456 000

Somit spiegelt die Statistik die für die Stabilisierungsperiode konsolidierte Position der Unternehmer gegenüber den Arbeitern.

Das Verhältnis zwischen den beiden die industrielle Entwicklung bestimmenden Faktoren Kapital und Arbeit und ihren gesellschaftlichen Trägern war zur ungelösten Hauptfrage in der politischen Sozialstruktur Deutschlands vor dem Kriege geworden. Unter dem Vorzeichen der Republik sind neue Elemente entwickelt worden, um eine Antwort auf diese für die staatliche Festigung entscheidende wirtschaftlich-soziale Frage zu finden. Das gesellschaftliche Fundament der Weimarer Republik war durch die Zentralarbeitsgemeinschaft zwischen Arbeitern und Unternehmern gelegt worden. Als dritter Faktor war der Staat hinzugetreten, als der Rat der Volksbeauftragten die zwischen den Sozialpartnern getroffenen Vereinbarungen über die Arbeitszeit und über den kollektiven Tarifvertrag in Regierungsverordnungen umsetzte. Das Prinzip des kollektiven Arbeitsvertrages wurde auch in der Weimarer Verfassung verankert. Dabei überließ der Staat die Sozialpartner nicht gänzlich sich selbst bei der Bestimmung der tariflichen Arbeitsbedingungen. Es wurde unter der Weimarer Republik ein Schlichtungswesen entwickelt, das dem Staat die letztlich entscheidende Kompetenz zur Regelung der Arbeitsbedingungen zusprach[16]. Wenn nämlich die Arbeitsparteien zu keiner freiwilligen Vereinbarung gelangten, griffen Schlichtungsausschüsse bzw. in gewichtigeren Fällen der von der Regierung für einen bestimmten Bezirk bestimmte Schlichter ein. Die Schlichtungsinstanzen hatten sich um einen Interessenausgleich zu bemühen und, falls dies nicht gelang, von sich aus in einem Schiedsspruch eine Einigungsformel vorzuschlagen. Falls auch dann noch keine Einigung zustande kam, konnte schließlich der Schlichter bzw. der Arbeitsminister einen Schiedsspruch für verbindlich erklären. Dadurch, daß die Schlichter für ihre Entscheidungen einheitliche Richtlinien vom Arbeitsministerium erhielten, wurde der staatliche Wille in letzter Instanz entscheidend für die Regelung der Arbeitsbedingungen. Der theoretische Hintergrund dieser Regelung ist das in der katholischen Staats- und Soziallehre verankerte Subsidiaritätsprinzip: Die primäre Verantwortung für die Regelung ihrer Beziehungen obliegt den Sozialpartnern, aber der Staat darf und muß eingreifen, wo es im Interesse des Gemeinwohls erforderlich ist. Es ist kein Zufall, daß das Arbeitsministerium durch zwölf wechselnde Kabinette hindurch, von Fehrenbach 1920 bis Marx 1928, in den Händen Heinrich Braun's gelegen hat, eines Nationalökonomen und Priesters, der aus der Sozialbewegung kam und Direktor des »Volksvereins für das katholische Deutschland« gewesen war[17]. Die Stellung von Unternehmern und Gewerkschaften gegenüber der vom Staat in Anspruch genommenen Funktion des Ausgleichens und Entscheidens war positiv, zurückhaltend oder negativ, je nachdem wie man die vom Staat getroffenen Entscheidungen unter dem Gesichtspunkt des eigenen Interesses beurteilte, negativ durchweg bei den Unternehmern, zurückhaltend positiv bei den Gewerkschaften.

Neben dem Tarif- und Schlichtungswesen wurde ein weiterer Faktor charakteristisch für die Gestaltung des Arbeitsrechts in der Weimarer Republik: die Betriebsräte. Obwohl ihnen die in der Verfassung vorgesehene Ergänzung durch einen systematischen Aufbau wirtschaftlicher Räte von der betrieblichen Basis bis zum Reichswirtschaftsrat fehlte, haben sie für die einzelnen Großbetriebe in sozialen Fragen wie Einstellung, Entlassung und Gestaltung der betrieblichen Arbeitsbedingungen eine ausgleichende Funktion auszuüben vermocht. Sie stellen ein Element von Wirtschaftsdemokratie dar, das sich später nach der Unterbrechung durch die nationalsozialistische Zeit als Ausgangspunkt für eine weitergehende Entwicklung einer betrieblichen Mitbestimmung bewähren sollte. Die darüber hinausgehende unternehmerische Mitbestimmung war im Betriebsrätegesetz nur in äußerst geringem Maße vorgesehen, aber selbst diese geringen Möglichkeiten wurden in der Zeit der Weimarer Republik nicht verwirklicht. Die Regelung der Arbeitsbedingungen und die Fragen der sozialen Sicherung standen in den kurzen Jahren der Weimarer Republik durchaus im Vordergrund des Interesses der Gewerkschaften und ihrer Auseinandersetzungen mit den Unternehmern.

Wirtschaftliche Funktionen nahm der Staat noch in anderer Hinsicht für sich in Anspruch. Als sich im Zuge des industriellen Konzentrationsprozesses namentlich in der Inflationszeit eine Vielzahl von Kartellen bildete, wurde im November 1923 ein Kartellgesetz erlassen[18]. Durch die Errichtung einer Kartellaufsichtsbehörde und eines Kartellgerichts sollte der durch solche Zusammenschlüsse mögliche »Mißbrauch der wirtschaftlichen Macht« verhindert werden. Der Staat nahm subsidiär die Funktion wahr, zu verhindern, daß die wirtschaftliche Handlungsfreiheit der Kartellpartner durch die Kartelle unbillig eingeschränkt wurde. Das Kartellrecht war ein Instrumentarium, das später während der Weltwirtschaftskrise weiterentwickelt wurde, um dem Staat die Möglichkeit in die Hand zu geben, ähnlich wie er die Löhne bereits regulierte, auch die Preise zu gestalten.

Schließlich war der Staat selber ein beachtlicher Wirtschaftsfaktor. Ihm gehörten aus den früheren Heereswerkstätten entwickelte Industriebetriebe, Zechen, Gruben und Kraftwerke, deren Aktien in der dem Reich gehörenden Vereinigten Industrie-AG zusammengefaßt waren. Daneben stand als der größte Wirtschaftsbetrieb Deutschlands überhaupt die Reichsbahn, die im Zusammenhang mit dem Dawes-Plan ebenfalls in ein dem Reich gehörendes selbständiges Wirtschaftsunternehmen umgewandelt worden war. Nimmt man die durch die Erzbergersche Finanzreform dem Reich zugewiesene zentrale Steuerkompetenz hinzu, so ergibt sich aus all diesen Elementen das Bild einer Wirtschafts- und Sozialordnung, die in einem, wenn man von der Kriegszeit absieht, bisher unbekannten Maße durch den staatlichen Willen bestimmt wurde. Gerade deswegen aber zog der Staat eine sich verschärfende Kritik von allen Seiten auf sich. Es war schlechthin unmöglich, eine Wirtschafts- und Sozialpolitik durchzuführen, die alle Wünsche der miteinander ringenden Interessengruppen befriedigte, weil zwar auf lange Sicht in der demokratischen Gesellschaft wirtschaftliches Gedeihen und soziale Sicherheit einander bedingen, in der aktuellen Situation aber die legitimen Anforderungen wirtschafts- und sozialpolitischer Natur hart gegeneinander stoßen konnten. So war es natürlich, daß die Wirtschaft angesichts der negativen Handelsbilanz und des krisenträchtigen Faktors der kurzfristigen privaten und öffentlichen Auslandsverschuldungen vom Staat forderte, daß durch Minderung der Soziallasten, durch hohe Arbeitszeit und niedrige Löhne die Möglichkeit zur inneren Kapitalbildung erhöht werde. Die Unternehmer bekämpften die staatlichen Eingriffe in die arbeitsrechtlichen Verhältnisse und die zunehmende Wirtschaftstätigkeit der öffentlichen Hand als »kalte Sozialisierung«[19]. Auf der anderen Seite war es ebenso natürlich und begründet, daß die Organisationen der Arbeitnehmerschaft hinter den erreichten Stand der sozialen Sicherungen nicht zurückweichen konnten und wollten. Und ebenso begründet war es sozialpolitisch, wenn die Kommunen eine hohe Auslandsverschuldung in Kauf nahmen, um durch den Bau von Krankenhäusern, Schulen und Sportstätten Arbeit zu schaffen und gerade in den oft inhumanen Lebensbedingungen der industriellen Ballungsgebiete das nachzuholen, was in der Zeit des wirtschaftlichen Wachstums vor dem Kriege versäumt worden war

– so berechtigt vom finanzpolitischen Standpunkt her gesehen in der damaligen deutschen Situation auch die Kritik an solchen Kommunalverschuldungen sein mochte. Bei der zentralen sozial- und wirtschaftspolitischen Stellung, die der Staat in der Weimarer Republik gewonnen hatte, mußte im Reichstag die Entscheidung darüber fallen, ob es möglich sein würde, durch einen realistischen Interessenkompromiß zwischen den rivalisierenden Gruppen einen positiven Staatswillen zu entwickeln und der Republik auch in Krisenzeiten eine demokratisch verankerte politische Führung zu geben.

Zur allg. Orientierung die betreffenden Kapitel in: G. STOLPER/K. HÄUSER/K. BORCHARDT, Dt. Wirtschaft seit 1870 (²1966); F. LÜTGE, Dt. Sozial- u. Wirtschaftsgesch. (³1966); H. BECHTEL, Wirtsch.- u. Sozialgesch. Dtlds. (1967). Statist. Grundmaterial: Dtlds. Wirtschaftslage unter d. Nachwirkungen d. Weltkrieges, hg. v. Statist. Reichsamt (1923); Dt. Wirtschaftskunde. Ein Abriß d. dt. Reichsstatistik, bearb. im Statist. Reichsamt (1930). – W. G. HOFFMANN, Das Wachstum d. dt. Wirtschaft seit d. Mitte d. 19. Jh. (1965); W. FISCHER/P. CZADA, Wandlungen d. dt. Industriestruktur im 20. Jh., H. Rosenberg-Festschr. (1970); D. PETZINA, Materialien zum sozialen u. wirtschaftl. Wandel in Dtld. seit dem Ende des 19. Jh., VfZG 17 (1969); D. KEESE, Die volkswirtschl. Gesamtgrößen für d. Dt. Reich in d. Jahren 1925–1936, in: W. CONZE/H. RAUPACH, Die Staats- u. Wirtschaftskrise d. Dt. Reichs 1929/33 (1967); Auskunft über Problemstellungen u. Lit. gibt H.-U. WEHLER, Theorieprobleme d. mod. dt. Wirtschaftsgesch., H. Rosenberg-Festschr.; W. FISCHER, Dt. Wirtschaftspolitik 1918–1945 (³1968). – H. W. Gf. Finck v. FINCKENSTEIN, Die Entwicklung d. Landwirtschaft in Preußen u. Dtld. 1800–1930 (1960); H. HAUSHOFER, Die dt. Landwirtschaft im techn. Zeitalter (1963).

Für die gesellschaftspol. Probleme hat bleibenden Wert L. PRELLER, Sozialpolitik in der Weim. Rep. (1949); H.-H. HARTWICH, Arbeitsmarkt, Verbände u. Staat 1918–1933 (1967), materialreiche Untersuchung d. staatl. Schlichtungswesens; als Quellenbuch G. ERDMANN (Hg.), Die Entwicklung d. dt. Sozialgesetzgebung (²1957). Für die Berechnung d. Lohnentwicklung bleibt grundlegend J. KUCZYNSKI, Die Gesch. d. Lage d. Arbeiter in Dtld. (s. Allgem. Bibl. z. Gesamtperiode); G. BRY, Wages in Germany 1871–1945 (Princeton 1960).

[1] A. PANZER, Das Ringen um die dt. Agrarpolitik von der Währungsstabilisierung bis zur Agrardebatte im Reichstag im Dez. 1928 (1970).

[2] Vgl. hierzu die genaueren Angaben bei F. FRIEDENSBURG, Die Weimarer Republik (1946), S. 327 ff.; F. W. BOYENS, Die Gesch. d. ländl. Siedlung (2 Bde. 1959/60).

[3] R. HEBERLE, Landbevölkerung u. Nationalsozialismus. Eine soziologische Untersuchung d. polit. Willensbildung in Schleswig-Holstein 1918

bis 1932 (1963); G. STOLTENBERG, Polit. Strömungen im schl.-holst. Landvolk 1918–1933. Ein Beitrag zur polit. Meinungsbildung in der Weim. Rep. (1962).

[4] Zum folgenden: H. A. WINKLER, Mittelstand, Demokratie u. Nationalsozialismus. Die polit. Entwicklung von Handwerk u. Kleinhandel in der Weim. Rep. (1972); ders., Extremismus d. Mitte? Sozialgeschichtl. Aspekte d. nationalsozialist. Machtergreifung, VfZG 20 (1972); P. WULF,

Die polit. Haltung des schl.-holst. Handwerks 1928–1932 (1969). Zur »Kritik des Mittelstandsbegriffs«: Th. GEIGER, Die soziale Schichtung d. dt. Volkes (1932, Ndr. 1967), S. 106 ff.

[5] Entnommen aus Tabelle 7 in W. FISCHER/P. CZADA, Wandlungen d. dt. Industriestruktur, S. 134.

[6] Entnommen aus Dt. Wirtschaftskunde, S. 195.

[7] Über die Zahlungsbilanz u. den Stellenwert d. Auslandskredite in ihr vgl. R. STUCKEN, Dt. Geld- u. Kreditpolitik 1914–1963 ([3]1964), S. 71 f.

[8] Es gibt noch keine umfassende Untersuchung über die Politik d. Unternehmerverbände. Aus vorbereitenden Studien in Industriearchiven ist entstanden: G. D. FELDMAN, The Social and Economic Policies of German Big Business 1918–1929, in: AHR 75 (1969/70); K. RÖSELER, Unternehmer in der Weim. Rep., in: Tradition 13 (1968); materialreiche Monographie aus der Sicht d. Verbände: G. ERDMANN, Die dt. Arbeitgeberverbände im sozialgesch. Wandel d. Zeit (1966).

[9] Auszug aus dem Gesetz über Arbeitsvermittlung u. Arbeitslosenversicherung vom 16. Juli 1927 in der Fassung d. Bekanntmachung vom 12. Okt. 1929 bei G. ERDMANN, S. 386 ff.

[10] L. PRELLER, Sozialpolitik, S. 166; dort auch genauere statist. Belege für die Arbeitslosigkeit d. Angestellten.

[11] Zu den Begriffen »Ideologie u. Mentalität« bei der Deutung des sozialen Schichtungsbildes: Th. GEIGER, Die soziale Schichtung d. dt. Volkes, S. 77 ff.

[12] Vgl. hierzu die auf den Berechnungen J. Kuczynskis beruhende Tabelle u. Kommentar bei L. PRELLER, Sozialpolitik, S. 157.

[13] Arbeitszeitnotgesetz 14. April 1927, Text bei G. ERDMANN, S. 207 ff., sah als wichtige Neuerung die Höherbezahlung von Mehrarbeit vor.

[14] Vgl. H.-H. HARTWICH, Arbeitsmarkt, S. 270 f.

[15] Auszug aus Tabelle in Dt. Wirtschaftskunde, S. 289. – Zu einem am Ende der Konsolidierungsphase mit besonderer Erbitterung ausgefochtenen Arbeitskampf: E. FRAENKEL, Der Ruhreisenstreit 1928/1929 in hist.-polit. Sicht, Brüning-Festschr. (1967).

[16] Verordnung über das Schlichtungswesen 30. Okt. 1923, RGBl. 1923 I, S. 1043. Eine genaue Darstellung des im einzelnen komplizierten Schlichtungswesens gibt H. H. HARTWICH, Arbeitsmarkt, S. 23–42.

[17] E. DEUERLEIN, Heinrich Brauns – Schattenriß eines Sozialpolitikers, Brüning-Festschr. (1967); U. OLTMANN, Heinrich Brauns, Reichsarbeitsminister 1920–1928 (Diss. Kiel 1969); vgl. zu Brauns auch R. MORSEY, Die dt. Zentrumspartei 1917–1923 (1966). Wiederholt hat sich Brauns über seine Sozialpolitik zusammenfassend geäußert; hiervon seien genannt: H. BRAUNS, Dt. Sozialpolitik im Wandel d. Zeiten, Jb. f. Soz.-politik (1930); ders., Zum Kampf um Sozialpolitik (1930).

[18] Verordnung gegen Mißbrauch wirtschaftl. Machtstellungen vom 2. Nov. 1923, RGBl. 1923 I, S. 1067 bis 1070.

[19] C. BÖHRET, Aktionen gegen die »Kalte Sozialisierung« 1926–1930. Ein Beitrag zum Wirken ökonom. Einflußverbände in der Weim. Rep. (1966), kommt zu dem Ergebnis, daß der Kampf d. organisierten Privatwirtschaft gegen staatl. u. kommunale Unternehmertätigkeit nur geringen Erfolg gehabt habe. Zum Verhältnis Wirtschaft-Staat ferner: W. TREUE, Der dt. Unternehmer in der Weltwirtschaftskrise 1928 bis 1933, in: W. CONZE/H. RAUPACH, Die Staats- u. Wirtschaftskrise d. Dt. Reichs 1929/33 (1967), vertritt die These, »daß der bürgerlich-kapitalistische Staat allem äußeren Anschein und allen Behauptungen seiner links- und rechtsradikalen Gegner zum Trotz eben doch nicht mehr bestand, daß die Weimarer Republik ein solcher nicht war, obgleich ›Bürger‹, ›Kapitalisten‹

und ›Adlige‹ gesellschaftlich in ihm die führende Rolle spielten und ihn nach außen vertraten. Allen bürgerlichen Restaurationserscheinungen während der 20er Jahre zum Trotz war in diesem Staat stets auch ein sozialistisches, mindestens ein sehr stark soziales Element am Werk, welches Mißtrauen, Sorge und Widerstand der Unternehmer wachhielt und sie sich nach einem ›besseren‹ Staat sehnen ließ.« S. 89f.

Kapitel 19
Demokratisches und antidemokratisches Denken in der Weimarer Republik

Die Weimarer Republik war ihrer Entstehungsgeschichte nach ein Kompromiß. Im Ebert-Groener-Pakt hatten Generalstab und Sozialdemokratische Partei sich im Zeichen pragmatischer Staatsgesinnung gefunden. In der Weimarer Koalition setzten Katholiken, Liberale und Sozialdemokraten trotz der Unterschiede ihrer Denkweise und ihrer gesellschaftlichen Interessen die im kritischen Kriegsjahre 1917 als Notgemeinschaft begonnene Zusammenarbeit fort. Die Entwicklung der Mehrheitsverhältnisse in den Reichstagen hatte dann dazu geführt, daß nur mit noch weitergespannten, sehr heterogenen Koalitionen Mehrheitsregierungen gebildet werden konnten. Dem politischen Grundgesetz des Parteienkompromisses entsprach im wirtschaftlich-sozialen Fundament der Republik die Notwendigkeit, zwischen den Interessengruppen, zwischen Kapital und Arbeit einen Modus vivendi zu finden. Keiner konnte sich auf Kosten der anderen ganz durchsetzen. Am Anfang der Republik stand jene Arbeitsgemeinschaft zwischen Unternehmern und Gewerkschaften, deren Vereinbarungen die Grundlage darstellten für das sozialpolitische und arbeitsrechtliche Verordnungswerk des Rates der Volksbeauftragten. Die Verfassung vereinigte privatwirtschaftliche, gemeinwirtschaftliche und wirtschaftsdemokratische Elemente. Sozialpolitik und Arbeitsrecht waren positive Ergebnisse der Kompromißpolitik dieser Republik, die auf der Bereitschaft und Fähigkeit zum Ausgleich beruhte. Kompromißbereitschaft und Fähigkeit zum Ausgleich sind aber keine Forderungen, die Enthusiasmus erzeugen oder einem politischen Wunschdenken Genüge tun können, das nach unbedingten Lösungen Ausschau hält und eine konfliktlose Gemeinschaft oder Gesellschaft erhoffen oder erzwingen möchte. Der Weimarer Staat sei »eine Republik ohne Republi-

kaner« gewesen, so lautet ein damals wie heute oft gehörtes
Wort. Es ist richtig und bedarf doch der Korrektur. Richtig,
insofern der Spielraum der zum Ausgleich bereiten Kräfte
rechts und links von der Mitte durch das Anwachsen der radikalen Bewegungen auf den Flügeln schmaler wurde, richtig
auch, insofern die Koalitionen im Mittelbereich des Parteienfeldes es nicht vermocht haben, eine intellektuelle Repräsentanz
zu entwickeln, die der Republik unter den gegebenen deutschen
Bedingungen eine ausstrahlende Kraft verliehen hätten. Die
Kritik an der Republik überschwemmte den Büchermarkt. Sie
verfügte über einige anspruchsvoll redigierte und vielgelesene
Zeitschriften wie ›Die Tat‹ auf der Rechten und die ›Weltbühne‹
auf der Linken, deren kumulativer Effekt die glücklose Repu-
blik bei weiten Teilen der kritischen Jugend diskreditierte. Je-
doch stehen auf der Habenseite der Republik solche Namen wie
Thomas und Heinrich Mann und Wissenschaftler von solchem
Rang wie Max Weber, Ernst Troeltsch und Friedrich Meinecke.
Auch haben die theoretischen Auseinandersetzungen über das
Staatsrecht der Weimarer Republik und über die Sozialpolitik in
der Schärfe ihres Problembewußtseins und dem Reichtum ihrer
Argumente einen über die damalige Zeit hinausreichenden
Wert. Das antidemokratische Denken wird in seiner Eigentüm-
lichkeit sichtbar, wenn man sich zunächst das demokratische
Denken jener Zeit verdeutlicht.

Thomas Mann[1] hielt im Oktober 1922 noch unter dem Eindruck des Mordes an Walther Rathenau aus Anlaß einer Ger-
hart-Hauptmann-Feier in Berlin eine Rede über das Thema
»Von deutscher Republik«[2]. Es war ein nachdrückliches Bekenntnis zum neuen Staat, überraschend für seine Zuhörer und
für die Öffentlichkeit. Aber der konservative Verteidiger des
kaiserlichen Deutschland, der Verfasser der ›Betrachtungen
eines Unpolitischen‹ war nicht von einem Saulus zu einem Paulus geworden. In jener Rede und wiederholt seitdem hat Thomas Mann betont, daß er nichts widerrufe und daß seine Gesinnung die gleiche geblieben sei. Die Wirkung seiner Rede war
Zustimmung, Ablehnung und Kopfschütteln. Wie waren solche
Gegensätze des Denkens vereinbar? Es war und ist nicht auf
eine einfache Formel zu bringen, wie sich in seinem politischen
Denken die Elemente der beständigen Gesinnung und der sich
wandelnden Meinung zueinander verhalten[3]. Die Gesinnung,
von der Thomas Mann im kaiserlichen wie im republikanischen
Deutschland ausging, hat er selbst mit dem Begriff deutsche

Humanität bezeichnet. Hier wie dort ging es ihm darum, für die Freiheit von Literatur und Kunst den politischen Raum zu sichern. Und wie er damals in der Gesinnung des »Zivilisationsliteraten«, seines Bruders Heinrich Mann, die Verkörperung einer aus jakobinisch-radikalem Denken kommenden Bedrohung der Toleranz und Vernunft abwehren zu müssen glaubte, so wandte er sich jetzt gegen Irrationalismus und nationalistischen Fanatismus, gegen den die Republik sich zu wehren hatte. Seine Rede war ein Bekenntnis zur Republik, weil es in der Lage, in die Deutschland geraten war, für eine humane Gesinnung keine denkbare Alternative gebe. Die Republik war für ihn eine zeitbedingte Form von relativem Wert. Gerade durch ihren Kompromißcharakter sei sie legitimiert. Als Demokrat blieb er konservativ gesonnen. Dabei dachte er »an einen durchaus moderierten, staatsmännisch weisen, gleichsam liberalen Konservativismus, der den berechtigten Forderungen aller Gesellschaftsklassen Rechnung trägt«[4]. Er hatte damit genau das Lebensgesetz der Weimarer Republik definiert. Eine größere Wirkung nach außen als solche Bekenntnisse scheinen aber auch in den Jahren der Weimarer Republik seine Anfang 1918 erschienenen ›Betrachtungen eines Unpolitischen‹ gehabt zu haben, die 1922 bereits die 18. Auflage erreichten. Die Einsicht in die Notwendigkeit eines weitgespannten Ausgleichs, für den die Weimarer Republik die adäquate politische Erscheinungsform war, hatte bei Thomas Mann aber noch eine weitere, im Grundsätzlichen verankerte Dimension. Wie das Verhältnis von Irrationalität und Rationalität – Dionysos und Apoll – als ein Leitmotiv sein literarisches Werk durchzieht, so hat er auch in seinen politischen Reden der Weimarer Zeit diese beiden Elemente im Verhältnis aufeinander bezogener Polarität gesehen. Besonders eindrucksvoll kommt dies zum Ausdruck in einer Rede für Paneuropa (Die Bäume im Garten) im Jahre 1930[5]. Aber auch schon in seiner Rede »Von deutscher Republik« bezog er unter Nennung von Novalis die deutsche Romantik in den geistigen Hintergrund einer demokratischen Humanität ein.

Das erinnert an die »Kultursynthese« von Ernst Troeltsch[6]. Er war wie Thomas Mann im Kriege darum bemüht gewesen, die besondere Berufung des Deutschtums gegenüber dem westlichen Denken zu formulieren. Er versuchte wie Thomas Mann, das unumgänglich Neue, das pragmatische Kompromißwesen der Republik in seine Welt einzubeziehen, wie Thomas Mann aus einer fundamental konservativen Gesinnung heraus. Ohne seinem Ursprung fremd zu werden, sollte das deutsche Denken bewußter und stärker als bisher die Verbindung zur westlichen Tradition der Aufklärung suchen. Die Republik war für ihn gegen die radikalen Bedrohungen der staatliche Rahmen, in dem sich eine solche Kultursynthese aus den Traditionen von Idealismus und Aufklärung entwickeln konnte, und daher konservativ. Troeltsch hat eine subtile historische Deutung der damaligen politisch-geistigen Situation gegeben, die zu den überragenden Zeugnissen der Epoche gehört – aber gegen den massiven Ansturm des demokratiefeindlichen Denkens vermochte er mit den feinen Konstruktionen seiner intellektuellen Ausgleichsbemühungen auf die Dauer nichts auszurichten.

In spannungsreicher Freundschaft stand Troeltsch zu Max Weber. Max Weber[7] ging nicht von romantischen oder idealistischen Prämissen aus. Sein politisches Denken war bestimmt von einer Rationalität des nationalen Machtwillens, die ihn in jungen Jahren die bewußte Hinwendung zur Weltpolitik fordern ließ und die ihn im Kriege zum erbarmungslosen Kritiker des ineffektiven wilhelminischen Konstitutionalismus machte. Staatspolitische Pragmatik ließ ihn die Chance sehen, die die Republik für einen Wiederaufstieg Deutschlands bot. Wenn er sich bei der Vorbereitung der Verfassung dafür einsetzte, dem Parlament einen mit weitgehender Vollmacht ausgestatteten plebiszitären Präsidenten gegenüberzustellen, so geschah dies aus Mißtrauen gegenüber der Effizienz eines bloßen Parteienstaates. Daß die autoritären Elemente in einer Republik stark sein müßten, war eine Überzeugung, die er mit Troeltsch und Friedrich Meinecke[8] und manchen anderen Politikern und Wissenschaftlern teilte, die sich in der Demokratischen Partei zusammenfanden. Alle diese Männer waren, wie Friedrich Meinecke es ausdrückte, »Vernunftrepublikaner«, Apologeten dieses Staates aus Reflexion und nicht aus Enthusiasmus. So hatte auch Thomas Mann in jener Rede bekannt: »Die Republik ist ein Schicksal, und zwar eines, zu dem amor fati das einzig richtige Verhalten ist«.

Max Weber und Ernst Troeltsch starben zu Anfang der zwanziger Jahre. Friedrich Meinecke und Thomas Mann haben das Schicksal der Weimarer Republik kommentierend, warnend, mahnend begleitet. Friedrich Meinecke plädierte ein Jahrzehnt nach der Gründung der Republik unter dem Eindruck, daß der Reichstag die ihm gestellte Aufgabe des sozialen Ausgleichs und des politischen Kompromisses nicht zu lösen vermochte, für die verstärkte Geltendmachung der autoritären Elemente der Verfassung. Geleitet von der liberalen Vorstellung des neutralen Staates, der über den gesellschaftlichen Konflikten steht, wollte er die Regierungsgewalt befreit sehen von den »Verstrickungen der Parteiinteressen« und »dem Reichspräsidenten, dem Vertrauensmann der Nation, die Ausübung der Rechte erleichtern, die ihm die Verfassung jetzt schon gibt und deren Erweiterung zu wünschen wäre«[9]. In diesem Sinne forderte er eine »konstitutionelle Demokratie«[10], die nur verwirklicht werden könne auf der Grundlage einer Kampfgemeinschaft zwischen Bürgertum und sozialdemokratischer Arbeiterschaft. Auch Thomas Manns politische Äußerungen aus der Weimarer Zeit gipfeln in der Forderung nach einem solchen Bündnis. Die Lösung der ihn seit den ›Betrachtungen eines Unpolitischen‹ beschäftigenden Frage nach dem Verhältnis von Kultur und Politik suchte er in einem »Bund und Pakt der konservativen Kulturidee mit dem revolutionären Gesellschaftsdenken«. Das bedeutete ebenso eine Absage an die »kommunistische Heilslehre«, von der »Erlösungsfähigkeit des Menschen durch sich selbst«[11] wie an einen vulgären nationalistischen Irrationalismus[12]. Sein letztes Wort, bevor der Weimarer Staat unterging, war ein »Bekenntnis zur sozialen Republik und zu der Überzeugung, daß der geistige Mensch bürgerlicher Herkunft heute auf die Seite des Arbeiters und der sozialen Demokratie gehört«[13].

In solchen Forderungen und Bekenntnissen, die auf ein Zusammenwirken von Bürgern und Arbeitern abzielten, steckte als hartes Kernproblem die Frage nach dem gesellschaftlichen Interessenausgleich. Hier liegt die Bedeutung der großen Diskussion um die Sozialpolitik, die in den zwanziger Jahren geführt wurde[14]. Die Stimmführer dieser Auseinandersetzung waren Wissenschaftler wie Heinrich Herkner, Lujo Brentano und Eduard Heimann. Sie führten die Thematik der bürgerlichen Sozialbewegung der Vorkriegszeit unter den veränderten Weimarer Verhältnissen weiter. Das Forum dieser wissenschaftlichen Auseinandersetzungen waren Zweckverbände, die ebenfalls aus der Vorkriegszeit stammten, wie die »Gesellschaft für Sozialreform«, der »Verein für Sozialpolitik«, der »Evangelischsoziale Kongreß« und der »Volksverein für das Katholische Deutschland.« Mit ihren zahlreichen Publikationsorganen erreichten sie zwar nicht die allgemeine politische Öffentlichkeit, aber doch ein breites interessiertes Publikum. Aus dieser Diskussion sind keine für die Weimarer Republik schlechthin verbindlichen Vorschläge hervorgegangen, aber doch war diese ganze verzweigte Auseinandersetzung an diesem konkreten Staat und seinem gesellschaftlichen Ausgleichsproblem orientiert. Die damals erörterten Fragen sind nach dem Zweiten Weltkrieg in der sozialpolitischen Diskussion der Bundesrepublik wieder aufgegriffen und weitergeführt worden.

1923/24 begann man von einer Krise der Sozialpolitik zu sprechen. Wie weit war in einem Lande, das die schwersten Kriegsnachfolgelasten zu tragen hatte, die Wirtschaft imstande, den wachsenden Anforderungen an soziale Leistungen bei verkürzter Arbeitszeit nachzukommen? Herkner, zeitweilig Vorsitzender der »Gesellschaft für Sozialreform« und des Vereins für Sozialpolitik, lancierte 1923 einen Generalangriff gegen die Sozialpolitik der ersten Nachkriegsjahre. Für das verelendete Deutschland sei nur eine solche Sozialpolitik denkbar, »die nicht ausschließlich an die Verteilungsprobleme, sondern vor allem an die Hebung der produktiven Leistung denke«[15]. Eine scharfe Replik kam von Lujo Brentano. Er schied aus dem »Verein für Sozialpolitik«, der nach seiner Meinung ein Verein gegen Sozialpolitik geworden war, aus. Es wurde in den anschließenden Auseinandersetzungen deutlich, daß in dem Verhältnis von Wirtschaft und Sozialpolitik weder nach der einen noch nach der anderen Seite hin eine Priorität zu setzen war, da die beiden Bereiche nicht unverbunden nebeneinander standen und Sozialpolitik auch nicht länger so wie vor dem Kriege als eine bloße Randerscheinung, als ein Korrektiv einer von ihr im wesentlichen unberührten Wirtschaft verstanden werden konnte. Ihr Gegenstand konnte auch nicht die isoliert betrachtete Arbeiterfrage sein. Sie hatte vielmehr – nach Eduard Heimann – den »Arbeitszusammenhang der antithetischen, auf Kampf der Wirtschaftsgegner eingestellten Gesamtwirtschaft herzustellen und zu erhalten«[16]. Auf welches Ziel hin sollte eine so verstandene Sozialpolitik ausgerichtet sein? Eduard Heimann gab eine Antwort in seinem Buch ›Soziale Theorie des Kapitalismus‹ (1929). Er nannte die Sozialpolitik ein »konservativ-revolutionäres Doppelwesen« und übernahm damit den Begriff der Konservativen Revolution, der durch Hugo von Hofmannsthal in den Sprachgebrauch eingeführt worden war[17]: konservativ, weil der Aktionsraum der Sozialpolitik das kapitalistische System ist und sie in diesem System eine produktionspolitische Notwendigkeit darstellt, revolutionär, weil durch sie

Schritt für Schritt dieses System auf den Sozialismus hin verändert wird. Diese Theorie wurde jedoch von anderen sozialistischen Denkern, die das Kriterium für den Sozialismus in der Frage nach den Eigentumsverhältnissen suchten, abgelehnt. Ihnen war Sozialpolitik kein Ersatz für Sozialismus[18].

Bei den Freien Gewerkschaften kreiste die gesellschaftstheoretische und sozialpolitische Diskussion um den Begriff der »Wirtschaftsdemokratie«. Er stand im Mittelpunkt der Beratungen auf dem Gewerkschaftskongreß in Hamburg 1928[19] und wurde im Auftrage des Allgemeinen Deutschen Gewerkschaftsbundes in einer programmatischen Schrift thematisch entfaltet[20]. Die Gewerkschaften sahen in der politischen Demokratie die Voraussetzung für die Wirtschaftsdemokratie, die ihrerseits als die notwendige Konsequenz der politischen Demokratie betrachtet wurde. Insofern grenzten sich die Gewerkschaften ab sowohl gegen die Theorie des von einer aufgeklärten revolutionären Minderheit zu bewerkstelligenden sozialen Umsturzes wie gegen die parlamentarische Demokratie als Selbstzweck. In kritischer Auseinandersetzung mit Marx wurde der Kapitalismus als eine sich wandelnde Wirtschaftsform begriffen, die in der modernen Form des »organisierten Kapitalismus« bereits jetzt Ansatzpunkte für eine schrittweise Veränderung in Richtung auf das sozialistische Endziel biete, an dem die Gewerkschaften festhalten wollten. Sie verzichteten darauf, eine Strukturskizze dieses sozialistischen Endziels zu entwerfen. Aber einige Strukturelemente der sozialistischen Wirtschaftsdemokratie, wie sie den Gewerkschaften vorschwebte, lassen sich erkennen: »Erhaltung der Unternehmerfunktion in der Wirtschaftsführung bei Aufhebung der Herrschaftsgrundlage des Privateigentums an den Produktionsmitteln, auf dem sie heute beruht.« (S. 54); keine bürokratische Staatswirtschaft also, sondern eine »Gemeinwirtschaft«, der aber »die Oberhoheit über die Arbeitskraft und den Verbrauch des einzelnen zusteht« (S. 185). Als Argument für die These, daß der wirtschaftsdemokratische Umwandlungsprozeß in der Weimarer Republik bereits begonnen habe, wurde in der Gewerkschaftsschrift hingewiesen u. a. auf die gemeinwirtschaftlichen Selbstverwaltungskörper der Kohle- und Kaliindustrie, auf den wachsenden Anteil der öffentlichen Betriebe an der Gesamtwirtschaft, auf die Rolle der Konsumgenossenschaften für den Verbraucher, auf den Einfluß der Gewerkschaften im Staat, auf die Fortentwicklung der Sozialversicherung, insbesondere die Einführung der

Arbeitslosenversicherung. Die 1920 gesetzlich eingeführte Institution der Betriebsräte wurde positiv gewertet wegen der hier
sich bietenden wirtschaftlichen »Schulungsmöglichkeit für
Kräfte der Arbeiterschaft« (S. 159). Zu einem Faktor der Wirtschaftsdemokratie jedoch könnten sie erst werden in einer »von
den Gewerkschaften kontrollierten Wirtschaft« (S. 158). Es ergab sich daher als zentrale Forderung der wirtschaftsdemokrati-
schen Programmatik, den Einfluß der Gewerkschaften auf allen
Gebieten der Finanz- und Wirtschaftspolitik zu verstärken.
Schon jetzt aber spüre man »den Wandel gegenüber dem alten
Obrigkeitsstaat« (S. 131).

Im Unterschied zu den Freien Gewerkschaften waren die
Christlichen Gewerkschaften an der Vorstellung einer berufs-
ständischen Ordnung orientiert. Auch für sie hatte die Sozialpolitik letzten Endes nicht nur eine systemkorrigierende, sondern eine systemverändernde Funktion. So wurde auch in der
Enzyklika Quadragesimo Anno, mit der Papst Pius XI. im
Jahre 1931 die Ideen von Rerum Novarum weiterführte, unter
Verwerfung von Liberalismus und Sozialismus die Erneuerung
einer ständischen Ordnung als gesellschaftspolitisches Ziel verkündet[21]. Unter den katholischen Sozialpolitikern, die in
Deutschland solche Gedanken vertraten, ist in erster Linie der
christliche Gewerkschaftsführer, preußische Sozialminister und
spätere Reichsarbeitsminister im Kabinett Brüning, Adam Stegerwald[22], zu nennen. In der sozialpolitischen Theorie war also
über die praktischen Ausgleichsbemühungen der Sozialpolitik
im gegebenen Rahmen der Weimarer Republik hinausgehend
eine Tendenz angelegt, die über den Interessenkonflikt als
Kernelement der Gesellschaft hinausgelangen wollte zu einer
neuen, nicht mehr durch den Konflikt bestimmten Ordnung.
Die Zielvorstellungen Sozialismus oder ständische Ordnung
waren jede in ihrer Weise vieldeutig. Wir begegnen ihnen auch
im antidemokratischen Denken in der Zeit der Weimarer Republik.

Parallel zu dieser Diskussion um die Krise der Sozialpolitik in
den zwanziger Jahren, aber ohne direkte Querverbindung zu
ihr verlief eine juristische Diskussion, die eine Krise des staatsrechtlichen Denkens signalisierte[23]. Zu Beginn der Weimarer
Zeit war die rechtspositivistische Schule in ungebrochener Geltung. Aus ihr stammen die wichtigsten Verfassungskommentare
von Anschütz und Giese. Ihr konsequentester theoretischer
Vertreter war der in Wien lehrende Hans Kelsen[24]. Nach seiner

»reinen Rechtslehre« hatte sich die Staatsrechtswissenschaft auf die immanente Interpretation der positiven Rechtssatzungen zu beschränken, ohne die Frage nach einem geschichtlichen, gesellschaftlichen oder philosophischen Legitimationsgrund des positiven Rechts zu stellen. Es war eine »Rechtslehre ohne Recht«, die in einer unbestrittenen Rechtsordnung systemstabilisierend wirkte, aber in einer umstrittenen Rechtsordnung notwendigerweise in Frage gestellt werden mußte. Schauplatz dieser Auseinandersetzungen waren die Tagungen der Vereinigung Deutscher Staatsrechtslehrer und das »Archiv des öffentlichen Rechts«. Die Kritik am Rechtspositivismus führte zu politisch sehr unterschiedlichen Antworten auf die Frage, was denn nun als Legitimitätsgrund des gesetzten Staatsrechts gelten solle. Einem totalitären Denken im Staatsrecht ist der Weg durch Carl Schmitt bereitet worden[25]. In seiner Schrift über ›Die geistesgeschichtliche Lage des heutigen Parlamentarismus‹ fällte er sein Verdikt über die Weimarer Verfassung. Die Norm zu ihrer Beurteilung holte er nicht aus ihrem eigenen Rechtszusammenhang, sondern aus einer Interpretation der Verfassungsgeschichte. Er konfrontierte die Weimarer Verfassung mit der Idee des Parlamentarismus, wie sie von den liberalen Theoretikern im 19. Jahrhundert entwickelt worden war, und kam zu dem Ergebnis, daß diese Idee unter den veränderten gesellschaftlichen Bedingungen des 20. Jahrhunderts nicht mehr realisierbar sei. In seiner ›Verfassungslehre‹ von 1928 führte er die Kritik weiter. Den ersten Hauptteil der Verfassung, das vom liberalparlamentarischen Gedanken geprägte Organisationsstatut des Weimarer Staates, hielt er für überholt und stellte ihm den zweiten Hauptteil der Verfassung über die Rechte und Pflichten der Deutschen entgegen, dem er aber vorwarf, daß die zentralen Fragen der Gesellschaftsordnung nicht entschieden, sondern durch »dilatorische Formelkompromisse« zugedeckt seien. Schließlich interpretierte er den entscheidenden politischen Gehalt der Verfassung vom Ausnahmezustand, d.h. von der präsidialen Gewalt her, die er den repräsentativ parlamentarischen Elementen der Verfassung überordnete: »Der vom Stände- und Klassenkampf erschütterte Staat ist seiner Konstitution nach in fortwährendem Ausnahmezustand und sein Recht bis ins letzte Element Ausnahmerecht. Wer den Ausnahmezustand beherrscht, beherrscht den Staat.«[26]. Was aber der geschichtliche und gesellschaftliche Sinn sei, der das Recht des Ausnahmezustandes über eine verfassungspositivistische Begründung hinaus legitimieren konnte, bleibt bei Carl Schmitt unentschieden. Seine Theorie kommt schließlich auf einen Dezisionismus hinaus: Politik ist charakterisiert durch ein Freund-Feind-Denken, und die Entscheidung, wer als Freund und Feind gilt, steht nicht mehr unter normativen Kriterien. Solche Kriterien aber hielt das national-revolutionäre Denken bereit. So konnte es sich der Verfassungslehre Carl Schmitts für seine Zwecke bedienen, und es ist charakteristisch, daß Carl Schmitt schließlich selber zum Apologeten der brutalen Gewaltherrschaft wurde[27]. Seine Formeln fanden weit über den Kreis der Fachwissenschaft hinaus ein vielfaches Echo bei den Intellektuellen der »Konservativen Revolution«.

Daß der Rechtspositivismus nicht mehr zu halten sei in einer geistigen Situation, die von der Frage bewegt war, in welcher Richtung die gegebenen politischen und sozialen Rechtsverhältnisse weiterzuentwickeln seien, wurde schließlich zur beherrschenden Meinung der Staatslehre, die von politisch sehr unterschiedlich orientierten Denkern geteilt wurde, wie etwa dem konservativen Erich Kaufmann[28] oder dem Sozialdemokraten Hermann Heller[29]. Die Kritik am Rechtspositivismus öffnete also das Tor zu sehr unterschiedlichen möglichen Weiterentwicklungen. Das gilt auch von dem Gedanken der Integration, den Rudolf Smend[30] in den Mittelpunkt seiner Verfassungstheorie stellte. Mit diesem Gedanken wollte er über den Interessenpluralismus und Kompromißcharakter der gegebenen Verfassungswirklichkeit hinausführen. Für die Frage aber, unter welchen Vorzeichen eine solche Integration sich verwirklichen sollte, hatte das antidemokratische Denken Antworten bereit.

Das antidemokratische Denken gegen die Weimarer Republik stand unter den verschiedensten Vorzeichen. Von der Negation her wiesen so unterschiedliche Erscheinungen wie der revolutionäre Marxismus und der revolutionäre Nationalismus Gemeinsamkeiten auf. Beide wollten den Parteienpluralismus, die bürgerlich liberale Welt des 19. Jahrhunderts überwinden. Für sie hatte die Republik gegenüber der Wilhelminischen Zeit nichts eigentlich Neues gebracht. Sie waren Verkünder einer Zeitwende, die, im Denken und durch die Erschütterung der Gesellschaft vorbereitet, als revolutionäres Ereignis der nahen Zukunft erwartet wurde. Die Bedrohung der Republik durch die Revolution von links war 1923 überwunden worden. Die Jahre bis zur Weltwirtschaftskrise und der durch sie bedingten deutschen Staatskrise Anfang der dreißiger Jahre waren die Inkubationszeit der Revolution von rechts. Unter den nationalistischen Gegnern der Republik kann man drei Hauptrichtungen unterscheiden. Es gab einen rückwärtsgewandten Nationalismus, der in Erinnerung an den Glanz des Kaiserreiches seine Staatsvorstellungen am Konstitutionalismus orientierte: Minderung der Parteienherrschaft, starke Regierung, starke Wehrmacht, Wiederherstellung der Monarchie. Die Deutschnationale Volkspartei[31] und der »Stahlhelm, Bund der Frontsoldaten«[32], waren seine Träger. Deutlich unterschieden sowohl von dem republikanischen Denken in der Weimarer Koalition wie von einem revolutionären Nationalismus waren sie je nachdem zum Zusammengehen mit der einen oder der anderen Seite bereit (bürgerliche Rechtskoalitionen unter Luther I und Marx IV – Harzburger Front und Koalitionsregierung mit den Nationalsozialisten unter Hitler). Ein Beitrag zum politischen Denken ist von den Deutschnationalen nicht geleistet worden. In die Bewegung der Nationalsozialisten auf der äußersten Rechten wurden die Deutschvölkischen hineingezogen, deren intellektuelle Äußerungen sektiererisch-bedeutungslos sind. Die Nationalsozialisten sind politisch nach dem mißglückten Putsch vom November 1923 als eine Massenbewegung erst in der Weltwirtschaftskrise in Erscheinung getreten. In der Propaganda der Deutschvölkischen und der Nationalsozialisten wurde der latente Antisemitismus, der für das ganze nationalistische Lager charakteristisch ist, zu virulentem Haß gesteigert[33]. Das Verhältnis von Deutschen und Juden wurde unter einem biologisch-materialistisch verstandenen Freund-Feind-Begriff gesehen.

Verführerischer aber als die Deutschnationalen und die Nationalsozialisten war für die junge deutsche Intelligenz – soweit sie nicht im Bannkreis radikaler, aber nicht kommunistischer linker Intellektueller stand – die »Konservative Revolution«. Es war eine zwielichtige Bestrebung, deren geistige und politische Unbestimmtheit sich in diesem Begriff spiegelt. Was sich als politisch metaphysischer Tiefsinn gab, entsprang in Wirklichkeit einem Mangel an Genauigkeit und Nüchternheit des Denkens. Die Literatur der Konservativen Revolution, die keinerlei organisatorische Einheit besaß, sondern sich in mancherlei Kreisen, Bünden und Zeitschriften äußerte, beherrschte Anfang der dreißiger Jahre den Markt der politischen Publizistik. Einige Namen heben sich, zum Teil durch literarischen Rang, heraus.

Moeller van den Bruck hat mit seiner Schrift über ›Das Dritte Reich‹ (1923) den nationalistischen Gegnern der Republik eine griffige Formel gegeben. Reich war mehr als bloßer Staat, war mehr als bloße nationale Begrenzung, war mehr als bloße Gegenwart. Es war Verheißung einer zukünftigen sinnerfüllten Ordnung und revolutionärer Appell zugleich. Wenn man sich fragt, welche gesellschaftliche und staatliche Ordnung hier nun konkret gemeint war, so wird man in dem Buch vergeblich nach einer Antwort suchen. Preußentum, Reichsmetaphysik und Gemeinschaftsidee verbinden sich zu einem politischen Mythos, der nur in seiner negativen Aussage deutlich ist, der radikalen Verneinung dessen, wofür in Deutschland der Begriff des »Westens« steht. Insofern steht Moeller van den Bruck in der unmittelbaren Nachfolge der Ideologie einer »deutschen Sendung« aus dem Ersten Weltkrieg. Einen neuen Akzent brachte er dadurch hinein, daß er den Gegensatz zum Westen nicht auf Deutschland beschränkte, sondern das deutsche Volk in die Nähe zu den »jungen Völkern des Ostens« stellte. Er hat ein nahes Verhältnis zur russischen Kultur besessen und durch die von ihm veranstaltete Übersetzung Dostojewskis diesem zu großer Wirkung im deutschen Sprachraum verholfen. (Zeittypisch für einen östlich inspirierten Irrationalismus: am Anfang der dialektischen Theologie steht das Buch des Schweizers Eduard Thurneysen über Dostojewski.) Sein Verhältnis zu Rußland war tiefer begründet als bei den Trägern der Rapallopolitik. Er war das Gegenteil eines Kommunisten, sah aber im russischen Kommunismus ein Zeugnis der schöpferischen Gärung aus der Tiefe dieses Volkes. Seine Begegnung mit Radek, über die Ernst Troeltsch berichtet hat, steht im Zeichen einer bei allen gesellschaftlichen Gegensätzen dennoch vorhandenen deutsch-russischen Konvergenz. Bei den eigentlichen Nationalbolschewisten, einer zahlenmäßig geringen Gruppe, als deren bedeutendster Vertreter Ernst Niekisch zu nennen ist, war die Übereinstimmung größer. Niekisch[34], der an der Räterevolution in Bayern teilgenommen hatte, blieb Sozialist, der aber angesichts der staatlichen Wirklichkeit des kommunistischen Rußland die dogmatische Staatsverneinung des Kommunismus ablehnte und der, weil er Gegner des Kapitalismus war, den Vertrag von Versailles als ein Instrument der Ausbeutung bekämpfte. Was hieß es aber, wenn Moeller van den Bruck als ein Konservativer, der er sein wollte, sich zur Revolution bekannte? Eine Definition dieses Begriffs finden wir bei einem anderen Konservativen, Edgar Jung, einem späteren Mitarbeiter Papens, der von den Nationalsozialisten am 30. Juni 1934 ermordet wurde: »Konservative Revolution«, sagte er, »nennen wir die Wiederinachtsetzung aller jener elementaren Gesetze und Werte, ohne welche der Mensch den Zusammenhang mit der Natur und mit Gott verliert und keine wahre Ordnung aufbauen kann. An Stelle der Gleichheit tritt die innere Wertigkeit, an Stelle der sozialen Gesinnung der gerechte Einbau in die gestufte Gesellschaft, an Stelle der mechanischen Wahl das organische Führerwachstum, an Stelle bürokratischen Zwangs die innere Verantwortung echter Selbstverwaltung, an Stelle des Massenglücks das Recht der Volksgemeinschaft.«[35] In dieser Definition finden sich jene Leitbegriffe, die neben dem Reichsmythos die Vorstellungswelt der nationalistischen Demokratiegegner bestimmt haben: Führer, Volksgemeinschaft und gestufte Gesellschaft, d. h. Ständeordnung.

Durch Oswald Spengler, der ebenfalls später in klarer Gegnerschaft zum Nationalsozialismus gestanden hat, kam ein weiteres Element hinzu. In seiner vergleichenden Kulturmorphologie unter dem Titel ›Der Untergang des Abendlandes‹, schon vor dem Kriege angelegt, aber erst bei Kriegsende 1918 veröffentlicht, erklärt er, daß in der Abenddämmerung der europäischen Kultur das Zeitalter der Caesaren gekommen sei. Der Kulturpessimismus ist bei ihm wie bei allen konservativen Revolutionären die Folie für den Appell zur politischen Tat. Er hat insbesondere die Identität von ›Preußentum und Sozialismus‹[36] thematisiert und hiermit seinerseits ein Motiv aufgegriffen und ideologisch weitergeführt, das im »Kriegssozialismus« 1914/18 angelegt war. Der Krieg als Erlebnishintergrund der Konservativen Revolution hat besonders im Werk von Ernst Jünger[37] literarischen Ausdruck gefunden. Auch Ernst Jünger war, wie seine Tagebücher und die ›Marmorklippen‹ aus dem Zweiten Weltkrieg bezeugen, alles andere als ein Nationalsozialist. Am Ersten Weltkrieg nahm er als Infanterieoffizier teil und erhielt als Stoßtruppführer die höchste Auszeichnung, den Pour le mérite. Der in den Materialschlachten bewährte Krieger ist für ihn der Prototyp des Menschen, der die innere Erneuerung der politischen Ordnung bringt. Aber wenn für ihn wie für die konservativen Revolutionäre überhaupt die Erneuerung aus dem ursprünglich Elementaren kommen soll, so sind seine Schilderungen des Kriegserlebnisses gerade nicht Ausdruck des Elementaren, sondern in einer höchst rationalistischen Selbstrefle-

xion gebrochen oder – um literarische Ausdrücke zu gebrau-
chen – sentimentalisch oder gar manieriert. Das unmittelbare
Kriegserlebnis sprach sich literarisch sehr viel überzeugender in
Erich Maria Remarques ›Im Westen nichts Neues‹ (1929) aus,
dem wohl am meisten gelesenen, illusionslosen Kriegsbuch, das
von den Nationalisten wütend abgelehnt wurde. Den Soldaten
zum eigentlichen Träger des Politischen zu stilisieren, ist eine
Variante der Freund-Feind-Theorie, die nun gerade für die konkrete Aufgabe des Ausgleichs, mit der das Schicksal des Deutschen Reiches stand und fiel, nichts hergab.

Ein Sammelbecken für die Theorien der Konservativen Revolution war die Zeitschrift ›Die Tat‹[38]. Herausgeber dieser schon
vor dem Ersten Weltkrieg gegründeten, im Eugen Diederichs
Verlag erscheinenden Zeitschrift wurde im Jahre 1929 Hans-
Zehrer. Nach dem Siege des Nationalsozialismus 1933 schied er
aus. Für die Redaktionsgemeinschaft des Tatkreises war die
Krise der Republik identisch mit der Krise des Kapitalismus[39].
Die Zeitschrift gab dem in der jungen Generation verbreiteten
antikapitalistischen und antiparlamentarischen Affekt Ausdruck. Sie forderte wie Oswald Spengler eine Verbindung von
Sozialismus und Nationalismus. Wirtschaftspolitisch stand sie
in der Nähe der Gemeinwirtschaftsidee Wichard v. Moellen-
dorffs. Sie trat für Planwirtschaft und für Autarkie des mitteleuropäischen Raumes[40] ein. Der Tatkreis appellierte an die Denk-
und Empfindungsweise der Mittelschichten, die sich zwischen
Kapital und Arbeit erdrückt glaubten. Er propagierte den nationalen Mythos und die Revolution von oben. Unter dem starken
Einfluß der Ideen von Carl Schmitt setzte der Tatkreis in der
Endphase der Weimarer Republik auf die auctoritas des Reichspräsidenten und die potestas der Reichswehr, in vollkommener
Fehleinschätzung der die präsidiale Diktatur stützenden Kräfte.

Wenn man in der politisch-literarischen Welt der Weimarer
Republik Ausschau hält nach dem eigentlichen Gegenpol, an
dem sich die Rhetorik und Polemik der Konservativen Revolution entzündete, so findet man ihn nicht im Bereich der republikanischen Mitte, sondern bei den intellektuellen Außenseitern
der Linken wie Kurt Tucholsky und Carl v. Ossietzky. Sie waren nacheinander Herausgeber und Hauptbeiträger der ›Weltbühne‹[41]. Diese vielgelesene Wochenzeitschrift war neben dem
›Tagebuch‹ das Forum einer künstlerischen, literarischen und
politischen Auseinandersetzung mit dem Deutschland der Weimarer Zeit. In den »goldenen zwanziger Jahren«, in denen Ber-

lin das geistige Zentrum Deutschlands gewesen ist wie nie zuvor und nachher[42], war die ›Weltbühne‹ ein wesentliches Element des intellektuellen Lebens der Reichshauptstadt. Sie läßt sich keiner Partei zuordnen, am ehesten noch der USPD, die in ihrer Position zwischen Kommunisten und Sozialdemokraten, wie ihr Schicksal gezeigt hatte, als organisierte politische Partei unhaltbar war, deren Impulse aber von dem Kreis um die ›Weltbühne‹ weitergetragen wurden.

Im Gegensatz zu den konservativen Revolutionären, aber auch zur Außenpolitik Rathenaus und Stresemanns vertraten diese linken Intellektuellen eine ausgesprochen westliche Orientierung, und zwar nach Frankreich hin. Im Gegensatz zu den Kommunisten plädierten sie für eine korrekte Erfüllung des Versailler Vertrages. Sie verwarfen Rapallo, verurteilten den passiven Widerstand an der Ruhr und hielten die Außenpolitik Stresemanns zwischen Ost und West mit ihrem Ziel einer Revision der deutschen Ostgrenzen für verderblich. Sie waren Sozialisten mit einer gewissen Nachsicht für den französischen Kapitalismus – nicht für den britischen und amerikanischen; und sie waren Pazifisten mit einer gewissen Nachsicht für den französischen Militarismus – nicht für den deutschen. In Deutschland bekämpften sie die Schwarze Reichswehr, aber auch das Hunderttausend-Mann-Heer erschien ihnen schon überflüssig. Deutschland sollte nach ihrer Meinung auf jede Form der Bewaffnung verzichten, sie waren überzeugt von den friedlichen Absichten der Nachbarn. Ihr weltbürgerlicher Pazifismus fügte sich nicht in die Vorstellungen eines revolutionären Sozialismus ein. Erst recht mußte ihnen die machtpolitisch motivierte, militärische Kooperation zwischen Reichswehr und Roter Armee als verwerflich erscheinen. Als in der ›Weltbühne‹ diese Praktiken angeprangert wurden, machte man Ossietzky den Prozeß und verurteilte ihn wegen Verrats militärischer Geheimnisse zu achtzehn Monaten Gefängnis. Er lehnte es ab, von der Möglichkeit Gebrauch zu machen, in der Zeit zwischen Urteil und Strafantritt ins Ausland zu gehen (man hatte ihm seinen Reisepaß belassen) und begab sich freiwillig im Mai 1932 in das Gefängnis Tegel, um durch seine Existenz als Gefangener für seine Idee zu zeugen. Die Haftstrafe wurde nach sieben Monaten durch Amnestie beendet, aber die Nationalsozialisten brachten ihn, kaum zur Macht gelangt, ins Konzentrationslager. Im Jahre 1936 erhielt er den Friedensnobelpreis. Im Lager Oranienburg starb er, ohne die Freiheit wiedergesehen zu haben[43].

Die linken Intellektuellen um die ›Weltbühne‹ waren zwar Republikaner, jedoch keineswegs Anhänger der Republik des Weimarer Typs. In der Zeit der scheinbaren Konsolidierung der Republik propagierten sie die Einheitsfront zwischen Sozialisten und Kommunisten. Doch ihr idealistisch revolutionäres Konzept scheiterte an den Realitäten: für die Kommunisten waren die Sozialdemokraten, die »Sozialfaschisten«, der eigentliche Gegner, den es zu bekämpfen galt; und die Sozialdemokraten hatten längst aufgehört, eine revolutionäre Partei zu sein. So bewegte sich der Protest der ›Weltbühne‹ gegen den bürgerlichen Weimarer Staat im Niemandsland. Der Idealismus der linken Radikalen hatte keine politisch organisatorische Basis und keine praktikable Zielvorstellung.

Diese Linksintellektuellen waren keine Kommunisten und die Konservativen Revolutionäre keine Nationalsozialisten. Zwischen ihnen ging der Kampf hin und her. Aber einig waren sie sich darin, daß diese Weimarer Republik, dieser Staat ohne Glanz, so wie er war, keine Lebensberechtigung habe. Die Kritiken der Linken und Rechten gegen die Weimarer Republik waren so formuliert, daß sie ihr Publikum fanden, ihre literarischen Produkte waren schmissig und attraktiv. Wie ärmlich erschien demgegenüber die graue Prozedur der Kompromisse. Aber von der Bereitschaft, dieses mühsame Geschäft zu bewältigen, hing es ab, ob dieses erste Experiment einer parlamentarischen Demokratie in Deutschland gelingen oder scheitern sollte.

Es gibt keine Gesamtdarstellung des polit. Denkens in der Weim. Rep. Eine skizzenhafte Überschau bietet W. Bussmann, Polit. Ideologien zwischen Monarchie u. Weimarer Republik. Ein Beitrag zur Ideengesch. d. Weim. Rep., HZ 190 (1960). – Für den geistesgeschichtl. Zusammenhang d. polit. Irrationalismus: G. Lukács, Die Zerstörung d. Vernunft (²1962); H. Plessner, Die verspätete Nation. Über die polit. Verführbarkeit des bürgerlichen Geistes (²1959); F. Stern, The Politics of Cultural Despair. A Study in the Rise of the Germanic Ideology (Berkeley 1961), behandelt Paul de Lagarde, Julius Langbehn u. Moeller van den Bruck; H. J. Schwierskott, Arthur Moeller van den Bruck – der revolutionäre Nationalismus in der Weim. Rep. (1962). Vortreffliche Darbietung u. Analyse: K. Sontheimer, Antidemokrat. Denken in der Weim. Rep. Die polit. Ideen d. dt. Nationalismus zwischen 1918 u. 1933 (1962). Als Gegenbild hierzu ders., Thomas Mann und die Deutschen (1961, Tb. 1965). – Zum bürgerlichen Nationalismus: W. Kaufmann, Monarchism in the Weimar Republic (New York 1953). – Für die Konservative Revolution wegen des bibliograph. Anhangs über das zeitgenöss. Schrifttum unentbehrlich: A. Mohler, Die Konservative Revolution in Dtld. 1918–1932. Grundriß ihrer Weltanschauungen (1950); B. Jenschke, Zur Kritik d. konservativ-revolutionären Ideologie in der

Weim. Rep. Weltanschauung u. Politik bei Edgar Julius Jung (1971); G.-K. KALTEN-
BRUNNER, Von Dostojewski zum Dritten Reich. Arthur Moeller van den Bruck
u. die »Konservative Revolution«, Polit. Studien 20 (1969); J. F. NEUROHR, Der
Mythos vom Dritten Reich. Zur Geistesgesch. d. Nationalsozialismus (1957);
K. BREUNING, Die Vision des Reiches. Dt. Katholizismus zwischen Demokratie
u. Diktatur 1929–1934 (1969); K.v. KLEMPERER, Konservative Bewegungen zwi-
schen Kaiserreich u. Nationalsozialismus (a.d. Amerikan. 1961); H. LEBOVICS,
Social Conservatism and the Middle Classes in Germany (Princeton 1969).

[1] Zu Thomas Mann außer K. SONT-
HEIMER, s.o.: R. KARST, Thomas
Mann oder der dt. Zwiespalt (1970);
E. KELLER, Der unpolitische Deut-
sche. Eine Studie zu den »Betrachtun-
gen eines Unpolitischen« von Thomas
Mann (1965).

[2] In: Th. MANN, Gesammelte Werke, Bd. 11 (12 Bde, 1960).

[3] K. SONTHEIMER, Thomas Mann
und die Deutschen, hält dessen Äußerung, er nehme kein Wort von alledem
zurück, was er 1918 gesagt habe, für
»zu provozierend, um ganz wahr zu
sein« (Tb., S. 51), und gibt eine subtile
Interpretation der konstanten und va-
riablen Elemente im politischen Denken und Selbstverständnis Thomas
Manns.

[4] In einem Interview für das Neue
Wiener Journal, Juli 1920, zit. bei
K. SONTHEIMER, Thomas Mann,
S. 60.

[5] Th. MANN, Ges. Werke, Bd. 11.

[6] S. Bd. 18, Kap. 15, Anm. 12. E. C.
KOLLMANN, Eine Diagnose d. Weim.
Rep. Ernst Troeltschs polit. Anschau-
ungen, HZ 182 (1956).

[7] S. o. Kap. 7, Anm. 6. W. J.
MOMMSEN, Max Weber u. die dt. Politik 1890–1920 (1959).

[8] S. Bd. 18, Kap. 1, Anm. 35.
W. BESSON, Friedrich Meinecke u. die
Weim. Rep., VfZG 7 (1959); s. auch
die Einleitung v. G. KOTOWSKI zu
F. MEINECKE, Polit. Schriften u. Reden (1958). – I. GEISS, Krit. Rückblick
auf Friedrich Meinecke, in: Studien
über Gesch. u. Gesch.wissenschaft
(Tb. 1972), steht verständnislos vor
dem Phänomen, daß sich liberalkon-
servative, durch den Historismus ge-

prägte bürgerliche Denker zur demokratischen Republik von Weimar bekannten. Seine historischen Kategorien reichen nicht aus, um in der politischen Haltung Meineckes etwas anderes zu sehen als »platten und hand-
greiflichen Opportunismus«.

[9] F. MEINECKE, Kölnische Zeitung
1. Jan. 1930, in: Polit. Schriften,
Nr. 56.

[10] Ders., Kölnische Zeitung
21. Dez. 1930, in: Polit. Schriften, Nr.
58.

[11] Th. MANN, Kultur u. Sozialismus
(1928), in: Ges. Werke, Bd. 12, S. 649.

[12] Ders., Die Wiedergeburt der An-
ständigkeit (1931), ebd.

[13] Ders., Brief an den preuß. Kultusminister Adolf Grimme, 12. Jan.
1933, ebd., S. 679.

[14] Das folgende nach L. PRELLER,
Sozialpolitik in der Weim. Rep.
(1949).

[15] Zit. ebd., S. 210f.

[16] So L. PRELLER über Heimann,
S. 112.

[17] H. v. HOFMANNSTHAL, Das
Schrifttum als geistiger Raum d. Nation (1927). Darin heißt es: »Der Prozeß, von dem ich rede, ist nichts anderes als eine konservative Revolution in
einem Umfange, wie die europäische
Geschichte ihn nicht kennt«. Über
Ursprung u. Entwicklung des Begriffs
s. A. MOHLER, Konservative Revolution, S. 18 ff.

[18] So Carl Landauer, s. L. PRELLER,
S. 218 f.

[19] Protokoll d. 13. Gewerkschafts-
kongresses in Hamburg v. 3. bis
7. Sept. 1928 (1928).

[20] Wirtschaftsdemokratie. Ihr We-

sen u. Ziel, hg. im Auftrage des ADGB v. F. NAPHTALI (1928, ⁵1931, Ndr. 1965, ⁴1969).

²¹ Dt. Text in: Leo XIII. Pius XI. Die sozialen Enzykliken Rerum Novarum, Quadragesimo Anno, mit einer Einführung von O. v. NELL-BREUNING S. J. (1953).

²² Lit. s. S. 18; A. STEGERWALD, 25 Jahre Christl. Gewerkschaftsbewegung 1899–1924 (1924).

²³ Vgl. hierzu K. SONTHEIMER, Antidemokratisches Denken, 4. Kap.: Die dt. Staatsrechtslehre d. Weim. Rep.; W. HENNIS, Zum Problem d. dt. Staatsanschauung, VfZG 7 (1959); W. BAUER, Wertrelativismus u. Wertbestimmtheit im Kampf um die Weim. Demokratie. Zum Methodenstreit d. Staatsrechtslehrer u. seiner Bedeutung für die Politologie, VfZG 16 (1968).

²⁴ H. KELSEN, Hauptprobleme d. Staatsrechtslehre, entwickelt aus der Lehre vom Rechtssatze (1911); ders., Der soziologische u. juristische Staatsbegriff. Kritische Untersuchung des Verhältnisses von Staat u. Recht (1922); ders., Reine Rechtslehre. Einleitung in die rechtswissenschaftl. Problematik (1934).

²⁵ Carl SCHMITT s. Kap. 7, Anm. 6 u. 8. Von seinen Schriften fallen in die Zeit d. Präsidialkabinette: Der Hüter d. Verfassung (1931); Der Begriff des Politischen (²1932); Legalität u. Legitimität (1932); aus seinem umfangreichen Schrifttum seien noch genannt: Die Diktatur von den Anfängen d. mod. Souveränitätsgedankens bis zum proletarischen Klassenkampf (1921, ²1928); Verfassungslehre (1928, ²1954). P. TOMMISSON, Versuch einer Carl-Schmitt-Bibliographie (1953). – P. SCHNEIDER, Ausnahmezustand u. Norm. Eine Studie zur Rechtslehre von Carl Schmitt (1957); J. FIJALKOWSKI, Die Wendung zum Führerstaat. Die ideologischen Komponenten in der polit. Philosophie Carl Schmitts (1958); H. HOFMANN, Legitimität gegen Legalität. Der Weg d. polit. Philosophie Carl Schmitts

(1964); M. SCHMITZ, Die Freund-Feind-Theorie C. Schmitts (1965); H. MUTH, Carl Schmitt in der dt. Innenpolitik des Sommers 1932, HZ Beih. 1 (1971).

²⁶ C. SCHMITT, Die Diktatur von den Anfängen des modernen Souveränitätsgedankens bis zum proletarischen Klassenkampf (²1928).

²⁷ C. SCHMITT, Staat, Bewegung, Volk (1934).

²⁸ E. KAUFMANN, Kritik d. neukantischen Rechtsphilosophie. Eine Betrachtung über die Beziehungen zwischen Philosophie u. Rechtswissenschaft (1921).

²⁹ H. HELLER, Die Krisis d. Staatslehre, in: Arch. f. Soz. Wiss. u. Soz. Pol. 55 (1926); ders., Bemerkungen zur staats- u. rechtstheoretischen Problematik d. Gegenwart, in: AöR, N.F. 16 (1929); ders., Rechtsstaat oder Diktatur? (1930). – W. SCHLUCHTER, Entscheidung für den sozialen Rechtsstaat: Hermann Heller u. die staatsrechtl. Diskussion in der Weim. Rep. (1968).

³⁰ R. SMEND, Verfassung u. Verfassungsrecht (1928).

³¹ S. o. S. 26.

³² S. Kap. 22, Anm. 22.

³³ W. JOCHMANN, Die Ausbreitung des Antisemitismus, in: Dt. Judentum in Krieg u. Revolution 1916–1923, hg. v. W. E. MOSSE (1971). S. ferner allg. Lit. S. 27: Judentum u. Antisemitismus.

³⁴ F. KABERMANN, Widerstand u. Entscheidung eines dt. Revolutionärs. Leben u. Denken von Ernst Niekisch (1972); E. NIEKISCH, Gewagtes Leben (1958), Autobiographie.

³⁵ Zit. bei K. SONTHEIMER, Antidemokratisches Denken, S. 150 f., aus: E. J. JUNG, Die Herrschaft d. Minderwertigen. Ihr Zerfall u. ihre Ablösung durch ein neues Reich (1928, ²1930).

³⁶ In: O. SPENGLER, Politische Schriften (1933).

³⁷ Ch. Gf. v. KROCKOW, Die Entscheidung. Eine Untersuchung über Ernst Jünger, Carl Schmitt, Martin

Schulpolitik

Heidegger (1958); H.-P. SCHWARZ, Der konservative Anarchist. Politik u. Zeitkritik Ernst Jüngers (1962).

[38] H. P. BRUNZEL, Die »Tat« 1918–33. Ein publizist. Angriff auf die Verfassung von Weimar innerhalb der »Konservativen Revolution« (Diss. Ms. Bonn 1952); K. SONTHEIMER, Der Tatkreis, VfZG 7 (1959).

[39] F. FRIED, Das Ende des Kapitalismus (1931); ders., Autarkie (1932).

[40] G. WIRSING, Zwischeneuropa u. die dt. Zukunft (1932).

[41] J. DEAK, Weimar Germany's leftwing Intellectuals. A Political History of the Weltbühne and its Circle (Berkeley 1968); B. E. WERNER, Literatur und Theater i. d. zwanziger Jahren, in:

Die Zeit ohne Eigenschaften. Eine Bilanz der zwanziger Jahre, hg. v. L. REINISCH (1961).

[42] Th. KOCH, Die goldenen zwanziger Jahre (1971).

[43] Zur Würdigung Ossietzkys: Th. MANN, Brief v. 10. Jan. 1932 zum Urteil des Reichsgerichts, in: Ges. Werke, Bd. 12; ders. an das Nobel-Friedenspreis-Comité 11. Juli 1936, ebd.; ders. am 14. Mai 1938 zum Tode Ossietzkys, ebd.; die ersten beiden Äußerungen auch in: F. BURGER / K. SINGER (Hg.), Carl von Ossietzky (Zürich 1937); K. R. GROSSMANN, Ossietzky, ein deutscher Patriot (1963, Tb. 1973); R. KOPLIN, Carl v. Ossietzky als polit. Publizist (1964).

Kapitel 20
Schulpolitik

In dem Regelkreis von Wirtschaft, Staat und politischem Bewußtsein steht die Schule. Sie ist Ausdruck der gesellschaftlichen und geistigen Situation der Zeit und wirkt auf sie zurück. Wenn der Weimarer Staat eine Republik ohne Republikaner gewesen ist, so ist für das Ausmaß, in dem dieses Wort zutrifft oder nicht zutrifft, die Schule sichtbarer Ausdruck. An der Schulgesetzgebung läßt sich ablesen, unter welchen Bedingungen des Ausgleichs zwischen unterschiedlichen Ausgangspositionen die praktische Schulpolitik einen gangbaren Weg zu suchen hatte. Die Mißerfolge der Weimarer Schulpolitik zeigen die Wirkungsgrenzen auf, die diesem Staat gesetzt waren. Das Problembewußtsein der Zeit und das nicht zu übersehende Neue, das geleistet wurde, sind der Ausgangspunkt – ähnlich wie in der Sozialpolitik – für die in der Bundesrepublik neu in Gang gesetzten Reformbewegungen.

Am Anfang der Republik steht die große Erwartung. Mit der Aufgabe der staatlichen stellte sich auch die Aufgabe der schulischen Neuordnung. In der pädagogischen Reformbewegung waren seit Ende des 19. Jahrhunderts in Auseinandersetzung mit dem überlieferten Bildungssystem neue Wege gesucht worden. Es ging hierbei im wesentlichen um drei Fragen. Die über-

62

lieferte Struktur des Bildungswesens entsprach nicht der besonders von Liberalen und von Sozialdemokraten vertretenen Forderung nach gleichen Aufstiegsmöglichkeiten für jeden ohne Unterschied von Herkommen und Vermögen. Der Eingang zum Gymnasium erfolgte fast ausschließlich über die Vorschule. Wer dagegen in die Volksschule eintrat, war im allgemeinen von der höheren Bildung ausgeschlossen. Demgegenüber forderten die Reformer die Einheitsschule. In der Argumentation für dieses Ziel begegnet man neben dem westlichen demokratischen Gleichheitsgedanken besonders auch der Berufung auf die preußische Reformzeit und auf Fichtes Idee der deutschen Einheitsschule[1]. Für die neuere pädagogische Reform stand der Begriff der Arbeitsschule im Vordergrund, sei es, daß man hierunter ein auf Selbsttätigkeit gerichtetes Unterrichtsprinzip verstand, sei es, daß man an eine Verbindung von Kopf- und Handarbeit dachte (Werkstattarbeit, Einführung in die industrielle Produktion). Besonders in der Landschulbewegung suchte man nach neuen Methoden, um den Schüler zu selbstverantworteter Arbeit zu führen. Die Aufgabe des Lehrers mußte infolgedessen neu gesehen und die Lehrerbildung neu gestaltet werden. Die schwierigste Frage aber stellte sich in bezug auf das Verhältnis von Kirche, Staat und Schule. Die Volksschulen waren mit Ausnahmen in Baden und Hessen vorwiegend Bekenntnisschulen, und die Schulaufsicht lag, bei gewissen Unterschieden von Land zu Land, im Auftrage des Staates auf örtlicher und Bezirksebene zumeist bei Geistlichen. In der auch von großen Teilen der Volksschullehrerschaft erhobenen Forderung, die geistliche Schulaufsicht zu beseitigen und anstelle der Bekenntnisschule die Simultanschule oder die weltliche Schule einzuführen, begegneten sich liberale, demokratische und sozialistische Vorstellungen. In der Zeit zwischen dem Zusammenbruch der Monarchie und dem Zusammentritt der Nationalversammlung machten sich die Länder, bei denen die Schulhoheit lag, daran, von solchen Vorstellungen geleitete Schulreformen durchzuführen. Die preußischen Schulreformen aus der Zeit der Revolutionsregierung sind dabei in ihrer Zielsetzung besonders umstritten gewesen[2]. Entsprechend der von den beiden sozialdemokratischen Parteien allgemein vereinbarten Doppelbesetzung der leitenden Regierungsstellen war das preußische Kultusministerium zunächst unter die Verantwortung des Unabhängigen Adolf Hoffmann und des Sozialdemokraten Konrad Haenisch gestellt worden. Zu den Mitarbeitern im Ministerium gehörten zeitweise der Pädagoge Gustav Wyneken, eine zentrale Figur der Landschulbewegung, der Theologe Ernst Troeltsch und auch der spätere preußische Kultusminister, der Orientalist Carl Heinrich Becker[3]. Wyneken hat an den umstrittenen November-Erlassen mitgearbeitet. Charakteristisch für deren Ursprung und idealistische Absicht ist besonders der aus seiner Feder stammende Aufruf »An die Schüler und Schülerinnen der höheren Schulen Preußens«[4]. Der Jugend sollte die Möglichkeit eröffnet werden, »aus innerer Wahrhaftigkeit und unter eigener Verantwortung an der Gestaltung ihres Lebens mitzuwirken«. Das war die Diktion der Hohen-Meißner-Formel von 1913. Wyneken war der Hauptredner auf jener Kundgebung der deutschen Jugend zur Zentenarfeier der Freiheitskriege gewesen. Es entsprach diesem Geiste, wenn nun auch in dem Novemberaufruf des preußischen Kultusministeriums an den vaterländischen Opfermut der Jugend im Kriege erinnert wurde. Die zur Selbstverantwortung und Selbsterziehung aufgerufenen Schüler sollten nach eigenem Willen Schulgemeinden und Schülerräte bilden, die »ihre Wünsche und Meinungen in der Form von Entschließungen zum Ausdruck bringen« konnten. Anordnende oder gesetzgebende Befugnis sollten sie »zunächst nicht« besitzen. Im Stile der Jugend- und Landschulbewegung wurden die Schüler ermahnt, nicht das studentische Verbindungswesen nachzuäffen und die Geselligkeit nicht mit »Alkoholismus« zu durchseuchen. Zwischen Lehrern und Schülern sollte »ein neues Verhältnis von Kameradschaft« entstehen und »die Luft der Schule gereinigt werden von dem Ungeist der toten Unterordnung«. In einer Verfügung des preußischen Kultusministeriums über den Religionsunterricht wurden »im Namen der Religions- und Gewissensfreiheit« das Schulgebet, die Religion als Schulfach und religiöse Schulfeiern abgeschafft. Gegen eine solche Säkularisierung des Schullebens verwahrten sich die Kirchen und die ihnen nahestehenden Parteien. Besonders der preußische Episkopat und das Zentrum antworteten mit heftigen Protesten. Als zugkräftiges politisches Argument verwendeten sie den Hinweis auf die Separationsbewegungen im Rheinland und in Schlesien, die durch die preußische Schulpolitik Auftrieb erhielten[5]. Die schulpolitische Lage änderte sich, als im Dezember 1918 die Koalition der beiden Arbeiterparteien zerbrach. Wie im Reich die Unabhängigen den Rat der Volksbeauftragten verließen, so schied in Preußen Adolf Hoffmann aus dem Kultusministerium aus. Haenisch löste sich von Wyneken und nahm die November-Erlasse zurück. Inzwischen hatte sich die Auseinandersetzung um die Schule von den Ländern auf das Reich verlagert.

Daß dem Reich die Verantwortung für das Schulwesen zukomme, entsprach der alten sozialdemokratischen Einheitsstaatsforderung, und das Zentrum sah trotz seiner föderalistischen Grundüberzeugung in der Nationalversammlung die Möglichkeit, von Reichs wegen schulischen Säkularisierungstendenzen einzelner Länder« entgegenzuwirken. Es kam zu komplizierten Verhandlungen über das Verhältnis von Schule und Religion. Das Zentrum wollte die Konfessionsschule erhalten und in der Reichsverfassung sichern. Die Demokraten traten für die Simultanschule, d.h. die Gemeinschaftsschule mit getrenntem Religionsunterricht ein. Die Sozialdemokraten wollten die weltliche Schule ohne Religionsunterricht. Aus dem Ringen dieser Kräfte entstanden Verfassungsbestimmungen, die mit Carl Schmitt zu Recht als »dilatorischer Formelkompromiß« bezeichnet werden können: Die Aussage des Artikels 146 blieb unklar und in sich widersprüchlich. Einerseits hieß es, daß das Religionsbekenntnis nicht für die Aufnahme in eine bestimmte Schule maßgebend sein sollte, andererseits, daß in den Gemeinden Bekenntnisschulen eingerichtet werden durften. Näheres blieb einem Reichsgesetz vorbehalten, nach dem sich die Landesgesetzgebung zu richten haben würde. Bis zum Erlaß eines solchen Reichsgesetzes, so wollte es der sogenannte Sperrartikel 174, sollte es bei der bestehenden Rechtslage bleiben. So bewahrten etwa vier Fünftel der Volksschulen in Deutschland ihren konfessionellen Charakter. Nur in Baden und Hessen blieb wie schon vorher die Simultanschule vorherrschend.

Das Nein des Zentrums gegen die Entkonfessionalisierung der Schule verhinderte nicht, daß die Reichsverfassung in anderer Hinsicht einen deutlichen Schritt zu einer demokratischen Schulreform vollzog. Anstelle der Vorschulen wurde die »für alle gemeinsame Grundschule« eingeführt, auf die sich das mittlere und höhere Schulwesen aufbaute. Als Maßstab für den Übergang des Kindes in eine weiterführende Schule sollten nur »Anlage und Neigung, nicht die wirtschaftliche und gesellschaftliche Stellung oder das Religionsbekenntnis seiner Eltern« gelten. Das war eine Bestimmung im Sinne der Reformbewegung. Sie wurde durch Reichsgesetz im Jahre 1920 mit der Einführung der vierjährigen Grundschule verwirklicht[6]. Diese Neuerung eröffnete einer sehr viel breiteren Bevölkerungsschicht als vorher die Möglichkeit des Übergangs zur höheren Bildung. Die Zahlen sprechen hier eine deutliche Sprache: im Jahre 1910 gingen 8,9% aller zehnjährigen Schüler in die Sexta, 1928 waren es 17,6%; im Jahre 1913 gab es in Deutschland 75 000 Studierende, 1928 fast 112 000[7]. Die Verfassung bestimmte ferner, daß nach der achtjährigen Schulpflicht eine Fortbildungsschulpflicht bis zum 18. Lebensjahr bestehen sollte. Hier hätte sich für die Reichsgesetzgebung die große Aufgabe gestellt, die von der Fortbildungsschule begleitete Berufsausbildung in ein einheitlich konzipiertes Bildungssystem einzufügen. Auch für die Lehrerbildung enthielt die Verfassung eine generelle Anweisung, daß sie nämlich »nach den Grundsätzen, die für die höhere Bildung allgemein gelten«, zu regeln sei. Schließlich entsprach die Verfassung der liberal-demokratisch-sozialistischen Forderung nach Abschaffung der geistlichen Schulaufsicht.

Es wäre nun die Aufgabe einer Reichsschulgesetzgebung gewesen, die Verfassungsaussagen und -aufträge über das allgemeine Schulwesen und die Berufs- und Lehrerbildung zu verwirklichen. Dazu ist es – mit Ausnahme des Grundschulgesetzes vom Jahre 1920 – nicht gekommen. Der letzte Versuch wurde im Jahre 1927 in der Zeit der bürgerlichen Rechtskoalition unter Reichskanzler Marx durch den deutsch-nationalen Reichsinnenminister v. Keudell unternommen. Es ging um die Volksschule, und der Streit entzündete sich wieder an der Konfessionsfrage. Der Entwurf versuchte aus dem Formelkompromiß einen realen Kompromiß zu machen und für die Volksschule die drei Typen der konfessionellen, der weltlichen und der Simultanschule gleichberechtigt nebeneinanderzustellen[8]. Nachdem im Kabinett bereits Stresemann und Curtius von ihren liberalen Grundpositionen aus Bedenken geltend gemacht hatten, wandten sich im Reichstag die Deutsche Volkspartei ebenso wie die Demokraten und die Sozialdemokraten gegen das Gesetz. Sie sahen in der Vorlage eine der Verfassung widersprechende Legalisierung der konfessionellen als einer mit der Simultanschule gleichberechtigten Regelschule. Zu Gesetzesvorlagen über die Lehrerbildung und die Berufsbildung ist es überhaupt nicht gekommen. Hier standen nicht zuletzt finanzielle Fragen im Wege. Die Länder verlangten eine Beteiligung des Reichs an den Kosten der Reformen, wozu sich die wechselnden Finanzminister außerstande erklärten. So blieb die Reformgesetzgebung für die Schule ein Torso.

Aber manche Impulse der Anfangszeit sind in einzelnen Ländern weitergeführt worden. Mit Ausnahme von Bayern und Württemberg wurde die Lehrerbildung an Hochschulen verlegt, sei es an die unter dem demokratischen preußischen Kultusminister Carl Heinrich Becker (21. April bis 1. November 1921 und 18. Februar 1925 bis 30. Januar 1930) entwickelten Pädagogischen Akademien[9], sei es, wie z. B. in Hamburg, an besondere Institute im Rahmen der Universität. Im übrigen entwickelte sich die Lehrerausbildung in den verschiedenen Ländern sehr uneinheitlich, mit unterschiedlicher Studiendauer und weitgehend auch in unterschiedlicher konfessioneller Ausprägung. Völlig unübersichtlich war die Entwicklung der Berufsbildung. Nirgendwo, weder vom Reich noch von den Ländern her, gelang es, die beruflichen Ausbildungswege im Zusammenhang mit der Fortbildungsschule, auf die doch die weitaus größte Zahl der Jugendlichen angewiesen war, strukturell in ein einheitlich durchdachtes Bildungssystem einzubeziehen. Eine bemerkenswerte Neuerung im höheren Schulwesen war in Preußen und dann in einigen anderen Ländern die Einführung der Deutschen Oberschule mit Deutsch, Geschichte, Religion (den sogenannten »Wandervogelfächern«) und Kunst als Kernbereich der Bildung. Ernst Troeltsch gehörte zu ihren geistigen Urhebern[10]. Dieser Schultyp war nicht zuletzt für die Vorbildung künftiger Volksschullehrer gedacht. Hans Richert, Ministerialrat im preußischen Kultusministerium, nach dem die Reform des höheren Schulwesens vom Jahre 1925 genannt wird, erstrebte für die höhere Schule »innerhalb des Systems der Einheitsschule eine organische Verbindung mit der Volksschule und der Hochschule«[11]. Unter »Einheitsschule«, die von dem preußischen Kultusminister Otto Boelitz (7. Mai 1921 bis 6. Januar 1925, DVP) auch gelegentlich »Gesamtschule« genannt wurde[12], verstand man im allgemeinen nicht die eine Schule für alle Kinder, also das, was wir heute Gesamtschule nennen, sondern ein Bildungssystem, das in seinen verschiedenen Stufen und Formen innerlich aufeinander bezogen und nach einheitlichen Grundsätzen gestaltet ist. Diese Grundsätze und ihre möglichen Ausprägungen waren der Gegenstand der vom Reichsinnenministerium veranstalteten Reichsschulkonferenz vom Jahre 1920. Die hier gehaltenen Referate und Diskussionen stellen ein Reservoir von Analysen, Thesen und Vorschlägen dar, aus denen alle späteren einzelnen Reformbestrebungen der Weimarer Zeit Anregungen empfingen[13]. Die Grundprinzipien der »Einheitsschule«, wie sie damals formuliert wurden, haben über die Zeit ihrer Entstehung hinaus für die demokratische Schulreform in Deutschland Gültigkeit. Sie lauten in der Formulierung von Boelitz: »Beseitigung von toten Strängen, die in der Gesamtanlage unseres Bildungswesens keine Anschlußmöglichkeiten hatten oder doch nur unter größten Schwierigkeiten boten«. Mit diesem »auf unumstrittenen psychologisch-pädagogischen Forderungen beruhenden Organisationsgedanken« verbanden sich für ihn »starke soziale Gedanken: für alle Kinder das gleiche Recht auf Bildung und Erziehung, Beseitigung der Standesschule, Überbrückung der Gegensätze im Volk im Sinne der Erziehung zur Volksgemeinschaft«[14]. Über solche Reformvorschläge hinaus gingen die Zielvorstellungen des »Bundes entschiedener Schulreformer«. Sie forderten unter dem Begriff der »elastischen Einheitsschule« einen Schultyp, der einen gemeinsamen Mindestunterricht für alle durch wahlfreie Kurse ergänzt und der dem nahe kommt, was man in der heutigen schulpolitischen Begriffssprache als »Gesamtschule« bezeichnet.

Die Weimarer Zeit ist reich an pädagogischen Neuansätzen und schulischen Versuchen. Wie kommt es, daß der große Antrieb aus dem Beginn der zwanziger Jahre nachließ und die Erfüllung so weit hinter den Hoffnungen zurückblieb? Der Grund liegt nicht darin, daß das Reich damals nicht alle Kompetenzen für die Schulgesetzgebung und für die Entfaltung schulpolitischer Initiativen gehabt hätte, wenn auch die Schulverwaltung Sache der Länder blieb. Freilich lag in dem umstrittenen Verhältnis der Schulfinanzierung zwischen Reich und Ländern ein Hindernis für die Reformen. Sehr viel schwerwiegender aber waren die in der Gesellschaft organisierten Meinungs- und Interessengegensätze. Da war zunächst der Gegensatz zwischen dem kirchlichen bzw. politischen Katholizismus und den Parteien und Organisationen, die für eine liberale und weltliche Erziehung eintraten. Später trat ein anderer Gegensatz schärfer hervor. Im Laufe der zwanziger Jahre veränderte sich das bildungspolitische Klima in Deutschland erheblich. Die anfängliche Reformbegeisterung wurde gedämpft. Die durch die organisierten Interessengruppen wieder schärfer hervortretenden gesellschaftspolitischen Gegensätze spiegelten sich in den verschiedenen schulpolitischen Vorstellungen. Die Freien Gewerkschaften bewegten sich mit ihren Forderungen zur Erneuerung der Schule auf der Linie der pädagogischen Reformbewegung. Sie forderten im Rahmen ihres Konzeptes von Wirtschaftsdemokratie auch ein Programm für die »Demokratisierung des Bildungswesens«[15]. Dazu rechneten sie: die Weltlichkeit des Schulwesens in der Form der Simultanschule als Regelschule, den Arbeitsunterricht in der Volksschule als Vorbereitung auf die Berufswelt, den Ausbau der Aufbauschulen und des berufsbildenden Schulwesens, die Brechung des gymnasialen Zugangsmonopols für die wissenschaftliche Hochschulbildung. Auf der anderen Seite erhoben sich Stimmen gegen die Verbreiterung der Bildung. Die hohe Zahl von Arbeitslosen, auch arbeitslosen Akademikern, die keine ihrer Ausbildung entsprechende Beschäftigung fanden, verleitete z. B. den Deutschen Industrie- und Handelstag zu dem Fehlschluß, nun überhaupt vor dem Ausbau des Bildungswesens, etwa vor der Einführung eines neunten Schuljahres, vor der Vermehrung von Aufbauzügen und vor dem Ausbau der Universitäten zu warnen[16]. So ist die konsequente Fortführung der Schulreform in der Weimarer Republik im letzten Grunde an den antagonistischen Kräften innerhalb der Gesellschaft gescheitert, weil es sich als unmöglich erwies, einen pragmatischen schulpolitischen Ausgleich in dem Weltanschauungskampf um den konfessionellen oder weltlichen Charakter der Schule zu finden und weil bestimmte organisierte Wirtschaftsinteressen sich gegen die gesellschaftsverändernde Auswirkung einer demokratischen Schulreform sperrten.

G. Giese (Hg.), Quellen zur dt. Schulgesch. seit 1800 (1961). – Erster Versuch einer Gesamtdarstellung: Ch. Führ, Zur Schulpolitik der Weim. Rep. (²1972); ders. Schulpolitik im Spannungsfeld zwischen Reich und Ländern. Das Scheitern d. Schulreform in der Weim. Rep., Parlament B 42 (1970); W. Zorn, Hochschule u. Höhere Schule in der dt. Sozialgesch. d. Neuzeit, Braubach-Festschr. (1964); G. Grünthal, Reichsschulgesetz u. Zentrumspartei in der Weim. Rep. (1968). – W. Flitner/G. Kudritzki (Hg.), Die dt. Reformpädagogik (2 Bde. 1961/62); H. Nohl, Die pädagogische Bewegung in Dtld. u. ihre Theorie (⁴1957); Th. Wilhelm, Pädagogik d. Gegenwart (⁴1967); G. Hohendorf, Die pädagogische Bewegung in den ersten Jahren d. Weim. Rep. (1954); W. Scheibe, Die Reformpädagogische Bewegung 1900–1932 (1969).

[1] Über die verschiedenen Vorstellungen, die sich mit dem Begriff »Einheitsschule« sowohl in der Reformpädagogik wie auch bei den Parteien verbinden vgl. W. Scheibe, Die Reformpäd. Bewegung, S. 255 u.

H. Sienknecht, Der Einheitsschulgedanke. Geschichtl. Entwicklung u. gegenwärtige Problematik (1968).
[2] H. Giesecke, Zur Schulpolitik d. Sozialdemokraten in Preußen u. im Reich 1918/19, VfZG 13 (1965).

[3] E. WENDE, C. H. Becker, Mensch u. Politiker. Ein biograph. Beitrag zur Kulturgesch. d. Weim. Rep. (1959).

[4] Die preuß. November-Erlasse in: G. GIESE (Hg.), Quellen, Nr. 11 a–c.

[5] Vgl. Aufruf zur Gründung eines selbständigen Freistaats Oberschlesien v. 20. Dez. 1918 in: Ursachen u. Folgen 3, Nr. 623.

[6] Text bei G. GIESE (Hg.), Quellen, Nr. 12 b.

[7] Zahlen nach G. GIESE, Staat u. Erziehung (1933), S. 191 u. O. KOCH, Die soziale Umschichtung u. die höhere Schule, in: A. GRIMME (Hg.), Wesen und Wege d. Schulreform (1930); vgl. auch Gertrud BÄUMER, Schulaufbau, Berufsauslese, Berechtigungswesen (1930), S. 26.

[8] Text des Entwurfs bei G. GIESE (Hg.), Quellen, Nr. 12 c.

[9] C. H. BECKER, Die päd. Akademie im Aufbau unseres Bildungswesens (1926); H. KITTEL, Die Entwicklung d. Päd. Hochschule 1926–1932 (1957).

[10] E. TROELTSCH, Dt. Bildung (1919).

[11] H. RICHERT, Die dt. Bildungseinh. u. die höh. Schule (1920). Min.-Rat Richert war Vf. einer Denkschrift d. Preuß. Ministeriums f. Wiss., Kunst u. Volksbildung, 1924, über d. Neuordnung des preuß. höheren Schulwesens; Auszug bei G. GIESE (Hg.), Quellen, Nr. 13 c. Zur Kritik an dem auf die »Deutschheit« als »Bildungsziel aller höheren Schulen« (Richert) gerichteten Unterricht: Th. LITT, Gedanken zum kulturkundlichen Unterrichtsprinzip (1925); ferner Th. WILHELM, Pädagogik d. Gegenwart, S. 110; vgl. auch D. MARGIES, Das höhere Schulwesen zwischen Reform u. Restauration. Die Biographie Hans Richerts als Beitrag zur Bildungspolitik i. d. Weim. Rep. (1972).

[12] O. BOELITZ, Der Aufbau des preuß. Bildungswesens nach der Staatsumwälzung ([2]1925).

[13] Die Reichsschulkonferenz. Amtl. Bericht (1920); Die Reichsschulkonferenz in ihren Ergebnissen, hg. v. Zentr.Inst. (Leipzig 1921).

[14] O. BOELITZ, Der Aufbau des preuß. Bildungswesens, S. 9.

[15] S. Kap. 19, Anm. 20.

[16] So z. B. eine an den Reichskanzler gerichtete Denkschrift des Dt. Industrie- u. Handelstages vom 1. Nov. 1932 (Bundesarchiv R 43 I/780).

Kapitel 21
Die Krise des Parteienstaates

Der Antagonismus der gesellschaftlichen Gruppen, wie er sich in der Sozialpolitik, im politischen Denken und in der Schulpolitik äußerte, zerstörte schließlich die parlamentarische Grundlage des Staates. Die Krise begann mit dem Volksbegehren gegen den Young-Plan (16. bis 29. Oktober 1929). Es hatte Erfolg. Mehr als die erforderlichen 10% der Stimmberechtigten unterstützten bei der Unterschriftensammlung das Volksbegehren. Laut Weimarer Verfassung wurde jetzt der Gesetzentwurf im Reichstag eingebracht. Hier lehnten die Abgeordneten ihn am 30. November 1929 mit großer Mehrheit ab. Daraufhin mußte ein Volksentscheid herbeigeführt werden (Artikel 73 WRV). Da das vorgelegte Gesetz verfassungsändernden Charakter hatte, war die Zustimmung von mehr als 50% der Stimmberechtigten erforderlich. Der Kampf für den Volksentscheid war wieder eine willkommene Agitationsmöglichkeit für die Nationalsozialisten. Durch ihr Bündnis mit den Deutschnationalen wurden damals die Voraussetzungen geschaffen für den Einbruch der nationalsozialistischen Propaganda in die bürgerlichen Kreise und für den ersten großen Wahlerfolg der Nationalsozialisten im September des folgenden Jahres. Der Volksentscheid (22. Dezember 1929) blieb erfolglos, nur 13,81% aller Stimmberechtigten beteiligten sich. Aber dennoch muß man in dieser Bundesgenossenschaft der Deutschnationalen mit den Nationalsozialisten in dem Kampf gegen den Young-Plan den »eigentlichen Start Adolf Hitlers zur Machtergreifung« sehen[1]. Die Hemmungslosigkeit der nationalsozialistischen Propagandamethoden und die Brutalität ihrer Kampfweise wurden für die Bürger salonfähig gemacht und gleichsam akkreditiert. Die Deutschnationalen selber verloren über diesem Bündnis schließlich ihren eigentlich konservativen Charakter. Viele der echten Konservativen spalteten sich ab. Bei der Abstimmung über den Strafverfolgungsparagraphen enthielt sich eine Anzahl von ihnen der Stimme, und eine Gruppe von zwölf Abgeordneten trat aus der Partei aus. Im Januar 1930 bildete sich unter Treviranus eine »Volkskonservative Vereinigung«[2].

In sehr viel stärkerer Weise wurde das Zustandekommen des Young-Plans durch das Abschwenken des Reichsbankpräsidenten Schacht zur nationalen Opposition gefährdet[3]. Am 6. Dezember 1929 veröffentlichte er eine Denkschrift[4] gegen die Annahme des Young-Plans, dessen Entwurf er selbst mit unterzeichnet hatte, und gegen die Finanzpolitik der Regierung Müller, die auf der Annahme dieses Plans beruhte. Er warf der Regierung vor, sie habe auf der ersten Haager Konferenz Lasten auf sich genommen, die weit über das hinausgingen, was in Paris vereinbart worden sei. Die Regierung antwortete scharf: Es handele sich hier um Fragen, die auf der Pariser Konferenz offengeblieben und deren endgültige Klärung den Experten leider nicht gelungen sei.

Ein anderer Streitpunkt war ein deutsch-polnisches Liquidationsabkommen[5]. Dieses Abkommen bezog sich auf den § 297 des Versailler Vertrages, demzufolge die Liquidierung deutschen Eigentums bei den Mächten, die sich nicht aktiv am Krieg gegen Deutschland beteiligt hatten, mit einer Entschädigungspflicht verbunden war. In Polen war es nun zu zahlreichen Enteignungen von deutschem Grundbesitz gekommen, auch dort, wo die deutschen Eigentümer die polnische Staatsangehörigkeit besaßen. Eine Unzahl von Prozessen, zum Teil vor einem deutsch-polnischen Schiedsgericht, hatte sich hieraus ergeben. In Westpreußen betrachtete sich die Republik Polen als Rechtsnachfolgerin für die Güter der ehemaligen Preußischen Ansiedlungskommission. Im Liquidationsabkommen wurden nun die Prozesse niedergeschlagen, und Polen verzichtete auf die Rechtsnachfolge der Ansiedlungskommission. Dadurch wurden 12 000 deutsche Bauernfamilien auf ihrer Scholle erhalten. Als Gegenleistung verzichtete das Reich auf seine Ansprüche aus fiskalischem Besitz in den abgetretenen Gebieten, dessen Wert auf etwa 2 Milliarden geschätzt wurde. Diesen Verzicht zugunsten der Erhaltung deutschen Bauerntums in Polen warf der Reichsbankpräsident, fiskalisch argumentierend, der Regierung vor. Der Vorwurf konnte nur in dem Maße berechtigt sein, wie man Vertrauen in die laufenden Prozesse hätte haben können. Andererseits war es ein Grundsatz der Außenpolitik Stresemanns, für die Erreichung nationalpolitischer Ziele wirtschaftliche Preise zu zahlen: für die Ruhrbefreiung den Dawes-Plan, für die Rheinlandbefreiung den Young-Plan, für die Erhaltung der deutschen Bauernstellen in Polen das Liquidationsabkommen. Schachts Argumente wurden von der nationalsozialistischen und deutschnationalen Opposition begierig aufgegriffen, obwohl er selbst sich vom Volksbegehren distanzierte.

Die gesamte nationalistische Agitation um den Young-Plan lieferte aber auch den Verhandlungsgegnern Deutschlands Argumente, denen sich die deutsche Delegation auf der am 3. Januar 1930 beginnenden zweiten Haager Konferenz gegenübersah. Die Woge des Nationalismus stieg auch in Frankreich. Im Oktober 1929 war ein Kabinett Briand gestürzt worden. Briand blieb Außenminister unter Tardieu. Dessen Argument lautete, daß sich Frankreich für den Fall, daß eines Tages die in Deutschland zur Macht gelangte nationale Opposition die Reparationsverpflichtungen zerreißen sollte, Sanktionen vorbehalten müsse. Daher wollte er eine Sanktionsklausel in den Vertrag hineinbringen. Es ist der deutschen Delegation unter Curtius, Stresemanns Nachfolger, gelungen, um die Anerkennung einer Sanktionsklausel herumzukommen. Die Frage wurde durch einen Notenwechsel geregelt[6]. Die Alliierten erklärten, daß sie sich für den Fall einer böswilligen Zerreißung des Vertrages ihre Handlungsfreiheit vorbehielten. Deutschland antwortete hierauf mit dem Ausdruck des Bedauerns darüber, daß man eine solche Entwicklung überhaupt für möglich halte. Es wurde vereinbart, daß der Ständige Internationale Gerichtshof im Haag dafür zuständig sei, eine böswillige Verletzung gegebenenfalls festzustellen. Wenn man die Entwicklung der Sanktionsfrage insgesamt betrachtet, so hatte der Dawes-Plan einen Fortschritt bedeutet, insofern keine einseitigen Sanktionen von seiten Frankreichs mehr möglich waren – aber der Reparationskommission war die Auslösung von Sanktionen vorbehalten geblieben. An deren Stelle trat nun durch die Haager Konferenz der Ständige Internationale Gerichtshof. Nachdem die Franzosen infolge des Dawes-Plans das Ruhrgebiet geräumt hatten und nachdem sie sich jetzt zur vorzeitigen Räumung des Rheinlandes verpflichteten, dachte in Wirklichkeit niemand mehr daran, daß das Rheinland in Zusammenhang mit Reparationsforderungen jemals wieder besetzt werden könnte. In den Haager Konferenzen ist in Wirklichkeit der Versailler Vertrag hinsichtlich seiner Sanktionsbestimmungen überwunden worden[7].

Die schwierigen Verhandlungen, die zu diesem Ergebnis führten, wurden durch Erklärungen gefährdet, die Schacht, ohne die deutsche Delegation zu unterrichten und ohne in den Stand der Verhandlungen eingeweiht zu sein, im Bankenkomitee, dem er in seiner Eigenschaft als Reichsbankpräsident angehörte, abgab. Er erklärte hier am 13. Januar 1930, daß die Reichsbank sich an der Bank für Internationalen Zahlungsausgleich nur beteiligen werde unter der Voraussetzung der unveränderten Annahme des Young-Plans, der Überprüfung des polnischen wie eines auch mit England abgeschlossenen Liquidationsabkommens und des Verzichtes auf wirtschaftliche und militärische Sanktionen. Die erste und zweite Forderung waren unerfüllbar, die dritte rannte offene Türen ein. Einen Augenblick schien das Ergebnis der Konferenz gefährdet und die Rheinlandräumung in Frage gestellt. Die Folge der Ablehnung der Haager Beschlüsse wäre die Fortführung des rechtlich ja noch bestehenden Dawes-Plans mit seinen Sanktionsbestimmungen und mit der jetzt anlaufenden vollen Annuität von 2,5 Milliarden gewesen. Curtius parierte die Sonderpolitik des Reichsbankpräsidenten, indem er erklärte, daß das Reich, wenn sich die Reichsbank versage, mit einem anderen Bankenkonsortium zusammenarbeiten werde. Dem wich Schacht aus. Es wurde vereinbart, daß er sich nicht widersetzen werde, wenn die Reichsbank durch Gesetz zur Mitarbeit an der Bank für Internationalen Zahlungsausgleich verpflichtet werde. Im April 1930 trat Schacht zurück.

Sein Nachfolger wurde Luther. Die im Jahre 1875 gegründete Reichsbank war im Zusammenhang mit der Reparationspolitik in ihre gegenüber der Reichsregierung sehr selbständige Stellung gelangt. Ihre ursprüngliche Unterstellung unter den Reichskanzler hatte man im Jahre 1922 durch Gesetz aufgehoben. Als Zeichen des guten Willens gegenüber den Reparationsgläubigern sollte die Währungsbank vom schwankenden Kredit des Staates unabhängig sein. Der Dawes-Plan hatte dann im Jahre 1924 zu einer internationalen Kontrolle der Reichsbank geführt: Sieben der vierzehn Mitglieder ihres Generalrats mußten Ausländer sein. Die Neuregelung der Reparationen durch den Young-Plan beseitigte nunmehr im Jahre 1930 die ausländische Aufsicht wieder. Im Generalrat saßen fortan nur Deutsche. Die Unabhängigkeit der Reichsbank von der Regierung sollte sich später unter Schacht, der 1933 erneut die Leitung übernahm, in den ersten Jahren des Nationalsozialismus als ein gewisses Korrektiv der hemmungslosen Kreditwünsche des Reiches auswirken. Als sie nach dem abermaligen Rücktritt Schachts im Jahre 1939 schließlich der Leitung des Reiches unterstellt wurde, bedeutete dies, daß die letzten Sicherungen wegfielen, die sich aus finanzpolitischen Gründen der Entfesselung des Krieges entgegenstellten.

Die Reichsbank machte, nachdem das Haager Schlußprotokoll am 20. Januar 1930 angenommen worden war, ihren Einfluß auch innenpolitisch geltend. Das Reich stand damals vor einer rapide zunehmenden Zahl von Arbeitslosen. Sie stieg im Winter 1929/30 auf etwa 3 Millionen. Der Export stieß auf wachsende Schwierigkeiten, weil man in aller Welt zur Schutzzollpolitik überging. Der Steuerertrag sank, und das schon von der letzten Regierung Marx ihrer Nachfolgerin hinterlassene Kassendefizit wuchs. Das Reich versuchte nun, sich mit neuen Krediten und einer inneren Anleihe zu helfen, die aber anstatt der erwarteten 300 nur 180 Millionen einbrachte. Dem drohenden Mangel an Liquidität wurde mit Hilfe einer Anleihe des schwedischen Großindustriellen Kreuger abgeholfen. Die Reichsbank machte ihre Vermittlungsfunktion für Anleihen und Kredite davon abhängig, daß im Finanzjahr 1930 durch Steuererhöhungen und Ausgabensenkung ein Betrag von

450 Millionen für die Schuldentilgung aufgebracht würde. An die Stelle des Finanzministers Hilferding (SPD) war schon Ende 1929 der bisherige Wirtschaftsminister Moldenhauer (DVP) getreten. Hilferding hatte gehofft, die schwebende Schuld des Reiches durch langfristige ausländische Anleihen konsolidieren zu können und zugleich unter Verwendung der Ersparnisse, die sich aus den im Verhältnis zum Young-Plan geringeren Verpflichtungen des Dawes-Plans ergaben, die Steuern senken zu können. Er war aber vor dem wachsenden Widerstand Schachts und zunehmender Kritik aus den Reihen der Parteien einschließlich seiner eigenen gewichen. Es ist dem Kabinett Müller mit seinen Finanzministern Hilferding und Moldenhauer nicht gelungen, aus den divergierenden Ansichten der Parteien und der sie tragenden Interessengruppen ein klares Finanz- und Wirtschaftsprogramm zu entwickeln. Von der Vorlage eines solchen Planes machte aber das Zentrum unter dem Einfluß seines Fraktionsführers Brüning seine Zustimmung zur Ratifizierung der Young-Gesetze abhängig. Bei der ersten Lesung stimmten die Zentrumsabgeordneten dagegen, bei der zweiten dafür, nachdem Brüning von Hindenburg empfangen worden war und dieser erklärt hatte, für eine baldige Verabschiedung eines Gesetzes zur Sicherung der Reichsfinanzen einzutreten. Der präsidiale Kurs kündete sich an.

Am 12. März 1930 wurden die Young-Gesetze angenommen. Zwei Wochen später, am 27. März, stürzte das Kabinett Müller, die letzte parlamentarische Regierung der Weimarer Republik. Der Grund lag in der Unfähigkeit der sie tragenden Parteien, eine gemeinsame Finanzpolitik zu entwickeln. Hierdurch war das Kabinett der Großen Koalition bereits im Herbst 1929 innenpolitisch handlungsunfähig geworden. Die Sozialdemokraten forderten eine stärkere Besteuerung des Besitzes, die Deutsche Volkspartei lehnte dies im wirtschaftlichen Interesse der Kapitalbildung ab. Vor allem aber war es wie im Jahre 1923 so auch diesmal ein Problem der Sozialpolitik, an dem sich die Geister schieden: damals die Frage der Arbeitszeit, jetzt die Arbeitslosenversicherung. Die Gewerkschaften wollten unter allen Umständen die Leistungen der Versicherung aufrechterhalten wissen und suchten die dafür nötige Deckung in einer Erhöhung der Beiträge von $3\frac{1}{2}$ auf 4%, d.h. in einer Erhöhung um je $\frac{1}{4}$% für Arbeitgeber und Arbeitnehmer, sowie in Reichszuschüssen ohne feste Begrenzung. Die Industrie lehnte eine Erhöhung der Beiträge ebenso wie eine sich steigernde Inanspruchnahme öffentlicher Mittel ab und sah in einer Senkung der Leistungen den Weg zur Sanierung der Reichsanstalt. Auch ein einmaliges Notopfer der Festbesoldeten, auf das sich Sozialdemokraten, Demokraten und Zentrum geeinigt hatten und das auch der Reichspräsident befürwortete, wurde von der Deutschen Volkspartei abgelehnt. In dieser Situation schlugen Zentrum und Demokraten einen von dem Fraktionsführer des Zentrums Heinrich Brüning vertretenen Kompromiß vor, nämlich wie bisher 3¹/₂% zu erheben und durch einen Reichszuschuß von 140 Millionen der Reichsanstalt beizuspringen; falls dies nicht ausreichte, sollten die Leistungen der Arbeitslosenversicherung herabgesetzt bzw. die Beiträge erhöht werden[8]. Hierüber sollte ein Reichsgesetz befinden. Damit war die schwierigste Frage hinausgeschoben, aber ein Weg gezeigt, zunächst weiterzukommen. Die Deutsche Volkspartei stimmte zu. Von ihr wurden keine Überzeugungs- und Interessenopfer verlangt. Der Kompromißvorschlag kam ihren Vorstellungen weiter entgegen als denen der Sozialdemokraten. Vielleicht rechneten sie auch mit deren Nein. Für den vom industriellen Flügel der DVP ohnehin erstrebten Bruch der Koalition mit den Sozialdemokraten trugen dann diese selbst die Verantwortung. Die Meinung der sozialdemokratischen Kabinettsmitglieder war geteilt. Reichskanzler Müller, Innenminister Severing und Wirtschaftsminister Schmidt waren für den Kompromiß, der Arbeitsminister Wissell dagegen. Hinter dessen Weigerung standen die Gewerkschaften, die in einer möglichen Senkung der Leistungen eine Gefährdung der sozialen Sicherung der Arbeiter überhaupt sahen[9].

Wieder stellte sich für die sozialdemokratische Führung die Frage, ob sie sich in ihrer Entscheidung von besonderen sozialpolitischen oder von allgemeinen staatspolitischen Überlegungen bestimmen lassen wollte. In der entscheidenden Fraktionssitzung setzte sich der Gewerkschaftsstandpunkt durch. In der gleich danach stattfindenden Kabinettssitzung schlug Hermann Müller vor, die Frage der Arbeitslosenversicherung zunächst zu verschieben und sie aus der Deckungsvorlage für den Reichshaushalt, auf den sich drei Wochen zuvor das Kabinett geeinigt hatte, auszuklammern. Darauf erklärte Finanzminister Moldenhauer, daß er in diesem Falle zurücktreten werde. Auch ein Rückgriff auf den Notstandsartikel 48 der Reichsverfassung war nicht möglich, da es feststand, daß der Reichspräsident einem in sich uneinigen Kabinett dieses Instrument verweigern werde.

Man fand schließlich keinen Ausweg mehr, die Regierung demissionierte.

Der Anlaß für ihren Rücktritt stand in keinem Verhältnis zu den furchtbaren Folgen. Es ist in den nächsten Jahren nicht mehr gelungen, eine Regierung auf parlamentarischer Grundlage zu bilden. Durch den Bruch der Großen Koalition am 27. März 1930 schaltete der deutsche Reichstag sich selber aus. Damals waren von 491 Abgeordneten nur 12 Nationalsozialisten und 54 Kommunisten. Der Parlamentarismus der Weimarer Republik ist nicht von außen zu Fall gebracht worden. Er ging an sich selber zugrunde, als die Flügelparteien der Großen Koalition nicht mehr die Kraft und den Willen aufbrachten, über den widerstreitenden Interessen der hinter ihnen stehenden Gruppen eine zum Kompromiß fähige undoktrinäre Staatsgesinnung zur Geltung zu bringen.

DW 395/863–878. Grundlegend als Dokumentation für die Politik d. Reichsregierung in der Krise des Parteienstaates Akten der Reichskanzlei: Das Kabinett Müller II, hg. v. M. Vogt (2 Bde. 1970); ders. (Hg.), Die Entstehung des Youngplans, dargestellt vom Reichsarchiv 1931–1933 (1970). – Für dieses u. die folgenden Kapitel bietet die umfassendste Information über die Gruppierungen u. Interessen im gesellschaftlich-politischen Raum K. D. Bracher, Die Auflösung d. Weim. Rep. (⁵1971); ders., Parteienstaat, Präsidialsystem, Notstand, in: Dtld. zwischen Demokratie u. Diktatur (1964); überzeugend durch Präzision d. Analyse nach wie vor A. Brecht, Vorspiel zum Schweigen. Das Ende d. Dt. Republik (1948); Helga Timm, Die dt. Sozialpolitik u. der Bruch d. Großen Koalition im März 1930 (1952), weiterhin wertvoll; W. Conze, Die Krise des Parteienstaats in Dtld. 1929/30, HZ 178 (1954); ders., Die polit. Entscheidungen in Dtld. 1929–1933, in: W. Conze/H. Raupach (Hg.), Die Staats- u. Wirtschaftskrise des Dt. Reichs 1929/33 (1967), gibt eine ins einzelne gehende Darlegung d. verwickelten Abläufe.

---

[1] H. Ullmann, Durchbruch zur Nation (1933), S. 275.
[2] E. Jonas, Die Volkskonservativen (1965).
[3] Zum folgenden die Streitschriften v. H. Schacht u. J. Curtius Kap. 16, Anm. 32, beider Memoiren, s. o. S. 18.
[4] Akten d. RK, Kabinett Müller II, hg. v. M. Vogt, Nr. 367.
[5] 31. Okt. 1929, RGBl. 1930 II, Nr. 8.
[6] Text Schulthess 1930, S. 427ff. H. Schacht, Ende d. Reparationen, Kap. 10, versuchte in außenpolitischer Verblendung nachzuweisen, daß den

Alliierten auch jetzt noch das Sanktionsrecht zustehe. Dagegen stellte F. Grimm als Fazit d. franz. Kammerdebatte vom 27. bis 30. März 1930 fest, »daß das Recht auf militärische Maßnahmen, die Wiederbesetzung des Rheinlandes, nicht mehr besteht«, Dt. Juristenzeitung 15. Mai 1931; vgl. J. Curtius, Youngplan, S. 99.
[7] Überblick über das Vertragswerk des Young-Plans bei H. Ronde, Von Versailles bis Lausanne. Der Verlauf der Reparationsverhandlungen nach dem Ersten Weltkrieg (1950), S. 146ff. Texte d. verschiedenen hierauf bezüg-

lichen Gesetze RGBl. 1930 II, Nr. 7, 12, 13, 19, 21, 27; Die Haager Protokolle, amtl. Text (1929).

[8] Text des Brüning-Kompromisses bei H. Timm, Sozialpolitik u. Bruch d. Großen Koalition, S. 180.

[9] Ursula Hüllbusch, Die dt. Gewerkschaften in der Weltwirtschaftskrise, in: W. Conze/H. Raupach (Hg.), Die Staats- u. Wirtschaftskrise d. dt. Reichs 1929/33 (1967), krit.

Analyse der polit. widersprüchlichen u. unsicheren Haltung des ADGB, der durch seinen Einfluß auf die SPD zunächst entscheidend dazu beitrug, daß die letzte parlamentar. Regierung der Großen Koalition stürzte, der dann bis zu den Septemberwahlen Brüning attackierte, um danach die stille Diktatur Brünings als Sicherung gegen das Umschlagen in die offene Diktatur zu stützen.

Kapitel 22
Das Reich unter der Kanzlerschaft Brünings

Die Große Koalition war daran zerbrochen, daß sie sich nicht fähig gezeigt hatte, ein gemeinsames Finanzprogramm zu entwickeln, oder genauer, weil die Sozialdemokraten dem Kompromißvorschlag des Führers der Zentrumsfraktion, Heinrich Brüning, nicht zugestimmt hatten. Brüning, in der Öffentlichkeit damals noch weitgehend unbekannt, war zu einer Schlüsselfigur im deutschen Reichstag geworden. Der ehemalige Frontoffizier und entschiedene Gegner der Revolution hatte nach dem Kriege seine akademischen Berufsabsichten aufgegeben und sich zunächst im Berliner Kreise von Carl Sonnenschein, dem Gründer der katholischen sozialen Studentenbewegung, in die Sozialpolitik begeben. Er wurde persönlicher Referent des Christlichen Gewerkschaftsführers, preußischen Wohlfahrtsministers und zeitweiligen Ministerpräsidenten Adam Stegerwald. 1920 übernahm er von ihm die Geschäftsführung der Christlichen Gewerkschaften. Nach dem Kapp-Putsch und Ruhraufstand begrüßte er es, daß bei den ersten Reichstagswahlen im Juni 1920 die Weimarer Koalition ihre parlamentarische Mehrheit verlor. 1924 wurde er als Abgeordneter gewählt. Die Zentrumsfraktion machte ihn im Dezember 1929 zu ihrem Vorsitzenden. Das katholische Zentrum entsprach nicht den Vorstellungen von einer überkonfessionellen christlichen Partei, die er als Verfasser einer Rede Adam Stegerwalds zum Gewerkschaftstag in Essen vom 20. bis 23. November 1920[1] entwickelt hatte. Ihm hatte vorgeschwebt, dem parlamentarischen Leben der Republik eine starke politische Mitte zu geben durch einen auf die Christlichen Gewerkschaften gestützten Zusammenschluß aller konservativen, auf eine aktive Sozialpolitik gerichteten Kräfte. Auch der Reichsarbeitsminister Heinrich Brauns hatte solchen Bestrebungen Brünings nahegestanden. Obwohl die konservativ-soziale Mitte nicht zustande kam, bildeten die von Brüning gepflegten christlich-gewerkschaftlichen Querverbindungen zu den verschiedenen Parteien eine gewisse Voraussetzung für seine parlamentarischen Ausgleichsbemühungen. In der Krise der Großen Koalition hat er versucht, durch seinen Kompromißvorschlag die Regierung Müller zu retten. Allerdings war er der Überzeugung, daß diese Regierung einige Monate nach Verabschiedung der Young-Gesetze und des Haushaltes abgelöst werden sollte. Denn in der damals zutage tretenden Funktionsschwäche des Parlaments sah er das akute Zeichen einer tieferliegenden Krise des Parteienstaates überhaupt. Er hielt es für erforderlich, durch eine verstärkte Anwendung der autoritären Elemente der Weimarer Verfassung einen über den divergierenden Interessen der Gesellschaft stehenden Staatswillen zur Geltung zu bringen. Seine Staatsgesinnung war am Vorbild des monarchischen Konstitutionalismus orientiert. So war es möglich, daß er parallel zu seinen parlamentarischen Bemühungen um einen zeitlich begrenzten Fortbestand der Großen Koalition im Winter 1929/30 mit dem Reichswehrminister Groener, mit dem politisch einflußreichen Chef des Ministeramtes General Schleicher, mit dem Staatssekretär der Präsidialkanzlei Meißner und mit Hindenburg Gespräche führte, in denen nicht nur von der Notwendigkeit einer auf die Präsidialgewalt statt auf das Parlament sich stützenden Regierung die Rede war, sondern auch von einer später anzustrebenden Wiederherstellung der Monarchie. Brüning hat sich hierüber niemals systematisch geäußert. Aus seinen Gesprächen mit Hindenburg vor und während seiner Kanzlerzeit, über die er in seinen Memoiren berichtet, ergibt sich jedoch, daß er dabei nicht an den Typus der englischen parlamentarischen Monarchie[2] mit einer eng begrenzten Prärogative der Krone dachte und daß selbst im Vergleich zur kaiserlichen Reichsverfassung die wiederhergestellte Monarchie mit stärkeren Vollmachten ausgerüstet sein sollte[3], sowohl gegenüber den Ländern wie gegenüber dem Reichstag.

Auf Vorschlag Schleichers beauftragte Hindenburg den zunächst zögernden Brüning am 28. März 1930 mit der Regierungsbildung. Es kam ein Minderheitskabinett zustande, das sich aus Angehörigen der Parteien der bürgerlichen Mitte, meist

Mitgliedern der Regierung Müller, zusammensetzte. Von der Rechten kamen der Brüning treu ergebene Volkskonservative Treviranus und der Deutschnationale Martin Schiele hinzu, der im Gegensatz zu Hugenberg stand. Arbeitsminister wurde als Nachfolger Wissells Adam Stegerwald. Dieses »Hindenburg-Kabinett« war ganz vom Vertrauen des Reichspräsidenten abhängig. »Mehr Macht dem Reichspräsidenten« war insbesondere auch das Verfassungsziel der Volkskonservativen. Persönlich fühlte sich Brüning in einer inadäquaten Übertragung soldatischer Verhaltensweise auf das Politische als Offizier des Weltkriegs an die Person des Generalfeldmarschalls durch ein unbedingtes Treueverhältnis gebunden, auch nachdem er später erkannte, daß er nicht mit einer ähnlichen Loyalität des fremden Beeinflussungen zugänglichen und zunehmend vom Altersverfall gekennzeichneten Hindenburg rechnen konnte.

Das zunächst drängendste Problem war der Ausgleich der Staatsfinanzen. Wirtschaftspolitisch ging Brüning den Weg der Deflation, d.h. radikaler Kürzung der Staatsausgaben auf der einen Seite und Erhöhung der Steuern auf der anderen. Er war hierbei in erster Linie von reparationspolitischen Gesichtspunkten geleitet. Deutschland war durch den Young-Plan nicht weniger als durch den Dawes-Plan darauf verpflichtet, die Währung stabil zu halten. Nur durch eine konsequente Einhaltung dieser Verpflichtung konnte es hoffen, das im Young-Plan vorgesehene Verfahren einer erneuten Überprüfung der deutschen Leistungsfähigkeit mit Aussicht auf Erfolg in Gang zu setzen. Brünings Deflationspolitik ist also als eine Form der Erfüllungspolitik zu verstehen mit dem Ziel der Vertragsrevidierung. Er legte sein Finanzprogramm dem Reichstag vor, nachdem erste Sanierungsmaßnahmen eine schwache Mehrheit gefunden hatten. Es sah neben allgemeinen Ausgabenkürzungen eine verschärfte Besteuerung der Einkommen über 8000 Mark und eine Kürzung der Löhne und Gehälter der Angestellten des öffentlichen Dienstes vor. Die Vorlage wurde durch die Stimmen der KPD, SPD, des größten Teils der Deutschnationalen und der NSDAP am 16. Juli abgelehnt, durch eine negative Majorität also, die in nichts übereinstimmte außer in diesem Nein. Nun griff Brüning auf Artikel 48 zurück und erließ zwei Notverordnungen. Notverordnungen konnten durch den Reichstag außer Kraft gesetzt werden, und zwar ebenfalls auf Grund von Artikel 48. Dies geschah auf Antrag der SPD mit der gleichen negativen Mehrheit wie die Ablehnung der Gesetzesvorlage. Bei den

Deutschnationalen stimmte mit Graf Westarp eine Gruppe von 25 Abgeordneten gegen den Aufhebungsantrag. Der mit dem Ausscheiden von Lambach und Treviranus begonnene Spaltungsprozeß der Deutschnationalen setzte sich fort. Von den deutschnationalen Fraktionsmitgliedern des Jahres 1928 stand jetzt die Hälfte auf der Seite Brünings. Die Parteiorganisation aber blieb in der Hand Hugenbergs. Brüning hatte sich für den Fall der Ablehnung seiner Notverordnungen gemäß Artikel 25 der Reichsverfassung durch Hindenburg bevollmächtigen lassen, den Reichstag aufzulösen. Dies geschah am 18. Juli 1930. Neuwahlen wurden für den 14. September angesetzt. In der Zwischenzeit regierte Brüning durch ein System von Notverordnungen. Es war nicht das erste Mal in der Geschichte der Weimarer Republik, daß der Artikel 48 angewendet wurde oder daß in Notzeiten an die Stelle der normalen Gesetzgebung die Regierung zu einer Verordnungsgesetzgebung ermächtigt wurde. So hatten sich Stresemann als Kanzler und dann Marx vom Reichstag Ermächtigungsgesetze bewilligen lassen. Neu und dem Sinn des Artikel 48 selbst zuwiderlaufend war die Verbindung einer Notverordnungsgesetzgebung mit der Auflösung eines Reichstags, der bereits von seinem verfassungsmäßigen Recht Gebrauch gemacht hatte, sich gegen diese Verordnungen auszusprechen[4]. Aber gab es überhaupt noch andere Möglichkeiten? Eine bürgerliche Rechtskoalition besaß in diesem Reichstag keine Chancen, selbst wenn die Deutschnationalen hierzu bereit gewesen wären. So blieben als andere Möglichkeit, wieder eine parlamentarische Basis zu gewinnen, nur Verhandlungen mit den Sozialdemokraten übrig. Das konnte nicht einfach sein, nachdem gerade die Große Koalition auseinandergebrochen war. Dieser wenig ermutigende Weg, der aber vom Sinn der Verfassung gefordert war, ist nicht beschritten worden[5]. Eine Regierung mit Hilfe des Artikels 48, die sich auf die Autorität des Reichspräsidenten stützte, schien zudem eine konsequentere Wirtschaftspolitik zu ermöglichen als die halben und schwerfälligen Maßnahmen einer heterogen zusammengesetzten Koalition. Und eben die Konsequenz und Radikalität des neuen Finanzprogramms schien die Voraussetzung zu sein für den später aufzunehmenden Kampf gegen die Arbeitslosigkeit und damit gegen die politische Radikalisierung. Was war der richtige Weg? Es war kein Zweifel, daß die Majorität des Reichstags, der noch zwei Jahre im Amte hätte bleiben können, gegen die totalitären Bewegungen der radikalen Rechten und

Linken für eine parlamentarische oder konstitutionelle rechtsstaatliche Ordnung eintrat. Auch Brüning und seine Freunde, die an eine Umbildung der Verfassung dachten, hofften, diese mit verfassungsmäßigen Mitteln erreichen zu können. Insofern standen sie auf dem Boden der Verfassung. Was konnte also Brüning von Neuwahlen halten? Sie hatten offensichtlich nur dann Sinn, wenn man eine Stärkung der hinter Brüning stehenden Parteien in einem solchen Umfang erwarten durfte, daß die Gewinnung einer positiven Parlamentsmehrheit zustande kam. Diese Überlegung war, wenn man das letzte Abstimmungsverhältnis zu den Notverordnungen betrachtete, nicht abwegig, denn der SPD-Antrag hatte nur eine knappe Mehrheit von 236 zu 221 Stimmen erbracht. Konnte man nicht darauf hoffen, daß sich entsprechend der Spaltung in der deutschnationalen Fraktion auch eine ins Gewicht fallende Zahl von Wählern von der Hugenberg-Partei abwenden würde? Damals schlossen sich die Treviranus-Gruppe und die Westarp-Gruppe zur Konservativen Volkspartei zusammen[6]. Unter den außerparlamentarischen Bünden der deutschen Rechten war einer, der in schärfstem Gegensatz zu Deutschnationalen und Nationalsozialisten stand, der Jungdeutsche Orden Arthur Mahrauns[7]. Hatte er bisher den »Parteiismus« bekämpft, so wandte er sich jetzt dem Parlament zu und schloß sich mit den Demokraten zur Deutschen Staatspartei zusammen[8].

War diese Regung der konservativen Kräfte eine Oberflächenströmung, oder reichte sie in die Tiefe? Brüning appellierte an die Nichtwähler und erhoffte von dort eine Stärkung der Konservativen. Er hat natürlich vorausgesehen, daß die Nationalsozialisten Stimmen hinzugewinnen würden. Er rechnete, wie Treviranus berichtet, mit 80 bis 90 Mandaten für die Anhänger Hitlers, diese selbst mit 40 bis 50. In Wirklichkeit zeigten jedoch die Septemberwahlen, daß die der Reichstagsauflösung vom Juli 1930 zugrunde liegende Beurteilung der politischen Strömungen und Kräfte falsch war. Der Irrtum war begreiflich, aber darum nicht minder verhängnisvoll. Begreiflich war er, weil in der Tat die besonderen bewahrenden Kräfte, in denen der Kanzler lebte, nämlich die religiösen Bindungen der katholischen Kirche, auch auf dem politischen Felde so lebendig in Erscheinung traten, daß bei den Wahlen das Zentrum 6, die Bayerische Volkspartei 3 Sitze hinzugewinnen konnten. Brünings Hoffnung auf die von den Deutschnationalen abgesplitterten Gruppen erfüllte sich jedoch nicht. Die Volkskonservativen brachten nur 4 Abgeordnete ins Parlament. Für das Schicksal der Volkskonservativen ist die Entwicklung im Deutschnationalen Handlungsgehilfenverband charakteristisch, auf den sich diese Partei personell und finanziell stützte: Während die Führer des Verbandes sich an einer konservativen Politik orientierten, wurde die Mitgliederschaft bereits weitgehend von der nationalsozialistischen Propaganda ergriffen[9]. Daneben gab es den Christlich-Sozialen Volksdienst mit 14 Abgeordneten. Diese Partei war der letzte Ausläufer der Berliner Bewegung der neunziger Jahre, wo der Versuch gemacht worden war, vom evangelischen Christentum her eine den Erfordernissen der modernen Welt Rechnung tragende Staats- und Sozialpolitik zu entwickeln. In dieser Partei fanden sich gewerkschaftlich, sozialpolitisch orientierte Elemente, die von den Deutschnationalen abgesplittert waren, mit dem 1924 in Württemberg entstandenen Christlichen Volksdienst zusammen. Die Partei hat keine feste Gestalt zu finden vermocht. Schon bei den nächsten Reichstagswahlen war sie so gut wie ganz verschwunden[10].

Eine wahre Einsicht in die Kräfteverhältnisse war deshalb so schwer zu erlangen, weil der von der konservativ-revolutionären Publizistik verbreitete ideologische Nebel die klare Sicht nahm. Die Nationalsozialisten machten in massenpsychologisch geschickten Abstufungen je nach dem angesprochenen Hörer- und Wählerkreis ausgiebigen und erfolgreichen Gebrauch von konservativen Ideen und Schlagworten. Auch Brüning und Treviranus ließen sich bis zu einem gewissen Grade täuschen. Sie hielten die Nationalsozialisten im Unterschied zu den Kommunisten noch lange für koalitionsfähig. Brüning glaubte an die Möglichkeit, »eines Tages die NSDAP in das gleiche Joch der Verantwortlichkeit mit hineinspannen zu können wie die andern Parteien«[11]. Die Nationalsozialisten waren jedenfalls die Gewinner der Septemberwahlen. Ihre Abgeordnetenzahl schnellte von 12 auf 107 Sitze empor, während die Deutschnationalen von 73 auf 41 zurückgingen. Die konservativen Parteien traten wie gesagt nur schwach in Erscheinung. Die Mittelparteien mit Ausnahme des Zentrums bröckelten weiter ab. Auf dem linken Flügel des Parteienfeldes zeigte sich eine ähnliche Erscheinung wie auf dem rechten: Der radikale revolutionäre Flügel gewann (KPD 77 statt 54), während die gemäßigtere Partei, die Sozialdemokraten, zurückging (143 statt 153). Woher kamen die nationalsozialistischen Stimmen? Insgesamt wurden bei den Septemberwahlen 1930 über 4 Millionen

Stimmzettel mehr in die Wahlurne geworfen als bei den Maiwahlen 1928. Diese Stimmen setzten sich zusammen aus früheren Nichtwählern und Erstwählern. Von beiden Kategorien ist ein großer Teil den Nationalsozialisten zugute gekommen. Es hat aber auch eine Verschiebung der bisherigen Wählerschaft stattgefunden. Man kann, ohne daß hier auf die Einzelheiten der schwierigen wahlsoziographischen Probleme eingegangen werden kann, feststellen, daß der Gewinn der Nationalsozialisten sich außerdem aus einer Abwanderung der Stimmen aus dem bürgerlichen Lager, namentlich der Deutschnationalen, erklären läßt[12].

Im Reichstag ergab sich die Situation, daß keine positive Mehrheit, nach welcher Seite auch immer, zu bilden war. Zwar hätten rein zahlenmäßig die Parteien der Großen Koalition auch jetzt noch eine Mehrheit besessen, aber die sozialpolitischen Spannungen zwischen ihnen waren zu groß, als daß sie vermocht hätten, sich auf ein gemeinsames Programm festzulegen. Es gab aber auch keine negative Majorität, sei es in einem Mißtrauensvotum gegen den Kanzler, sei es in dem Beschluß, die Notverordnungen aufzuheben. Die SPD wagte nicht mehr, die Aufhebung der Verordnungen zu verlangen, in Furcht vor dem, was nach Brüning kommen könnte. Anträge der Nationalsozialisten und Kommunisten wurden abgelehnt. Brüning konnte weiter regieren und seine Wirtschaftspolitik in einem System unzähliger Notverordnungen weiterführen. So vollzog sich ein »stiller Verfassungswandel«[13] zur Präsidentschaftsrepublik, zunächst in der Form einer parlamentarisch tolerierten Präsidialregierung. Brüning konnte den Erfolg für sich buchen, daß das Budget ausgeglichen wurde. Aber das geschah vor dem Hintergrund einer furchtbaren Verschlimmerung der Wirtschaftslage.

Nach den Septemberwahlen begann der Abruf von Auslandskapitalien. Das hatte zum Teil politische Gründe, zum Teil war es ein Weltvorgang. In Amerika hatte das Mißtrauen der Einleger gegen überzogene Spekulationen der Banken zu einem Krach geführt, in dessen Gefolge unendlich viele wirtschaftliche Existenzen zugrunde gingen. Die amerikanische Krise zog die ganze Welt in Mitleidenschaft[14]. Das englische Pfund wurde um 30% abgewertet. Am 11. Mai 1931 brach die Österreichische Kreditanstalt zusammen, am 18. Juni der Nordwollekonzern. Am 13. Juli stellte die Danatbank ihre Zahlungen ein, und einen Tag später wurden die Schalter aller deutschen Banken geschlossen[15]. Durch erhebliche Reichszuschüsse wurden die Banken allerdings wieder liquide gemacht. Währenddessen stieg die Arbeitslosigkeit bis 1932 auf 6 Millionen. Löhne und Gehälter wurden gekürzt. Aber die Senkung der landwirtschaftlichen Preise hielt nicht Schritt. Eine tiefe Hoffnungslosigkeit bemächtigte sich der in die Dauerarbeitslosigkeit hineinwachsenden Jugend. Es geschah nichts Konstruktives gegen dieses Elend. Denn der innenpolitische Preis, der für die außenpolitisch motivierte Deflationspolitik zu zahlen war, hieß Verzicht auf eine energische sofortige Bekämpfung der Arbeitslosigkeit. Die Bereitstellung größerer Mittel hierfür war allenfalls für den Augenblick vorgesehen, in dem der Haushalt stabilisiert, ein Abbau der Reparationen in Sicht und der Tiefpunkt der wirtschaftlichen Rezession erreicht sein würde. Es scheint aber, daß Brüning die Beseitigung der Arbeitslosigkeit überhaupt weniger von gezielten Maßnahmen als von einer späteren generellen wirtschaftlichen Erholung erwartete. Mittel, die hierfür bereitgestellt werden sollten, beruhten nicht auf Geldvermehrung. Sie waren vielmehr durch fiskalische Sparmaßnahmen zuvor dem Geldumlauf entzogen worden. Die Finanzpolitik Brünings fand im allgemeinen die Zustimmung der Reparationsgläubiger. Allerdings wertete England im Jahre 1931 seine eigene Währung ab. Der Gouverneur der Bank von England ebenso wie die Bank für Internationalen Zahlungsausgleich in Basel rieten Deutschland, ein Gleiches zu tun. Brüning und Luther ließen sich jedoch aus Furcht vor Inflation nicht von dem eingeschlagenen Weg abbringen. Der Deflationskurs wurde auch in der Finanzwissenschaft der Zeit mit wenigen Ausnahmen für richtig gehalten. Die Kritiker der Deflationspolitik erklärten demgegenüber, daß eine kontrollierte Geldvermehrung zum Zweck der Arbeitsbeschaffung und mit dem Effekt der Produktionssteigerung keineswegs eine Inflation heraufbeschwören werde[16]. Die von dem Engländer Keynes entwickelten Theorien einer volkswirtschaftlichen Gesamtrechnung und einer antizyklischen Finanzpolitik wurden jedoch erst später Gemeingut der Wissenschaft. Starken Rückhalt fand Brüning beim Reichsbankpräsidenten Luther, der nach der Inflation 1923 die Maßnahmen zur Stabilisierung der Währung durchgeführt hatte. Brüning glaubte, um des nationalpolitischen Zieles willen der deutschen Bevölkerung für eine gewisse Zeit hohe Opfer abverlangen zu können. Dies entsprach seiner eigenen durch Pflicht und Arbeit bestimmten asketischen Lebensführung. Aber es war dem »Hungerkanzler« nicht gegeben, die in der Depression sich radikalisierenden Massen zu überzeugen. Seine Politik war bei der wachsenden Verelendung des Volkes ein Wettlauf mit der Zeit.

Nun gelang es Brüning in der Tat, in der Reparationspolitik ein gehöriges Stück weiterzukommen. Am 20. Juni 1931 schlug der amerikanische Präsident Hoover ein allgemeines internationales Schuldenfeierjahr vor, das dann auch nach dem Sträuben Frankreichs von allen beteiligten Regierungen angenommen wurde. Brüning wollte aber mehr als ein bloßes Moratorium. Er griff auf die im Young-Plan vorgesehenen Revisionsmöglichkeiten zurück. Ein Sonderausschuß beschäftigte sich mit der wirtschaftlichen Lage Deutschlands und legte Ende 1931 den sogenannten Beneduce-Bericht vor[17]. Hier wurde klargelegt, daß der Young-Plan auf der falschen Voraussetzung eines ständigen Aufstiegs des Welthandels aufgebaut war. Der Bericht forderte, daß alle zwischenstaatlichen Schulden der zerrütteten wirtschaftlichen Weltlage anzupassen seien. Es wurde für 1932 eine Reparationskonferenz in Lausanne vereinbart. In Vorverhandlungen stellte Brüning die Forderung, die gesamten Reparationen abzuschaffen. Er stürzte jedoch, bevor die Lausanner Konferenz stattfand, wie er meinte: »100 Meter vor dem Ziel«. Seine Nachfolger ernteten die Früchte, die er gesät hatte. Auch in der Frage des Rüstungsstandes kam Brüning einen Schritt weiter. Im Februar 1932 trat in Genf die internationale Abrüstungskonferenz zusammen. Sie hatte kein materielles Ergebnis, führte aber doch dazu, daß Brüning die deutsche Forderung auf Gleichberechtigung unüberhörbar geltend machen konnte[18].

Auf einem anderen Gebiet der Außenpolitik hatten Brüning und sein Außenminister Curtius eine weniger glückliche Hand. Im Mai 1930 erhielt die Regierung das Briandsche Projekt für eine europäische Union zur Stellungnahme[19]. Brüning fürchtete, daß die Zustimmung Deutschlands zur europäischen Föderation zugleich den Verzicht auf eine Revision der Ostgrenzen bedeutete. Dieses Opfer zu bringen war er nicht bereit. Man wird hierbei berücksichtigen müssen, daß jede Politik der Verständigung mit Frankreich sich einer immer maßloser werdenden Kritik von seiten des Rechtsradikalismus ausgesetzt sah. Die Skepsis der deutschen Regierung gegenüber dem Europaplan wurde gefördert durch die ablehnende Haltung, die auch England aus Rücksicht auf seine Commonwealth-Beziehungen dem Gedanken der europäischen Einigung gegenüber einnahm. Die deutsche Regierung erklärte der englischen, daß die conditio sine qua non für Deutschlands Eintritt in eine europäische Föderation der englische Beitritt sei. Am Widerspruch Englands und Deutschlands scheiterte dieser erste Plan, zwischen den europäischen Staaten ein festeres politisches Verhältnis zu begründen.

Statt dessen versuchte die Regierung Brüning unter Initiative des Reichsaußenministers Curtius[20] den Anschlußgedanken voranzutreiben. Die deutsche und österreichische Regierung vereinbarten eine Zollunion[21]. Der Plan ließ sich aus der wirtschaftlichen Notlage der beiden Länder motivieren. Die deutsche Industrie unterstützte ihn, während sie sich gegenüber gleichzeitigen Angeboten der französischen Wirtschaft zu einer engeren Zusammenarbeit mit Deutschland reserviert verhielt. Hinter dem deutsch-österreichischen Zollunionsplan tauchte die alte Mitteleuropaidee wieder auf. So war der österreichische, jetzt in Deutschland lebende Wirtschaftsjournalist Gustav Stolper, der im Kriege das Mitteleuropaprojekt Naumanns von der wirtschaftlichen Seite her untermauert hatte, ein eifriger Befürworter der Zollunion. Auf diesen zunächst nur auf wirtschaftliche Fragen beschränkten Plan reagierten Frankreich und die Kleine Entente politisch. Der Protest der Mächte veranlaßte die Regierung, den Plan dem Genfer Studienausschuß für Paneuropa zu überweisen. Ebenso wie die Europaunion selber war mit der Überweisung des Zollunionsplans an diesen Ausschuß der Plan praktisch erledigt. Der Haager Gerichtshof erklärte am 5. September 1931 mit 8 gegen 7 Stimmen die Unvereinbarkeit des Zollunionsplans mit den bestehenden Verträgen.

Durch das Scheitern der durch den Zollunionsplan angefachten Anschlußhoffnungen erhielt die nationalistische Opposition gegen den Regierungskurs neuen Zündstoff. Am 11. Oktober 1931 führten Nationalsozialisten, Deutschnationale und Stahlhelm in Bad Harzburg gemeinsam eine Kundgebung durch und schlossen sich zur »Harzburger Front« zusammen[22]. Auf der anderen Seite hatte mit dem Rückgang der bürgerlichen Mittelparteien der Wehrverband des Reichsbanners mehr und mehr einen sozialdemokratischen Charakter angenommen. Das Reichsbanner schloß sich mit Gewerkschaften und Arbeitersportverbänden am 16. Dezember 1931 zur »Eisernen Front« zusammen. Der Schwerpunkt der politischen Gewichte verlagerte sich weg vom Parlament. Nachdem die Parteien der Großen Koalition, die im Reichstag an sich zahlenmäßig noch in der Mehrheit waren, vor der ihr gestellten Aufgabe der Gesetzgebung versagt hatten, trat, da es kein Machtvakuum gibt, an der Spitze des Staates die Präsidialgewalt hervor. Von ihr wurde die Regierung abhängig, während sich im Kampf der »Fronten« die plebiszitären Entscheidungen der Zukunft vorbereiteten.

In der Brüning-Zeit, in der sich die »auctoritas« des Staatsoberhauptes auf die »potestas« von bewaffneter Macht und Bürokratie stützte, kam, von Carl Schmitt formuliert, das begierig aufgegriffene, unheilschwangere Wort vom »totalen Staat« auf.

DW 395/879–906; vgl. Lit. zu Kap. 21. H. Brüning, Reden u. Aufsätze, hg. v. W. Verneohl /R. Morsey (1968); Akten der Reichskanzlei: Das Kabinett Brüning, hg. v. T. Koops (in Vorbereitung); H. Pünder, Politik d. Reichskanzlei. Aufzeichnungen aus den Jahren 1929–1932, hg. v. Th. Vogelsang (1961), Pünder war Staatssekr. d. Reichskanzlei. – Die Frage nach dem historischen Ort der Reg. Brüning im Zusammenhang der dt. Gesch. d. 20. Jh. ist kontrovers. Verkörpert sich in dem Namen Brünings der letzte Versuch, die Weimarer Republik vor ihren eigenen Schwächen u. damit vor ihrem Untergang zu bewahren, oder hat Brüning die Auflösung der dt. Demokratie gefördert? Durch seinen posthum veröffentlichten Rechenschaftsbericht: H. Brüning, Memoiren 1918–1934 (1970, Tb. 1972), ist die Kontroverse nicht beendet, obwohl diese Aufzeichnungen Brünings deutlicher als bisher erkennen lassen: 1. wie zielbewußt er auf eine Verfassungsänderung hinstrebte, 2. in welch hohem Maße er an die Person Hindenburgs gebunden blieb, auch nachdem er dessen Unzuverlässigkeit durchschaute, 3. wie intensiv er die Koalitionsmöglichkeiten mit den Nationalsozialisten abtastete. Für eine positive, aber zunehmend differenzierte Beurteilung Brünings ist in erster Linie zu nennen W. Conze, Brünings Politik unter dem Druck d. großen Krise, HZ 199 (1964); ders., Die Regierung Brüning, Brüning-Festschr. (1967); ders., Brüning als Reichskanzler. Eine Zwischenbilanz, HZ 214 (1972); ähnlich in der Wertung R. Morsey, Neue Quellen zur Vorgesch. d. Reichskanzlerschaft Brünings, Brüning-Festschr. (1967); auch J. Becker, Heinrich Brüning in den Krisenjahren d. Weimarer Republik, GWU 17 (1966), hält die »Wiederkehr des Obrigkeitsstaates im Gewande des bürokratischen Notverordnungsregimes in der Ära Brüning« für folgerichtig. Brüning sei nach dem vielzitierten Wort »hundert Meter vor dem Ziel« gescheitert. Eine hohe Einschätzung der staatsmännischen Leistung Brünings kommt auch zum Ausdruck in den beiden Sammelwerken: F. A. Hermes / Th. Schieder (Hg.), Staat, Wirtschaft u. Politik in der Weimarer Republik, Brüning-Festschr. (1967) u. W. Conze / H. Raupach (Hg.), Die Staats- u. Wirtschaftskrise der Dt. Reichs 1929/1933 (1967). Kritisch dem gegenüber K. D. Bracher, Die Auflösung der Weimarer Republik (⁵1971). Die Regierung Brüning steht hier unter dem Leitwort »Stufen der Auflösung«. Die kritische Einstellung verschärft in ders., Die Brüning-Memoiren, VfZG 19 (1971); in Auseinandersetzung mit Conze wendet Bracher sich gegen den »Brüning-Mythos« von der angeblich »unausweichlichen Notwendigkeit des Brüning-Kurses« u. gegen die »Legende von dem tragischen Sturz 100 m vor dem Ziel, mit der sein Scheitern erklärt oder auch überdeckt wurde«. Er stellt dabei die nicht näher begründete These auf, daß im Jahre 1930 noch eine parlamentarisch-demokratische Lösung möglich gewesen sei. Brünings Sachlichkeitsethos, seine Idee vom überparteilichen Staat, seine Befolgung des Primats der Außenpolitik und seine am Begriff des »Gemeinwohls« orientierte Staatsführung gelten ihm zusammengefaßt als Indizien für einen angeblich »unpolitischen Begriff des Politischen« u. für eine »außerdemokratische Politik u. Staatsauffassung«. Der vermeintliche Retter der Republik sei zu ihrem »ersten Liquidator« geworden. Kritische Abwägung der beiden Positionen unter Berücksichtigung der unterschiedlichen methodischen Ansätze von der Geschichte (Conze) oder der Politikwissenschaft (Bracher) her bei G. SCHWARZ, Krise des Parteienstaates oder Problematik des Präsidialsystems? Zur Kontroverse um die Auflösung der Weimarer Republik, GWU 20 (1969). – Decouvrierend hinsichtlich Zielsetzung und Lagebeurteilung der Regierung Brüning die Erinnerungen von G. R. TREVIRANUS, Das Ende von Weimar. H. Brüning und seine Zeit (1968), hierzu Bespr. K. D. ERDMANN, in: Die Zeit, 17. Jan. 1969; für die Finanzu. Wirtschaftspolitik: H. LUTHER, Vor dem Abgrund 1930–1933. Reichsbankpräsident in Krisenzeiten (1964). – Treviranus u. Luther suchen die Deflationspolitik der Regierung Brüning in ihren Erinnerungen zu rechtfertigen. Neben Conze gibt das geschlossenste Plädoyer für die Wirtschaftspolitik Brünings von ihrem reparationspolitischen Ansatz her W. J. HELBICH, Die Reparationen in der Ära Brüning. Zur Bedeutung des Young-Plans für die dt. Politik 1930 bis 1932 (1962). Im übrigen wird der Wirtschaftskurs Brünings in der neueren Lit. vorwiegend als falsch beurteilt: G. KROLL, Von der Weltwirtschaftskrise zur Staatskonjunktur (1958), stellt fest, daß Brüning keine Vorstellung davon gehabt habe, »bis zu welcher Grenze man in Dtld. das Geldvolumen wirklich ausdehnen konnte, ohne daß dieser Vorgang auch nur im geringsten inflationistisch wirkte«; W. GROTKOPP, Die große Krise. Lehren aus der Überwindung der Wirtschaftskrise 1929/32 (1954); R. TREVIRANUS, Die konjunkturpolit. Rolle der Öffentl. Haushalte in Dtld. während der großen Krise 1928–1934 (Diss. Kiel 1964); H. SANMANN, Daten u. Alternativen d. dt. Wirtschafts- u. Finanzpolitik in der Ära Brüning, in: Hamburger Jb. f. Wirtsch.- u. Gesellschaftspolitik 10 (1965), wägt gegeneinander ab, was nach der vorherrschenden Meinung der damaligen Zeit u. was nach dem heutigen Wissens- u. Erfahrungsstand über die Deflationspolitik in der Krise zu sagen ist. Auch F. A. HERMENS, Das Kabinett Brüning u. die Depression, Brüning-Festschr. (1967), will bei aller sachlichen Kritik den außenpolitischen u. psychologischen Faktor (Inflationsangst) zur gerechten Beurteilung Brünings herangezogen wissen. Schärfer ist das Urteil von H. KÖHLER, Arbeitsbeschaffung, Siedlung u. Reparationen in der Schlußphase d. Reg. Brüning, VfZG 17 (1969); er bestreitet, daß Brüning überhaupt ein klares Konzept gehabt habe, ein Junktim von Reparationslösung u. Arbeitsbeschaffung sei im Bewußtsein Brünings nicht vorhanden gewesen. Mangel an ökonomischen Kenntnissen u. wirtschaftspolitischer Phantasie wird Brüning bescheinigt von W. TREUE (Hg.), Dtld. in der Weltwirtschaftskrise in Augenzeugenberichten (1967, Einleitung). Aber geradezu gesteigert zur Unheilsfigur der dt. Gesch. bei allem subjektiven guten Willen wird Brüning von zwei aus dem Bankleben kommenden Finanztheoretikern: L. A. HAHN, Brüning war an allem schuld. Eine falsche Wirtschaftspolitik ebnete den Weg für die Massenverführer, in: Die Zeit, 5. April 1963; G. ZIEMER, Inflation u. Deflation zerstörten die Demokratie. Lehren aus dem Schicksal der Weimarer Republik (1971). – Unter dem Aspekt eines dt. Landes W. BESSON, Württemberg u. die dt. Staatskrise (1959).

[1] Abgedruckt in: Niederschrift der Verhandlungen d. 10. Kongresses der Christl. Gewerkschaften Dtlds., Essen 20. bis 23. Nov. 1920 (1920), S. 182; vgl. R. MORSEY, Die dt. Zentrumspartei, S. 369 ff.; H.-J. SCHORR, Adam Stegerwald. Gewerkschafter u. Politiker der ersten dt. Republik (1966).
[2] So irrtümlich W. CONZE, HZ 214 (1972), S. 332. Brüning sieht zwischen der engl. Monarchie u. seinem eigenen Verfassungsziel nur insoweit eine

Analogie, als sich auch die von ihm beabsichtigte Monarchie wie die engl. »auf die Arbeiterschaft« stützte, Memoiren, S. 454. Treviranus berichtet, daß man an die Einführung eines Oberhauses nach engl. Vorbild gedacht habe (Gespräch mit Vf. 1970, NDR-Fernsehen).

[3] Brüning bezeichnete es in einem Gespräch mit Hindenburg als einen Erfolg seiner Regierung, daß er »dem Staatsoberhaupt eine größere, tatsächliche Machtfülle geschaffen habe, als sie der Kaiser früher je besaß« (Memoiren, S. 387). Auch die Zusammensetzung der Regierung sollte künftig durch das Staatsoberhaupt bestimmt werden, während dem Parlament nur das Recht zu einem »beschränkten Mißtrauensvotum« verbleiben sollte (Memoiren, S. 274).

[4] R. GRAU, Die Diktaturgewalt des Reichspräsidenten, in: Hdb. d. Dt. Staatsrechts, hg. v. G. ANSCHÜTZ / R. THOMA, Bd. 2 (1932), S. 292: Es »würde der Reichspräsident gegen den Willen der Verfassung, ihn in Diktaturfragen der Parlamentskontrolle zu unterwerfen, verstoßen, wenn er den Reichstag auflöste, um zu verhindern, daß die Aufhebung einer Diktaturmaßnahme verlangt wird«.

[5] W. KEIL, Erlebnisse eines Sozialdemokraten (2 Bde. 1947/48), vertritt die These, daß Brüning von vornherein mit den Sozialdemokraten nicht habe zusammenarbeiten wollen, daß diese aber im Juli zum Kompromiß bereit gewesen seien.

[6] S. Kap. 21, Anm. 2.

[7] A. MAHRAUN, Das Jungdt. Manifest (1927); Vera GEBHARDT, Ideen u. Politik des Jungdt. Ordens unter bes. Berücksichtigung des Versuchs zur Gründung einer neuen Mittelpartei: »Volksnationale Reichsvereinigung«, »Dt. Staatspartei« (Diss. Ms. Hamburg 1952); K. HORNUNG, Der Jungdeutsche Orden (1958).

[8] K. H. BEEK, Die Gründung d. Dt. Staatspartei im Jahre 1930 (Diss. Ms. Köln 1955).

[9] Iris HAMEL, Völkischer Verband und nationale Gewerkschaft. Der Deutschnationale Handlungsgehilfen-Verband 1893–1933 (1967).

[10] G. OPITZ, Der Christlich-Soziale Volksdienst (1969).

[11] H. BRÜNING, Memoiren, S. 275.

[12] Nur wenige regionale Untersuchungen liegen vor: für Schleswig-Holstein R. HEBERLE, Landbevölkerung u. Nationalsozialismus. Eine soziologische Untersuchung d. polit. Willensbildung in Schleswig-Holstein 1918–1932 (1963); G. PLUM, Gesellschaftsstruktur u. polit. Bewußtsein in einer kath. Region 1928–1933. Untersuchung am Beispiel des Regierungsbezirks Aachen (1971). Hier errangen im Gegensatz zu Schleswig-Holstein 1932 d. Nationalsozialisten den geringsten Stimmenanteil von allen dt. Wahlkreisen. G. FRANZ, Die polit. Wahlen in Niedersachsen 1867–1949 ([3]1957); M. HAGMANN, Der Weg ins Verhängnis, Reichstagswahlergebnisse 1919–33, bes. aus Bayern (1946); vgl. K. D. BRACHER, Auflösung d. Weim. Rep., S. 567ff. Einen Ansatz zur Theorie des Faschismus auf Grund soziolog. Analyse d. Wahlen 1928–1933 bietet: S. M. LIPSET, Faschismus – rechts, links u. in der Mitte, in: Soziologie d. Demokratie (a.d. Amerik. 1962); s. auch Th. GEIGER, Die soziale Schichtung d. dt. Volkes (1932, Ndr. 1967).

[13] F. A. Frhr. v. d. HEYDTE, Stiller Verfassungswandel u. Verfassungsinterpretation, Arch. f. Rechts- u. Sozialphilosophie 39 (1950/51).

[14] A. PREDÖHL, Die Epochenbedeutung d. Weltwirtschaftskrise von 1929–31, VfZG 1 (1953).

[15] K. E. BORN, Die dt. Bankenkrise 1931 (1967).

[16] Zu ihnen gehörte der Präsident des Statist. Reichsamtes u. Leiter des Instituts für Konjunkturforschung, E. WAGEMANN, Geld- u. Kreditreform (1932). Er gründete Ende 1931 eine »Studiengesellschaft für Geld- u. Kreditwirtschaft«. Aus den Überle-

gungen dieses Kreises ging hervor: H. DRÄGER, Arbeitsbeschaffung durch produktive Kreditschöpfung (1932, ⁴1956 mit einem Vorwort von E. WAGEMANN), hierin Brief Brünings vom 13. Sept. 1954 an Dräger zur Rechtfertigung der Deflationspolitik.

[17] Name nach dem Gouverneur der Bank von Italien, Text H. RONDE, Von Versailles bis Lausanne, S. 170ff.

[18] Ergänzend zu den vom VB herausgegebenen Materialien der Konferenz Doc. on Brit. For. Pol., Serie II, Bd. 3 u. 4; W. MALANOWSKI, Die dt. Politik d. milit. Gleichberechtigung von Brüning bis Hitler, Wehrwiss. Rdsch. 5 (1955). Den genauen Stand d. Verhandlungen um Gleichberechtigung zu Ende d. Brüning-Regierung fixiert W. DEIST, Brüning, Herriot u. die Abrüstungsgespräche von Bessinge 1932, VfZG 5 (1957); über den späteren Fortgang d. Frage ders., Schleicher u. die dt. Abrüstungspolitik im Juni/Juli 1932, VfZG 7 (1959).

[19] Schriftstücke zum Europamemorandum d. franz. Regierung, hg. v. Ausw. Amt (²1930); Doc. on Brit. For. Pol., Serie II, Bd. 1; K. D. ERDMANN s. Kap. 16, Anm. 33 u. ebd. W. LIPGENS.

[20] H. LANGE, Julius Curtius, Minister in der Weimarer Republik (Diss. Kiel 1970); J. CURTIUS, Bemühung um Österreich (1947).

[21] Doc. on Brit. For. Pol., Serie II, Bd. 2; F. GÄRTNER, Der Plan einer dt.-österr. Zollunion u. die Wiener Presse (Diss. Ms. Wien 1949); H. GROSS, Industriewirtsch. Wirkungen einer dt.-österr. Zollunion (Inst. f. Weltwirtschaft 1931); J. KRULIS-RANDA, Das dt.-österr. Zollunionsprojekt v. 1931 (1955); F. G. STAMBROCK, The German-Austrian Customs Union Project of 1931, Journal of Centr. Europ. Aff. 21 (1961); E. GEIGENMÜLLER, Botschafter v. Hoesch u. der dt.-österr. Zollunionsplan von 1931, HZ 195 (1962).

[22] Aufschlußreiches Material über die inneren Spannungen d. Harzburger Front: Th. DÜSTERBERG, Der Stahlhelm u. Hitler (1949); ferner O. SCHMIDT-HANNOVER, Umdenken oder Anarchie (1959); A. KLOTZBÜCHER, Der polit. Weg des Stahlhelm, Bund der Frontsoldaten, in d. Weim. Rep. (Diss. Erlangen-Nürnberg 1965); V. R. BERGHAHN, Der Stahlhelm, Bund der Frontsoldaten 1918–1935 (1966).

Kapitel 23
Der Sturz Brünings

Im Jahre 1932 lief die siebenjährige Amtszeit Hindenburgs ab. Auf die Bitte eines überparteilichen Wahlausschusses entschloß er sich, wieder zu kandidieren. Hinter ihn stellten sich die Parteien von den Sozialdemokraten bis zu den Volkskonservativen, nicht aber die Deutschnationalen und die Nationalsozialisten. Das Unbehagen Hindenburgs, der Kandidat gleichsam der Großen Koalition zu sein und die nationale Opposition in Gegnerschaft zu sich selbst zu sehen, hatte Brüning schon 1931 zu Verhandlungen nach rechts hin veranlaßt, aber ohne Ergebnis[1]. Die Rechtsparteien gingen zunächst je mit einem eigenen Kandidaten in die Wahl, mit Hitler und dem Stahlhelmführer Duesterberg². Außerdem kandidierte wie schon 1925 für die Kommunisten Thälmann. Der erste Wahlgang vom 13. März 1932 brachte noch keine Entscheidung. Für den zweiten Wahlgang schied Duesterberg aus. Der Kampf um Hitler oder Hindenburg wurde zu einer Volksabstimmung für oder gegen den Nationalsozialismus. Hindenburg hatte schon vor dem ersten Wahlgang im Rundfunk erklärt, er habe die Kandidatur angenommen, um zu verhindern, daß ein »Parteimann, Vertreter einseitiger und extremer« Anschauungen« gewählt werde. Das waren klare Worte. Die Eiserne Front setzte sich für Hindenburg ein. Der preußische Ministerpräsident Braun appellierte an die Wähler und warf die 7 bis 8 Millionen Stimmen, die 1925 für ihn abgegeben worden waren, in die Waagschale für Hindenburg³. Der zweite Wahlgang vom 10. April brachte für Hindenburg 19,4, für Hitler 13,4 und für Thälmann 3,7 Millionen Stimmen. In diesem Plebiszit sprachen sich also beinahe zwei Drittel der deutschen Wähler gegen Hitler aus und mehr als die Hälfte für Hindenburg, in dessen Person über den Parteien ein trotz allem mögliches Zusammenwirken demokratisch-republikanischer und konservativ-monarchischer Kräfte Gestalt geworden zu sein schien. Es entsprach dem plebiszitären Charakter dieser Wahl, daß unmittelbar danach die Kampfverbände der Nationalsozialisten, SA und SS, im ganzen Reich verboten wurden. General Groener, der seit einer Umbildung des Kabinetts im Oktober 1931 mit dem Amt des Reichswehrministers das des Reichsinnenministers verband, hatte dieses Verbot vorgeschlagen. So schien im Innern in dem engen Zusammenwirken von Präsident, Kanzler und Heer eine feste, überparteiliche Autorität errichtet, die imstande war, das Reich zu führen, bis eines Tages der politische Radikalismus abklingen und im Reichstag die Herstellung fester Mehrheitsverhältnisse möglich sein würde. Darüber hinaus glaubte Brüning in gänzlich falscher Einschätzung der politischen Kräfte, daß er schließlich im Reichstag für die von ihm beabsichtigte restaurative Verfassungsänderung eine breite Mehrheit einschließlich der Sozialdemokraten finden werde. Allerdings begann er schon Ende 1931 daran zu zweifeln, ob ihm die Voraussetzung hierfür, das Vertrauen Hindenburgs, auf die Dauer erhalten bleiben würde. In der Außenpolitik stand man damals kurz vor der Endliquidation der Reparationen. In der Frage der rüstungspolitischen Gleichberechtigung arbeitete man sich langsam vorwärts. Im Kampf gegen die Arbeitslosigkeit allerdings fehlte es an ausreichenden Maßnahmen. Sie unterblieben aus Furcht vor der Inflationsgefahr. So beschränkte sich die Regierung Brüning mit Aushilfsmitteln wie landwirtschaftlicher Siedlung und freiwilligem Arbeitsdienst. Die Freien Gewerkschaften (ADGB) verlangten demgegenüber auf einem Sonderkongreß vom 13. April 1932[4] die Einführung der 40-Stundenwoche verbunden mit Zwangseinstellung von Arbeitskräften und ein energisches staatliches Arbeitsbeschaffungsprogramm. Eine für solche Zwecke von der Regierung aufgelegte Anleihe erwies sich aber als Fehlschlag, und die Reichsbank beschränkte sich auf minimale Kredite für einige eng umgrenzte Projekte. Die von Mitgliedern der Regierung Brüning nach deren Sturz aufgestellte Behauptung, daß die finanziellen Mittel bereitgestellt gewesen seien, um 600000 Menschen in Notstandsarbeiten und Arbeitsdienst demnächst unterzubringen, scheint durch die Akten der Reichskanzlei und des Reichsfinanzministeriums nicht bestätigt zu werden[5]. Nun erreichte die Arbeitslosigkeit in Deutschland im Winter 1931/32 ihren höchsten Stand, um, nachdem sie im folgenden Winter noch einmal fast die gleiche Höhe erreicht hatte, mit der abklingenden Weltwirtschaftskrise zu sinken. In der wirtschaftlichen Entwicklung und in den sich ankündigenden außenpolitischen Erfolgen schienen also nach der Wiederwahl Hindenburgs alle Chancen zu liegen, das deutsche Staatsschiff heil zwischen Scylla und Charybdis von Nationalsozialismus und Kommunismus hindurchzusteuern, wenn auch Brüning nach zwei Jahren Regierungszeit nichts vorweisen konnte, was eine sichtbare Wende in der Not des Volkes bezeichnet hätte. Da ließ ihn Hindenburg am 30. Mai 1932 fallen.

Der Sturz wurde als eine regelrechte Hofintrige inszeniert. Es lag kein verfassungsmäßiger Grund dafür vor, Brüning das Weiterregieren mit dem Artikel 48 zu verweigern; die Entlassung Brünings war aber auch nicht verfassungswidrig, da ihm der Reichstag weder sein Vertrauen noch sein Mißtrauen ausgesprochen hatte. Durch die Plötzlichkeit seiner Entlassung wurde jedenfalls der Reichstag außerstand gesetzt, ihm vielleicht doch noch ein Vertrauensvotum zu geben angesichts der Alternative einer präsidialen Rechtsregierung.

Die Gründe für Brünings Sturz gehören drei verschiedenen Bereichen an. Die Industrie hatte Hindenburg das Gut Neudeck in Ostpreußen geschenkt. Hier stand er im Wirkungsbereich großagrarischer Interessen, die die im Osten durch den von Brüning betrauten Leiter der Osthilfe Schlange-Schöningen durchgeführte Siedlungspolitik als Agrarbolschewismus bekämpften. Durch Reichsgesetz war im Jahre 1931 die Sanierungshilfe für Güter an die Bedingung geknüpft worden, daß für Bauernsiedlung Land abgegeben wurde. Außerdem sollte in jedem Falle die Hilfe von der Prüfung der wirtschaftlichen Lage der Güter abhängig gemacht werden[6]. Ein weiteres Gesetz wurde vorbereitet, das die Zwangsenteignung nicht mehr entschuldungsfähiger Güter zum Zwecke der Siedlung vorsah[7]. Hindenburg verweigerte seine Zustimmung. Wenige Tage später ließ er Brüning fallen. Eine zweite Motivreihe hängt mit dem SA- und SS-Verbot zusammen. Es mußte Hindenburg schwer eingänglich sein, und man hat es ihm gegenüber als Vorwurf erhoben, daß das republikanische Reichsbanner weiterbestand, während jene Verbände, die als national galten, verboten waren. Schleicher, der Chef des Ministeramtes im Reichswehrministerium, hat damals mit den Nationalsozialisten über die Aufhebung des SA- und SS-Verbotes verhandelt und sie in Aussicht gestellt für den Fall, daß Hitler ein Kabinett der Rechten dulde[8]. Brüning jedenfalls gewann den Eindruck, daß Hindenburg unter Umständen mit der Unterstützung Hitlers für eine Rechtsregierung rechnete. Schließlich ist der persönliche Faktor Schleicher in Betracht zu ziehen[9]. Er machte seinen zunehmenden Einfluß gegen die Verknüpfung des Innenministeriums mit dem Reichswehrministerium in der Person Groeners geltend, da er hier eine unerwünschte politische Festlegung der Reichswehr sah. Bei aller Ablehnung des Nationalsozialismus hielt er doch die Mitglieder der SA und SS für besonders erwünschte und wehrfreudige Elemente, die die Reichswehr an sich heranzuziehen bestrebt sein müsse. Auch sein persönlicher Ehrgeiz, über einen von ihm lancierten schwächeren Kanzler die deutsche Politik zu beherrschen, mochte mit im Spiele sein. Brüning selber hat vornehmlich zwei Personen für seinen Sturz verantwortlich gemacht, nämlich Meißner, den Staatssekretär im Reichspräsidialamt, der die Bildung einer Rechtsregierung betrieb, und den französischen Botschafter François-Poncet, der ihn wegen seiner Erfolge in der Frage der Rüstungsgleichberechtigung habe ausschalten wollen. Der Sturz Brünings bedeutete den Übergang von der parlamentarisch tolerierten zur reinen Präsidialregierung.

W. Conze, Zum Sturz Brünings, Dokumentation, VfZG 1 (1953); K. D. Bracher, Die Auflösung der Weim. Rep., S. 424 ff. Unter den Memoiren bes. H. Schlange-Schöningen, Am Tage danach (1946); H. Brüning, Memoiren,

u. ders., Ein Brief, Dt. Rundschau 70 (1947), sieht seine Entlassung nicht als Ergebnis politischer Entscheidungen, sondern persönlicher Intrigen in der Umgebung Hindenburgs, dessen geistige Kräfte nachzulassen begannen.

[1] J. BECKER, Brüning, Prälat Kaas u. das Problem einer Regierungsbeteiligung der NSDAP 1930–1932, HZ 196 (1963). Brünings Kontakte mit den Nationalsozialisten reichten vom Versuch, Hitler zur konstruktiven Opposition zu gewinnen, bis zum konkreten Koalitionsangebot Zentrum-NSDAP in Preußen Frühjahr 1932.

[2] V. R. BERGHAHN, Die Harzburger Front u. die Kandidatur Hindenburgs für die Präsidentenwahl 1932, VfZG 13 (1965).

[3] ›Vorwärts‹ 10. März 1932. – E. MATTHIAS, Hindenburg zwischen den Fronten. Zur Vorgesch. d. Reichspräsidentenwahlen 1932, Dokumentation, VfZG 8 (1960).

[4] Ursachen u. Folgen 8, Nr. 1658 u. 1659. Im Auftrag der Gewerkschaften wurde ein Programm für Arbeitsbeschaffung entwickelt. Es wurde als sogenannter WTB-Plan am 13. April 1932 veröffentlicht. Verfasser: W. WOYTINSKI/F. TARNOW/F. BAADE, (Exemplar im Institut für Weltwirtschaft, Kiel).

[5] H. KÖHLER, Arbeitsbeschaffung, Siedlung und Reparationen in der Schlußphase der Regierung Brüning, VfZG 17 (1969), S. 286, nennt diese Zahlenangabe eine »klare Irreführung«.

[6] Osthilfegesetz 31. März 1931, RGBl. I, Nr. 14; Verordnung 17. November 1931, RGBl. I, Nr. 75; zur Vorgesch.: W. WESSLING, Die staatl. Maßnahmen zur Behebung der wirtschaftl. Notlage Ostpreußens in den Jahren 1920–1930, in: Jb. f. d. Gesch. Mittel- u. Ostdtlds. 6 (1957); G. SCHULZ, Staatl. Stützungsmaßnahmen in den dt. Ostgebieten. Zur Vorgesch. d. Osthilfe der Reg. Brüning, Brüning-Festschr. (1967); H. BEYER, Die Agrarkrise u. das Ende der Weim. Rep., Zs. f. Agrargesch. 13 (1965). – Alle Argumente, die gegen eine polit. Beeinflussung Hindenburgs durch die Interessengruppe der ostdt. Großagrarier sprechen, zusammengetragen bei: H. Gf. v. BORCKE-STARGORDT, Der ostdt. Landbau zwischen Fortschritt, Krise u. Politik (1957); vgl. dazu Bespr. H. MUTH, in Lit.ber. GWU 9 (1958), S. 733; ders., Zum Sturz Brünings. Der agrarpolt. Hintergrund, GWU 16 (1965). Unter Verwendung von Akten u. a. aus dem Büro des Reichspräsidenten B. BUCHTA, Die Junker u. die Weim. Rep. (B-Ost 1959). Es kann nach allem vorliegenden Material kein Zweifel daran bestehen, daß Hindenburg in Neudeck von großagrarischer Seite her wegen der Siedlungspläne gegen Brüning beeinflußt worden ist.

[7] Text des Vorentwurfs CONZE, Dokumentation, VfZG 1 (1953), S. 275 f.; dazu Brief H. SCHLANGE-SCHÖNINGENS an Hindenburg 27. Mai 1932: Am Tage danach, S. 70 ff.

[8] R. H. PHELPS, Aus den Groener-Dokumenten 7. Das SA-Verbot u. der Sturz des Kabinetts Brüning. Dt. Rundschau 77 (1951); G. A. CRAIG, Reichswehr and National-Socialism: The Policy of Wilh. Groener 1928–1932, Polit. Science Quarterly 63 (1948); ders., Briefe Schleichers an Groener, WaG 11 (1951); Th. VOGELSANG, Neue Dokumente zur Gesch. d. Reichswehr 1930–1933, VfZG 2 (1954). Zu Groener u. Schleicher s. auch S. 19; M. FREUND, Die Bücherschlacht um Groener, Gegenw. 12 (1957). Kontroverse zwischen Dorothea Groener-Geyer u. F. Frhr. Hiller v. Gaertringen über »Odyssee d. Groener-Papiere« in WaG 19 (1959).

[9] H. R. BERNDORFF, General zwischen Ost u. West (1951); Bespr. Marg. Boveri, Merkur 9 (1952); Schleicher-Nachlaß im Bundesarchiv in Koblenz, ausgewertet von Th. VOGELSANG, Reichswehr, Staat u. NSDAP (1962); ders., Kurt v. Schleicher. Ein General als Politiker (1965).

Kapitel 24
Die Präsidialregierungen Papen und Schleicher

Als Nachfolger Brünings schlug Schleicher den bisher nicht hervorgetretenen Franz v. Papen vor. Der ehemalige Kavallerieoffizier war während des Krieges eine Zeitlang als Militärattaché im diplomatischen Dienst tätig gewesen. Politisch gehörte er – bis April 1932 Abgeordneter des preußischen Landtags – dem Zentrum an. Als Aristokrat und Monarchist stand er hier auf dem äußersten rechten Flügel. Mit seiner Ernennung zum Kanzler schied er aus der Partei aus. Er bildete eine Regierung aus Angehörigen des Adels, ein zeitfremdes Gebilde, das in seiner Zusammensetzung in gar keiner Weise den wirtschaftlichen und gesellschaftlichen Gegebenheiten im deutschen Volke entsprach. In diesem »Herrenkabinett« wurden von den 11 Fachressorts nur Wirtschaft, Arbeit und Justiz von Bürgerlichen verwaltet. Schleicher wurde Reichswehrminister. Innenpolitisch rückte das Verhältnis zu den Nationalsozialisten als die beherrschende Frage in den Vordergrund. In Anknüpfung an die Kontakte aus der Brüning-Zeit sollte der Versuch gemacht werden, die Dynamik der nationalsozialistischen Bewegung für eine präsidiale Regierung einzuspannen und zu zügeln. Dies geschah von einer nach rechts verschobenen und geschmälerten politischen Basis her. Hinter der Regierung standen nur die Deutschnationalen und der Stahlhelm. Papen und Schleicher wollten durch eine sich prononciert national gebärdende Politik Hitler den Wind aus den Segeln nehmen. Zugleich hofften sie, ihn durch eine dosierte Beteiligung an der Macht bändigen zu können nach dem Prinzip, daß man »den Wilddieb zum Förster machen« bzw. »die unbequemsten und lautesten Aktionäre in den Aufsichtsrat wählen« müsse[1]. Man war sich also des tatsächlich revolutionären Charakters dieser Bewegung, die sich fundamental von dem altbürgerlichen Nationalismus liberaler und konservativer Prägung unterschied, nicht deutlich genug bewußt. Papen hob das SA-Verbot auf und schrieb Neuwahlen für den Reichstag aus. Dies entsprach einer Forderung der Nationalsozialisten. 13 1/2 Millionen Stimmen waren für Hitler bei der Reichspräsidentenwahl abgegeben worden. Die gleiche Stimmenzahl errangen die Nationalsozialisten bei den Reichstagswahlen am 31. Juli 1932. Damit konnten sie die Zahl ihrer Abgeordnetenmandate mehr als verdoppeln (230 statt 107). Die bürgerlichen Parteien von den Deutschnationalen bis zu den

Demokraten erlitten erhebliche Einbußen. Zentrum und Bayerische Volkspartei zusammen gewannen 10 Sitze hinzu. Die gleiche Anzahl ging der SPD verloren (133 statt 143), während die Kommunisten 12 Sitze hinzugewannen. In diesem Reichstag war die tolerierende Majorität, die seit den Septemberwahlen 1930 unter Brüning bestanden hatte und die der um die Volkskonservativen erweiterten Großen Koalition entsprochen hatte, nicht länger gegeben. Infolge des Wegschmelzens der bürgerlichen Parteien war überhaupt keine Mehrheitsbildung mehr möglich im Rahmen der bisher vorhanden gewesenen Kombinationen, weder eine Große Koalition noch eine bürgerliche Rechtskoalition. Papen unternahm den Versuch, eine neue Mehrheit durch Einbeziehung der Nationalsozialisten in eine Koalitionsregierung mit den Deutschnationalen zustande zu bringen. Sein Angebot vom 13. August 1932 an die Nationalsozialisten wurde jedoch von Hitler abgelehnt, da dieser die »gesamte Staatsgewalt in vollem Umfang« beanspruchte. Hierzu erklärte die Reichsregierung: »Reichspräsident Hindenburg lehnte diese Forderung sehr bestimmt mit der Begründung ab, daß er es vor seinem Gewissen und seinen Pflichten dem Vaterlande gegenüber nicht verantworten könne, die gesamte Regierungsgewalt ausschließlich der NS-Bewegung zu übertragen, die diese Macht einseitig anzuwenden gewillt sei«[2]. Wie richtig diese Beurteilung des Nationalsozialismus war, dafür gab gerade in jenen Tagen Hitler vor dem deutschen Volk eine unübersehbare Demonstration. Seit Papen am 29. Juni das SA-Verbot aufgehoben und generell Uniformen und öffentliche Kundgebungen zugelassen hatte, war eine Welle politischen Terrors über das Reich gegangen. Tag um Tag berichteten im Sommer 1932 die Zeitungen von Überfällen und Mordanschlägen, denen Angehörige des Roten Frontkämpferbundes und der SA, des Reichsbanners und Stahlhelms zum Opfer fielen. Der Altonaer Blutsonntag im Juli forderte allein 17 Todesopfer. Um den Verbrechen zu steuern, setzte die Regierung am 9. August Zuchthaus und Todesstrafe auf politische Gewalttaten. Zuerst von diesem Gesetz betroffen wurde ein Trupp von SA-Leuten, die in dem schlesischen Dorf Potempa nachts in die Wohnung eines polnischen kommunistischen Arbeiters eingedrungen waren und ihn in viehischer Weise ermordet und verstümmelt hatten. Ein Sondergericht sprach Todes- und Zuchthausstrafen aus. Die Reaktion Hitlers bestand darin, daß er die Mörder als seine Kameraden begrüßte: »Eure Freiheit ist von diesem Augenblick an eine Frage unserer Ehre«[3]. Ähnliche Telegramme sandten Göring und der Stabschef Röhm. Rosenberg machte als Theoretiker der Partei einen Prinzipienfall daraus. Er kündigte den Rechtsgedanken auf: In dem Beuthener Urteil wiege »laut bürgerlicher Justiz ein dazu noch polnischer Kommunist fünf Deutsche, Frontsoldaten, auf ... Hier, an diesem einen Beispiel überschlägt sich das Denken der letzten 150 Jahre und zeigt den ganzen irrsinnigen Unterbau seines Daseins ... Deshalb setzt der Nationalsozialismus auch weltanschaulich ein. Für ihn ist nicht Seele gleich Seele, nicht Mensch gleich Mensch; für ihn gibt es kein ›Recht an sich‹, sondern sein Ziel ist der starke deutsche Mensch, sein Bekenntnis ist der Schutz dieses Deutschen, und alles Recht auf Gesellschaftsleben, Politik und Wirtschaft hat sich nach dieser Zwecksetzung einzustellen ... Die Bastille von Beuthen ist ein Zeichen, das alle Deutschen angeht, die Aufhebung des Bluturteils ist die unumgängliche Voraussetzung zur Wiederherstellung einer volksschützenden Neuordnung der sozialen Werte«[4]. Solche Kundgebungen geschahen nicht heimlich, sondern in offener Schamlosigkeit. Der in allen Zeitungen abgehandelte Fall Potempa wurde für Hitler der Anlaß, sich nach der Abfuhr, die ihm am 13. August durch Hindenburg zuteil geworden war, mit wilden Angriffen gegen die Regierung Papen zu wenden. Dieser hatte inzwischen durch einen Zugriff auf die Machtmittel des preußischen Staates, die in die Hände der Nationalsozialisten zu gleiten drohten, seine eigene Position zu festigen gesucht. Am 20. Juli 1932 setzte er unter Anwendung des Artikels 48 die Preußenregierung ab und übernahm selbst das Amt eines Reichskommissars für Preußen[5].

In Preußen hatten die am 24. April 1932 durchgeführten Wahlen der dort führenden Weimarer Koalition ihre parlamentarische Mehrheit genommen. Von 9 Abgeordneten schnellten die Nationalsozialisten auf 162 empor. Insgesamt entsprach die Kräfteverschiebung derjenigen im Reich. Unter den möglichen Parteikombinationen fielen im neuen preußischen Landtage auf die Parteien der Harzburger Front 193, auf die Große Koalition 170 und auf die Weimarer Koalition 163 Stimmen. Damit wäre die Wahl eines nationalsozialistischen Ministerpräsidenten zu erwarten gewesen. Um dem vorzubeugen, hatte der alte Landtag kurz vor der Wahl die Geschäftsordnung geändert. Der Ministerpräsident sollte hinfort nur noch mit absoluter, nicht mehr wie bisher mit relativer Mehrheit gewählt werden können[6]. Da sich, wie vorausgesehen, keine absolute Mehrheit fand, blieb auch nach der Wahl die bisherige Regierung Braun-Severing im Amt. Das war ein parlamentarischer Trick, der angesichts der Selbstausschaltung des Parlamentes im Reich verständlich und berechtigt sein mochte. Aber die Regierung Braun-Severing stand auf einem verlorenen Posten, der mit formalen Methoden nicht zu halten war. Die Diskrepanz zwischen Preußen und Reich sollte durch den Staatsstreich des 20. Juli beseitigt werden[7]. Die preußischen Minister wurden abgesetzt, ebenso der Berliner Polizeipräsident und der Kommandant der Schutzpolizei. Preußen und die süddeutschen Länderregierungen sahen in dem Vorgehen Papens einen offenen Verfassungsbruch. Was war zu tun? Einem Generalstreik wie im Kapp-Putsch oder einem gewaltsamen Widerstand stand die Überlegung gegenüber, daß damals beim Kapp-Putsch der Reichspräsident Ebert auf der Seite der Widerstandleistenden stand, daß aber diesmal der Reichspräsident Hindenburg auf Grund des Artikels 48 über Heer und Polizei gegen die preußische Regierung verfügen konnte. Bei 6 Millionen Arbeitslosen bestand bei den Belegschaften keine Neigung zum Streik. Zudem war die Arbeiterschaft durch den Kampf zwischen den beiden sozialistischen Parteien zutiefst gespalten. Die Kommunisten diffamierten die Sozialdemokraten als »Sozialfaschisten« und bekämpften sie als ihre eigentlichen Gegner[8]. Für Aufrufe zur Bildung einer Einheitsfront, wie sie jetzt von den Kommunisten erhoben wurden, fehlte als Voraussetzung ein Minimum an Übereinstimmung in politischen Zielvorstellungen. Aber trotz aller Bedenken wartete man mancherorts, im Reichsbanner, in den Gewerkschaften, auch in der Schutzpolizei und in den Ministerialämtern, auf den Befehl zum Widerstand. Es schien undenkbar, daß Preußen als die Hochburg der Republik kampflos kapitulieren würde. Es ist eine offene Frage, ob andere Länder bereit gewesen wären, sich einem Widerstand Preußens anzuschließen. Eine Zusage vorweg haben sie jedenfalls nicht gegeben. Das preußische Ministerium war geteilter Meinung. Braun und Severing hielten offenen Widerstand für unmöglich, der demokratische Finanzminister Klepper war dafür. Der SPD-Vorstand erklärte in einem Aufruf am 20. Juli, daß »der Kampf um die Wiederherstellung geordneter Rechtszustände ... zunächst mit aller Kraft als Wahlkampf zu führen« sei. Die Preußenregierung begnügte sich damit, Klage beim Staatsgerichtshof zu erheben. Tatsächlich wurde also gegen Papen kein ernsthafter Widerstand geleistet[9]. Das Gericht entschied, daß es der

299

Verfassung nicht widerstreite, wenn der Reichspräsident die Ausübung der staatlichen Hoheitsrechte in Preußen vorübergehend in die Hände von Beauftragten lege, daß aber dem Staatsministerium die Vertretung Preußens im Reichsrat, Reichstag und Landtag weiter zustehe[10]. So endete das Unternehmen mit einem Erfolg für Papen. Andererseits zeigten die Reichstagswahlen vom Juli 1932, daß die Politik des »Wind-aus-den-Segeln-Nehmens« gescheitert war und daß es Papen nicht glücken würde, unter seiner Führung eine Koalition mit den Nationalsozialisten zu schaffen. Er mußte von vornherein fürchten, daß sich die Majorität des Reichstags gegen ihn – anders als bei Brüning – aussprechen würde. Zum Präsidenten des neuen Reichstags wurde der Nationalsozialist Göring gewählt. Er stellte am 12. September einen kommunistischen Antrag auf Aufhebung einer Papenschen Notverordnung zur Abstimmung. Fast alle Abgeordneten (512:42) sprachen sich gegen Papen aus. Dieser hatte inzwischen eine Auflösungsorder auf den Tisch des Hauses gelegt. Die amtliche Begründung hierfür lautete: »... weil die Gefahr besteht, daß der Reichstag die Aufhebung meiner Notverordnung vom 4. September dieses Jahres verlangt«. Dieses Recht stand dem Reichstag nach Artikel 48 ausdrücklich zu.

So fanden am 6. November zum zweitenmal in diesem Jahre Reichstagswahlen statt. Das Bedeutsame hieran war, daß der nationalsozialistische Anteil von 37,4% auf 33,1% der Stimmen sank. Die Partei Hitlers erlitt einen Verlust von 2 Millionen, während die Kommunisten 611 000 Stimmen hinzugewannen. Ihr Stimmanteil betrug jetzt 16,9% gegenüber 14,6% bei den Juliwahlen. Das Mittelfeld der Parteien, einschließlich der Sozialdemokraten, erlitt weitere Einbußen. Aber obwohl die Deutschnationalen leichte Gewinne erzielten, war eine Mehrheitsbildung nach den Novemberwahlen ebensowenig möglich wie nach den Juliwahlen. Es war also nach wie vor zu erwarten, daß eine in sich selbst völlig widersprüchliche Mehrheit sich gegen die Notverordnungen wenden und der Reichstag der Regierung sein Mißtrauen aussprechen werde. Man konnte also nur weiterregieren, so schien es, wenn man den Reichstag ausschaltete. Damit stellte sich die Frage einer Umgestaltung der Verfassung auf autoritärem Wege. Hierzu hätte die Regierung des Rückhaltes der Reichswehr, d. h. General Schleichers bedurft, der nach dem Sturz Brünings das Reichswehrministerium übernommen hatte. Dieser aber wandte sich von Papen ab[11].

Am Abend des 1. Dezember 1932 fand bei Hindenburg eine für die folgende Entwicklung entscheidende Unterredung statt. Papen und Schleicher entwickelten ihre Auffassung der Lage. Während Papen der Meinung war, daß nun unter Ausschaltung des Reichstags und gestützt auf die Reichswehr die Weimarer Verfassung beiseite geschoben und ein autoritärer Kurs gesteuert werden müsse mit dem Ziel eines späteren Neubaus der Verfassung, hielt Schleicher es für möglich, einen parlamentarischen Rückhalt zu gewinnen. Er ging hierbei von der Annahme aus, daß die Hitler-Partei gespalten werden könne durch die Opposition eines sozialistisch gesonnenen Flügels um Gregor Strasser[12]. Er hoffte, etwa 60 nationalsozialistische Abgeordnete in eine Gewerkschaftsfront hineinziehen zu können, die sich durch alle Parteien bis hin zu den Sozialisten erstrecken sollte. Auch bei Hitler selbst hat er – vergeblich – sondiert, ob dieser bereit wäre, eine Regierung Schleicher zu unterstützen. Hindenburg entschied sich angesichts dieser beiden Programme für Papen. Die Meinung des Papen-Kabinetts war jedoch gespalten, und hier setzte sich nun Schleicher durch, der durch Major Ott demonstrieren ließ, daß Reichswehr und Polizei kräftemäßig und auch ihrer inneren Verfassung nach nicht in der Lage seien, mit einem Generalstreik fertig zu werden, u. U. im Innern einen Bürgerkrieg nach rechts und nach links zu führen und zugleich die Grenze gegen mögliche polnische Übergriffe zu schützen. Hindenburg wollte jetzt so wenig wie im Jahre 1918 die Verantwortung für einen Bürgerkrieg übernehmen. So ließ er Papen fallen und ernannte am 3. Dezember Schleicher zum Kanzler[13].

In einer Rundfunkrede verkündete dieser: »Unser Regierungsprogramm besteht in einem einzigen Punkt: Arbeit schaffen«[14]. Mit dieser Zielsetzung unterschied er sich in der Bekämpfung der Arbeitslosigkeit von der Tatenlosigkeit Brünings und von den Methoden, die Papen angewendet hatte. Der Schrumpfungsprozeß der Wirtschaft hatte katastrophale Ausmaße angenommen. Im Jahre 1932 betrug der Produktionsindex in Deutschland nur noch 60,8% des Jahres 1929. Die Entwicklung in den übrigen Industrieländern zeigte ein ähnliches Bild. Der gesamte Welthandel lag im Jahre 1932 bei zwei Fünfteln des Umsatzes von 1929. Millionenheere von Arbeitslosen gab es außer in Deutschland vor allem auch in den Vereinigten Staaten und in England. In Deutschland kam eine schwere Agrarkrise hinzu. Die Landwirtschaft erwirtschaftete infolge des internationalen Preisverfalls trotz der deutschen

Schutzmaßnahmen an Verkaufserlösen im Wirtschaftsjahr
1932/33 nur noch 62% des Jahres 1928/29. Für Deutschland
wurde im Unterschied zu den westlichen Industrieländern die
Wirtschaftskrise zur politischen Existenzkrise des Staates. In
einem Volke, das das Trauma der Niederlage und der Inflation
nicht überwunden hatte und das im Innern vom Klassen- und
Parteienkampf zerrissen war, bewirkte die wirtschaftliche Not
eine zunehmende politische Radikalisierung. Dem wirtschaftlichen Schrumpfungsprozeß, der durch die Deflationspolitik
Brünings noch gefördert worden war, entgegenzuwirken,
mußte zur zentralen Aufgabe des Reiches werden.

Schon die Regierung Papen hatte sich nach anfänglichem Zö-
gern von dem wirtschaftlichen Kurs ihrer Vorgängerin gelöst.
Nachdem die Konferenz von Lausanne Deutschland von der
Reparationslast befreit hatte, verkündete v. Papen am 18. August 1932 ein neues Wirtschaftsprogramm[15]. Kernpunkt dieses
Papen-Plans war eine Kreditierung der Wirtschaft durch Steu-
ergutscheine: Für tatsächlich in der Zeit vom 1. Oktober 1932
bis zum 1. Oktober 1933 erbrachte Steuerleistungen – außer
Einkommen- und Körperschaftssteuer – wurden Gutscheine
ausgegeben, die später zur Steuerzahlung verwendet werden
konnten. Ferner wurde mit Steuergutscheinen zusätzliche Einstellung von Arbeitskräften prämiiert, wobei den Unternehmern in einer Verordnung vom 5. September 1932 das Zugeständnis gemacht wurde, daß sie die Tariflöhne bis zu 50%
unterschreiten durften[16]. Diese Maßnahmen waren als Hilfe für
die Selbsthilfe der Wirtschaft gedacht und lagen im Interesse der
Unternehmer. Sie sollten in indirekter Weise der Arbeitsbeschaffung dienen, blieben allerdings in ihrem Ergebnis weit hinter den Erwartungen zurück. Deshalb forderten die Gewerkschaften eine direkte staatliche Arbeitsbeschaffung. Solche
Pläne wurden auch von dem Präsidenten des Deutschen Land-
gemeindetags, Gerecke, vertreten, der vorschlug, die Gemeinden mit der Trägerschaft für öffentliche Arbeitsvorhaben zu
betrauen. Hiergegen wiederum wandten sich die Unternehmer.
Für die direkte Arbeitsbeschaffung wurde unter Papen ein im
Umfang geringes (302 Millionen Mark) und sich dazu auf mehrere Jahre erstreckendes Programm entwickelt. Daher verschärfte sich in der Zeit der Papen-Regierung trotz ihres Ansatzes zu einer antizyklischen staatlichen Konjunkturbeeinflus-
sung der Gegensatz zu den Linksparteien und den Gewerkschaften. Die Wirtschaftsförderung, die die Regierung Papen in

Gang setzte, war gegenüber den Interessengruppen also keineswegs neutral, sondern primär an den Vorstellungen der Unternehmer orientiert. Dennoch stilisierte sich die Regierung als über den Parteien stehend. So hieß es in einem an die Unterrichtsminister der deutschen Länder gerichteten Schulerlaß des Reichsinnenministers v. Gayl vom 28. Juni 1932: »Die Lehrer stehen niemals vor der Jugend als Beauftragte einer Regierung oder gar einer Partei, sondern als Vertreter des überparteilichen Staates. Lehrer müssen deshalb keine Parteimänner, sondern Jugenderzieher sein, die in ihrer pädagogischen Haltung den überparteilichen Staatsgedanken verkörpern«[17].

Im Gegensatz zu Papen war die Regierung Schleicher weniger am Unternehmerinteresse orientiert. Sie suchte die Unterstützung der Gewerkschaften und steuerte auf eine verstärkte direkte staatliche Arbeitsbeschaffung zu. Schleicher berief Gereke zum Reichskommissar für Arbeitsbeschaffung. Dabei hoffte er auf die Zusammenarbeit mit den Gewerkschaften und mußte mit der Feindschaft des Reichsverbandes der Deutschen Industrie rechnen. Jene Verordnung der Papen-Regierung vom 5. September, die den Arbeitnehmern wegen der den Unternehmern gewährten Lizenz für drastische Lohnsenkungen besonders verhaßt war, wurde aufgehoben und ein umfangreiches Programm für die Arbeitsbeschaffung aufgestellt. Reichsbankpräsident Luther war bemüht, das Vorhaben begrenzt zu halten. Schließlich beschloß die Regierung am 28. Januar 1933 ein Sofortprogramm in Höhe von einer halben Milliarde Mark. Als finanztechnisches Instrument für die Durchführung der Arbeitsbeschaffung wurde ein besonderer, bei der Reichsbank diskontfähiger Wechsel geschaffen, dessen sich später Hitler bediente. So wurde unter Schleicher ein entscheidender Schritt für den Kampf gegen die Arbeitslosigkeit getan, ohne daß die Maßnahmen unter seiner kurzen Kanzlerschaft noch zur Auswirkung gelangten.

Neben der Gegnerschaft der Industrie zog Schleicher diejenige der großagrarischen Landwirtschaft auf sich. Es gelang ihm nicht, in dem infolge der Krise besonders akuten Interessenkonflikt zwischen der auf Export angewiesenen Industrie und dem landwirtschaftlichen Protektionismus einen Ausgleich zu finden. Als er zudem die Siedlungspläne der Brüningschen Osthilfe reaktivierte, kam es zum offenen Bruch mit dem Landbund und den Deutschnationalen.

Für das Schicksal der Regierung Schleicher war es schließlich entscheidend, daß sich seine Beurteilung der parlamentarischen Möglichkeiten als falsch erwies. Bei den Nationalsozialisten setzte sich Hitler durch. Gregor Strasser wurde seiner Ämter enthoben. Auf der anderen Seite versagten sich die Gewerkschaften[18], beherrscht von dem alten Mißtrauen gegen die Generalität.

Dennoch lagen in der Situation Chancen, den Staat durch die Krise hindurchzuführen und die nationalsozialistische Bedrohung abzuwehren. Es gab Anzeichen dafür, daß die nationalsozialistische Bewegung trotz der Überwindung der Führerkrise um Gregor Strasser abzusinken begann. Eine deutliche Parallelität besteht zwischen der Kurve der Wirtschaftsentwicklung und der Kurve der nationalsozialistischen Bewegung[19]. Wenn man als Maßstab für die Wirtschaftsentwicklung die industriellen Produktionsziffern nimmt, so war im Juli und August 1932 der Tiefpunkt erreicht. Zur gleichen Zeit stand die Kurve der nationalsozialistischen Stimmen auf ihrem Scheitelpunkt. Dann begann die industrielle Produktionskurve zu steigen, während die NS-Kurve sank. Die Reichstagswahlen im November waren ein Alarmzeichen für die Nationalsozialisten. Die Einbuße ihrer Stimmen betrug 14,6% gegenüber dem Juliergebnis.

Außenpolitisch errangen die Regierungen Papen und Schleicher Erfolge, für die Brüning den Weg bereitet hatte. Auf der Reparationskonferenz in Lausanne (16. Juni bis 9. Juli 1932) wurde die Hauptlast der deutschen Schulden gestrichen[20]. Wenn sich auch das Reich verpflichten mußte, eine Restzahlung von 3 Milliarden zu übernehmen, so wurde mit dieser Regelung doch endlich ein Schlußstrich unter das lange und bittere Ringen um die Revision der Reparationen gezogen. Eine weitergehende Initiative Papens, die Liquidierung des Versailler Schuldparagraphen zur Diskussion zu stellen, schlug aber ebenso fehl wie sein Versuch, im Gespräch mit dem französischen Ministerpräsidenten Herriot eine militärische Annäherung zwischen Deutschland und Frankreich anzubahnen. Zugeständnisse machten die ehemaligen Kriegsgegner Deutschlands jedoch gegenüber der von den Regierungen Papen und Schleicher erneut erhobenen Forderung nach militärischer Gleichberechtigung. Diese Frage wurde auf einer abermaligen Konferenz der Großmächte in Lausanne behandelt. England, Frankreich und Italien erklärten am 11. Dezember 1932 mit Zustimmung der Vereinigten Staaten ihre Bereitschaft, »Deutschland und den andern durch Vertrag abgerüsteten Staaten die Gleichberechtigung zu gewähren in einem System, das allen Nationen Sicherheit bietet«[21]. Das allgemeine Abrüstungsproblem wurde dort auf einen Weg gelenkt, der zu einer vertraglich vereinbarten und begrenzten deutschen Wiederaufrüstung zu führen schien. Für den Februar 1933 war in Genf die Fortsetzung der Abrüstungskonferenz vorgesehen. Hier sollten die Bedingungen überprüft werden, unter denen das zugestandene Prinzip der Gleichberechtigung verwirklicht werden konnte. Der Erfolg solcher Bemühungen hing allerdings davon ab, in welcher Richtung sich die Verhältnisse in Deutschland weiterentwickelten.

Gegenüber den wirtschaftlichen Nöten und inneren Spannungen Deutschlands fielen die außenpolitischen Erfolge der Liquidierung der Reparationen und der Anerkennung der Gleichberechtigung nicht ins Gewicht. Die alle anderen Fragen überschattende Arbeitslosigkeit stieg im Winter 1932/33 fast auf die gleiche Höhe wie im Jahr zuvor. Um sie zu bekämpfen, hatte sich Schleicher um die Gewinnung einer breiten politischen Basis bemüht. Als er sich eingestehen mußte, daß auch er es nicht vermochte, der präsidialen Regierung einen parlamentarischen Rückhalt zu verschaffen, bat er am 23. Januar 1933 den Reichspräsidenten um die Auflösung des Reichstags und die Verschiebung von Neuwahlen auf unbestimmte Zeit, d.h. um die gleiche verfassungswidrige Vollmacht, vor deren Erteilung an Papen er in jenem Gespräch vom 1. Dezember 1932 gewarnt hatte. Es war die letzte Möglichkeit, Deutschland vor dem Nationalsozialismus zu bewahren.

Aber inzwischen hatte der von Schleicher ausgeschaltete Papen über den Baron Schröder in Köln Verbindung zu Hitler aufgenommen[22]. Am 4. Januar 1933 kam es hier zu einer Unterredung, als deren Ergebnis Papen den Reichspräsidenten die Bereitschaft Hitlers wissen ließ, sich an der Bildung einer Koalitionsregierung zu beteiligen. Hitler war auf Grund der alarmierenden Entwicklung seiner Partei zu einer biegsameren und entgegenkommenderen Taktik bereit. In den Januarwochen fungierte Papen in Berlin als Mittelsmann zwischen Hindenburg und Hitler. Dabei gelang es Hitler, Staatssekretär Meißner und Oskar v. Hindenburg, den »in der Verfassung nicht vorgesehenen« Sohn des Reichspräsidenten, der eine große Rolle in dessen Umgebung spielte, für sich zu gewinnen und sie durch Beteuerungen zu beeindrucken, daß er als Kanzler nicht die Alleinherrschaft erstrebe. Die Nationalsozialisten erreichten es zudem, durch die Konzentration aller ihrer Propagandamittel in den Wahlen des kleinen Ländchens Lippe am 15. Januar 1933 einen Wahlsieg zu erringen, der über den beginnenden Abstieg der Bewegung hinwegtäuschen konnte. Vor einer drohenden Kanzlerschaft Hitlers bzw. vor einer Wiederberufung Papens haben den Reichspräsidenten am 26. Januar der Chef der Heeresleitung, General v. Hammerstein, und der Chef des Heerespersonalamtes, General v. dem Bussche, gewarnt[23]. Beide berichten, daß Hindenburg hierbei erklärt habe, er werde auf keinen Fall den österreichischen Gefreiten Adolf Hitler zum Kanzler machen. Aber Schleichers Stellung war nicht mehr zu halten. Hindenburg hielt ihm seine eigenen Argumente vom 1. Dezember 1932 entgegen und versagte ihm die verlangten Vollmachten. Am 28. Januar 1933 trat Schleicher zurück. Am 30. Januar ernannte Hindenburg Hitler zum Kanzler.

DW 395/907–920. K. D. BRACHER, Auflösung der Weim. Rep., S. 465 ff. – F. v. PAPEN, Appell an das dt. Gewissen, Reden (2 Bde. 1933); ders., Der Wahrheit eine Gasse (1952); hierzu Th. ESCHENBURG, Franz v. Papen, VfZG 1 (1953). Ideologischer Inspirator Papens der Jungkonservative E. J. JUNG, Die Herrschaft der Minderwertigen (²1930); ders., Sinndeutung d. dt. Revolution, Aufsätze (1933). – Zu Schleicher s. Kap. 23, Anm. 9; Th. VOGELSANG, Zur Politik Schleichers gegenüber der NSDAP 1932, Dokumentation, VfZG 6 (1958). – W. BRUHN, Die NSDAP im Reichstag 1930–33 (Diss. Ms. Berlin 1952); G. F. HALLGARTEN, Hitler, Reichswehr u. Industrie (³1962); M. ZAHN, Öffentliche Meinung u. Presse während der Kanzlerschaft v. Papens (Diss. Ms. Münster 1953); K. KOSZYK, Paul Reusch u. die »Münchner Neuesten Nachrichten«. Zum Problem Industrie u. Presse in der Endphase der Weim. Rep., VfZG 20 (1972); H. J. SCHOEPS, Das letzte Vierteljahr d. Weimarer Republik im Zeitschriftenecho, GWU 7 (1956). – Zur Wirtschaft: R. TREVIRANUS, Die konjunkturpolit. Rolle der öffentl. Haushalte in Dtld. während der großen Krise 1928–1934 (Diss. Kiel 1964); K. RÖSELER, Die Stellung d. dt. Unternehmer in der Wirtschaftskrise 1929–1933 (Diss. Hannover 1966); G. BRAUNTHAL, The German Free Trade Unions during the Rise of Nazism, Journal of Centr. Europ. Aff. 15 (1955/56); H. HEER, Burgfrieden oder Klassenkampf. Zur Politik d. sozialdemokr. Gewerkschaften 1930–1933 (1971), marxistische Kritik am »Revisionismus« der Gewerkschaften; als analytischer Überblick bes. D. PETZINA, Hauptprobleme d. dt. Wirtschaftspolitik 1932/33, VfZG 15 (1967).

[1] Finanzminister Gf. Schwerin v. Krosigk in Ministerbesprechung 10. Aug. 1932, VfZG 6 (1958), S. 97. – Schleicher nach Aufzeichnung von Gen. Holtzendorff, VfZG 1 (1953), S. 267.

[2] Schulthess 1932, S. 140.

[3] Völkischer Beobachter, 24. Aug. 1932, Dok. zum Fall Potempa bei E. HUBER, Dok. z. dt. Verf. Gesch.,

Bd. 3, Nr. 457–461; P. KLUKE, Der Fall Potempa, Dokumentation, VfZG 5 (1957).

[4] Völk. Beob., 26. Aug. 1932.

[5] RGBl. 1932 I, Nr. 48.

[6] E. HUBER, Dok. z. dt. Verf.-Gesch., Bd. 3, Nr. 439.

[7] Verordnung zur Wiederherstellung d. öffentl. Sicherheit u. Ordnung im Gebiet des Landes Preußen, 20. Ju-

li 1932, RGBl. 1932 I, Nr. 48. Ferner R. Morsey, Zur Gesch. d. »Preußenschlags« am 20. Juli 1932, Dokumentation, VfZG 9 (1961); Th. Trumpp, Franz v. Papen, der preuß.-dt. Dualismus u. die NSDAP in Preußen (Diss. Tübingen 1964), weist nach, daß die eigentl. Initiatoren des Staatsstreichs der Reichsinnenmin. v. Gayl u. v. Schleicher waren. – E. Huber, Dok. z. dt. Verf.Gesch., Bd. 3, Nr. 441–448, 462–464, 474–479.

[8] Über die Zuspitzung des Kampfes der Komintern gegen die Sozialdemokratie in der Zeit der Präsidialregierungen: Th. Weingartner, Stalin u. der Aufstieg Hitlers. Die Dtld.politik der Sowjetunion u. der Kommunist. Internationale 1929–1934 (1970).

[9] Das Verhalten der Preußenregierung ist Gegenstand lebhafter Kontroversen geworden. Daß damals kein Widerstand möglich gewesen sei, ist die These in den Memoiren Brauns u. Severings. Ebenso C. Severing, 20. Juli 1932, Gegenw. 2 (1947), H. 13/14; ders., Kräfte u. Gegenkräfte, Gegenw. 3 (1948), H. 7/8. Dagegen O. Klepper, Das Ende d. Republik, Gegenw. 2 (1947), H. 17/18. K. D. Bracher kommt ebenfalls zu einer kritischen Einstellung gegenüber der Passivität der Preußenregierung. Ihm trat entgegen der Verteidiger Preußens vor dem Staatsgerichtshof A. Brecht, Die Auflösung der Weim. Rep. u. die polit. Wissenschaft, Zs. f. Politik 2, NF (1955). Hierauf Entgegnung von K. D. Bracher, Der 20. Juli 1932, Zs. f. Politik 3, NF (1956); ferner Briefwechsel E. Pikart u. A. Brecht, ebd. 3 (1956). Zur passiven Haltung der Gewerkschaftsleitung s. o. G. Braunthal. – Die Frage, wieweit im einzelnen bei örtlichen Gruppen der organisierten Arbeiterschaft Bereitschaft zum Widerstand vorhanden war oder nicht, bedarf noch eingehender Untersuchung; s. hierzu die sorgfältig abgewogenen Hinweise bei E. Matthias, Die Sozialdemokratische Partei Dtlds., in:

E. Matthias/R. Morsey (Hg.), Das Ende der Parteien (1960). Aufschlußreich ist folgende Beobachtung von E. Fraenkel (Brief an Vf. v. 31. Jan. 1973): »Ich war von 1926 bis 1933 Angestellter des Deutschen Metallarbeiter-Verbandes und in meiner Eigenschaft als Rechtsanwalt Syndikus dieses Verbandes. Ich war gleichzeitig auch Lehrer an der Wirtschaftsschule des DMV. Am Morgen des 20. Juli fuhr ich im Auftrage meines Verbandes nach Dessau, um an einer Sitzung bei den Junkers-Werken teilzunehmen, die sich mit Fragen der Pensionskassen dieses Werkes beschäftigen sollte. Als ich kurz vor Mittag den Bahnhof in Dessau verließ, riefen Zeitungsboten der dortigen Zeitung Extraausgaben aus. Die Balkenüberschrift dieser Zeitung lautete: ›Braun und Severing abgesetzt‹. Die Zeitungen fanden einen reißenden Absatz. Ich nahm mir unverzüglich ein Taxi und fuhr zu den Junkers-Werken. Der Betriebsrat hatte sich bereits zu der geplanten Sitzung eingefunden. Ohne ein Wort hinzuzufügen, zeigte ich ihnen die Zeitung. Verständlicherweise war die Erregung sehr groß, namentlich als ich fragte, ob die Belegschaft wohl bereit wäre, unverzüglich in einen Streik einzutreten. Inzwischen war auch der Angestellte des Metallarbeiter-Verbandes für Dessau namens Dohnat eingetroffen. Die Diskussion ging sehr viel weniger um die Frage, ob es richtig sei, einen Streik zu beginnen, als vielmehr darum, ob gegebenenfalls die Belegschaft bereit wäre, einer Streikaufforderung stattzugeben. Im Verlaufe der Aussprache wies ich darauf hin, daß die Junkers-Werke zu den bestorganisierten Unternehmungen gehörten und die vielleicht qualifizierteste Facharbeiterschaft der Metallindustrie besäße. Auch von anderer Seite wurde hervorgehoben, daß die sofortige Arbeitseinstellung bei den Junkers-Werken ein Signal für die gesamte Arbeiterbewegung darstellen würde. Die Geister schieden sich, als es sich um die Beantwortung der Frage handelte, ob das Werk unter den gegebenen Umständen stillgelegt werden könne. Mehr als einer der Funktionäre bezweifelte dies mit der Begründung, daß die Arbeitslosigkeit in Dessau zu groß sei, um einen solchen Schritt zu ermöglichen. Als der Gewerkschaftsangestellte Dohnat erklärte, er sei zwar für einen solchen Streik, er müsse sich jedoch mit dem Vorstand des DMV in Berlin in Verbindung setzen, um eine Aktion in die Wege zu leiten, konnte man spüren, wie eine Erleichterung bei der Mehrzahl der Anwesenden eintrat. Vom rein Organisatorischen aus gesehen hatte Dohnat natürlich recht. Andererseits war ich davon überzeugt, daß ein Streik nur gelingen könne, wenn er als spontane Massenaktion in die Wege geleitet werde. Als Dohnat den Raum verließ, um mit Berlin zu telefonieren, sprach der Vorsitzende des Betriebsrats, den ich von meiner Lehrtätigkeit kannte, mich in einer Unterredung unter vier Augen an und sagte, die Mehrzahl der Arbeiter würde einem Streikaufruf aller Wahrscheinlichkeit nach nicht Folge leisten. Inzwischen war Dohnat zurückgekehrt und berichtete, daß der Vorsitzende des DMV, Alwin Brandes, zu einer Sitzung des ADGB gegangen sei, in der über etwaige Kampfmaßnahmen der Arbeiterschaft beraten werden sollte. Er habe mit einem anderen Vorstandsmitglied des DMV gesprochen, der auf das dringendste von einem Streik abriet, solange nicht ein gültiger Vorstandsbeschluß vorliege. Mit diesem Bescheid hat sich der Betriebsrat abgefunden, und wir haben über die Pensionskassenangelegenheit verhandelt. Ich bin noch am Mittag nach Berlin zurückgefahren mit der felsenfesten Überzeugung, daß es nicht zu einem Generalstreik kommen werde. Wenn es nicht gelingen konnte, die Arbeiterschaft von Junkers zu einem spontanen Streik zu veranlassen, war dies in keinem anderen

Großbetrieb in Deutschland möglich. Es kann nicht davon die Rede sein, daß eine kampfbereite Betriebsvertretung von der Verbandsleitung abgehalten wurde, einen Streik bei Junkers zu proklamieren und zu organisieren. Richtig ist vielmehr, daß die Betriebsvertretung in ihrer überwiegenden Mehrzahl erleichtert aufgeatmet hat, als sie erfuhr, daß die Verbandsleitung einen spontanen Streik nicht billigen werde. Darüber, daß ein Streik ausgeschlossen war, wenn er nicht unverzüglich begonnen werde, waren sich alle einig. Natürlich ist vor mir und von den Betriebsratsmitgliedern, die einen Streik befürworteten, immer wieder auf den Kapp-Putsch verwiesen worden. Die stereotype Antwort war: ›Ja, aber damals hat es auch keine Massenarbeitslosigkeit gegeben.‹« — Auch die süddeutschen Regierungen leisteten von sich aus keinen ernsthaften Widerstand gegen den Bruch des föderalistischen Prinzips. W. BESSON, Württemberg und die deutsche Staatskrise, S. 291–297, hat gegen Klepper und v. Papen nachgewiesen, daß die süddt. Länder keineswegs Unterstützung für einen gewaltsamen Widerstand zugesagt haben. Bayern u. Baden klagten beim Reichsgericht, Württemberg legte Rechtsverwahrung ein. W. BENZ, Papens »Preußenschlag« u. die Länder, Dokumentation, VfZG 18 (1970).

[10] J. DIETZ (Hg.), Preußen contra Reich vor dem Staatsgerichtshof, Stenogr.Bericht d. Verhandl. (1933); Staatsgerichtshof f. das Dt. Reich, Entscheidungen Bd. 137.

[11] Die von Th. VOGELSANG vorgelegte Dokumentation erlaubt die Annahme, daß Schleicher vor dem 13. Aug. 1932 nicht gegen eine Kanzlerschaft Hitlers in einer Koalitionsregierung eingestellt war. Der persönl. Eindruck von Hitler, der seine Forderungen nach dem Wahlsieg hochschraubte, und das Nein Hindenburgs scheinen ihn von der Ungangbarkeit dieses Weges überzeugt zu haben. Der

Grund für die Abwendung Schleichers von Brüning und die Bildung der Regierung Papen war das Bestreben gewesen, »die Präsidialgewalt durch die nationalsozialistische Bewegung zu untermauern« (von Schleicher korrigierte Aufzeichnung der Wehrmachtsabteilung vom 16. Sept. 1932).

[12] Gesammelte Reden u. Aufsätze: G. STRASSER, Freiheit u. Brot (1928); ders., Kampf um Dtld. (1932). Sein Bruder Otto war schon 1930 aus der Partei ausgeschieden u. hatte eine »Kampfgemeinschaft revolut. Nationalsozialisten« gegründet: O. STRASSER, Der Aufbau d. dt. Sozialismus (1932); ders., Hitler und ich (1948); P. B. STRASSER OSB., Gregor u. Otto Strasser (1954); G. SCHILDT, Die Arbeitsgemeinschaft Nord-West. Untersuchungen zur Gesch. d. NSDAP 1925/26 (Diss. Freiburg 1964); R. KÜHNL, Die nat.-soz. Linke 1925–1930 (1966); ders., Zur Programmatik der nat.-soz. Linken: Das Strasser-Programm von 1925/26, Dokumentation VfZG 14 (1966); W. ABENDROTH, Das Problem der Widerstandstätigkeit der »Schwarzen Front«, VfZG 8 (1960); M. H. KELE, Nazis and Workers (Chapel Hill 1972).

[13] Über die Besprechung bei Hindenburg und die Sitzung des Kabinetts gibt es neben der Darstellung in den Memoiren Papens eine Aktenaufzeichnung Meißners. Die beiden Versionen weichen voneinander ab, namentlich hinsichtlich der Rolle, die die Darlegungen des Majors Ott gespielt haben. Vgl. Stellungnahme Papens zur Aufzeichnung Meißners bei Th. VOGELSANG, Zur Politik Schleichers, Dokumentation, VfZG 6 (1958), S. 112. – Niederschrift von Major Ott über seinen Vortrag bei F. v. PAPEN, Der Wahrheit eine Gasse, S. 247 ff.

[14] E. HUBER, Dok. z. dt. Verf.-Gesch., Bd. 3, Nr. 501.

[15] Schulthess 1932, S. 144 ff.

[16] Verordnungen vom 4. u. 5. Sept. 1932, RGBl. I, S. 425 ff. u. 433 ff.

[17] G. GIESE (Hg.), Quellen zur dt. Schulgesch. (1961), Nr. 12 e.

[18] E. MATTHIAS, Der Untergang d. alten Sozialdemokratie 1933, VfZG 4 (1956), S. 270 ff.

[19] Statist. Material in Kap. Konjunkturverlauf in der Wirtschaftskrise bei K. D. BRACHER, Auflösung d. Weim. Rep., S. 199 ff.

[20] K. STRUPP, Der Vertrag von Lausanne (1932), Text u. Erläuterungen; Th. VOGELSANG, Papen u. das außenpolit. Erbe Brünings. Die Lausanner Konferenz 1932 (1966).

[21] Material zur Gleichberechtigungsfrage. Weißbuch (1933); vgl. Kap. 22, Anm. 18.

[22] A. KUHN, Die Unterredung zwischen Hitler und Papen im Hause d. Barons v. Schröder, GWU 24 (1973).

[23] E. Frhr. v. dem BUSSCHE-IPPENBURG, Hammerstein u. Hindenburg, Frankf. Allg. Zeitung, 5. Febr. 1955. Danach hätte d. Vortrag am 27. Jan. 1933 stattgefunden, u. die beiden Generale hätten vor d. Berufung Hitlers gewarnt. K. D. BRACHER, Auflösung d. Weim. Rep., Anhang S. 639 f., bringt Niederschrift d. Gen. K. Frhr. v. HAMMERSTEIN v. 28. Jan. 1935. Hiernach war d. Unterredung am 26. Jan., u. die Warnung bezog sich auf eine Wiederberufung v. Papens. Hammerstein sei mit Schleicher der Überzeugung gewesen, daß die Alternative zur bestehenden Regierung nur in der Berufung Hitlers in die volle Verantwortung bestehen könne. – Die Gerüchte von einem damals beabsichtigten Putsch der Generale sind gegenstandslos. Sohn des Gen.: K. Frhr. v. HAMMERSTEIN, Schleicher, Hammerstein u. die Machtübernahme 1933, Frankf. H. 11 (1956).

Kapitel 25
Warum ist die Weimarer Republik gescheitert?

In dieser Frage liegt das zentrale Interesse der Forschung an der Weimarer Republik beschlossen. Wenn man sie nicht deduktiv von einer ökonomischen oder politischen Theorie her, sondern historisch aus den empirisch erschließbaren Sachzusammenhängen zu beantworten sucht, ergeben sich hierbei drei Problemkreise: 1. die Auswirkungen von Versailles; 2. die wirtschaftlich-sozialen Bedingungen; 3. die politische Struktur.

Der Versailler Vertrag hat Deutschland eine schwere Last auferlegt, aber diese Last hat das deutsche Volk nicht erdrückt. Trotz der territorialen und wirtschaftlichen Einbußen blieb die Substanz erhalten. Natürlich hat sich das deutsche Volk darum bemüht, die Last abzuschütteln. Die Regierungen der Weimarer Republik, darin unterstützt von einer breiten Majorität der Parteien, haben dies auf dem Wege einer Revisionspolitik mit friedlichen Mitteln zu erreichen versucht. Sie hatten hierbei teils Erfolge, teils Mißerfolge. Es gelang in mehreren Anläufen, die Reparationsschulden zu reduzieren, zu modifizieren und schließlich zu liquidieren. Was an Zahlungen und Lieferungen geleistet wurde, kam zu einem beträchtlichen Teil in Form von Anleihen wieder herein. Mit Hilfe dieser Anleihen wurde die deutsche Industrie so modernisiert, daß ihr Potential im Verhältnis zu dem der Siegermächte erheblich an Gewicht zunahm. Ein Erfolg der friedlichen Revisionspolitik war es auch, daß das Rheinland fünf Jahre vor dem im Vertrag vorgesehenen Termin endgültig von den Besatzungstruppen geräumt wurde. Durch seine Verträge nach Ost und West, durch Rapallo, Locarno und den Eintritt in den Völkerbund gewann Deutschland die Stellung einer angesehenen Macht zwischen den Mächten zurück. Auch für die Frage der Rüstungsgleichberechtigung war zuletzt eine Lösung in Sicht. Erfolglos andererseits blieb der Wunsch nach einer Revision der Grenzen. Daß es nicht als Rechtsverletzung galt, wenn Deutschland territoriale Revisionsziele verfolgte, war völkerrechtlich unbestritten. Die Völkerbundsatzung sah zwar theoretisch eine Möglichkeit zur Grenzänderung vor (Artikel 19), allerdings nur unter Zustimmung der Betroffenen, die bei den bestehenden Machtverhältnissen nicht zu erlangen war. Neben dem Verlust von deutschen Provinzen an Polen war vor allem das in den Friedensverträgen ausgesprochene Verbot der Vereinigung Österreichs mit Deutschland eine politische Belastung für die Republik. Sie stand in den Augen ihrer Anhänger und ihrer Gegner als der Betrogene da, dem das im Vorfriedensvertrag vereinbarte Recht auf Selbstbestimmung verweigert wurde, aus welchen gleichgewichtspolitischen Gründen auch immer. Der in der kritischen Endphase der Weimarer Republik durchgeführte Volksentscheid über den Young-Plan zeigt in aller Deutlichkeit, daß bis zu diesem Zeitpunkt nur eine kleine Minderheit des deutschen Volkes der friedlichen Methode der Revisionspolitik den Kampf ansagte. Allerdings gab es von Anfang an jene nationalistische Strömung, die mit der Dolchstoßlegende die hinter der Republik stehenden Kräfte für die Niederlage verantwortlich machte. Daß aber diese Gegner der Republik sich schließlich durchsetzen konnten, hat seine Gründe letztlich nicht in den äußeren Verhältnissen, nicht in den psychologischen Auswirkungen von Versailles und nicht in der Tatsache, daß sich das deutsche Volk mit seiner Niederlage nicht abfand. Vielmehr sind hier die wirtschaftlich-sozialen und die politischen Strukturverhältnisse der Bereich, in dem die Ursachen dafür zu suchen sind, daß die nationalistischen Gegner der Republik schließlich zum Zuge kamen.

Durch die Frage nach den Strukturverhältnissen wird der Blick auf die Anfänge der Republik gerichtet. Hier mag manches versäumt worden sein. Welche Versäumnisse hierbei in der historischen Forschung genannt werden, ist von den jeweiligen gesellschaftlich-politischen Leitbildern der Kritiker mitbestimmt. So kann man mit gutem Recht argumentieren, daß die Republik sich leichter getan hätte, wenn es gelungen wäre, ihr gleich von Anfang an demokratisch gesonnene Richter, Beamte und Offiziere zu geben, oder durch Sozialisierung der Schwerindustrie und durch Agrarreform den Schichten, die in der Vorkriegszeit tonangebend gewesen waren, die wirtschaftliche Grundlage ihrer gesellschaftlichen und politischen Machtstellung zu nehmen. Da aber das deutsche Volk in seiner Mehrheit auf Grund der gegebenen Berufsstruktur sich nicht zum Proletariat rechnete und keinen ökonomischen Sozialismus wollte, und da die große Mehrheit der Arbeiterschaft sich zur parlamentarischen Demokratie bekannte, konnte aus den Arbeiten der Verfassunggebenden Nationalversammlung keine andere Republik hervorgehen als eine solche, die auf den kategorischen Imperativ des gesellschaftlichen und politischen Ausgleichs als ihrer Existenzgrundlage angewiesen war. Solange ein solcher

Ausgleich noch zustande kam, lebte die Republik. Als die antagonistischen Gruppen hierzu nicht mehr bereit waren, ging sie zugrunde. Grundlage des politischen Kompromisses war der gesellschaftlich-wirtschaftliche Ausgleich. Dieser Ausgleich ist in seinen verschiedenen Erscheinungsformen von Anfang an gefährdet gewesen. Die Arbeitsgemeinschaft zwischen Gewerkschaften und Unternehmerverbänden bestand nur wenige Jahre. Spätere Erneuerungsversuche scheiterten. Das in der Verfassung vorgezeichnete wirtschaftliche Rätesystem blieb ein Torso. Die im Betriebsrätegesetz vorgesehene begrenzte unternehmerische Mitbestimmung wurde nicht praktiziert. Arbeitszeit und Lohntarife waren Gegenstand einer Kette von Arbeitskämpfen trotz staatlichem Schlichtungswesen. Die demokratische Schulreform blieb in den Anfängen stecken. Dennoch bestand von 1919 bis 1929 im Parlament bei einer Mehrheit jenes Minimum von Kooperationsbereitschaft, auf dem der Staat beruhte. Die politische Klammer hierfür lag nicht zuletzt in dem gemeinsamen Willen zur friedlichen Vertragsrevision, wie er im Namen Stresemanns verkörpert war. Diese Mehrheit zerbrach Anfang 1930, nachdem noch kurz zuvor der Angriff auf die Young-Plan-Politik abgewehrt worden war, unter der Belastung der Weltwirtschaftskrise. Wenn aber im Unterschied zu den Vereinigten Staaten und England, die unter der Krise nicht weniger zu leiden hatten, in Deutschland der demokratische Staat scheiterte, so können die Gründe hierfür offensichtlich nicht allein in der wirtschaftlichen Krise und in den durch sie verschärften sozialen Spannungen zu suchen sein. Man muß vielmehr die politische Struktur der Weimarer Republik in den Erklärungszusammenhang einbeziehen.

Die Weimarer Republik war eine parlamentarische Demokratie, aber sie war es nur in begrenztem Sinne. Das Mißtrauen gegen den Parteienstaat hatte die Verfassunggeber veranlaßt, der Parlamentsvollmacht plebiszitäre und starke präsidiale Kompetenzen entgegenzustellen. Gewiß ist die parlamentarische Regierungsform in Deutschland keine Verlegenheitslösung. Sie entstand gegen Kriegsende mit zwingender Notwendigkeit aus den Gegebenheiten der Situation und wurde in die Weimarer Republik in modifizierter Form übernommen. Aber die parlamentarische Regierungsweise ist selbst bei den Parteien der Weimarer Koalition, die die Republik schufen, vor dem Kriege kein oder nur ein sekundäres politisches Ziel gewesen. Das Zentrum blieb weitgehend am konstitutionellen Staatsbild orientiert. Das gleiche gilt für viele der liberalen Vernunftrepublikaner. Die Sozialdemokraten standen in ihrer politischen Denkweise unter den Nachwirkungen einer abwartenden Haltung, die sich eher auf den Gang der gesellschaftlichen Entwicklung verließ als auf den eigenen Willen zu politischer Macht und Verantwortung. In der Deutschen Volkspartei setzte sich nach dem Tode Stresemanns der an industriellen Unternehmerinteressen orientierte Flügel durch. Schließlich wurden in der kritischen Situation des Jahres 1930 die Fraktionen und die Kabinettsmitglieder der beiden Flügelgruppen der Großen Koalition stärker von wirtschaftlichen bzw. sozialen Sonderinteressen als von dem politischen Gesamtinteresse bestimmt. Die Deutsche Volkspartei und das Zentrum wünschten, um aus der Krise herauszukommen, daß weniger als bisher mit dem Parlament und mehr als bisher mit Hilfe der Präsidialgewalt regiert werde. Die Sozialdemokraten fanden sich damit ab, ließen sich aus der Macht herausdrängen und sahen sich in die widersprüchliche Rolle versetzt, eine Präsidialregierung, die sie im Grunde ablehnten, zu dulden, um Schlimmeres zu verhüten. Das Auseinanderbrechen der Großen Koalition im März 1930 ist der Anfang vom Ende der Weimarer Republik. Die Parteien, die die geschichtliche Verantwortung dafür tragen, daß sie den Reichstag aktionsunfähig machten in einem Augenblick, als die revolutionären Gegner der Republik auf der Rechten und Linken noch keine bedrohliche Stärke besaßen, sahen nicht voraus, was die Konsequenzen ihres politischen Versagens sein würden. Sie handelten als Parteien einer parlamentarischen Demokratie aus der Gewöhnung eines konstitutionellen Denkens, das in einer gefährlichen Krisensituation die letzte staatliche Verantwortung dem Staatsoberhaupt beläßt. Erst in dem Machtvakuum, das durch das Versagen der Parteien der Großen Koalition geschaffen wurde, konnte sich die Präsidialgewalt, gestützt auf die Reichswehr, entwickeln. Die Geschichte der Präsidialregierungen zeigte, daß es zum Parteienstaat schließlich nur die Alternative der Diktatur einer Partei gab. Es war eine Illusion zu glauben, daß sich in der Person des Staatsoberhauptes ein überparteilicher Staatswille verkörpere. Unter den Bedingungen des Parteienstaates konnte der Staatswille sich nicht anders artikulieren als dadurch, daß die legitimen Interessengruppen sich zum Interessenausgleich bereit und fähig zeigten. Das Versagen der demokratischen Parteien vor dieser Aufgabe machte den Weg frei für Hitler.

Die erste Auflage des ›Handbuchs der deutschen Geschichte‹, herausgegeben von dem Berliner Realschullehrer Bruno Gebhardt (1858–1905), erschien 1891/92 in zwei Bänden. Von der zweiten bis zur siebenten Auflage wurde das Handbuch unter seinen Herausgebern Ferdinand Hirsch, Aloys Meister und Robert Holtzmann unter immer stärkerer Heranziehung von Universitätslehrern jeweils nach dem erreichten Forschungsstand überarbeitet und ergänzt und fand im wachsenden Maße bei Lehrenden und Lernenden an den Universitäten Verwendung. Nach dem Zweiten Weltkrieg nahm Herbert Grundmann mit neuen Autoren eine völlige Neugestaltung des ›Gebhardt‹ in Angriff, und auf diese 1954 bis 1960 in vier Bänden erschienene achte Auflage geht die nun vorliegende, wiederum überarbeitete und ergänzte, 1970 bis 1976 erschienene neunte Auflage zurück.

Um das bewährte Studien- und Nachschlagewerk vor allem den Studenten leichter zugänglich zu machen, haben sich der Originalverlag und der Deutsche Taschenbuch Verlag im Einvernehmen mit den Autoren zu dieser Taschenbuchausgabe entschlossen. Das Handbuch erscheint ungekürzt und, von kleinen Korrekturen abgesehen, unverändert in folgender Bandaufteilung:

1. Ernst Wahle: Ur- und Frühgeschichte im mitteleuropäischen Raum
2. Heinz Löwe: Deutschland im fränkischen Reich
3. Josef Fleckenstein und Marie Luise Bulst-Thiele: Begründung und Aufstieg des deutschen Reiches
4. Karl Jordan: Investiturstreit und frühe Stauferzeit (1056 bis 1197)
5. Herbert Grundmann: Wahlkönigtum, Territorialpolitik und Ostbewegung im 13. und 14. Jahrhundert (1198–1378)
6. Friedrich Baethgen: Schisma und Konzilszeit, Reichsreform und Habsburgs Aufstieg
7. Karl Bosl: Staat, Gesellschaft, Wirtschaft im deutschen Mittelalter
8. Walther Peter Fuchs: Das Zeitalter der Reformation
9. Ernst Walter Zeeden: Das Zeitalter der Glaubenskämpfe (1555–1648)
10. Max Braubach: Vom Westfälischen Frieden bis zur Französischen Revolution
11. Gerhard Oestreich: Verfassungsgeschichte vom Ende des Mittelalters bis zum Ende des alten Reiches
12. Wilhelm Treue: Wirtschaft, Gesellschaft und Technik in Deutschland vom 16. bis zum 18. Jahrhundert
13. Friedrich Uhlhorn und Walter Schlesinger: Die deutschen Territorien
14. Max Braubach: Von der Französischen Revolution bis zum Wiener Kongreß
15. Theodor Schieder: Vom Deutschen Bund zum Deutschen Reich
16. Karl Erich Born: Von der Reichsgründung bis zum Ersten Weltkrieg
17. Wilhelm Treue: Gesellschaft, Wirtschaft und Technik Deutschlands im 19. Jahrhundert
18. Karl Dietrich Erdmann: Der Erste Weltkrieg
19. Karl Dietrich Erdmann: Die Weimarer Republik
20. Karl Dietrich Erdmann: Deutschland unter der Herrschaft des Nationalsozialismus 1933–1939
21. Karl Dietrich Erdmann: Der Zweite Weltkrieg
22. Karl Dietrich Erdmann: Das Ende des Reiches und die Entstehung der Republik Österreich, der Bundesrepublik Deutschland und der Deutschen Demokratischen Republik.

Sachregister

Sachregister

Personenregister

dtv-Weltgeschichte des 20. Jahrhunderts

Hrsg. von Martin Broszat und Helmut Heiber

Karlheinz Dederke:
Reich und Republik

Deutschland 1917–1933.
In Verbindung mit dem Institut für
Zeitgeschichte München.
4. Aufl. 1981. XII, 316 Seiten, kart.
ISBN 3-12-981120-6

»Das vorliegende Studienbuch liefert eine wissenschaftlich fundierte Geschichte Deutschlands zwischen 1917 und 1933, die nicht nur ausgezeichnet lesbar ist, sondern dem Leser auch insofern stets entgegenkommt, als sie ihm wissenschaftliche Erkenntnisse eingängig vermittelt. Es liefert Material, das sein Benutzer verarbeiten soll. Die Fakten spielen die erste Rolle. Der Leser soll sie lesen lernen, um aus ihnen die Geschichte zu begreifen. Das Buch eignet sich hervorragend zum Privatstudium. Geschichtslehrer werden von ihm viel profitieren können. Ein sehr ausführliches Literaturverzeichnis bietet zu weiteren Studien wichtige Hinweise. Damit sich das Buch auch als Nachschlagewerk verwenden läßt, wurde es mit einem ausführlichen Personen- und Sachregister versehen«.

Stuttgarter Zeitung

dtv Gebhardt

Neunte, neu bearbeitete
Auflage, herausgegeben
von Herbert Grundmann
WR 4201–4222

Handbuch der deutschen Geschichte